国際存在としての

沖縄

宮崎　悠
柴田晃芳
中村研一

法政大学
出版局

国際存在としての沖縄／目次

序章　国際存在としての沖縄

1　なぜ今沖縄を取り上げるか

一九七二年五月一五日、二七年間に及んだアメリカ軍統治が終わり、屋良朝苗が沖縄県の発足を宣言した。この日の午前零時、屋良はキャンプ瑞慶覧の将校クラブで高等弁務官ランパートの晩餐会に出席していた。（中略）日付が変わる瞬間について、「復帰の時間は後十分、後五分、後一人、《ママ》秒読みにうつり遂に十二時サイレン。（中略）遂に復帰は実現した。感慨殊の外に深いが実感が湧かない　私は遂に主席から知事になった。知事となり一路県庁。知事室に戻る。（中略）もう沖縄県になり公舎は知事官舎に代っている」と屋良は日記に記している。

僅かに二時間程度の睡眠の後に登庁し、午前一〇時には復帰記念式典のため那覇市民会館へ移動した。まず日本政府の式典があり、会場には東京の佐藤首相による挨拶や昭和天皇の「おことば」がテレビと電話で流された。革新系議員らはこの式を欠席し、会場外の与儀公園では雨の中人々が抗議の集会を行っていた。米国沖縄駐在のペトリー総領事のあいさつがあり、万歳三唱の後、国の式典は閉会した。午後には県の式典（新沖縄県発足式典）が行われる。今度は保守系の議員らが欠席するのではないかと屋良知事は心配したが、やがて会場は満席になった。

〇時半から古典芸能の鑑賞会あり。皆さんを案内してみてもらう。七番出たが一流の人々のみの出演で皆感

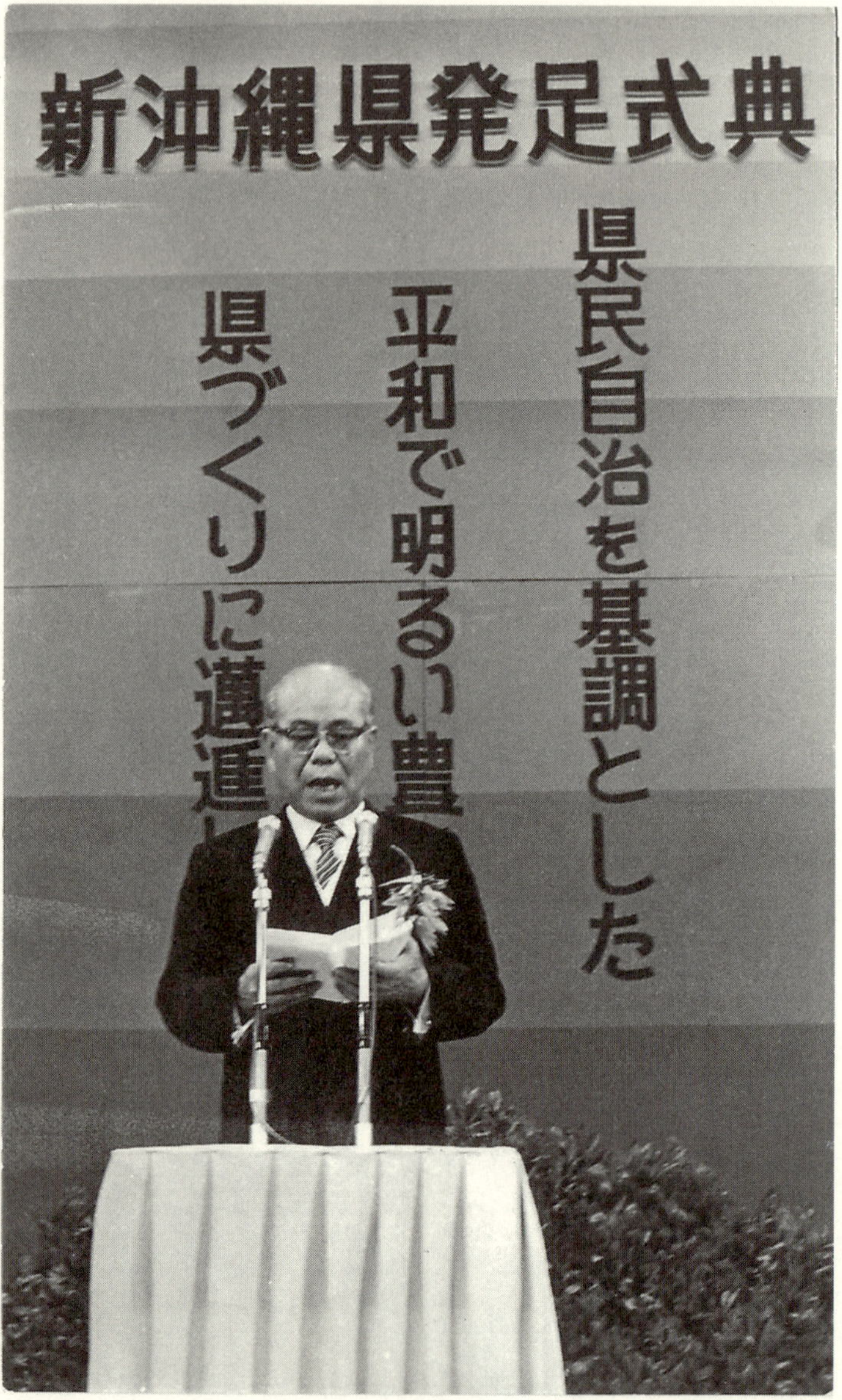

図 0–1　沖縄県主催「新沖縄県発足記念式典」は，日本政府主催の「沖縄復帰記念式典」の後に那覇市民会館で開催された。式辞を述べる屋良朝苗知事（1972 年 5 月 15 日午後）。沖縄県公文書館所蔵。

図 0–2　沖縄返還協定反対ゼネスト，与儀公園（1971 年 11 月 10 日）。

動して居られた　この計画は上首尾であった　はじめは空席が多く私の不安は一段と増す　一時四〇分頃に終り一応ひかえ室に戻り、二時に来賓案内　入場したときは一ぱい席は埋り段々来場　遂には満員　午前の式典をはるかにしのぐ満員振りにやっと安どの胸をなでおろす　……君代の斉唱はなかったが開会の前後の音楽は壮大ですばらしかった　あの音楽は迫水秘書官も絶さんしていた。県の発足式典は花はサンゴ礁を両側にして中央に梯梧の花を一ぱい盛り国旗は客席から向って左側にかざり、中央にはスローガンをかざり右側には県章がかざられ、式中或時期に明りを消して照明で県章を照らし　そして県歌の発表等ユニークなアイデアーが織りこまれて演出は百%良かった　更に私が良かったと思ったのは県の式典には参加者一階の如きは超満員で熱気溢れている事であった〔一九七二年五月一五日（月）の屋良朝苗日記より抜粋〕

屋良は式典で琉球政府解散と沖縄の発足宣言を行い、「熱血たぎり燃ゆる様な情熱に、よしやるぞと云う闘志が万身から湧いた。非常に力強かった」という印象を聴衆、全県民に与えたと記している。しかし「復帰」は当初から沖縄側の望んでいた内容を伴ってはいなかった。日本政府は沖縄復帰に伴う関連七法案を一九七一年一〇月一二日、閣議決定した。これに対し沖縄側は米軍基地の存在を前提にした経済振興策であると反発し、返還交渉のやり直しを求める声が日増しに高まった。不満は、最大規模のゼネスト（一九七一年一一月一〇日）へとつながった。それから半年後の復帰式典の日、会場外の与儀公園では、激しい雨の中、施政権返還を「沖縄処分」だと糾弾する抗議県民総決起大会が行われていた。

「復帰」から五〇年以上を経て、屋良が沖縄県の発足を宣言した那覇市民会館（一九七〇年完成）は老朽化による崩落の心配があるため閉館され、ネットをかけられ解体を待っている。これまで同時代の出来事として体験してきた沖縄の「復帰」とその後は、「歴史」へと変化しつつある。那覇市民会館に限らず、首里劇場（一九五〇年開館、二〇二三年解体。舞台両側に花道を備えており映画上映のほか沖縄芝居も上演され、一九五一年には前年に首里城址に開学した琉球大学の開学記念式典が行われた）が象徴するように、戦後から復帰後を構成していた建物は手で触れられる形を失いつつある。「復帰」を地続きの地平で見渡せる同時代は最後に差し掛かり、フィルムが映写機のリールに巻き取られていくように「歴史」という集積の一部となって、私たちの視界から姿を消そうとしている(1)。

二〇二二年は「沖縄復帰五〇周年」の節目に当たる年であったが、それは「祝賀」の対象であっただろうか。一九七二年から二〇二二年に至る現代史は、肯定的に評価されない歴史として描かれることになるであろう。その理由としては、この五〇年の長さに比べて、米軍基地を巡る状況の変化が大きくなかったこと、辺野古への新基地建設をめぐって翁長県政期に顕在化した日本政府と沖縄県民による意思表示との隔たりが大きかったこと、そして県外ではほとんど報道されないが、基地関係者によって起こされる事件・事故の処理、環境汚染の問題が未解決のままである、といったことが挙げられる。

諸問題が未解決な理由を、沖縄には「主権が不在である」ため、とする議論もある。この視点からすれば、米軍基地の返還が遅々として進まず、県民投票結果と日本政府の政策との間にある断絶が象徴するように、沖縄の側の意思表示が現実を変える力（「主権」がそれにあたると考えられてきた）を持たない状況が続いてきたことになる。

しかしながら戦後、沖縄も日本も軍事主権を持たない中で、沖縄返還に関して用いられた「施政権」という言葉は、「主権がある」対「主権が不在である」の二項対立からは到底判定し難い中間的状況を指すために、特に発明された用語であった。主権にこだわるなら、「施政権の返還」は、「主権の不在」から「主権のある状態」への移行ではなく、「主権の不在」からもう一つの「主権の不在」への移行を意味していたのである。とすると主権の有／無という二項対立を前提して議論をすること自体が困難ではなかろうか。「主権国家ではない以上、沖縄の意思に国際政治の現実を変える力がないことは国際法上自明である」、という前提を受け入れることにならないだろうか。

二〇二四年は島ぐるみ運動の大きなきっかけとなった「軍用地料一括払いの方針」発出から七〇周年にあたる。アメリカの占領下、軍用地政策への抵抗として生じた島ぐるみ運動は、「主権の不在」のもとの活動であったが、にもかかわらず、沖縄の島民が主体性を発揮し、沖縄の存在を国際的に表出した運動であった。「施政権」がアメリカにあるか、日本にあるかにかかわらず、島民は主体性を発揮してきたのである。また、同じ二〇二四年は沖縄が「海兵隊の島」となって七〇年目でもある。「施政権」が日米いずれにあるかに関わりなく、海兵隊は沖縄に軍事サイトをもち、その組織、機能、象徴作用を変容させながら、沖縄の市民社会と否定的な面を含め相互作用しつつ、沖縄の国際的な存在の仕方の一部を形作ってきた。

2　国際存在

本書は、主権国家を前理論的枠組みとして前提しない。それに換えて「国際存在」という別の思考枠組みから、沖縄・琉球の再評価を試みる。そうする理由は、端的にいって主権国家をモデルとして前提とすると、沖縄という存在に正面からアプローチできないためである。琉球・沖縄は、明帝国にも清帝国にも中華民国にも、薩摩藩にも明治日本にも、アメリカ合衆国にも、その一部と化し溶け切ってしまうことのない政治体であった。これら複数の外部アクターは、沖縄島や南西諸島に浸透し、実際に島々の占領者となり、また可能性として占領しえたが、しかしながら沖縄・琉球は、それら外部アクターの間に位置し、独自の存在であり続けてきた。そして外部権力から制約されたにもかかわらず、沖縄は国際政治上の主題を構成し、国際的な思考と行動を導き出してきた。そして複数の外部権力からの浸透を受けつつも、外部環境によって存在を認知されてきた。

こうした沖縄の存在を正面から捉えるには、国際存在 International Being を前理論的な枠組みとすることが必要となる。その形式的定義は次の通り。

(1) 名称：固有の名称群を持ち、長い歴史のなかでその存在を表示する。「沖縄」「琉球」など複数の名称を持つことが多い（国家が単一の名称であることと対比される）。

(2) 領域：ある広さ以上の領域を持つ。ただし境界はその概念自体があいまいで、領域の内と外を画然とは区分せず[2]、一方で領域内に多様な差異を抱え、他方で領域の内と外の間に「ボカシ」の領域[3]や多様なグラデーションがあることが多い（国家が領土の内外を明確に区分する境界を持とうとすることと対比される）。

(3) 人間集団と自由権：一定以上の人口が居住する。政治的自由が（たとえ制約されても）あり、隷属状態には置かれていない。言語・文化的な自己表出、代表選出や参加など民主主義に開かれている（主な居住者群が、エスニック集団・先住民であることは必要条件ではない。全住民が領域から退去させられディアスポラになっている場合は、国際存在から除く）。

(4) 被浸透体系：外部アクター（複数）からの浸透を受け、かつ外部アクターと外部環境に存在を認知される。連合王国支配下の北アイルランド、イスラエル占領下のパレスチナなどは被浸透体系。外部アクターとは異なる存在であることを放棄したときには、国際存在ではなくなる。

(5) 体制変化と地理的変化：外部権力の強制に応答、適応して、政治体制が変化し、地理的範囲が拡大・縮小する。なお内発的に体制変動をすることもある。たとえば琉球・沖縄の名を冠した地理単位は島津侵攻、琉球処分、第二次大戦期の沖縄戦、施政権返還（本土復帰）によって体制変化をとげ、また島津侵攻、沖縄戦、奄美本土復帰によって地理的に伸縮した。

⑹ 存在様式：国際存在は、主権国家がするのとは異なる存在様式と行動の仕方において、その存在を表出し、認知される。体制が変化し、領域の地理的範囲が拡大・縮小するたびごとに、それに応じた存在様式を発明し、それによって自らを外部環境から区別する。また、外部環境の秩序を形成するアクターが複数存在する場合、それぞれのアクター（秩序）に応じた存在様式の見せ方を、複数並行して準備している。変化に適合した存在様式を発現させなければ、それは国際存在ではなくなる。

⑺ 同一性の意識：体制の変化や、地理的範囲の拡大・縮小にもかかわらず、その前後で「同一の存在である」という主観的意識が共有される。言い変えるならば、体制変動や地理的輪郭の変化に抗して、主観的共同性が強靭性《リジリエンス》を発揮して、継続する。

3　大断絶をいかに超えるか

琉球・沖縄史は数度の大断絶を体験するが、本書が取り上げるのは、そのうち二つの大断絶である。一度目は島津氏による琉球侵攻（琉日戦争）の敗戦後に生じた大変動であり、尚真王が確立した支配体制への島津支配による浸食である。二度目は日米戦争（沖縄戦）の敗戦とともに生じた根本的な変動であり、日本政府の置いた沖縄県からアメリカ軍政への転換である。二度の大断絶の前と後とでは、統治権力者も支配体制もそして領域をなす島々の範囲までも変化した。

琉球は、一五世紀中頃までに奄美群島を服属させ、一四六六年に喜界島（鬼界島）を討伐し、一六世紀初めまでに宮古・八重山を服属させ、一五二二年に与那国を征服した。南西諸島中部圏と南部圏の島々を服属させ、そこに「間切り・シマ」制による領域的地方制度と、聞得大君《キコエオオキミ》（最高神女であり王の姉妹か王女が聞得大君となる）を頂点とする神女組織による祭祀体制を確立した。

しかるに一六〇九年、島津氏は奄美大島、徳之島を攻伐して沖縄島に至り、首里城を落とし、国王尚寧を捕虜にして鹿児島に帰還した。そして一六二四年に経済的・戦略的に重要な奄美諸島以北を島津氏の直轄地とした。(4) その結果、独自の言語・文化圏であった南西諸島中部圏は二つに分離された。琉球王国の版図は、沖縄諸島に南部圏（宮古・八重山・与那国など）を加えた範囲に縮小した。島津氏は奄美群島を支配し、そこにおいて「間切り・シマ」制による地方制度とノロによる祭祀を維持したのである。

しかも琉球王国は、明朝が滅亡（一六四四年）したことによって、朝貢すべき相手先が清朝へと変動した。さらには祭政一致の体制におけるヒエラルヒーの改革（女性の祭司から男性士族への担い手の変化、太陽神と同一視されていた国王像から儒教的な価値観における崇拝の対象へという意味づけの転換）に取り組まなければならなかった。これが一度目の大断絶であった。

二度目の大断絶は沖縄戦後に生じる。一九四五年三月末、アメリカ軍が沖縄上陸作戦を開始し、沖縄県庁など政治機構は一掃され、土地台帳など行政資料は焼失し、一九四四年三月に置かれた陸軍沖縄守備第三二軍は殲滅されて六月二三日に組織的抵抗を終えた。空襲や艦砲射撃、地上戦により、歴史遺産を含む建造物が焼失・廃墟となり、農地・宅地が軍用地として収用され、戦争と基地造成は島の地形そのものを変えた。収容所に留め置かれ、ようやく戦前の住所に帰った島民は、「全く違う世界になってしまった」と感じた。(5) 光景も地形も変わり果て、かつてあった故郷的 heimlich(6) な景観は、機能的で非故郷的 unheimlich な異界に変貌していた。地理的には同じ位置に戻ったのであるが、しかし、失われた故郷には戻れない、という意味から、この体験はメタ・ディアスポラと表現できる。

そして日本の降伏後の一九四六年一月二九日、連合国は SCAPIN–677 を発し、トカラ列島（十島村《じっとうそん》のうち下七島を含み、上三島を除く)・奄美群島以南の南西諸島を、日本政府の統治から切り離した。
そこにアメリカ軍基地、アメリカの統治機構、アメリカ人統治者が置かれた。その統治体の名称も、従来の沖縄にかえて、Ryukyu Islands が選ばれた。たとえば統治機構は「琉球列島米国軍政府」(一九四五年四月六日〜一九五〇年一二月)、「琉球列島米国民政府ＵＳＣＡＲ」(一九五〇年一二月一五日〜一九七二年五月一二日)と名乗った。また自治機関を「琉球政府」(一九五二年四月一日〜一九七二年五月一四日)と呼んだ。六代にわたる高等弁務官も「琉球列島高等弁務官」を名乗った。

さらに統治範囲は、いったんは旧沖縄県の範囲に加えて、奄美群島とトカラ列島のうちの北緯三〇度線以南(下七島)を含むものに設定されたが、その後二度にわたって縮小した。トカラ列島(下七島)は一九五二年二月一〇日に、また奄美群島は一九五三年一二月二五日に本土復帰した。ただしその間アメリカは Ryukyu Islands の名称を変えていない。そして、この二度目の大断絶は、一九七二年五月一五日、アメリカによる統治機構と名称が消滅し、沖縄諸島、先島諸島、大東諸島などが本土復帰したことによって終了した。

二つの大断絶を、主権国家モデルの視点から見るならば、琉球・沖縄は「亡国した」、「外部権力の属領になった」と表現されることになるだろう。それに対し、国際存在という代替モデルから見るならば、大断絶後の琉球・沖縄は、敗戦後の苦境のなかから新たな存在様式を発明して、自らの存在を表出し、自らを外部環境から区別されたものと認知させたのであり、そして権力も体制も変化し、領域の地理的範囲が拡大・縮小したのにもかかわらず、琉球・沖縄の共同主観性は恢復をとげた、と表現できよう。

4 「国際存在」の歴史的文脈

第Ⅰ部：第1章〜第6章

宮崎論文は、主に一つ目の歴史的な大断絶に焦点を当て、複数の世界秩序観に対応した琉球王国の存在様式を分析する。

一六〇九年を一つの分水嶺として、中華秩序の外部にある薩摩や日本からの、また英米からの浸食や干渉により、琉球の存在の仕方は揺るがされた。それにもかかわらず、近代的な意味での「内政」や「外交」に対し、冊封体制に起源を持つ外交儀礼の本体としての宮廷芸能は、この時期にかえって「主体性」を表すものとして重要性を増し、琉球をとりまく新たな状況下においてもなお国家的存立を表現する手段として確立されていった。このような新旧の対外関係認識の転換期にあたる一八世紀初頭に成立した芸能の様式が組踊であり、冊封使の歓待において対外的機能を担う宮廷芸能を外交儀礼として創作したものであった。これは外部権力が琉球・沖縄に見出そうとする姿を反映する鏡像として、琉球・沖縄が自らを提示することに成功し続けたことを意味する。そうした多面性は、琉球・沖縄が存続するために欠かせないものであり、単一のイメージに収斂することのない「真性の姿」が持つ豊かさとなっていく。「異境／異郷」としての外観を引き受け、自らを鏡像として表現する儀礼能力（パフォーマンス）の成否を賭けることは、国際政治の舞台において存在を維持する仕方の一つであった。

琉球・沖縄に関わる外部権力は、明王朝と島津藩のように複数存在するのが常であった。この状況に対し、政治体としての琉球・沖縄は、複数の言説と複数の儀礼レパートリーを用意し、それを相手に応じて使い分けることによって、どのように自らを提示するのかを選択してきた。複数の世界秩序の中に、同時に自らを位置付け、多面的な存在として生存する仕方を模索してきたのである。

琉球王朝の「主体性」や「自立」は、中国を中心に東アジア冊封体制を形成する他者との関係において成立するものであった。宮崎が担当する第Ⅰ部においては、琉球王朝の「自立」の要件に焦点を当て、それが国際存在としての自己を確立していく初期過程を分析する。そこに成立したのは外部の権威やその権威を共有する他者によって存在を承認され、同じ秩序内に存在する誰と誰がどのような関係であるかを確認することを重視する存在の仕方であった。主権を不可侵のものとして相互の独立を認め合う主権国家システムとは異なっており、いわば国際存在としての琉球・沖縄のあり方の起源であった。

「国際存在」としての琉球のあり方を体現する外交儀礼であった宮廷芸能は、王朝（宮廷）の消滅とともに役割を失いながらも、一度は民衆の芸能と融合して活路を見出した。沖縄の美を「発見」した柳宗悦が戦前に接した玉城盛重や真境名由康の舞台は、この時期の成果であった。沖縄戦による壊滅を経て、現代に続く形での文芸・芸能の急速な復興は、軍政要員として地域復興と占領環境の整備に努めた将校たち、とりわけウィラード・A・ハンナ少佐らによる意識的な振興策を梃子としていた。

沖縄戦を経て、人々は、薩摩による侵攻と国王連れ去り後の苦境や、廃藩置県後の無気力な時代という複数の過去と現在とを重ね合わせて思い起こした。川畑恵が喜舎場朝賢『琉球見聞録』（一九一四年）の記述に基づき指摘するように、一八七九年（明治一二年）五月に尚泰が東京へ向かうため那覇港を離れた際、随行員は意気揚々として送別の人々も談笑しあっていた。まもなく清国の援軍が到来して琉球を再興させるものと信じられていたためであった。喜舎場自身も尚泰の随行員であったため、その記録は信憑性が高い。山里永吉「首里城明け渡し」劇中の尚泰が出立前に「命どぅ宝」の歌を詠んだ心情・状況は喜舎場が目にしたものとは異なっており、演劇に描かれた通りではなかったと考えられる。屋嘉比収は、「命どぅ宝」が「ある時代状況や社会の価値観を背景に編成再編された言説」であるとし、この言葉が語られ使用されるようになるのは沖縄戦から三三回忌を終えた後の一九七九年以降であったと指摘する。その背景にあったのは一九七〇年代以降行われるようになった戦争体験の掘り起こし運動であり、軍隊の「玉砕の思想」に対置される「瓦全の思想」としての「命どぅ宝」が戦争体験を語る新たな枠組みになったと述べている。(7) こうした文脈から「沖縄の心」を表す歌として、「命どぅ宝」は平和を願う言葉として定着していった。

舞台や音曲という鏡を通じて、過去（琉球王朝時代）の苦境を覗き込んだ戦後の沖縄の人々は、芸能の復興によって、歴史体としての沖縄を、現代において、異なる世界の観客に向け表現してみせた。アメリカ軍政下においても、文化的なものを拠り所とした主体性が再現されたのである。

5　敗戦と占領下の主体性

これまで鍵概念として用いてきた国際存在という言葉は、現代史上の大変動であったアメリカ占領下（沖縄は一九七二年まで、日本本土も一九五二年までアメリカ占領下にあった）、および圧倒的なアメリカの影響下における主体性追求の試みに起源をもつ。

国際存在の語は、坂本義和「国際存在としての戦後日本」のタイトルに由来する。そこで坂本は日本の対外活動の特質を「主体性の欠如」と批判した。(8) アメリカによる軍事占領と、それに続く冷戦初期における自己決定への意志を欠いた日本人指導者と自分自身の意識を分析した。坂本の約半世紀前の研究は、本書の枠組み（定義(1)—(7)）とは異なるが、その課題意識を本書は継承している。

坂本によると、アメリカ人占領者たちにとり「日本人や日本社会は政治工学的な操作対象」であった。また、彼らは「外科医が患者を見るような眼」で日本社会を研究した。この事態を前にして、アメリカの浸透を受けた日本人は、自らも「自己解析」を行う必要に迫られた。坂本は「占領と戦後改革は、当初は外発的なものであれ、基本的には自己変革の過程であり、したがってその（占領）研究は、なによりも自己解析の作業であった」と書いている。坂本の「自己解析」は、自発的な意思決定を放棄し、主体性を欠いた生き方に当てられた。その存在危機を超える代替案として坂本は「主体性の恢復」した「日本の生き方」という新しい存在様式を提案したのである。(9)

大田昌秀と坂本義和とは、一九七〇年代なかば、被占領体制の比較研究を始めた。(10)久米島生れの大田昌秀は、アメリカ支配者が沖縄人を心理操作することに対する嫌悪感の勝ったアンビヴァレンスがあった。また沖縄が「復帰」したはずの「日本（本土）への座りの悪さ」をボディ・ランゲージでも書物でも強烈に表現していた。(11)アメリカ生れ上海育ちの坂本は、アメリカ人占領者へのアンビヴァレンスと日本（本土）の政治風土への「座りの悪さ」を大田と共有していた。大田と坂本の意見は異なり時に激論を交わしたが、しかし二人の主体性論が、アメリカと日本（本土）の双方に対する批判に立脚していた点は共通していた。

一九四五〜七二年のアメリカの沖縄に対する浸透は、日本本土へのそれに比べて、はるかに強度が高かった。たとえば大田昌秀はアメリカ国立公文書記録管理局（ＮＡＲＡ）で発掘した米軍下の史料・写真から、自身の運命を発見した。大田の『写真記録　これが沖縄戦だ』には、「鉄血勤皇隊」の少年二人が米兵と並んだ写真が収録されている。少年は大田の「鉄血勤皇隊」の仲間であり、写真は彼らが投降した直後に撮られた。大田と少年は、痛みを共有していた。その姿を刊行することで、大田は自身を痛みの共同体に定位した。(12)彼は、この脆弱な被浸透体・沖縄／琉球にアイデンティファイし、そこに惨状をもたらした者たちを激しく怒っていた。彼はアメリカ軍統治者たちが沖縄統治に使った「マニュアル」本の正確さを語り、心理作戦部隊について語った。そして、時の権力者に迎合して、保身に走る沖縄の指導者たちを批判した。(13)さらに大田の批判の矛先は、一九世紀以前（一六〇九〜一八七九年）に琉球王国の島々を支配した者たちに根付く「事大主義」(14)にも向けられた。事大主義は、小さい島嶼が、大きな権力に適応して沖縄の存在保存を図り、支配者の生存を維持する機能を持った。この行動様式が琉球／沖縄を、異質で多様で混迷したツギハギ状態にしてしまった、と大田は怒っていたのである。大田の身体からにじみ出る怒りは、第Ⅲ部の執筆者中村研一の目に痛々しく映った。

第Ⅱ部：第7章〜第11章

第7章〜第11章で柴田は、二つ目の現代史上の大断絶に焦点を当てる。戦後のアメリカ統治下において展開された復帰運動は、沖縄にとってどのような意味を持ったのか。これを探ることが第II部の課題である。

沖縄の人々は日本への復帰を希求するようになり、日本復帰運動を展開した。アメリカと日本という二つの主権国家の狭間で著しく自決能力を制限されながら、自分たちが望む沖縄の在り方を実現しようとした。第7章において戦後沖縄の状況を概観したのち、第8章では、戦後沖縄の人々がアメリカ統治という状況の下で、複数の可能性の中から現実への抵抗の道として日本復帰を選び取ったことを示す。その目標に向け展開された復帰運動は、第9章で見るように、「島ぐるみ」の大衆運動によって民意として戦後沖縄の主体性を示すことで存在様式を自己表出し、二七年間に及ぶアメリカ統治に困難を突き付けた。その結果、沖縄の自立を拡大し、日本へと復帰する道を引き寄せることに成功した。それは、現実の制約の中でも、沖縄としての存在と意思を内外に示すことによって、様々な形で自立性を持ち得る空間を押し広げて確保する営みであった。

しかし「島ぐるみ」によって実現した沖縄の主体性とそれが示した存在様式は、必ずしも沖縄の人々に共有されず、その後には一貫したものとして維持されなかった。復帰運動が、「沖縄」とは何か、「日本」への復帰は何を意味するのか、といった問題を十分に意識化し得なかったために、「島ぐるみ」の存在表出は運動の中で変遷して位置づけを変え、最終的には放棄されて曖昧化することになった。主権国家を前提とする限り、国際存在としての戦後沖縄が主体性を示して望ましい存在様式を構想すること自体が困難であったといえる。「島ぐるみ」によって提示された可能性は明確化されずに政治展開の中で拡散し、その結果、日本復帰は日本本土との同化へと近づいていった。第10章ではこうした事情を明らかにする。特に沖縄本島中南部にとって重要な問題であった米軍基地問題が主題化されたことは、本土への非現実的な期待や、本土との保革対立構造の共通化、ともすれば沖縄本島中南部をして「沖縄」を代表する意識と、図らずも関連していたであろう。

第II部において示す復帰運動をめぐる状況は、日本復帰によって国際存在としての沖縄がどのように変容したのか、継続したのかを考える上での前提ともなっている。

第Ⅲ部：第12章〜第14章

中村は第12章〜第14章において、アメリカ軍基地とは何かを再検討し、いかなる力が沖縄に基地を造成させ維持させているのかを検討する。第12章で「陸軍、海軍、空軍、海兵隊が使用・管理する施設・区域」を「軍事サイト」と定義し、分析の鍵概念とする。サイト数は膨大であり、その造成・管理には莫大な費用を要する。国防総省によればアメリカ軍は「世界大の不動産プロファイルを管理する連邦政府における大不動産保有者」(15)であり、主要サイトには驚くほどの資産価値が積み上げられている。それらは、軍にとって人事・組織上の資産であり、その反面軍事サイトの撤去・縮小は、軍事費削減をともなう軍事再編によって起きることとなる。

また主要な軍事サイトは、日々組織化される軍事動態の結節点である。各サイトが軍人・軍属とその家族に果たす使用機能はいかに類型化できるか、基地から派生して周辺の市民社会を害する諸問題と逆機能はどのように解決でき、また解決できないか。抑止とプレゼンスとは、敵と同盟者と周辺住民に対する軍事サイトの象徴作用であるが、いかなる条件を満足すれば「抑止が働く」か、働かないか、などを、個別の基地の個別の問題に立ち返って分析する。

米軍サイトが数多く恒久化されている場所は、①アメリカと全面戦争を戦って敗れた国々、②島嶼、かつ、国際法的ステイタスが独立国家ではないことに加えてアメリカの政策決定上の周辺的位置にある地域、である。沖縄島と伊江島は①②の条件が重なる。なぜ太平洋の島嶼群に米軍基地が多数配置されているのか。北谷のサトウキビ畑が、なぜ世界最大級の資産価値を持つ嘉手納空軍基地に姿を変えたのか。沖縄中南部には米軍基地が過剰で、しかも、分散した地理配置《トポロジー》なのはなぜか。その歴史的起源を、第13章では日米戦争期の島嶼戦争に立ち戻って検討する。

沖縄の米軍サイトの存在密度は日本全土の平均よりも高い。その理由は、米海兵隊ベースキャンプ・スメドレー・D・バトラーの管理下にキャンプ七つとビーチ二つと辺野古弾薬庫が置かれたことによる。この決定は一九五四年になされた。一九五〇年の朝鮮戦争勃発まで海兵隊は軍官僚政治の少数派であり、サイトに関する決定には参画できなかった。この海兵隊がなぜ一九五四年には沖縄にベース・キャンプを持つ決定に到達できたのか。第14章ではチェスター・ニミッツ、ダグラス・マッカーサー、ラミュエル・シェパードに注目し、その軍人のリーダーシップがサイトに新たな存在理由を見出し、沖縄を「海兵隊の島」に変えていったプロセスを分析する。

注

(1) 屋良朝苗「屋良朝苗日誌　〇三〇　一九七二年(昭和四七年)〇三月一三日〜〇八月一七日」沖縄県公文書館所蔵(読谷村教育委員会所蔵原本の複製)。琉球新報社編『一条の光——屋良朝苗日記(上)』琉球新報社、二〇一五年、二〇七頁。宮城修「「即時無条件」を選択」同前、一九〇—一九三頁。琉球新報社編『一条の光——屋良朝苗日記(下)』琉球新報社、二〇一七年、三二三—三二八頁。宮城修「ついえた「即時無条件全面返還」」同前、一四七—一五一頁。宮城修「自己決定権を要求」同前、二七二—二七六頁。宮城修「最後の声、数の力で封じ込め」同前、二九二頁。

(2) 村井章介「中世日本と古琉球のはざま」『日本中世境界史論』岩波書店、二〇一三年。

(3) 藤本強『もう二つの日本文化』東京大学出版会、一九八八年、一二頁。

(4) 上里隆史『琉日戦争一六〇九』ボーダーインク、二〇〇九年。

(5) 鳥山淳『沖縄/基地社会の起源と相克　1945-1956』勁草書房、二〇一三年。

(6) ジクムント・フロイト「不気味なもの」『フロイト全集17』岩波書店、二〇〇六年、須藤訓任・藤野寛訳、一—五二頁。

(7) 真境名由康生誕一〇〇年記念事業会『真境名由康——人と作品』下巻・作品編、「真境名由康—人と作品—」刊行委員会、一九九〇年、二一四—二五三頁に「国難」の脚本が収録されている。「昭和三十七年三月七日、ラジオ沖縄の為に之を書く」と付記されており、放送向けに脚本が整理される以前から舞台で上演されていたとみられる。

「国難」や「首里城明け渡し」の劇中歌に詠まれる「命どぅ宝」という言葉について、屋嘉比収「歴史を眼差す位置」屋嘉比『沖縄戦、米軍占領史を学びなおす——記憶をいかに継承するか』世織書房、二〇〇九年、一八五—二一〇頁。

（8）Yoshikazu Sakamoto, "Japan as an International Being," in Japan Peace Research Group ed. *Peace Research in Japan 1977-78*, Tokyo, March 1978. 坂本義和「国際存在としての戦後日本」福岡ユネスコ協会編『戦後の日本』講談社、一九七八年、九四―一一四頁。

（9）坂本義和「まえがき」坂本義和・R・E・ウォード編『日本占領の研究』東京大学出版会、一九八七年、ii頁。『日本の生き方　坂本義和集4』岩波書店、二〇〇四年。

（10）前掲『日本占領の研究』に大田昌秀は「アメリカの対沖縄戦後政策――日本からの分離を中心に」五〇七―五三八頁を、坂本は「日本占領の国際環境」三―四五頁を寄せている。それ以前に大田昌秀は、米国でセオドア・マクネリーらと沖縄戦や琉球占領史料収集を行った。坂本は「占領体制研究会」（一九六二年～）を組織し、天川晃（一九四〇―二〇一七）らと占領文献を収集していた。日本学術振興会編『日本占領文献目録』日本学術振興会、一九七二年。

（11）大田昌秀『醜い日本人――日本の沖縄意識』サイマル出版会、一九六九年。

（12）大田昌秀編著『写真記録　これが沖縄戦だ』琉球新報社、一九七七年。大田昌秀『鉄血勤皇隊』ひるぎ社、一九七七年。

（13）大田昌秀『近代沖縄の政治構造』勁草書房、一九七二年。

（14）谷川健一「事大主義と事小主義」『谷川健一全集11　民俗3』冨山房インターナショナル、二〇〇九年、四五一―四五五頁。室井康成『事大主義――日本・朝鮮・沖縄の「自虐と侮蔑」』中公新書、二〇一九年、八七―一〇八頁。

（15）Ministry of Defense, *Base Structure Report 2018*, p. 2

第I部　儀礼と芸能

宮崎悠

第1章　東アジア世界の冊封体制における儀礼と秩序

琉球王朝の「主体性」や「自立」は、中国や日本など東アジア世界の冊封体制を形成する他者との関係において成立するものであった。外部の権威によって存在を承認されて二者関係を形成し、また、「誰と誰がどのような関係であるか」をその権威を共有（ないし意識）する他者が認識することを重視する。[2] こうした存在の仕方は、主権を不可侵のものとして相互の独立を認め合う主権国家システムが想定するものとは異なっていた。[3]

琉球は、一五世紀の三山統一以前から始まっていた冊封関係に基づき、国際秩序において存在を認められてきた。中国と琉球が相互の関係を確認し維持するために重要な役割を果したのが冊封を中心とする一連の儀礼であり、その一環として発達した宮廷芸能であった。対中国関係においては形式こそが外交の実体であったがゆえに、[4] その次元での「実体」を残しつつ島津にも対応するという、二つの異なる体制において政治的主体として振る舞う状況が生じた。これが「国際存在」としての琉球のあり方であった。

一七世紀以降、冊封体制の外部（薩摩や日本、また欧米）からの浸食や干渉によって、こうした琉球の存在の仕方は揺るがされ続けた。それにもかかわらず、近代的な意味での「内政」や「外交」が成立しえない状況において、冊封体制に起源を持つ外交儀礼の本体としての宮廷芸能は、この時期にかえって「主体性」を表すものとして重要性を増し、琉球をとりまく新たな状況下においてもなお国家的存立を表現する手段として洗練されていった。このような新旧の対外関係認識の転換期にあたる一八世紀初頭に成立した組踊は、対外的機能を担う宮廷芸能の一つの到達点であった。

一八七九年（明治一二年）に琉球藩が廃止され沖縄県が設置されると、組踊をはじめとする宮廷芸能は公的な役割を失うが、上演の機会を宮廷の外に求め幅広い観客を得た。琉球王朝時代を通じ、首里の文化、舞踊や歌は、地方の領主達が首里に居住するよう義務づけられたのを一つのきっかけとして、地方へも普及する経路を得た。領主が自領地から連れてきた若者達は一定期間、那覇や首里でのつとめを果たし地方へ戻っていく慣習となっていた。村へ戻る際、最新の流行歌や舞踊を持ち帰り、年間の民俗的な芸能のサイクルや村芝居の演目に首里の芸能が影響を与えていった。また、首里の芸能は、地方の芸能を集約・再編する中で形成された側面もあった。こうして地方の村落においても長く首里の文化を受容してきたことは、宮廷を失った後にも組踊など宮廷由来の芸能が一般に受け入れられ継続する下地になったと考えられている。これとは対照的に、やはり冊封使歓待の必要から継承されていた中国芸能（明楽・清楽）は、儀礼の場を失うと急速に衰退していった。(5)

組踊は、伝統芸能として真境名由康をはじめとする実演家が継承したものと、廃藩置県以降に急速に村々へ伝播したものとに分かれ、そのいずれもが現存する。村踊りが盛んな所をまわってその村の「持ち組踊」を見せてもらい記録した當間一郎は、約六〇演目が確認されたと一九九二年に記している。宮廷芸能は王朝の消滅とともに役割を失いながらも、再び民衆の芸能と融合して活路を見出していた。(6)

沖縄の美を「発見」した柳宗悦が戦前に接した玉城盛重や真境名由康の舞台は、この時期の成果であった。しかし、数々の人気演目で民間の劇場が競い合う黄金時代は、映画の進出や時局の緊迫によって終焉し、沖縄戦において、多くの優れた演じ手が失われた。一九四五年六月迄に、七七歳の名優・玉城盛重も世を去った。渡嘉敷守良は舞踊教授のために大阪へ渡ったまま戦争が激化し帰沖できなくなっていた。真境名由康の娘・由苗は、「芸能が途絶えてはいけない」という県庁職員の言葉におされて一家で県外に疎開したと回想している。(7)

日本本土との差異化を図り、琉球・沖縄独自の文化や芸能を振興する米軍統治時代の政策はウィラード・A・ハンナ少佐(8)やジェームズ・T・ワトキンス、ワーナー・B・バースオフ(9)ら海軍エリートが担った。それは占領政策上

図 1–1　Dance performance at Koza（コザでの演舞）①　1945 年末〜46 年

図 1–2　Dance performance at Koza（コザでの演舞）②　1945 年末〜46 年
出典：『21 歳のアメリカ将校がみた終戦直後の沖縄（KOZA の本 4）』沖縄市役所，2005 年，37 頁（27）（28）。沖縄市総務課市史編集担当所蔵。

の必要に迫られての振興であったが、他方で、小那覇全孝（小那覇舞天。「ヌチヌグスージサビラ（命のお祝いをしましょう）」と三線を手に家々を回り戦禍を生き延びた人々を励ました。歯科医。のちに沖縄諮詢会の文化部芸術課長となる）ら多才な人々の尽力があって文芸・芸能は再生した(10)。

日常の衣服にも事欠く時代でありながら、苦労して集めた舞台衣装や小道具を用いて、収容所では盛んに演芸大会が催された。嘉間良では早くも一九四五年七月一四日に演芸大会が開催されている(11)。

住民代表を選出し、一九四五年八月二〇日に沖縄諮詢会が発足すると、生き残った芸能者を石川市に集めて芸能連盟が結成された。古典音楽の宮城嗣周らを中心に連盟は収容所の慰問団を組織した(12)。戦後最初の組踊上演とされているのは、終戦の年の一二月に石川の収容所において行われたクリスマス祝賀演芸大会であった。大会の舞台は城前初等学校の校庭にドラム缶を並べ、その上に板を敷いた仮設であった。慰問団が上演した組踊「花売の縁」は、王朝時代を舞台とする物語だが、観客は戦後の苦境や家族の離散状況と重ね合わせて涙した(13)。

沖縄民政府が一九四六年四月に設立されると、民衆の慰問のために劇団が結成された。政府は同年九月二六日と一〇月六日に俳優の資格審査を行い、合格者には資格証明書が付与された。松・竹・梅の三劇団が結成され、各地で巡回公演を行った。紅型の衣装がなく、米軍の食料袋から仕立て、模様を描いたという。マラリアの治療薬キニーネで黄色く染め、模様はペンキで紅型風に描いた。緑色の羽織は米軍が沖縄の住民に配布した野戦用軍服（HBT）を素材に仕立てた。ハワイから送られてきた和服もあった。三線には蛇皮ではなく米軍のパラシュート生地を張ったり、紙にバショウの渋などを塗った「渋張り」を用いた(14)。

戦後には、『首里城明け渡し』（山里永吉作、一九三〇年初演）に代表される史劇も再上演された。この劇中には、「戦世《いくさゆ》ん終《しま》ち　弥勒世《みるくゆ》んやがてぃ　嘆《なじ》くなよ臣下《しんか》　命《ぬち》どぅ宝《たから》」という琉歌が取り入れられた。この歌は一六〇九年の薩摩による琉球侵攻後に尚寧王が詠んだ歌として史劇『国難』（真境名由康作）にも登場する。

『首里城明け渡し』の劇中、那覇港から去ろうとする尚泰が琉歌を残す演出は沖縄戦後になってから付け加えられた部分であり、山里が演出した戦前の珊瑚座の舞台にこの第六幕はなかった。沖縄戦の経験を踏まえて、命の大切さを伝える信条として知られることになった「命《ぬち》どぅ宝《たから》」という言葉は、「アンマーたちの好み、つまり、観客の好みで付け加えられた」と与那覇晶子は述べている。過去の政治的危機（薩摩侵攻や琉球処分）は、現在の苦境（戦後の沖縄社会）と重ね合わされ、受け入れがたい現実を受け入れて立ち直ろうとする際に、繰り返し引用・想起された。なお大城立裕は、この琉歌について、尚泰ないし尚寧が詠んだものではなく、『那覇四町昔気質』（山里永吉作、一九三二年初演）の舞台で尚泰を演じた伊良波尹吉（一八八六―一九五一）の作ではないかと指摘している。史実とフィクションの交錯において複数の過去が重ね合わされるなか、「命《ぬち》どぅ宝《たから》」は戦後の「沖縄の心」を表す言葉として定着していった。

舞台や音曲という鏡の中に過去（琉球王朝時代）の苦境を覗き込んだ戦後の沖縄の人々は、芸能の復興を通じて、歴史体としての琉球・沖縄を、異なる世界の観客に改めて表現してみせた。アメリカ軍政下においても、文化的なものを拠り所とした主体性が再発見された。そして日本復帰後、沖縄の演劇や歌舞は、琉球史のなかに（とりわけ危機の時代の出来事に）題材を求めながら、その時々に必要とされた「沖縄像」の諸相を反映する鏡となっていくのである。(15)

第1節　宮廷芸能によって存立を証明・保障される政治体

琉球においては、三山統一と第一尚氏の成立以前から有力な按司たちが勢力に応じた頻度でそれぞれ中国に朝貢し冊封を受けてきた。第二尚氏の成立後は、久米村の閩人三十六姓に象徴される福建出身の技能者集団や官吏から海運技術や中国向けの文書作成について援助を受けつつ、交易や人的・文化的な往来により朝貢関係を形成していった。

この過程において、琉球は、儀礼の実践を本体とする外交および国家間関係の認識の仕方を「東アジア冊封体制」が提供する秩序として受け入れ、またそれを構成する一部分となった。「東アジア冊封体制」の一隅を担うため、定期的・発展的に繰り返されたのが官生《かんしょう》と呼ばれる留学生の派遣であり、また、冊封使の歓待であった。留学生の派遣は、中国を中心として構成される世界の階層構造を取り入れ、その文明の感化・教化を進んで受けると同時に、冊封に伴う外交儀礼が円滑に行われるよう官吏の育成を制度的に支えるものであった。

冊封使の歓待は、琉球国王の代替わりを節目として行われた。冊封使を迎えて先王諭祭を行い、冊封を受けることにより、王が交代しても王朝は連続していくことが明示され、国家の継続が内外に保障された。滞在中の行事では、よき統治を促す効果を持つものとして、またそれが現に行われていることを示すものとして、礼楽の思想に基づく音曲が重要な役割を果たした。もともとは王家の年忌の祭祀を司る役職であった踊奉行が、冊封使歓待のための御冠船踊など宮廷芸能を監督する立場へと職務を変化させていったことに、祖先祭祀に組み込まれていた芸能が、外交における礼楽へと重要性を高めていった様子が表れている。(16)

一七世紀末から一八世紀初めにかけ、琉球王府は古代的な祭祀を廃止し、新たに儒教を政治の思想的支柱にする改革を行った。池宮正治は「組踊」の成立はそのような転換の表れであるとし、琉球の故事を忠孝といった封建道徳に沿って劇化したものと解している。(17) なおここでいう芸能は、王と宮廷の周辺において営まれる音曲や戯曲、舞踊を指す。それらは、歓待の行事が執り行われる空間や御後絵（国王薨去後に描かれた肖像画）といった視覚的な表徴化作業への広がりを持つものであり、世界観や王権の広大さを演出する役割を果たした。(18)

琉球王国は、中国を大きな華夷秩序の中心としその周辺に位置しつつ、自らも小さな円の中心となって地域的規模での階層秩序を構成した。しかし、こうした世界観つまり東アジア冊封体制内における秩序と儀礼を取り巻く環境は、一六〇九年の島津氏による琉球侵攻によって大きく変化した。これ以降、琉球王朝の消滅に到るまで、琉球は中国を中心とする冊封体制における相互承認の関係性そのものを国家の存在の証とするインターフェース的な存在の仕方と、近代的な意味で独立した主権国家を単位とする見方との、二つの秩序観が拮抗する場となった。[19] ただしこの段階においてもなお、先進的な文化の窓口としての琉球と島津氏との関係において、常に島津氏が優位にあるとは限らなかった。[20]

対外関係が大きく変化する時期に三司官をつとめ、尚敬王（一七〇〇―一七五一、在位一七一三―一七五一）の国師となった久米村出身の政治家・蔡温（一六八二―一七六一）は、「御當國の儀偏小の國力を以唐大和への御勤御座候に付ては御分力不相應程の御事候」、つまり琉球国は小国であるが中国と日本に対して国の規模には不相応の過大な要求に応じていかなければならない、との現状認識に基づいて「朽索六馬を馭す」（孔子『書経』より「五子之歌」）を引用し、政治とは「朽手縄にて馬を馳せ候儀同斷」（政道とは朽ちた縄で馬を走らせるようなもの）であると随筆『獨物語』に記した。[22]

島津氏が琉球に進攻し国王尚寧が薩摩に連れ去られるという事件に始まる一世紀あまりは、政治的危機の時期であった。[23] しかし政治的危機の反面、薩摩の琉球侵攻の後に、琉球の宮廷芸能は歴史上最も洗練された段階に入ろうとしていた。蔡温と同時代に首里王府において活躍した玉城朝薫（一六八四―一七三四）が創作した組踊は、一七一九年の冊封使歓待において初めて上演された。これは逆説的なようであって必然であった。困難な時期にこそ、琉球の宮廷芸能は、対島津・対日本関係において琉球がなお国家として存立していることを示す役割を果たすようになったためである。

尚寧が島津氏の捕虜となり不在の間に検地が行われ、知行の再分配がなされるなど、琉球王国が有していた機能のうち統治や経済活動にかかわる多くの分野が薩摩の干渉を受けた。また、宮廷芸能においては、薩摩への往来や江戸立の際に日本の歌舞音曲や能、歌舞伎に触れる機会が増え、在番奉行所の薩摩士族との交流から大和の芸能に精通する琉球の士族が育成されていった。

ただし、琉球の宮廷芸能は対中国関係において国家性（つまり東アジア冊封体制の中で求められる国家的機能）を示

すために まず発展し蓄積されてきたのであり、大和の芸能を習得する場合にもそれを相対化する視点を伴っていた。また、日本・薩摩の側から見て先進的な文化であった中国の礼楽や言語を、琉球の士族が依頼されて薩摩の士族に教授する関係も存在した。[24] 冊封使の歓待のために上演されてきた御冠船踊や、それにより促進された儒教的価値観は、薩摩との往来や江戸立の経験から得られた日本の芸能に関する知見を加えて発展し、組踊の劇中の倫理観を支える柱となった。

このことは、礼楽を基準とする儀礼の一環としての宮廷芸能が、島津氏による侵攻から一世紀以上を経ても存在意義を保っていたことを示している。それは、東アジア世界において中心的権威や並存する他の政治的単位とどのような関係にあるかを基準に国家の存在や地位を認識する世界観[25]の継続を意味していた。

第2節　服属儀礼としての舞踊

神に対して捧げる祈りは舞踊の起源の一つとされる。[26] 舞踊というとき、舞と踊とが一つの言葉になっており、いずれもある関係を表現・招来しているが、「踊」は「舞」に対照する行動として伝承された。[27] 「舞」が旋回を基本にしているのに対して、跳躍を基本とした運動が「踊」である。「舞」には、白拍子の舞・曲舞・幸若舞、それに能の舞、神楽の舞などがある。「舞」には独演的性格があり、物語と親和性が高い。発生的に見ても、一人の巫女、一人のシャーマンが、多勢の注視のなかで託宣を受け、神がかりの技を演ずるという独演的な性格を持つものであったとされる。[28]

それに対して、いわゆる「踊」と呼ばれるもののなかで最も古いのは踊念仏であり、平安中期の勧進聖として名をはせた空也上人が大衆に念仏の功徳を悟らしめるために考案したものと伝えられる。空也に傾倒した時宗の開祖一遍上人がそれを継承し、鎌倉時代に広く道俗の間に普及させた。この他に盆踊・田楽躍・風流踊・小町踊・伊勢踊などが挙げられるが、「踊」は個人が自分の影を消して群れに身をまかせる、その集団行動が作り出す興奮が魅力であり、「舞」との違いとされる。(29) 久高島で行われていたイザイホーの円陣で旋回する動きはそうした「踊」の例といえよう。白衣を纏った神女たちの集団が、円陣を作って展開する厳かな所作は神々への祈りの表現であり、その円陣舞踊には拝み手が繰り返され、こねり手、押す手も入って、長時間にわたり繰り返された。「島々、ムラムラの祭りをみていると、今日の洗練された、多くの芸能に通ずる思想がみちみちており、原初的な姿をもっている」と當間一郎は述べている。(30)

「踊」は、原始的なものは別として、本土においては仏教とくに浄土宗との結びつきを深めた。平安中期の空也あたりから踊躍歓喜の宗教的性格をもつものが展開し、それに死霊がついてまわった。ことに御霊会に発した御霊信仰が強大になってくる過程において、「憑く」形式は、一人がする「舞」にではなく、踊の形式を借りた群衆の陶酔となって展開したとされる。(31)

踊念仏は、室町時代あたりになると、単に煩悩追放のためばかりでなく、いろいろの宗教的機能をもたされて、生活の中により深く浸透するようになった。踊は農村の農耕儀礼や都会の災厄鎮送儀礼に用いられるようにもなった。生ける者の煩悩も払えるなら死せる者の煩悩も払えるにちがいないと、亡魂供養のために踊念仏をする習わしは古くから存在したが、室町期に入ると、これが盆の風流となって、(32) 一種の娯楽的な踊に変化していった。(33)「風流」は中世の用例では「豪華な装飾」「仮装」を意味した。平安朝から鎌倉期にかけて、はなやかな作り物や豪奢奇抜な服装の行列で神幸に繰り出す風潮が京の祇園祭や賀茂祭などに生まれ、それが地方の祭礼にも波及して、室町期には各所の祭や年中行事に、さまざまの趣向を凝らした作り物や仮装行列が登場した。

先述のように、琉球において王族の年忌に伴う芸能を担当する役職を「踊奉行」と称したのは、こうした仏教的な背景があってのことと考えられる。(34) 一四七七年二月に暴風のため与那国に漂着し島伝いに那覇に送られた金非衣ら済州島の一行は那覇に三カ月滞在し、沖縄本島の仏教寺院の行事などを記録している。七月一五日（旧盆にあたる）

には寺院は旗ぼこや笠、緞子など高級な織物で飾られ、その上に人形や、鳥獣の形を作り、「男子少壮ノ者ヲ選ビ、或ハ黄金ノ仮面ヲ着ケ、笛ヲ吹キ鼓ヲ打ツテ王宮ニ詣ス」、「其ノ夜、大イニ雑戯ヲ設ク、国王臨観ス、故ニ男女往キ観ル者、街ヲ塡メ巷ニ溢ル、財物ヲ駄載シ、宮ニ詣スル者モ亦多シ」という様子であった。こうした景観は本土の室町時代の風流を思わせ、さらに一五六一年に冊封使として来琉した郭汝霖も『使琉球録』に「俗、中元節ヲ以テ重キト為ス、七月十三日ヨリ起シテ二十六日ニ至ル、昼夜トモニ男女喧騒、往来ヤマズ」と記していることから、盆の行事が琉球の士族から庶民に至るまで行き渡り、生活に広く浸透していったものと矢野輝雄は解している。(35)

仏教の影響とは異なる観点から琉球の「踊」を見るなら、王府が一五三一年から一六二三年にかけ編纂した『おもろさうし』には様々な神遊びの様子がうたわれており、巻九、巻十二、巻十四に祭祀舞踊の古形態が残る。神遊びの場では、言葉と音楽、舞踊が一体となっていた。首里ではオモロ（神歌）が、地方ではウムイ、クェーナ、オタカベ、ミセセルなどの唱えごとがあり、祈りのための舞踊動作は次第に様式化された。(36)

ここまで述べた舞踊や演劇は信仰や神と人との関係において生じてきたものであるが、そのほかにも、世俗的・政治的・社会的な意味合いから、演じる者と見る者との関係を確認し表現するものとして舞踊や演劇は生じてきた。それは「俳優《わざおぎ》」という言葉の多義性からも見て取れる。「俳優《わざおぎ》」の語源は、日本大辞典刊行会編『日本国語大辞典』第二〇巻（小学館、一九七六年）には次のように説明されている。

(1) ワザは神意、神の為すこと。オギは招ぎで、神意を招くのが原義。
(2) ワザヲキ（態招・伎招）の義。身振りなどで神を招くところから。
(3) ワザヲコ（神為痴態）の転という。ヲコはヲカシ（可笑）に通ずる。
(4) ワザ（業）ヲカシの義。
(5) ウタザマアソビゴヒの約。

⑹ ワザホギ（災祝）の義か。

例えば『日本書紀』(37)にある、海幸彦の兄・火酢芹命《ほすせりのみこと》と山幸彦の弟・彦火火出見尊《ひこほほでみのみこと》の伝説は、彼我の関係を確認し更新するための舞踊の起源としてあげられる。兄と弟は、それぞれが得意とする狩猟の道具である釣り針と剣とを交換するが、弟は釣り針を失くしてしまう。怒った兄に困って、弟は海へ釣り針を探しに行き、潮の満ち引きを起こす方法を教わって帰ってくる。その方法を使って弟は、かたくなに和解を拒む兄を溺れさせる。兄は「私を助けてくれたら、私の生む子の末代まで、あなたの住居の垣のあたりを離れず、俳優《わざおぎ》の民となろう」と懇願した。弟が嘯くことをやめると、風もまた止んだ。それで兄は弟の徳を知り、自ら罪に服しようとした。しかし弟は怒っていて口をきかなかった。そこで兄はフンドシをして、赤土を手のひらに塗り額に塗り、「私はこの通り身を汚した。永久にあなたのための俳優《わざおぎ》になろう」と弟に言うと、足をあげて踏みならし、そのときの苦しそうな真似をした。始め潮がさして足を浸してきたときに、爪先立ちをした。膝についたときには、足をあげた。股についたときには走り回った。腰についたときには、腰をなで回した。脇に届いたときには手を胸におき、首に届いたときには、手を上げてひらひらさせた。それから今に至るまで、その子孫の隼人たちは、この所作をやめることがない(38)。

舞踊が、ある状況や心情・身体感覚の再現（そのときの行動・身体的反応の真似）から始まり、やがて子孫に継承される役目・服務となったことについて、三浦佑之は、「隼人が服属儀礼として天皇の前で演じる舞は「隼人舞」と呼ばれて宮中に伝えられていた。隼人に限らず、服属した一族は、定期的に大君（天皇）の前で服属のいわれを語ったり演じたり、贄を献上したりすることによって、服属の誓いを再確認しなければならない(39)」とし、そこに服属儀礼としての舞踊の起源を見ている。隼人の服属は比較的新しかったとみられており、七世紀後半の天武天皇の時代からこうした儀礼が行われ、天皇の行幸の際には犬の遠吠えをしたりして仕えた記録が残されているという[40]。

儀礼が成立するには、服属する者とされる者との間に、ある継続的な秩序が共有されていなくてはならない。服属とは「つき」「したがう」ことであり、「つく」は、二つの物が離れない状態になること、他のもののあとに従いつづくこと、従いまなぶこと、あるものが他のところまで及びいたること、ある位置に身をおくこと、などを指す。また「したがう」は、自分より強大なもの、不動・不変なものの権威や存在を認め、自分の行動をそれに合わせる意である（『広辞苑』による）。

行動を合わせ、したがうことは、不規則なものに対しても、また短期間でも行いうるが、それが儀礼として成立するには一定の間隔を置いて反復することが可能となるだけの、ある程度継続する期間が必要となる。そして、一定期間が経過しても約束事が無効にならないための安定した関係を維持しうる秩序が必要となる。

儀礼とは、①繰り返され、②意識的に演ぜられ、③日常行動とは差のある特異な型ないしスタイルをもった行動で、④開始から終了までが秩序立っており、⑤関心・記憶・参加を喚起し、⑥社会的意味が存在する、集合的行為である。儀礼の要素は、それ自体としては意味を生成させないが、そこに参加する者が予め（すでに）意義を認めていること・モノが、儀礼に意義を生じさせる。そして、「儀礼を演じること」は「そこにちりばめられた象徴」を再出現させ、行為者が儀礼と儀礼との間の空白期間に「無意識に埋もれ」させていた言葉や記憶を発掘させる契機となる。儀礼は政治の本質部分であり、国家の重要な起源の一つである[41]。

儀礼が政治の本質であるなら、それは国家の起源であるのみならず、国家の存立を可能ならしめる国家間関係つまり外交上の関係においても重要な部分をなすはずである。国家が国家であると認められるには、領域内の統治の確立だけでなく、対外的関係においても他の国家によって存在を承認されねばならない。その承認のされ方に応じて、儀礼の果たす役割は国内関係においてと同等またはそれ以上に重要になり得た。

第3節　儀礼の目的——即位儀礼、農耕儀礼、年忌

王朝において服属儀礼を行う者が「つき」「したがう」対象は王である。これに対し、王が儀礼を行う場合、その目的もまた政治の本質部分とかかわっている。琉球の首里王府には国王を頂点とする王権と、聞得大君が司る神権という二重の官僚組織があり、それぞれが行政と祭祀を担当していた。

第二尚氏の初期には、王権の権威を保障するために神権が大きな役割を果たしていた。王権の安定的な引き継ぎがなされることを示す即位儀礼はとりわけ重要なものであった。それを端的に示したのが、第二尚氏を開いた尚円王の王位を継いだ、弟の尚宣威の即位時の出来事である。尚円の嫡男である真加戸樽金（尚真の童名）は、尚円が老境に入ってから（五〇歳の時）の子であった。そのため、尚円は自分が亡き後、まず弟の尚宣威が即位し、その後尚真に譲位する順序を考えていたとされる。尚円が没したとき、尚真は一二歳であった（一四七六年）。翌年、尚円の弟・尚宣威が即位し、半年後に新王を祝福する儀礼が行われた。これはキミテズリと呼ばれる神を迎えて行う祭式で、王は神から祝福を受けることで権威を確かにする。尚宣威は首里城正殿前の広場（御庭）で神の祝福を待った。キミテズリの神に扮した御庭の神女たちは、御内原を出て御庭入り口の奉神門に至ったが、ここで東方に向かって立ち新たな王を讃える「おもろ」を唱えるはずのところ、一斉に玉座にそむいて何故か西方を向いた。王は太陽《てだ》であるため、新王を東に仰ぎ、その治世を昇る太陽に見立てるのだが、神女たちは新王を落日として扱ったことになる。そして、まだ幼い尚真を讃える神歌《おもろ》をうたいはじめ、先王の「思い子」が新しい王に相応しいと示唆した。尚宣威は驚いたが、神の怒りにふれたのだと思い、玉座を降りると失意のまま同年のうちに亡くなった。改めて尚真が即位し、一五歳のとき明の冊封を受けた(42)。

尚真王は五〇年にわたり在位し、中央集権化を進めて琉球の制度の多くの基礎を作り（按司の首里集住を促すなど）、

行政機構の整備・強化をすすめ、祭祀儀礼を司る神女組織を確立した[43]。第二尚氏の繁栄の始まりにおいて神女組織による尚真即位の正当化が大きな役割を果たしたことは、王権の権威がどこに由来していたかを示唆している。

しかし、羽地朝秀（一六一七―一六七五）の改革期になると、古琉球時代に確立した聞得大君を頂点とする神女組織は男性官僚に取って代わられ、王権の正統性を保障するのは中国皇帝による冊封であることが一層強調されるようになった。冊封使を迎えて行われる即位儀礼は、それを端的に表すものであった。また、神話上の国王である舜天王から尚豊王までは神号を有していたのが、尚賢王以降の各王は神号をもたなくなる。さらに、尚豊王までは御後絵に描かれていた太陽と月の衝立が、尚貞王（在位一六六九―一七〇九）以降の御後絵には描かれていない。このことは、琉球土着の王権概念（太陽神としての王権）の変化を反映している。太陽神的な王権儀礼は、先王・現王崇拝を強調した王権儀礼へと転換し、中国的な様相を帯びるようになった[44]。

即位儀礼は一代に一度であるのに対し、年間行事として王が行うものに、稲などの実りの恩に報いる農耕儀礼が挙げられる。天神阿摩美久により五穀の種子が蒔かれた久高島への国王の行幸がその例として『中山世鑑』に記されている。国王が行う農耕儀礼は、主要な生産活動を国王が従事者として王権の中に取り込む意味をもった。

また、王や王族の年忌の祭祀があり、年忌は命日に執行されるのではなく、旧暦七月の中元の時期に行われた。尚王家の菩提寺である円覚寺には歴代の王の位牌が安置されていた。万灯の蠟燭を昼夜ともし、満堂の僧による読経が行われる中で、踊奉行の監督による芸能の奉納が行われた。この際には、若衆踊りを中心に、二才踊りや女踊りの宮廷芸能が上演されたと考えられる。年忌の踊奉行はほぼ毎年任命され、宮廷芸能を安定的に維持・発展させる役割を担った。そして、玉城朝薫が王府主催の冊封使歓待の宴席に芸能を供するための踊奉行に任命される（一七一八年）までは、踊奉行はもっぱら年忌に奉納する舞踊を担当していた[45]。

一七一八年を境に、年忌に舞踊を奉納する役であった踊奉行は、外交の舞台において演じられる芸能を担う役割へと変化した[46]。それは、王朝の連続・安定性を顕示するべき相手が、神権に裏打ちされた王権に「つき」「したがう」者から、国外のより一層広範な世界秩序（冊封体制）の中心へと転じたことに伴って生じた変化であった。

第4節　琉球における冊封の始まり

服属儀礼の背景となる世界秩序についてみてみると、「東アジア世界」の成立は七世紀頃とされ、琉球（沖縄）や日本を含む「東アジア世界」を構成する諸単位は、受容の仕方や距離感に違いはあるものの、いずれにしてもこの世界の秩序と無関係ではいられなかった。ここでいう「世界」とは、西嶋定生に従えば、「そこにおいて歴史が自己完結的に進行する領域」を指し、「それが形成されると、その中で、歴史は他の世界から隔絶されて独自の進行をすることになり、そこに独自の文明と独自の政治的構造とを形成し、その中にふくまれる諸民族、もしくは諸国家は、この世界の歴史の進行から自己を回避させることが不可能になるという、完結した構造をもつ」ものである[47]。したがって「東アジア世界」は、「この地域においていちはやく国家を形成し、高度の文明を達成した中国が、その文明と政治権力とを周辺の諸地域に拡大することによって、形成されたもので、その領域内においては、言語・民族の相違がありながらも、中国文明とその政治権力との影響のもとに、それぞれ国家を形成し、文化を展開させるのであり、そこでは、必ずしも中国文明がそのままの形で受容されるのではないけれども、中国文明と中国王朝の政治権力なくしては、それらの国家形成も、また、文化の展開も考えられないという、いわば、その他の領域から切断され、そこに総体として完結した歴史構造が認められる」場所である[48]。ここで東アジア世界の領域に相当するのは、具体的には、中国・朝鮮・日本およびヴェトナムとされる。この東アジア世界の定義に従うなら、琉球・沖縄もまた東アジア世界に含まれ、一九世紀にまで存続し現代に至る遺制の中に存在していたと考えられる。

琉球（沖縄）と大陸との交渉が開始された時期の手がかりとして、中国の史書に「流求国」に関する記述が現れるのは七世紀半ばである。六世紀から八世紀にかけての琉球（沖縄）は、長い貝塚時代の後期にあった[49]。

唐代に編集された『隋書』（六三六年）に、「流求」という国名が初めて登場し、その中で隋の煬帝が六〇七年に朱寛を「流求」に遠征させて捕虜を得て戻ったこと、そして翌年再び朱寛を送り「流求」を慰撫させたが従わず、その流求人の着用していた布甲を持ち帰ったことなどが記されている。(50) この「流求」が沖縄を指すのか、台湾（沖縄を大琉球、台湾を小琉球と呼ぶ場合もあった）を指すのか、について戦前から論争があり、外間守善は「沖縄と台湾の自然、風習が入りまじって記録されたのではないか」と述べている。(51)

南東の島々について、七世紀から八世紀にかけては『隋書』や『日本書紀』『続日本紀』に登場していたが、その後記述がみられなくなる。一二世紀に入ったころから再び沖縄の歴史について叙述が現われ、按司《アヂ》と呼ばれる族長的性格を持つ共同体の首長が活躍する様子が描かれる。この頃には血縁社会から地縁社会に移行し、農耕社会の基盤が拡がったことで生産力が高まると同時に、土地をめぐるもめごとが多くなった。その際、根人《ニーッチュ》（集落の根屋の主人）や、根神《ニーガン》（宗教的司祭者・有力者）が共同体の平和と秩序を守る役割を果たすようになった。根人は族長的支配者に成長し、さらに政治的支配者としての力を増していった。按司と総称される人々の中には、そうした土着の根人から成長した人々と、外来の実力者とが含まれた。これらの実力者を讃美して、「大親《おおや》」「世の主」、「太陽《てだ》」、さらに「王」という語が尊称として用いられた。

各地の按司がグスク（聖域を取り込んだ城）を築造し、土地を守り拡大する勢力争いをする中で、「按司の中の按司」あるいは「世の主」と呼ばれる政治的権力者が出現してきた。(52) 一二世紀から一四世紀にかけては、実態は明らかではないものの、『おもろさうし』などの記述や口碑から、尊敦（舜天）、英祖、察度らを軸にしつつ、多くの按司たちが浦添周辺に集まっていたと考えられる。(53)

按司らの勢力争いの中から、一四世紀の初めごろには、沖縄本島の中部・南部・北部に三人の実力者が際立つようになった。後に、中山、南山（山南）、北山（山北）の三山時代と呼ばれるようになる。『中山世鑑』『中山世譜』『球陽』といった正史は、この時代を英祖王統の四代目の王が酒色に溺れたために国が乱れて三つに分かれた時代として描くが、これは統一されていた王朝が乱れて分裂したということではなく、多くの勢力が一つに統一される前段階として三山時代をとらえた方が適切であるとの見方を外間守善は示している。三つの勢力は、さらに内側において複数の勢力に分かれつつ、経済共同体としての連帯感を保って政治的に協力し合う、土豪による一種の部族連合を形成していた(54)。

一四世紀後半になると、明への進貢が始まる。三山の勢力者たちは、それぞれ相次いで明国に入貢した。その回数は、中山四二回、山南二四回、山北一一回であり、三山の経済的・政治的な力関係を反映していた(55)。

注

(1) 西嶋定生『西嶋定生　東アジア史論集　第3巻　東アジア世界と冊封体制』岩波書店、二〇〇二年、六五頁。

(2) 清朝の対外関係は「二国間の関係」が併存して成り立つものとされ、清朝と各々の「属国」との関係は、互いに別個に成立した（ここでいう「属国」は清朝との間に儀礼上の上下関係を持つ状態を指し、西洋近代の用語としての属国ではない）。岡本隆司「属国／保護と自主――琉球・ベトナム・朝鮮」和田春樹ほか編著『東アジア近現代通史　第1巻　東アジア世界の近代　19世紀』岩波書店、二〇一〇年、一六二頁。ただし、中国の明・清朝、日本や琉球などそれぞれの二者関係は交錯する場合もあった。浜下武志『沖縄入門――アジアをつなぐ海域構想』筑摩書房、二〇〇〇年、一八頁、一一六頁。

(3) 一六〇九年の島津氏による琉球侵攻から明治政府による一八七九年の「琉球処分」、琉球王国の最終的解体までの琉球王国を、いかなる特質を有する「国」ないし「存在」として位置づけるかについての研究史は、豊見山和行『琉球王国の外交と王権』吉川弘文館、二〇〇四年、九―一〇頁を参照。

(4) 真栄平房昭『琉球海域史論　上――貿易・海賊・儀礼』榕樹書林、二〇二〇年、四三四頁。

(5) ジョージ・H・カー『琉球の歴史』琉球列島米国民政府、一九五六年、九六頁。池宮正治「冠船芸能の変遷」池宮正治『琉球芸能総論』笠間書院、二〇一五年、二〇頁、二六頁、四六頁、五〇頁。

(6) 當間一郎『組踊研究』第一書房、一九九二年、iii―iv頁。

(7) 矢野輝雄『沖縄舞踊の歴史』築地書館、一九八八年、二二一―二二三頁。波照間永子「「男芸」から「女芸」へ――女性舞踊家のオーラル・ヒストリー」舞踊学会編『舞踊学』第三八号、二〇一五年、一四九頁。沖縄県立図書館パネル展示「戦後の沖縄を救ったチムグクルの物語」二〇二三年八月三〇日〜一〇月二日。

（8）ウィラード・ハンナ（Willard Anderson Hanna, 1911–1993）は米国海軍軍政府教育担当官として、沖縄の教育・文化の振興に尽力した。一九四五年四月から四六年七月に海軍から陸軍へ軍政が移管されるまでの約一年間に、米軍人と米国の政治家に沖縄の歴史文化を紹介するため、「沖縄陳列館」と称し、石川（現うるま市）の東恩納の民家に仏像や陶器・漆器などを陳列、公開した。その後、陳列館は沖縄民政府に移管され「東恩納博物館」と改称、初代館長に大嶺薫が就任した。同館は一九五三年に首里市立郷土博物館と統合、一九五五年に「琉球政府立博物館」（沖縄県立博物館の前身）が設立された。この他にもハンナは沖縄教科書編集所や沖縄文教学校を設立し、ニシムイ美術村の画家たちへの支援を行うなど、戦後沖縄の教育・文化の復興に多大な貢献を果たした。一九五〇年には戦利品としてフィリピンに持ち去られていた円覚寺（尚王家の菩提寺）の鐘楼の返還を実現している。英文学博士。沖縄市総務部総務課編『21歳のアメリカ将校がみた終戦直後の沖縄（KOZAの本・4）』沖縄市役所、二〇〇五年、九三頁。与那覇恵子「米海軍政府の軍政要員――ハンナとワトキンス」『名桜大学紀要』第二一号、二九―三九頁。

（9）ワーナー・B・バースオフ（Warner B. Berthoff, 1925–）はハーバード大学名誉教授（英米文学、米国文明史）。学業半ばで兵役により海軍兵学校に入学。米軍が沖縄に上陸する直前の一九四五年三月初め、将校候補生であった時に沖縄行きの任務が下り、二〇歳の海軍少尉として、他の若手将校ら二〇名と共に大型台風ルイズの被害に見舞われたばかりの沖縄に到着した。まずコザ地区の配給主任として住民の物品配給や配給制度の見直しに取り組み、一九四六年二月からは沖縄の交通システムの拡大や郵便システムの整備にあたった。同年四月から復員業務を担当し、引揚者の帰還や住民の再定住受け入れに携わった。七月にはハンナ少佐らの強い推薦により教育部の教育担当官として配属され、陸軍政府が始まった直後に海軍の兵役を終えるまで、各地のキャンプの物資配給や公共事業の状況視察にあたった。帰国した四六年九月下旬にハーバード大学に復学し、翌年大学院に進学。五一年にブリンモア大学に採用され米国文学について教鞭をとった。六七年にハーバード大学教授。伊敷勝美「ワーナー・B・バースオフ氏について」沖縄市総務部総務課編『21歳のアメリカ将校がみた終戦直後の沖縄（KOZAの本・4）』沖縄市役所、二〇〇五年、一二―一五頁。

（10）うるま市立石川歴史民俗資料館展示（二〇二三年八月閲覧）。

（11）一九四五年四月、米軍は上陸の翌日に越来村嘉間良（現在の沖縄市嘉間良）を占領し、民間人収容所を建設した。当初は読谷山村や美里村の避難民を収容したが、その後難民が増えて越来、室川、安慶田を含めた四部落に拡大され、キャンプ・コザと呼ばれる収容地区を構成した。

（12）前掲矢野『沖縄舞踊の歴史』二一二―二一三頁。

(13) 同前。伊佐尚記・大城徹郎『焦土に咲いた花――戦争と沖縄芸能』琉球新報社、二〇一八年、六頁。戦前、沖縄からの移民が多く暮らしていたハワイでは、終戦直後から沖縄救済のための活動が始まり、一九四八年には布哇連合沖縄救済会が豚を贈るための募金活動を展開した。この資金で購入した豚は同年九月に沖縄に到着し、米軍はこれをLARA PIG（ララ豚）と呼んだ。ララは「アジア救済連盟（Licensed Agencies for Relief in Asia, LARA）」を指し、第二次世界大戦の被害で困窮するアジア諸国民の救済を目的に、キリスト協会世界奉仕団など一〇団体が一九四六年に結成した組織であった。沖縄向けの救援資金もララがとりまとめ、一九四七年の秋から医薬品や食料品、衣料などの支援物資が送られた。沖縄県立図書館パネル展示「戦後の沖縄を救ったチムグクルの物語」二〇二三年八月三〇日～一〇月二日。

(14) 前掲伊佐・大城『焦土に咲いた花』七頁、一一―一二頁。

(15) 与那覇晶子「演劇に見る琉球処分：「首里城明渡し」と「世替りや世替りや」を中心に」『沖縄大学地域研究所紀要一九九七年度年報』第一〇号、沖縄大学地域研究所、一九九八年三月、八九―一〇〇頁。

(16) 中山および北山、南山がそれぞれ中国からの冊封を競った経緯については、前掲カー『琉球の歴史』四五頁、五四頁、五八―六一頁。池宮正治「踊奉行：玉城朝薫任命の意味」前掲池宮『琉球芸能総論』八七―九三頁。冊封使の派遣目的は朝貢国の国王に対する戴冠儀礼を行うことにあり、「勅使」である冊封使の乗る船は「冠船」と称された。前掲真栄平『琉球海域史論　上』四三五頁、四五二頁。

(17) 池宮正治「琉球の芸能」前掲池宮『琉球芸能総論』一〇頁。池宮正治「エイサーの歴史」前掲池宮『琉球芸能総論』三九九頁。エイサーについて豊見盛功氏から多くのご教示を賜りました。記して感謝いたします。

(18) 樺山紘一「序論」網野善彦・樺山紘一・宮田登・安丸良夫・山本幸司編『岩波講座　天皇と王権を考える　第六巻　表徴と芸能』岩波書店、二〇〇三年、五―七頁。豊見山和行「御後絵からみた琉球王権」高良倉吉・豊見山和行・真栄平房昭編『新しい琉球史像――安良城盛昭先生追悼論集』榕樹書林、一九九六年、六八―六九頁。

(19) グレゴリー・J・スミッツ『琉球王国の自画像』渡辺美季訳、ぺりかん社、二〇一一年、五五―六二頁、七六―八〇頁。

(20) 原田禹雄「島津重豪と津花波親雲上」原田禹雄『封舟往還』榕樹書林、二〇〇七年、九八―一〇八頁が示すように、琉球側が中国の文化・知識を島津の士族に教授する場面は存在した。そうした事例が生じた背景として、芳即正は次のようなエピソードを引いている。松浦静山（一七六〇―一八四一）の『甲子夜話続編』に、一七九六年、琉球謝恩使が江戸に上った際、休憩をした品川の釜屋の妻が言うには、琉球の「正使の前には出ざりしが、下官の輩には親しく逢たるに、其言ば（葉）薩州の初て来れる者よりは能く通じて、一切此国の人と言合（話し合う）に違わず」と話したと伝えられている。また、上野寛永寺に琉球使節が参詣した際、門前の道具屋に立ち寄った琉球人の話として、「近けれど薩州下人の語は通じ難し、遠けれどこの都の語は能く其国の言語に通ず」と話したとされる。芳即正『島津重豪』吉川弘文館、一九八〇年、六六頁。これは断片的な挿話ではあるが、江戸や京都との文化的な距離に関して、琉球＝江戸よりも、琉球＝薩摩および薩摩＝江戸の方が言語的に遠方と認識される場合があったことを示している。また、薩摩藩における言語風貌の矯正を島津重豪（一七四五―一八三三）が幾度も試みた背景について、芳は、辺境性の脱却ということのほかに、戦国乱世から平和時へと推移するなかで、軍功に優れていれば異様な容貌・言語・行跡（行動）も容認された戦国の評価とは異なる倫理の確立が必要であったと指摘している。

(21)　薩摩侵攻以降の近世琉球（一六〇九―一八七九年）において、新国王が就任するには、中国に加え日本からの承認が必要であった。琉球国王が逝去すると、中城王子への王位継承を薩摩藩へ要請する。これを受けて薩摩藩は江戸幕府からの許可を得て、琉球側へその旨を通達する。その後、即位儀礼が執り行われ、新国王は薩摩藩主へ起請文を提出し、謝礼のための使者を江戸へ派遣する。また、中国側に対しては、国王の逝去を報告し、新国王の冊封を要請する。その後、冊封使が琉球へ派遣され、「琉球国中山王」に封じられる。このため、「琉球国王」「琉球国中山王」といった王号の使用について厳格な制限があり、中国に対しては冊封を受けるまで新王は「琉球国中山王世子（世孫）」を名乗っていた。ただし琉球や日本との間では、冊封以前から「琉球国王」や「中山王」の使用がみられた。麻生伸一「近世琉球における王位継承について――尚育王と尚泰王の即位を中心に」『東洋学報』第九五巻四号、二〇一四年三月、二九―三〇頁。

(22)　蔡温『獨物語』沖縄郷土協会、一九三四年、一頁、五頁。後世の為政者は常に蔡温の存在を想起したことから「蔡温以降は三司官が四人居る」と言われた。三司官は俗称であり、官職名としては「法司官」と記録されている。三名が任命され、国相（摂政）に次ぐ地位であった。伊波普猷・東恩納寛惇・横山重編纂『琉球史料叢書　第三』井上書房、一九六二年、三頁、三三頁。

(23)　島津氏は一六一一年までに琉球の検地を行い、その総石高を八万九〇〇〇石余り（後に宮古島分に誤りがあったとして八万三〇八六石に改めた）と定め、うち五万石を王家の収入に、残りを家臣の知行として配分し、島津への貢物（仕上世）は年貢米九〇〇〇石、芭蕉布三〇〇〇反、琉球上布六〇〇〇反、同下布一万反、むしろ三八〇〇枚、牛皮二〇〇枚などを納めさせることに定めた。一六一一年には掟十五ヶ条も定められ、琉球から他領へ貿易船を出すことが禁じられるなどした。薩摩藩は当初、琉球を日本へ同化する意向であったが、一六一五年に幕府の対明政策が挫折すると琉球に固有の政治形態と風俗を認め、むしろ異化を推進する政策に転じ、一六二四年にはその方針が確定した。これは、琉球が明との冊封関係を維持し、日明間の関係を取り持つよう期待したためであった。しかし、内政が不安定化していた明は一六四四年に李自成の農民軍の反乱によって滅び、清が北京を都とする。そして康熙帝の時代に内乱を鎮圧し、台湾の鄭氏一族を滅ぼして中国を統一する（一六八三年）という王朝交代が起こった。この間、一六五五年に幕府は琉球が清と冊封・朝貢関係に入ることを容認し、一六七八年には北京に赴いた琉球の進貢使が帰国後薩摩に上国して中国の様子を報告する「唐之首尾御使者」の派遣が始まった。新城俊昭『琉球・沖縄史　改訂版』東洋企画、一九九七年、八四―八五頁。紙屋敦之『歴史のはざまを読む――薩摩と琉球』がじゅまるブックス、二〇〇九年、三頁。

(24) 前掲原田「島津重豪と津花波親雲上」九八―一〇八頁。

(25) 朝貢体制を支える国際秩序の原理について、檀上寛「明朝の対外政策と東アジアの国際秩序――朝貢体制の構造的理解に向けて」『史林』第九二巻四号、二〇〇九年、六三五―六六九頁。

(26) 山内盛彬『琉球の舞踊と護身舞踊』民俗芸能全集刊行会、一九六三年、二〇五―二〇六頁。

(27) 藝能史研究會編、郡司正勝・三角治雄編輯担当『日本の古典芸能6　舞踊：近世の歌と踊り』平凡社、一九七〇年、四八頁。

(28) 同前、四八頁、六二頁。

(29) 同前、六二頁。

(30) 前掲當間『組踊研究』三頁。神遊びにおける手の動きについて、前掲矢野『沖縄舞踊の歴史』二六―四八頁。

(31) 前掲藝能史研究會編『日本の古典芸能6　舞踊：近世の歌と踊り』四八頁、五三頁、六二頁、六八頁。

(32) 同前、五三頁。

(33) 同前、四八頁、五三―五四頁、六二頁、六八頁。

(34) 平敷令治『沖縄の祭祀と信仰』第一書房、一九九〇年、四〇九頁によれば、那覇における神仏の信仰のうち、創建年代の明らかな最古の禅寺は、尚巴志を封じるために明朝から派遣された柴山によって一四三〇年に那覇に建立された大安禅寺だが、その宗派は不明で一六〇三年以前に廃寺になったと考えられている。一四五二年には長寿禅寺が建立された。尚泰久王の治世に二〇の梵鐘が鋳造され、うち一六が大安禅寺や長寿禅寺に喜捨された。尚円王の時代には天王寺・竜福寺・崇元寺が建立された（『球陽』巻三、尚円王紀）。一四九二年には、尚真王によって琉球臨済宗の本山および王家の菩提寺として円覚寺が創建され、芥隠がその開基となった。

(35) 前掲矢野『沖縄舞踊の歴史』五六―五七頁。

(36) 同前、三五―三八頁。

(37) 『日本書紀』について本章においては宇治谷孟「神代　下」『日本書紀　全現代語訳　上』講談社学術文庫、一九八八年を参照した。引用部分の傍線宮崎。

(38) 同前、八七―八八頁。宇治谷孟は、この伝説のもととして隼人（はやと、大隅・薩摩の地方に住んでいた一族）を挙げ、宮門の警護や歌舞に従事することが多かった、としている。八九頁、（2）隼人の項目を参照。

(39) 三浦佑之訳・注釈『口語訳　古事記　神代篇』文春文庫、二〇〇六年、二〇二頁、註86「あれこれの惨めな態」の項目を参照。

(40) 同前。

(41) 中村研一『ことばと暴力』北海道大学出版会、二〇一七年、五〇四―五〇五頁、五〇九頁。

(42) 高良倉吉・田名真之編『図説　琉球王国』河出書房新社、一九九三年、四二頁。

(43) 原田禹雄『琉球と中国――忘れられた冊封使』吉川弘文館、二〇〇三年、三六頁。赤嶺守『琉球王国』講談社、二〇〇四年、七四頁。

(44) 前掲豊見山「御後絵からみた琉球王権」六八―六九頁。なお尚賢王（在位一六四一―一六四七）と尚質王（在位一六四八―一六六八）の御後絵は現存しないため、衝立の有無は確認できない。

(45) 王族の年忌ごとに任命される踊奉行は、四月～七月に任命されることが多く、七月の盆の時期に芸能を提供した。こうした年忌の踊奉行は、玉城朝薫が冊封使歓待の踊奉行に任命された後は、任命されなくなった。これについて池宮は、王府が公に行う盆の芸能上演を「古代的な」ものとして禁じたためと解している。前掲池宮「琉球の芸能」七―九頁。

(46) 前掲池宮「エイサーの歴史」三九八―四〇〇頁。

(47) 前掲西嶋『西嶋定生　東アジア史論集　第3巻　東アジア世界と冊封体制』六五頁。

(48) 同前、六六―六七頁、七四頁。

(49) 外間守善『沖縄の歴史と文化』中公新書、一九八六年、三一頁。

(50) 前掲赤嶺『琉球王国』九頁。

(51) 『隋書』に「流求」の位置や風俗が記されて以降、中国の史書（『新唐書』『宋史』『元史』等）においては、流虬（りゅうきゅう）、流鬼、留求、留球、留仇、などの文字が使われ、一三七二年、明の太祖の時に「琉球」の文字に改めてからは、日本や朝鮮を含めてこの文字が用いられた。これに対し、日本の記録を見ると、『日本書紀』（七二〇年）には、大和朝廷に入貢・帰化した南東の人々について記録されており、左記の通り現在の地名にそれぞれ相当すると外間は述べている。

掖久（ヤク）、多禰（タネ）、阿麻彌（アマミ）、度感（トカン）、信覚（シガキ）、球美（クミ）

屋久島　種子島　奄美　徳之島　石垣　久米島

しかし、ここに「沖縄」の名称は出てこない。日本の文献にオキナワの語が現れたのは、七七九年の『唐大和上東征伝』における「阿児奈波島（あこなはじま）」が最初とされる。長門本『平家物語』には「おきなは」の表記がある。麻原美子・佐藤智広・小井土守敏編『長門本 平家物語』第一巻、勉誠出版、二〇〇四年、二一一頁。新井白石『南島志』は「沖縄」の漢字を初めて用いた例として知られるが、先行する使用例があると原田は指摘している。新井白石著・原田禹雄訳註『南島志　現代語訳』榕樹社、一九九六年、五〇頁。前掲外間『沖縄の歴史と文化』三〇―三二頁。

(52) 前掲外間『沖縄の歴史と文化』三四頁。伊波普猷「琉球の口承文芸――クヮイニャ」伊波普猷『古琉球』岩波書店、二〇〇〇年、二三五―二三八頁（初出『国語と国文学』九ノ十、一九三二年一〇月）。

(53) 前掲外間『沖縄の歴史と文化』三五頁。

(54) 同前、三六頁。

(55) 同前、三七頁。

第2章　礼楽と統治

沖縄本島およびその周辺の古謡をさすオモロ（神歌）は、祭祀の場で神女たちに口承歌謡として伝わってきた。祭政一致時代において、最高位の神職であった聞得大君には国王の姉妹が任命され、国王を守護する「おなり神」（姉妹の生御魂）とみなされた。

琉球における祝女《ノロ》信仰は古く、伝説時代に始まり古琉球までに広く行われた。『球陽』巻一「国初」に、「長女は君君の始と為る（君は婦女の神職を掌る者の称なり。……）次女は祝祝の始と為る（祝は亦神職を掌る者の称なり。……）而して倫道始まる」とある。[1] 外間守善は『おもろさうし』を王府オモロ、地方オモロ、特殊オモロに大別しているが、このうち王府オモロには、国王と王都首里を讃え、聞得大君以下王府の祭祀にかかわる神女を讃えたオモロが収録されている。いずれも高級神女であり、政治権力が国王に集中されたのに対応して、王権の守護と絶対性を主張する宗教的・政治的イデオロギーは聞得大君を最高位とする宗教機構を形成していた。[2]

歌うという行為について、池宮正治は「信仰の厚い島々や地域に行くと、日常歌を歌うことは極端に少ない。言い換えると、歌うということは非日常的な、祭式などのハレの場で歌われるものである。つまり呪術的詞章は、非日常的な時間や場所に提供されるもので、音楽も、ことばもそれである」と指摘している。こうした呪的な祭式オモロに次ぐ古いものとして、外間は特殊オモロの中にゑさオモロを含めている。「ゑさ」は集団舞踊に調和する節を指し、現存するエイサー歌の先行形態（ただし仏教的な要素などと複雑に混ざり合う）とも考えられている。後代には、オモロの題材は神事のほか、王者・偉人の讃美、天体の開闢、貢租・戦争・築城・武器・航海・貿易・酒宴・楽舞など、あらゆる分野に及んだ(3)。

島々、村々に伝わる神歌のクェーナやウムイといった古謡を一六世紀から一七世紀にかけて首里王府がとりまとめたのが『おもろさうし』であり、奄美・沖縄で謡われたのべ一五五四首が、二二巻の官撰『おもろさうし』におさめられている。中央集権を確立した尚真王の第五子・尚清王（一四九七—一五五五、在位一五二七—一五五五）の即位五年に最初の結集事業が行われ、四一首を収録した第一巻が成立した（一五三一年）。ただし、実際には尚真王が一四七七年に各地方の按司を首里に集めた際、各地のオモロをも集めて冊と為し、男性役人の神歌主取《オモロぬしどり》を置いて神歌に関する一切の事務を司らせたとされる。尚真王時代に王権の確立や政教一致の支配体制が整備され、その一環として、文化の集約も行われたとされるゆえんである(4)。

琉球王朝最後の神歌主取である安仁屋真苅（一八三七—一九一六）から聞き取りと採譜を行った山内盛彬（一八九〇—一九八六）によれば、王府でオモロを唱え謡う際には、主取はシテと呼ばれる八人のオモロ衆（いずれも男性）を引き連れて謡ったとされる（シテに対し主取はワキと呼ばれていた。本土の能の用語と逆転している）。オモロ衆はいずれも大山在住の親雲上四人、勢頭四人で無報酬扱いであったが、位階を贈るということで競ってシテ役をつとめたという(5)。

第1節　オモロから王権儀礼、宮廷芸能へ

王権の権威をどこに由来させるか、その由来が神女組織による祭祀から、男性の官僚組織が司る冊封へと比重を移したことについては先に述べた。こうした経緯は、宮廷芸能の起源・由来とも関わる。冊封七宴の演目に盛り込まれているように、宮廷芸能の分野は多岐にわたるが、ここでは特に農耕儀礼に由来すると考えられる音曲の一つを取り上げる。

『琉歌百控』は最古の琉歌集とされ、一八世紀末から一九世紀初頭に作製された写本を見ることができる。(6)その冒頭におさめられているのが作田節であり、「穂花咲き出れば　塵泥も附かぬ　白ちゃにやなびち　畔枕」という本歌は、豊作の成就を予祝する歌詞とされる。「白ちゃに」は白い実（種）、米を指す。稲の穂花が咲き出ると、塵や泥もつかず、白い実を包んでいる穂がなびいて畔を枕とする、豊熟の景色を描いている。(7)

『おもろさうし』には、作田節の本歌のもとになったと考えられる歌謡「あおりやへが節」を書き記したものがおさめられており、山内盛彬が歌唱を伝えた「王府おもろ」に「稲之穂祭之時おもろ（あおりやへが節）」として録音されている。(8)『おもろさうし』巻二一の二（巻五の二四二と重複）のおもろは次の通りである。

あまみきよが　御差ししよ
此の大島　降れたれ
十百末
おぎやか思いす　ちよわれ
又しねりやこが　御差ししよ
此の大島　降れたれ
又穂花　取て　ぬき上げは
塵鋳は　付けるな
又穂花　取て　ぬき上げは
粉鋳も　付けるな

この詞にある「あまみきよ」は、沖縄神話上の創造神であり、「おぎやか思い」は尚真王の神号とされる。「御差し」は命令を意味し、「あまみきよ神の御命令でこそ、この大きな島に降りてこられたのだ。千年も末長く尚真王様こそこの国を支配してましますのだ。稲の穂花に塵錆（稲の病菌のことか）が付かないように、大事に大事に育て、国王様に差しあげよ」という歌意とされる[9]。

上述のように、作田節は最古の琉歌集である『琉歌百控』上編「琉球百控乾柔節流」の冒頭におさめられており、古典音楽の歌詞である琉歌の由来が多分野にわたるなかでも、作田節は神に奉る儀礼で唱えられた「オモロ」に由来する部分を多く残していたと考えられる。宮廷音楽として（神事以外の場面において）演奏される際にも、作田節は特に演奏者が「色つぃきてえならん」（色をつけてはならない）曲とされていた[10]。

第2節　中国からの文化・制度の受容

三弦が中国から琉球に伝わり、三線の演奏へと発展していく過程の初期から、音楽と琉歌とは不可分の関係にあり、また、琉球固有の歌謡である「オモロ」とも深い関係を持っていた。琉歌が含む多くの要素が「オモロ」に由来するほか、歌詞が直接に「オモロ」を元にして書かれている例も少なくない。そうした意味において、「オモロ」は琉歌の母胎といえる[11]。

琉歌に合わせて演奏する三線が琉球に伝わった時期については、閩人と共に一四〜一五世紀頃に渡ってきたとされている。冊封体制の整備をすすめる上で、港湾や龍潭造成といった土木工事と同様に重視されたのが、式楽（礼楽）を担う士族の育成であった[12]。

中国では伝統的に礼と楽が重視され、儒教的な礼楽は一体となって国家制度に組み込まれ、宮廷楽団はその重要な一部となっていた。明朝の国家的儀礼や外国使節の引見など重要な式典には定例の楽曲が演奏されており、清朝に代わってても宮廷楽は継承され、さらに発展した[13]。中国から琉球へ音楽・礼楽がもたらされた経路は、冊封使など正式な使者の往来や、琉球から中国への留学生、移住者による交流があり、主に以下の四つの経路があった。

中国への定期的な進貢にともなう伝播

一四世紀後半に明が中国を統一すると、洪武帝（一三二八―一三九八、在位一三六八―一三九八）は近隣諸国に朝貢を促して服属させるとともに、海禁政策によって貿易を管理下に置いた。永楽帝（一三六〇―一四二四、在位一四〇二―一四二四）の時代には、日本の室町幕府も、倭寇の取り締まりと入貢の求めを積極的に受け入れた。明は朝鮮半島をはじめ日本や琉球を冊封体制に組み込み、南方では安南・雲南・ビルマを従わせ、チベットやネパールにも朝貢をさせ、東アジア世界の秩序を構築した。(14)

明朝が成立した頃、琉球には有力按司によって三つの勢力圏が生まれていた。一三七二年に招諭使（明からの使者）楊載《ようさい》(15)が中山を訪れて朝貢を促すと、察度《さっと》（一三二一―一三九五）はこれに応じ、弟である泰期《たいき》(16)を派遣し冊封を受けた。(17)泰期と随員は南京において種々の貢物を献じた。皇帝は使者に丹誠を凝らした贈り物をし、また沖縄へ帰る使者には中国の高官を同道させ、書物・織物・陶器・鉄器などを察度と宮廷に贈った。この際、中国からの使節は太祖（洪武帝）の親書と璽印とを携えていた。これは、察度の王位を確認し、その地位に叙するためであった。中国の使節団員は、沖縄から商品を持ち帰り、個人で貿易を行うことを許された。これが、中国の朝廷と琉球諸島の間に開かれた国交の始まりであった。(18)

中山に続いて一三八〇年に山南（南山）の承察度《しょうさっと》が、また一三八三年に山北（北山）の怕尼芝《はにじ》が入貢し、三山が中国の冊封体制のもとにはいった。三山という呼称は中国に与えられたもので、山とは島または国を意味した。(19)

朝貢を行った三山の按司は中国から冊封を受け、皇帝によりその国の王であることを承認された。それと同時に、中国との貿易を許され、また多くの返礼品が与えられた。琉球から中国への「進貢」は、一三七二年から一四七一年までは特に期間の制約がなく、三山は競って進貢し、中国の文物を取り入れていった。尚円が冊封を受けた一四七二年から一六〇九年までは二年一貢となる。琉球から朝貢のため中国に派遣される使節は進貢使と呼ばれ、総勢三〇〇人にも及んだ。二隻の船に分乗し、中国皇帝に恭順の意を表す文書と進上物を携えた。進貢船は福州に入港し、九月末から一〇月頃に、約二〇人の使節団が陸路を北京へ向かった。四〇日余りかけて移動し、一二月頃に北京に到着すると、朝貢国使節のための施設「会同館」に滞在し、皇帝との謁見に臨んだ。皇帝に謁見が許されると、国王からの文書や進貢品を献上し、皇帝からは国王への文書および各種の品々を拝領した。進貢のほかにも、中国天子の聖寿（誕生日）、皇太子や皇后の冊立といった場合に、琉球国王は祝賀のための使者を派遣した（慶賀使と称される）。先帝の崩御には進香使、冊封を受けた時は謝恩使と、定貢のほか様々な名目を設け、中国への使節はほとんど毎年のように派遣された[20]。島津による琉球侵攻が起こる一六〇九年以降も進貢は不規則に行われ、中山の最後の国王となる尚泰の時代まで続いた。

冊封使者団およびその活動にともなう伝播

琉球国王が死去した場合には、死亡報告のために使者が派遣され、襲封を奏請し、中国皇帝から諭祭を賜った。また、新たに琉球国王が冊封された後には、中国の恩誼に感謝するための使者を派遣した[21]。

明の洪武五年（一三七二年）から、清の光緒五年（一八七九年）までの五〇〇年あまり、琉球は中国に冊封を請う関係にあった。一四〇四年から一八六六年までの間に、中国は琉球へ冊封使を合計二二回派遣した（明代に一四回、清代に八回）。冊封使節団およびその活動は、中国音楽が琉球に伝播する経路のひとつであった。

進貢、慶賀、謝恩の場合、正使、副使それぞれ一名が派遣された。これは正使者が旅行中不慮の死に遭う場合に備えてのことであった[22]。正使・副使のほかにも多くの随行者を伴い、時には一〇〇～二〇〇名に達する場合もあった。正使、副使とともに上京する人は一五～二〇人までで、他の多数の人々は福建に留まった。こうした人々は、政治行事や経済交易に関わり、また、中国の儒家思想やその他の文化にも接して影響を受けた。

こうした機会に琉球に伝わったものの一つが、路次楽という中国音楽の典型であった。明の世宗（嘉靖帝、一五〇七―一五六六、在位一五二一―一五六六）の時代、琉球においては尚真王（一四六五―一五二六、在位一四七七―一五二六）の時代に、路次楽が琉球へ伝えられた。一五二二年、世宗皇帝の即位慶賀のため、琉球より王舅として沢岻《たくし》盛里《せいり》（?―一五二六）が明に派遣された。[23] 伝えられるところでは、この時、明の式典を目にした彼は、琉球の王様を鳳凰轎にお乗せして路次楽を吹き鳴らしながら行進したら、どんなにか王威の尊厳を高めることであろうかと考えた。そこで、掛樋の龍頭一個（首里城内の龍樋の蛇口）、鳳凰轎一丁、路次楽楽器一式を購入し帰国した。これは予め決まっていた支出ではなかったため危うく懲戒されそうになるが、ともかくも一度実施してみようということで行列をしてみたところ一同感動し、大変好評を博した、という。国制を整えていく中で、琉球が明の様式を範として積極的に導入したことを示すエピソードである。[24]

清の徐葆光（?―一七二三）が一七二一（康熙六〇、享保六）年に著した『中山伝信録』の巻一「渡海兵役」には、「吹鼓手八名」の記録があり、また巻六「器具」のうち「楽器」には、那覇の士族に琴を学ばしめ、琴一面を与えた、という記録がある。楽器に関する記録は夏子陽『使琉球録』にも見られ、「王宮の小従者及び貴家の子弟之を習ふ」として、「嘗て吾が随従者を借りて之を教」えた楽器に「金鼓、三弦等の楽」があるものの、「但々、不善の作多し」とされ、楽器の製作・演奏法が確立される過程において多くの試行錯誤があったであろうことが示唆されている。[25]

冊封使の随行者は文化人が多く、雑劇の俳優も含まれていた。徐葆光『中山伝信録』には、重陽の宴において演劇（組踊）が供されたことが記録されている。冊封使や随行者らの感想や意見は、交流のあった士族階級を通じて、その後の冊封使歓待の演目や組踊の内容に影響を与えたと考えられる。

中国人の移住その他の人的交流による伝播

文献記事に見られる琉球への中国人移住に関する最も早い年代は、一三九二（洪武二五）年であり、洪武帝が琉球人の航海技術を補助して円滑な進貢を助け、文教を推し広めるために、福建の三十六姓を琉球に賜ったことが知られている[26]。これは進貢使の往来を円滑にするためであったと同時に、中国の礼楽を琉球にもたらした。『球陽』巻一には、察度王のとき「閩人三十六姓を賜ひ、始めて音楽を節し礼法を制し、番俗を改変して文教同風の盛を致す。太祖、称して礼儀の邦と為す」とある[27]。その後、三十六姓の人々の中には帰国した者もあり、琉球に留まったが子孫のないまま絶えた家もあった。近代までに、五つの姓しか残らなかったとされる。

閩人三十六姓の衰退は、唐旅の危険な航海を頻繁に繰り返した久米村の人々の宿命ともいえた。久米村官員は渡航先の中国において病気に罹ったり、航海中の事故や海賊の襲来に遭うなど、若くして亡くなる人が少なくなかった。琉球王国を代表する文人であり、中国から『六諭衍義』を持ち帰って薩摩藩へ（さらに将軍徳川吉宗へ）伝えたことで知られる程順則（一六六三―一七三四）の家系をみても、久米村の程氏は廃絶しており、順治年間に再建されている。これは、程順則の父・程泰祚[28]が、首里士家の虞氏外間筑登之實房の次男であったが、王府の命により久米村籍に入り程家の跡を継いだことによる。程泰祚は四二歳の時（程順則一三歳の時）に蘇州で死去している。また、程順則の弟、程順性は三三歳の時、福建の在留通事の公務を終えて琉球へ帰国するとき大風に遭い、船は沈没し、そのまま帰らぬ人となった[29]。

一六〇七年、明王朝は琉球の求めにより、さらに二つの姓の華人を琉球に賜った。琉球では移住した中国人を久米村に定住させ、土地、俸、官位、特権を与え、琉球の政治、教育、経済などの重要な活動に参加させた。三弦をもたらしたのもこうした人々であったと考えられ、琉球の音楽文化事業の発展に貢献したほか、多くの民間音楽が琉球に伝わった[30]。久米村は謝名利山鄭迵（一五四九―一六一一）や蔡温といった三司官を輩出し、後の琉球処分に際しては「頑固党」を生み、近代に到るまで中国を背景に国王も無視し得ない勢力となった[31]。

図 2–1　琉球人来朝の図

琉球人留学生による伝播

中国に留学した琉球人留学生には、官生、半官生、および私費生という区分があった。学問のため官生という身分で最初に国子監に入学したのは、明の洪武二五年に中国に渡った琉球人であり、『球陽』巻一の察度王のときに、これ以降琉球は絶え間なく中国に留学する官生を派遣した、という記録がある。明代には一回につき三～五人、清代には四人の官生を派遣していた。留学期間の制限は三年から五年が普通であったが、なかには謝名利山鄭迵のように八年に及ぶ留学を経て帰国後に久米村出身者として初めて三司官となった例もある。

国子監に留学中は公費による待遇を受けることができ、皇帝からも手厚い賞賜を受けた。これに対し、半官生と私費留学生は、福州の私学で勉学した。半官生は全て久米村から選抜されており、進貢する場合は四人、接貢する場合は八人を派遣し、留学期間はいずれも七年間であった(32)。もともと福州から琉球へやってきた人々の子弟であるので、里帰り的に本国で学問を修めさせる意味合いもあった。冠船の度ごとに官生が派遣されるため、冊封使は親しく官生の家を歴訪して、その父母を慰めたといわれる。そうして大抵は冊封使の一行と同船で渡航したとされ、七年間に及ぶ留学期間に物質的にも精神的にも多大な恩恵を受けて帰った。[33]

これらの留学生は、中国において制度、文物、儒教、音楽を学び、琉球へ持ち帰った。三弦と楽曲は福州経由で琉球へ伝わり、尚真王在位の一五〇〇年前後に伝播したとされ、琉歌あるいは琉歌成立以前の歌謡と結合し、その伴奏楽器となったと考えられる。[34]

このように、当初は中国への渡航・留学経験のある琉球の知識人が修得した中国の音楽は、複数の経路から琉球の宮廷音楽として集約され、宮廷儀式に用いられる音楽の演奏法や演目が定められていった。音楽は士族やその子弟の基礎教養、士族の昇進の条件の一つとされ、御冠船芸能の伴奏楽器として冊封使を歓迎する儀式・宴に用いられたほか、進貢使節、謝恩使節、慶賀使節の一部として演奏され、また江戸立（江戸上り）の儀礼においても演奏された。徳川の殿様に謝恩使・慶賀使を送る際、一四歳から一八歳の良家の子弟が楽師から音曲を教授されて「楽童子」として一行に加わった。楽童子は将来を期待されるエリートであった。華やかな衣裳や髪飾りをつけ馬に乗った楽童子は江戸の人々の人気を博し、将軍の御前において三線や舞踊を披露した。[35] 江戸参府使節団には、楽童子を率いる楽師、楽正で構成される二〇人前後が加わっており、芸能外交ともいうべき様相を呈した。[36]

第3節　神事祭祀から儀礼音楽へ

一七世紀の琉球王国においては、それまで神女組織が担ってきた神事祭祀にかわり、男性士族が行う宮廷儀礼が国王の権威を支える基盤となり、歴史的な転換を遂げた。尚質王（一六二九―一六六八、在位一六四八―一六六八）の摂政であった羽地朝秀（唐名は向象賢、一六一七―一六七五）[37]は、儒家思想の影響を強化するため、祝女の地位と権威を抑制する政策をとった。最高位の神女の職務上の地位を大きく下げて国王の妻および国相の次に置くことを定め、同時に、神職補佐を解消した。

この改革の後、羽地朝秀はさらに、国王と王室の祭祀である久高島参詣を廃止するよう強く申し入れた。久高島では、隔年で二つの祭礼を国王が神女らを伴って行っていた。それを廃止に導いた目的は、重視されていた久高島の祝女の地位を弱め、儒家思想の儀礼規範を強化することにあった。

こうした改革と並行して、士族男性が参与・主管する宮廷儀礼音楽は大いに発展し強化された。冊封使歓待の御冠船芸能の上演、江戸立（謝恩と慶賀活動）の奏楽演劇のすべては士族男性が主管し、諸芸にすぐれた士族男性とその子弟が担当した。芸能は士族にとって不可欠の教養であり、昇進の必須条件となる。音楽芸能は、かつての祝女中心の神事祭祀にかわり、男性中心の行政・外交の場に欠かせない、宮廷儀礼の音楽としての役割を獲得していった。(38)

注

（1）球陽研究会編『球陽　読み下し編』角川書店、一九七四年、九三頁。
（2）外間守善「『おもろさうし』概説」外間守善校注『おもろさうし　下』岩波書店、二〇〇〇年、四四七—四五三頁。
（3）池宮正治『琉球文学論の方法』三一書房、一九八二年、三三頁。王耀華著、金城厚監訳『中国と琉球の三弦音楽』第一書房、一九九八年、三八—三九頁。
（4）前掲外間「『おもろさうし』概説」四四八—四四九頁。
（5）山内盛彬『琉球の音楽芸能史』民俗伝統芸能全集刊行会、一九五九年、三三頁。比嘉悦子「「王府おもろ」五曲六節の音楽的考察」沖縄伝統文化ＣＤ政策委員会『沖縄の古歌謡～王府おもろとウムイ』フォンテック、二〇〇六年、三六頁。
（6）上編「琉球百控乾柔節流」、中編「琉球百控独節流」、下編「琉球百控覧節流」の三編からなり全六〇一首を収める。各巻末に書写年が記され、上編一七九五年、中編一七九八年、下編一八〇二年とされる。真境名安興旧蔵の写本が琉球大学により公開されている。『琉歌集　琉歌百控乾柔節流』伊波普猷文庫 IH074（琉球大学附属図書館所蔵）。
（7）島袋盛敏『琉歌集』沖縄風土記社、一九六九年、四八頁。

（8）池宮正治「「王府おもろ」五曲六節の詞章について」前掲沖縄伝統文化CD政策委員会『沖縄の古歌謡～王府おもろとウムイ』一一―三四頁。
（9）外間守善校注『おもろさうし　上』岩波書店、二〇〇〇年、一七二頁。外間守善校注『おもろさうし　下』岩波書店、二〇〇〇年、四二二頁。「又」は歌謡における繰り返しの記号とされる。
（10）金武良章『御冠船夜話』聞き手：古波蔵保好・城間繁・米城恵、若夏社、一九八三年、一六七頁。この文献について、また「作田節」をはじめとする古典楽曲について、與那覇徹先生より多くのご教示を賜りました。記して感謝いたします。
（11）前掲王『中国と琉球の三弦音楽』一〇頁。
（12）沖縄県立博物館・美術館監修・編集『三線のチカラ――形の美と音の妙』沖縄県立博物館・美術館、二〇一四年、五頁。
（13）真栄平房昭『琉球海域史論　上――貿易・海賊・儀礼』榕樹書林、二〇二〇年、四五〇―四五一頁。
（14）新城俊昭『琉球・沖縄史　改訂版』東洋企画、一九九七年、四〇―四一頁。
（15）楊載（生没年不詳）は、一三七二年に琉球へ派遣された明の招諭使。中山王察度を招諭した。これを受けて察度は弟泰期を遣わし、明に初めて入貢した。
（16）泰期（生没年不詳）は、一三七二年、察度により琉球初の使節団・団長として明に派遣された。泰期は五回にわたり危険な唐旅（中国への船旅）をし、明と貿易を交わした。この際に献じられたのは、琉球産の織物、硫黄（鳥島産）、馬であり、中でも硫黄と馬は非常に尊ばれた。ジョージ・H・カー『琉球の歴史』琉球列島米国民政府、一九五六年、四五頁。
泰期は東南アジアに及ぶ大交易が展開された黄金時代の先駆的人物と評され、現在では残波岬の灯台近くに銅像が建てられており、読谷まつりの演目「創作　進貢船」において対中貿易を通じて豊かな文物を村にもたらした人物として描かれるなど、「商売の神様」としても親しまれている。
（17）察度の治世下における重要な出来事として、①朝鮮、中国、日本との正式国交の進展、②中国の行政制度の導入・修正、③東インド（ジャワ、スマトラ、マラッカ）にまでいたる南方貿易の発展、が挙げられる。前掲カー『琉球の歴史』四二頁。
（18）同前、四四―四五頁。
（19）前掲新城『琉球・沖縄史　改訂版』四〇―四一頁。
（20）同前、四〇―四二頁。
（21）原田禹雄『冊封使録からみた琉球』榕樹書林、二〇〇〇年、六―七頁。
（22）前掲カー『琉球の歴史』四八頁。

(23) 王舅（おうきゅう）は臨時の出使の役であり、首里の名族から任ぜられた。原田禹雄『琉球と中国――忘れられた冊封使』吉川弘文館、二〇〇三年、三五頁。真喜志瑶子「琉球王国一五世紀中期以降の畿内制的な特徴と王城儀礼――官人組織と王城儀礼の変遷」『沖縄文化研究』法政大学沖縄文化研究所、第三八号、二〇一二年、二四二頁、註九五は、家譜を根拠に、王の代理として派遣される使節であることから、実際に王・東宮または王族の舅が任命されることが多かったと指摘している。毛姓三世の上里盛里（沢岻親方・毛文英）は、尚真王の三司官であり（『琉球国由来記』巻二）、浦添の沢岻の親方であった。その娘は、尚清王子尚禎公の妃であり、盛里は王子の舅として「王舅」に任じられたと考えられる。「識名沢岻王舅墓之銘」には「公上を補佐し、蒼生を鎮撫し、王舅として渡明した功績により、私館の南に勝地を下賜された者」と記されている。前掲真喜志「琉球王国一五世紀中期以降の畿内制的な特徴と王城儀礼」二〇二頁、二〇八頁。前掲真栄平『琉球海域史論　上』四五一頁。

(24) 前掲王『中国と琉球の三弦音楽』一三―一五頁。

(25) 池宮正治「琉球の芸能」池宮正治『琉球芸能総論』笠間書院、二〇一五年、四―五頁。

(26) 前掲原田『琉球と中国』一二―一三頁。宗元時代には商船による貿易は比較的自由であり、那覇の浮島には中国人が住み着き、唐栄、唐営と呼ばれる、久米村（くにんだ）を形成した。久米村の住民は「閩人（びんじん）三十六姓」とも呼ばれた。閩は、福建省の古名である。洪武・永楽年間（一三六八―一四二四年）に、明朝廷から琉球へ三十六の姓の人々を頒賜されたとされるが、三十六を「多数の」という意味に解する見方もある。また、福建の海岸地方においては、「三六家族」を「地方民の代表」という意味に用いるとカーは指摘している。沖縄において、彼らは無税で土地を与えられ、中山政府は一五歳以上の男子の数に応じて全部落に扶持米を与えた。宮廷においては階級的に優遇された。前掲カー『琉球の歴史』五七頁。

(27) 前掲王『中国と琉球の三弦音楽』二〇頁。

(28) 那覇市企画部市史編集室『那覇市史　資料篇』第一巻六　家譜資料（二）久米系家譜、那覇市企画部市史編集室、一九八〇年、五四三頁、程泰祚（存留通事）の家譜を参照。

(29) 原田禹雄「蘇州の墓碑」原田禹雄『封舟往還』榕樹書林、二〇〇七年、五七―七〇頁。

(30) 前掲王『中国と琉球の三弦音楽』二一頁。

(31) 「頑固党」と呼ばれた親中国派士族の系譜の人々の中には、一九三〇年代に日本の徴兵制度を拒み、身体をあえて傷つけたり、徴兵を避けるため中国へ渡航しようとして遭難し、台湾において日本の憲兵に捕らえられた例もあった。森口豁『紙ハブと呼ばれた男――沖縄言論人・池宮城秀意の反骨』彩流社、二〇一九年。

(32) 前掲王『中国と琉球の三弦音楽』二三頁。

(33) 伊波普猷・真境名安興『琉球之五偉人』嘉陽安男、一九六五年、六九頁。
(34) 前掲王『中国と琉球の三弦音楽』二六―二七頁、四三―四四頁。
(35) 前掲沖縄県立博物館・美術館『三線のチカラ』一二頁。
(36) 前掲真栄平『琉球海域史論　上』四五二頁。
(37) 高良倉吉「『羽地仕置』に関する若干の断章」『日本東洋文化論集』第六巻、二〇〇〇年三月、一二五―一三六頁。
(38) 前掲王『中国と琉球の三弦音楽』四三頁。

第3章　琉球と東アジア冊封体制

琉球と中国との冊封関係および朝貢貿易の始まりは、第一尚氏の成立よりも古く三山時代にさかのぼる。古琉球以来、中国との間に結ばれた冊封・進貢関係は、琉球国家の正統性の支柱となっていく。おおむね二年に一度と規定された進貢使の派遣は、第一義的には政治的関係であったが、それと同時に、進貢に付随する貿易（進貢貿易）が王国の経済を支え、また薩摩侵入後は日本市場との関係のなかで重要性を増すようになった(1)。

中琉関係は、進貢のほか、慶賀、謝恩のための定期的な往来を通じて、経済に限らず人文・政治そして文化的な交流を重ねて発展した。以下では、琉球から中国へ派遣された留学生による文化の移入や、冊封に伴い来琉した文人による詩作から、中琉間における文芸の受容の例をとりあげる。

第1節　官生による儒教文化の受容

琉球から中国へ派遣される船は、正使、副使それぞれ一人の他に多くの随行者を伴い、その数は時には一〇〇人から二〇〇人にのぼることもあった。正使、副使とともに上京する人は一五～二〇人までで、他の多数の人々は福建に留まった。久米村出身で「国師」となった蔡温（一六八二―一七六二）は、二七歳の時、進貢在留役として福州へ渡り、そこに留まって現地の隠者から薫陶を受け学問をおさめた。二九歳で帰国して異例の抜擢をされ、尚敬

（王世子、国王の世継ぎ）の教育係になっている。(2)

国子監や福州において学ぶ間に、琉球からの留学生は中国の儒家思想やその他の文化に接し、琉球に持ち帰った。こうして伝えられたなかには中国の音楽（路次楽、御座楽、打花鼓など）があった。(3) 音楽文化には装飾的・娯楽的な側面もあったと考えられるが、琉球王朝との関係についていうなら、孔子の「礼楽」に基づき、王朝の正統性を対外的・内政的に示す役割をもつものであった。

儒教思想と結びついた礼楽の重要性の認識は、中国へ派遣された留学生（官生）を通じて、琉球へ持ち帰られた。官生は、中国の最高学府である国子監への留学生を指す。中山王は一三九二年から官生の派遣を開始している。初期には王や高官の子弟が派遣されていたが、尚真王の時、一四八一年からは久米村の子弟が派遣されるようになった。尚温王の一八〇二年には人員を八名（従来の二倍）に増やし、正副の区別を付けて、半分を首里から送るようになった。官生に選ばれるには、官生科という試験があり、年齢は二九歳までとされた。官生は礼部の所管に属し、明代は南京、清代は北京の国子監に入学し、監内の書房に住み込んだ。礼部から学費のほか、衣服・調度品・食物および衛生・病気事故への対処などの待遇があった。沖縄の王府からも教授への贈与金や学用品が支給された。監には博士・教習・縄愆庁・廊班・助教・筆帳等の職員がいた。官生は経史を講習するのが主眼であり、詩学・古文・八股文（明初～清末の科挙の答案論文に使用された文体）も学習した。通常は三年間留学するが、七～八年間滞在する留学生もいた。官生の派遣は儒教によって風教を正すと共に中国外交を円滑にするためとされ、大陸文化全般の摂取にも多大の貢献があった。官生の派遣は一八六九年まで続き、二四期八一名が国子監に入学した。(4)

官生以外に、私費で留学する勤学もおり、進貢時に四人、接貢時に八人派遣された。その多くも久米村出身であり、福州の琉球館に三年間滞在し、師を求めて学んだ。官生の場合は冊封の時期を待っての留学となるため、多くの若者が勤学で留学しており、一二〇〇人余りに及んだ。先に述べた蔡温や程順則の青年期は、薩摩の侵攻を受けて一時官生の派遣が取り止められた時期であり、程順則は勤学としての留学であったし、蔡温も通訳として三年間福州に滞在し現地の寺院に師を求めたのみであった（後に蔡温が三司官となる頃には官生の制度が再開された[5]）。医術・絵画修行のため福州へ渡る人もあった[6]。

留学生は帰国すると、外交文書の作成や、通訳、造船、航海など、中国への進貢に関わる仕事に従事し、中国の文物を琉球に伝える文化使節としての役割も果たした[7]。こうして伝えられた音楽を主要部分とする儀礼（礼楽）は、琉球王朝が一つの政治的単位に価するということを対外的に表す手段となった。それは同時に、国内において政治的正統性の確保・維持を行うための制度として確立されていった。

第2節　封舟の往還と文人の来琉

冊封使は、清朝になると正使は満人で翰林院検討、副使は漢人で内閣中書舎人から任ぜられ、従客（冊封使の秘書のような立場の随員で、正使に三人、副使に一人つき、その他にも個人的関係で帯同する人がいた）は知名の文人、一流の書家であった。琉球滞在中の接待には常に詩文の応酬があり、また遊歓の各地に題詠を留め、帰朝復命後は使録を発表したり、官生の教育・料理・音楽・医道等を享受することもあった[8]。

こうして伝授された音楽は、現代的な意味における娯楽的なものというより、統治の思想に関わるものであった。琉球を訪れた冊封使が残した復命の記録『冊封使録』（全一一冊）はよく知られているが、琉球からの留学生が中国の都においてどのように学んでいたのかはあまり明らかにされていない。留学生の様子を知る手がかりとして挙げられるのが、清代乾隆二九年（一七六四年）に著された全四巻の『琉球入学見聞録』である。著者の潘相（一七一三―一七九〇）は国子監の教官であり、琉球国官生の教育にあたった。中国の知識人が官生を指導するなかで、官生から聞き取りをして知り得た琉球国の支配者の系譜や、中国への朝貢の歴史（過去の冊封使による使録を資料として用いており、冊封の年月や規模、献上品、返礼品の記録がある）、琉球の地理、儀礼についての詳細な記述がなされている。また、長年にわたる子弟の問答がおさめられているほか、明朝初期から清代にいたるまで琉球国から派遣された官生の詳細な紹介も含まれている。

陸宗楷（生没年不詳）[9]による『琉球入学見聞録』の序文は、かつて越裳（中国南部の民族）や粛慎（中国東北地方の民族）が中国の都とは遙かに離れていても献上品を送り届けたことが記録に残されているのを例に挙げて、国家の学問は四方の夷狄に通ずることとなったとし、「皆同文の治を行き渡らせる」こと、つまり遠方の諸族の教化の重要性を説いている。そして、『詩経』（魯頌・泮水）の「思楽泮水、薄采其芹」を引いて、

　ますます養生（正しい教育）に盛んである。これに先んじて経書を談じて北に座し、泮林（池の畔の林）で芹や藻を採って憩う。今南に向かうと、海嶠に弦楽の音色で礼楽を教化した。

とし、留学生たちが「泮水」（学宮、学校）において儒学の四書五経を学びおぼえていることを伝え、『論語』の「陽貨」に見える「礼楽」についての孔子（前五五一―前四七九）のエピソードを想起させている。孔子が門人数名を伴って弟子の子游（前五〇六―前四四三？）が市長を務める地方都市・武城を訪れた際、弦歌（琴の音と歌声）が聞こえてきた。これは子游が小さな町においても文化的な社会教育に熱心に取り組んできたことの表れであった。孔子が「鶏をさばくのに牛刀を用いるようなものだ」、つまりこの小さな町に正式の礼楽の教育を施すとは大げさなことだね、と言うと、子游は「いつか私が先生から承りましたことに、君子は道を学べば人間を大切にし、小人は道を学べば使い易い、そう承りました。だとすれば、道、すなわちこの場合は礼楽を学ぶことは、万人にとって必要です、だから私はこうしているのです」と答えた[10]。上に立つ者が礼楽の道を学べば自然に人民を愛するようになり、人民が礼楽の道を学べば自然に上に対して素直になるもの、として子游は孔子から教わった通り礼楽を実践していたのである。礼楽（調和を重んじる音楽）は、人間性を磨く方法の一つとして孔子が重視していたものであ

った。小さな町であってもそれを実践するのは決して大袈裟にはあたらないという、統治における礼楽の重要性を述べた話は、そのまま琉球へと教化を及ぼすことの有意義さを説いている。

「礼楽」を含め儒教に基づく学問を伝えるのは、遠く南の小国である琉球にまで教化を行き渡らせるための営みであり、国子監における留学生と教師らがそれぞれに心をくだいていた様子が『琉球入学見聞録』に記録されている。通常三〜四年、長い場合は七〜八年にも及ぶ留学期間に「弟子は既に日進月歩を遂げ、筆を執って言を述べ、先生もまた昼夜を問わず勤しんだ」と序文にある。これは、琉球から選抜されて派遣され、戻れば第一線で活躍することを期待されている官生の立場からすると誇張ではなかったと考えられる。

『琉球入学見聞録』巻四は詩詞の作品集ともいえるもので、「外藩（琉球）の子弟が国子監で学習して詩を作ることは、……皇帝の治世が立派であるためである」とし、「皇帝の孝行の道を称揚」する表現形式として詩作が重視されていた。[11] そして詩の贈答について「中国とその周辺との区域を分けることがないのは、皇帝の聖なる徳を称えるものである」として、皇帝から任命された国子監の教師の教えの句や、その弟子達の贈別の言、これまでに冊封のために琉球を訪れた文人らの詩歌を収録している。

この巻四には、『琉球入学見聞録』の著者、潘相による賦（皇帝の栄耀を讃える長編）に続いて、胡靖（生没年不詳）[12]の詩「聴海楼和杜給諫中山懐言二律」がおさめられている。胡靖は冊封使正使として来琉した杜三策の従客であった人で、この詩は杜三策の「中山懐言」という作品に和韻して琉球滞在時に詠まれた。その歌意は、次のようなものであった。

夜に、魚龍の水を出る音を聴く（魚が水を出て龍となるのを聴く）。そこで、酒の樽を用意して月に向かって酒を酌み交わす。
海の波の飛沫は吹き上がってまた注いで、天と連なって雪のように降ってくる。散り残った菊の花びらはハラハラと地いっぱいに散り落ち、まるで黄金のようである。
数曲、独り旅人の思いを詠った歌が流れ、幾たびか、故郷を思って夢を見た。
日ごろの浪は、どれほどのものであるのだろうか。この場所（琉球または聴海楼）は、再び尋ねてくることができるだろうか。（其一）(13)

北京で作成される冊封の詔勅を奉安して琉球まで渡海する封舟は、明代には福船、清代には鳥船であった。封舟が那覇港へ渡航し、再び福州に帰還できるかどうかは航海の成り行き次第であり、安全な旅の保障はなかった。航路に習熟した看針通事と、福建＝那覇の往還に就航経験の多い琉球の船員を封舟に乗り込ませる配慮がなされるようになっても、途中暴風に遭うことは珍しくなかった。尚清の冊封（一五三四年）から尚泰の冊封（一八六六年）まで、「漏水」「帆柱のタガが切れた」「フナクイムシに食われて、船板に穴があいてしまった」「纜が突然切れた」「夜半にバリバリと音をたてて、舵が折れた」「舵が交換できたら、勒吐が切れた」「舵がくだけた」等々、破損や沈没の危機に見舞われない航海は稀であった。船が持たなくなると人々は一斉に媽祖を呼んで助けを求め、髪を切って祈誓した。(14)

胡靖が従った冊封正使杜三策のときも、琉球へ向かう往路は順調であったが、福州へ戻る航海（一六三三年一一月八日登舟）時は暴風が起こって封舟の舵が折れ、翌日も風はやまなかった。杜三策は一品服を着用し、海上の諸神の怒りを鎮める祭や祈りを指示している。この時、勒吐《ろくと》（船首と舵をつなぐ大縄）は二度三度と切れて繋ぎ直したために短くなり、操舵が困難になって船は漂流するばかりであった。積荷にあった立派な楠材を以て媽祖の像を彫り、全員で弁償することを一同が申し出ると、杜三策はそれを許した。すると夜半から封舟は飛ぶように航行しはじめ、明け方には渡航時に開洋した辺りに到着し、五虎門から閩江に入ることができた。

ここで信仰の対象となっている媽祖は、もとは実在の人物であり、北宋の初め頃（一説には九六〇年）に現在の莆田県湄州島に生まれた。姓が林、名は知られていないが、誕生してしばらく泣き声を上げなかったことから黙と呼ばれた、とも言われる。林黙は幼い頃から賢く、神通力によって災難から人々を救うようになった。古来漁村であった湄州島において、巫女の役割を果たし、禍を退ける霊験によって島民から崇拝されるようになったと考えられる。没後には島民の民間信仰によって廟祀され、神女や竜女、通賢神女と呼ばれてその神通力は広く信じられるようになった。海難救助や、妖怪・悪魔の降伏によって人々を水難から守ったり、伝染病の治療、大干ばつなど天災の除去、その他様々な霊異が伝えられ、明清以降の媽祖信仰をさかんにした(15)。莆田県一帯からさらに信仰が広まったのは、地方勢力の支持によって各地に新しい廟が立てられたのに加え、その霊験が皇帝の上聞に達し「夫人」や「妃」として冊封されたことが影響したと考えられる。明清時代の記録によれば、宋代において皇帝から媽祖に扁額や封号を賜った記録は一三回に及び、「順済」の額を御賜されたり「崇福夫人」に冊封されたりしている(16)。皇帝による冊封に際しては、官員が冊封の詔書を持参して現地にて式を行うため、社会的な影響は大きかった。こうしたことは媽祖の神格を高め、信仰拡大を促進した(17)。これらの冊封のきっかけとなった事件は海に関係するものが多く、地域的な保護神から、一般的な海上の安全をまもる神へと転化していった様子がうかがえる。その背景には、南宋が杭州・臨安へ遷都し朝廷や官吏が東シナ海の治安を重視するようになったこと、また経済分野での海上貿易の重要性が増したことがあった(18)。清代に入ると、媽祖への冊封の回数は宋代以来の歴代王朝で最多の一六回となった。これらの冊封において下賜された封号は、いずれも媽祖の霊験の神蹟と功徳を讃美・表彰する内容であり、政府が民衆に媽祖信仰を奨励していたことが伺える(19)。

明代では最後となった一六三三年の尚豊王の冊封を終えた後、杜三策や胡靖らは暴風にもかかわらず媽祖の加護を得て無事帰還できたが、この頃には次第に造船に必要な良質な木材が不足するようになっていた。とくに舵を作るための鉄刀木の入手が困難になり航行の安全にも影響を及ぼしていた(20)。那覇での宴において「聴海楼」の詩を詠んだとき、胡靖は自分がどこか現実離れした場所にいるように感じていたのではないだろうか。現代であれば宇宙飛行にも匹敵するような危険な旅程を経て到着した冊封使を琉球の人々は数年前から準備を重ねて歓待した。

琉球王朝が最後の冊封使を迎えたのは、第二尚氏最後の国王となった尚泰王の冊封（一八六六年、寅の御冠船）であり、この後は宮廷がなくなる（変更を承認すべき王がいなくなる）ため、厳密にはこの時代までの宮廷芸能が「古典芸能」と称される。(21)

第3節　冊封使歓待と御冠船踊

琉球では王の代替わりの度に合計二二回（明代に一四回、清代に八回）の冊封使を中国から迎えており、その都度、冊封使を宮廷芸能によって歓待した。これを後に「御冠船踊」と総称している。冊封使は、勅使もしくは天使ともいわれ、琉球国王を任命するために中国皇帝が派遣した使者のことで、国王が即位する時には必ず来琉した。清朝期には科挙に通った官僚が多く、琉球を訪れる最高の知識人たちであった。(22)冊封使が滞在する約半年の間、宮廷は様々な趣向をこらして冊封使をもてなした。歓待は次第に盛大になっていき、冊封七宴において冊封使と国王が同席して組踊を鑑賞するほか、首里城の外でも龍潭、弁ヶ嶽、末吉宮への遊覧、王族・士族の屋敷での小宴会を通じて、国王および琉球の王族・士族は冊封使との交流を深めた。(23)真栄平房昭はこれら大規模な宴について「冊封儀礼の一環に組み込まれた公式行事としての性格が強く」、単なる酒食のもてなしというより渡邊欣雄のいう「主客相互間の社会的相互作用にもとづく、象徴的共食の慣行」であり、「宴の世界は、祭りの世界と構造的に対応し、祭宴が祭儀に、祝宴が祝祭にそれぞれ比定されている」として、冊封という王権祭儀を無事に終えた祝宴であって、両者は一体的に構成されていたと述べている。(24)

冊封使一行の船が福建から琉球に到着すると、まず港で華やかな迎接儀礼が行われた。冠船入港後、船から勅書が下される。清代には「三跪九叩頭」したのち、三発の礼砲（捧火矢）が空に打ち上げられた。那覇周辺の民衆は、

には、王権と外交というものが具体化された形で映され、普段抽象的な存在である王の権威が顕示された。[25] 民衆の目には、王権と外交というものが具体化された形で映され、普段抽象的な存在である王の権威が顕示された。

勅書を供奉した行列が太鼓・路次楽・旗をもって船着き場から進んでいくのを沿道から熱心に見守った。民衆の目には、王権と外交というものが具体化された形で映され、普段抽象的な存在である王の権威が顕示された。[25] 勅書を収納した龍亭は、黄色の冷傘《リャンサン》で供奉られ、正議大夫・秀才などに護衛された。冊封使渡来の行列は、沿道の民衆に国王の即位儀礼を華々しく印象付けるという政治的効果を持った。その様子を杜三策の従客・胡靖は、「王を封ずるの日、偏《あまね》く国の夷女雲集すること万億なり。皆垣上に畳坐し、中国の人物を観る」と記している。[26] 首里城での世子冊封（戴冠）に先立って行われる、崇元寺での諭祭（先王の霊を祀ること）の日の群衆について、尚温王の冊封使・李鼎元は使録に「この日球人の観る者山にあまねく地に満ち、男子は路傍に跪坐し、女子は群り立って遠くから観ていた」と述べている。冊封使の行列を観ようとする群衆の中には、病人やけが人も出る騒ぎがあり、王府は各所にあらかじめ医者を配置し巡回させるほどであった。[27]

冊封使が滞在した天使館は、杜三策までが滞在した旧天使館（聴海楼はその敷地内にあった）も、汪楫以降の冊封使が滞在した天使館も、現在の那覇市東町の西消防署付近にあった。国王一世一代きりの利用であったから、平素は天沢門は閉じており、その前の四房のみを砂糖座に流用していた。冊封使専用の公館で、滞在中は「冊封」の黄旗が掲げられた。すべて中国風の構造で、中で働いたのは冊封使に随行した中国人のみであった。兵員その他の随員は、久米村の家々に分宿した。[28]

天使館へは毎朝、端泉の水が贈られた。早朝二〇〇リットル余りの水を汲み上げ、鎖で厳封して、久米村の秀才《しゅうつぇえ》九人が首里から天使館へ搬入した。冊封使にとって、日々の食卓の食単も楽しみのひとつであった。琉球側では、中国皇帝の代理としてやってくる冊封使を歓待するため、できるだけ彼らの口に合うよう、中国との文化的背景や飲食習慣の違いに配慮して料理を工夫した。[29]

陸路で冊封使が往復する朝鮮であれば、冊封儀礼が済めば天使はすぐに帰還できたが、琉球の場合は福建を経由して船で往還する。夏の季節風で那覇へ向かい、冬の季節風で福建へ戻ったため、自ずと長期滞在することになった。冊封使一行は四〇〇～五〇〇人の大人数で渡来し、平均して約五カ月間、長いときには八カ月も滞在するため、用意する食糧は膨大な量となった。冊封使はじめ水主に至るまで、琉球王府主催の招宴を受けた(30)。沖縄本島の各間切だけではなく、周辺の島々、宮古、八重山、さらに道之島（奄美諸島）からも貴重な特産の食品が集められた。莫大な経費をまかなうために増税が行われたり、寄附を多くおさめた者は一段上の身分に取り立てるなど、資金の準備は容易ではなかった。手を尽くして不足した場合には薩摩藩に借金を申し入れることもしばしばであった(31)。

冊封使を迎えるために用意された料理として、例えば龍蝦《りゅうか》があった。沖縄においては、イセエビ科のシマイセエビ・ニシキエビ・ゴシキエビ・カノコイセエビを指すと考えられる。茹でたエビは赤くて龍の顔をしているために、気味悪がって食べない冊封使が多かった。そこで、中味は料理人が頂戴し、エビの殻で提灯を作り灯をともして冊封使を喜ばせた(32)。

七宴（大宴）のために供される料理は、琉球の料理人が、中国からやってきた料理人の指導のもと共同して作り、満漢全席の形式とした。多くの献立に中国の宮廷料理が取り入れられており、生きた家禽などの食材を中国から冊封船に乗せてくることもあった(33)。

冊封七宴のスケジュールは次のように整えられていった(34)。

・諭祭宴　崇元寺の中門（前堂）で催される第一宴。冊封使から渡された諭祭文を国廟で開読する諭祭礼ののちに行われた。
・冊封宴　首里城正殿へ詔勅を迎えて冊封礼を挙行し、世子が国王となる。そののち、第二宴が北殿で開催され音楽が演奏される。
・中秋宴　八月一五日前後に挙行される第三宴。芸能を主にした盛大な宴会。首里城北殿で御冠船踊を中心とした演芸が催される。冊封使には、組踊のあらすじや、踊りの名、下賜の内容を漢文で書いた「説帖」という冊子が渡された。宴は時代と共に趣向を凝らし盛大になっていき、『中山伝信録』には、神歌祝頌《おもろこねり》、笠舞、貫花、四つ竹踊り、獅子舞、銭大鼓等があり、夕方には花火もあったと記されている。冊封使には二〇種類ほどのごちそうが供された。宴が終わると、首里城から天使館まで松明を持った数千人が道の両側に並ぶ「火城」が、冊封使一行の帰り道を照らした。

・重陽宴　九月九日前後に挙行される第四宴。龍潭で爬龍《ハーリー》が行われ、冊封使と国王等が汀に張られた天幕の座につき、三隻の爬龍が漕がれた。当初は舟の速さを競争していたが、『中山伝信録』の頃には、装飾を施した三隻の爬龍が銅鑼でリズムを取りながら中国皇帝の徳をたたえる歌を中国語で斉唱する風に変わっていた。人々は龍潭のまわりに詰めかけ、唐ぬ按司（冊封使）と国王、そしてきらびやかな爬龍を見物したとされる。

その後、第五宴として餞別宴が開かれ、三隻の爬龍があり、北殿において組踊が演じられる。さらに、第六宴の拝辞宴においても北殿で組踊の上演があった。そして最後の望舟宴（第七宴）は、国王が天使館へうかがい、互いに向き合って金扇一本を差し出して別れのしるしとする。(35) 先に述べた旅の困難を知ればこそ、その別れの挨拶は特別なものとなった。(36)

注

（1）那覇市史編集委員会『那覇市史　資料篇　第一巻十一　琉球資料下』那覇市役所、一九九一年、三頁。進貢は、通常の二年一貢の他、冊封のお礼としての謝恩使の派遣や、皇帝の代替わりの際の慶賀使の派遣があった。また、進貢使を迎接するための接貢船の派遣（一六七〇年代に定例化）や、その他にも漂着人の送還、緊急時の飛船の派遣など、様々な名目での派遣があり、中国との貿易はあらゆる機会を利用して積極的に行われた。

（2）蔡温（さいおん）は「琉球五偉人」に数えられる。組踊の創作者として知られる玉城朝薫と同時代に活躍した。蔡温は尚敬王のとき、一七二八年に三司官となり、山林資源の確保や農村の活性化、士族による商工業従事の推奨など改革に努めた。一七五二年に尚敬が亡くなると、七〇歳を超えていたことから辞任を申し出たが、薩摩の意向もありその後も政治に携わった。
(3)　王耀華著、金城厚訳『中国と琉球の三弦音楽』第一書房、一九九八年、一三―一五頁。打花鼓（ターファークー）について、ロビン・トンプソン編著『琉楽百控　琉球古典音楽　野村流工工四百選　楽譜と解説』榕樹書林、二〇一六年、二八八頁。ロビン・トンプソン「沖縄における中国音楽の受容について」安江孝司訳、『文学』岩波書店、第五二巻六号、一九八四年六月号《沖縄の文学・芸能》、一六三―一七六頁。
屋外で演奏される路次楽は、国王の三ヶ寺参詣・五節句、冬至元旦および一月一五日の朝賀拝礼、中国の御状渡（外交文書の授受）、進貢船・冠船の送迎、薩摩の在番奉行の接待、といった場面で演奏された。これに対し室内楽である御座楽は、冊封使の饗宴や、在番奉行衆の接待の場などで演奏された。真栄平房昭『琉球海域史論　上――貿易・海賊・儀礼』榕樹書林、二〇二〇年、四五三頁。
(4)　新城俊昭『琉球・沖縄史　改訂版』東洋企画、一九九七年、四二―四三頁。
(5)　真栄田義見『蔡温――伝記と思想』文教図書、一九七六年、三七頁。
(6)　前掲新城『琉球・沖縄史　改訂版』四二―四三頁。
(7)　同前。
(8)　真栄田義見ほか編、琉球政府文化財保護委員会監修『沖縄文化史事典』東京堂出版、一九七二年、一一一―一一二頁、一五六頁。
(9)　字は健先、号は梟川（ふせん）。翰林院検討を授けられ、のち国子監祭酒（一七四六年）、礼部尚書（一七六九年）となった。『琉球入学見聞録』の著者、潘相は陸宗楷から教えを受けた。瀬戸口律子・上里賢一監修、小塚由博編、赤嶺守ほか訳『訳注　琉球入学見聞録』榕樹書林、二〇一八年、一四頁、註三八。
(10)　吉川幸次郎『論語　下』角川ソフィア文庫、二〇二〇年、三二〇―三二三頁。
(11)　前掲瀬戸口・上里監修『訳注　琉球入学見聞録』一四八頁。
(12)　字は献卿、のち入道して澄雪と称した。書画に通じ、一六三三年、冊封正使の従客として来琉した。著書に図と説明文からなる『琉球図記』（その説明文のみをまとめたものに恩顕重編『杜天使冊封琉球真記奇観』阪巻・宝玲文庫、ハワイ大学所蔵）がある。同書は冊封使による公式の報告書とは異なり、自由な立場から胡靖が見たままの琉球を描写した点に特徴がある。
(13)　前掲瀬戸口・上里監修『訳注　琉球入学見聞録』一六〇―一六一頁。
(14)　福州に生まれた媽祖信仰は時と共に拡大し、海難が起こると媽祖に祈る習慣が船乗りにあったことから、封舟でも祀られるようになった。民間信仰の神が霊力を示した事例が朝廷に報告され、封号や廟額が贈られることも少なくなかった。原田禹雄「封舟往還」原田禹雄『封舟往還』榕樹書林、二〇〇七年、一五〇―一七三頁。杜三策の航海についても同上参照。
(15)　朱天順『媽祖と中国の民間信仰』平河出版社、一九九六年、三一頁、三七頁、四一―四二頁。媽祖児著、林清美訳『海の女神媽祖ものがたり』長崎文献社、二〇〇八年。「媽祖」は自分の母親または祖母の意味であり、親しみを込めた呼び方とされる。特に福建や台湾においては、「天后」とは呼ばず、「媽祖」という呼びかけが用いられる。
(16)　前掲朱『媽祖と中国の民間信仰』五〇頁。
(17)　媽祖信仰の拡大促進は、皇帝の権威を陸地のみならず海上へも拡げる手法であったとするものに、浜下武志『沖縄入門――アジアをつなぐ海域構想』ちくま新書、二〇〇〇年、七一頁。
(18)　同前、五五―五六頁。
(19)　同前、一二〇―一二四頁。
(20)　前掲原田「封舟往還」一七〇―一七三頁。
(21)　宮城嗣幸『伝統音楽探訪』沖縄伝統音楽野村流保存会、二〇一三年、一四六―一四七頁。琉球王府時代の宮廷芸能は、一八七九年の廃藩置県以降、消滅の危機に瀕したが、それを新たに「古典芸能」と呼称し保存継承がなされた。
(22)　琉球に渡来した冊封使の官位・官職が明と清とで変化したことについて、前掲真栄平『琉球海域史論　上』四三五頁。初めて組踊が上演された、清代の尚敬王の冊封（一七一九年）以降、正・副使ともに正一品に相当する麒麟服を着用するのが慣例となった。
(23)　沖縄美ら島財団編『THE KUMIODORI 300～組踊の歴史と拡がり～』沖縄美ら島財団・花城良廣、二〇一九年、二一―二三頁。
(24)　前掲真栄平『琉球海域史論　上』四四八―四四九頁。
(25)　同前、四五二頁。
(26)　同前、四四一頁。
(27)　前掲真栄平『琉球海域史論　上』四四〇―四四一頁、四四四頁。
(28)　原田禹雄『琉球と中国――忘れられた冊封使』吉川弘文館、二〇〇三年、一二八―一三一頁。
(29)　鄔揚華『御冠船料理の探求――文献資料と再現作業』出版舎Ｍｕｇｅｎ、二〇一七年、一〇四頁。
(30)　前掲真栄平『琉球海域史論　上』四四九頁。
(31)　前掲鄔揚華『御冠船料理の探求』一五七頁。
(32)　前掲原田『琉球と中国』一二八―一三一頁。

(33)　前掲鄔揚華『御冠船料理の探求』一〇四頁、一〇六―一一三頁。
(34)　徐葆光著、原田禹雄訳『中山伝信録』榕樹書林、一九九九年、一五九―一七六頁。
(35)　原田禹雄『冊封使録からみた琉球』榕樹書林、二〇〇〇年、二二五―二二九頁。また爬龍（ハーリー）の始まりについては各書に説明があるが、『球陽』巻一（五三）察度王の時に「竜舟競渡の説」として、「旧記に曰く、昔、久米村・那覇・若狭町・垣花・泉崎・上泊・下泊等の爬竜舟数隻有り。今那覇・久米村・泊村の三隻有りて、四月二十八日より五月初二日に至るまで、唐栄の前江に競渡し、初三日、西の海に浮べ、初四日、那覇港に競渡と。世譜に云ふ、毎年五月竜舟競渡す。是れも亦三十六姓の閩人国に至り、然る後始めて此の舟を造り、江に競渡すと爾云ふ」とある。球陽研究会編『球陽　読み下し編』角川学芸出版、二〇一一年、一一〇頁。
(36)　本章では冊封使の歓待のための宴と芸能について簡略に述べたが、冊封（戴冠）儀礼そのものの過程については、前掲真栄平『琉球海域史論　上』四四二―四四八頁に詳しい。

第4章　対島津関係における芸能の役割

琉球と明清時代の中国との外交において最も重視されたのは、冊封をめぐる一連の儀礼であった。これに対し、島津氏や日本との関係は、どのような経緯で結ばれたのであろうか。以下本章においては、一六〇九年の島津氏による侵攻前後の状況を概観しつつ、「両属」ともいわれてきた対中国、対日本との関係が、それぞれ異質なものであったことを確認する。またその後、島津重豪の時代の島津氏と琉球王朝とのやりとりから示唆される文化的な認識や、大和の芸能が琉球の宮廷芸能に与えた影響、そして文化的な大和化が回避された要因を検討する。重豪は一七四五年に鹿児島で生まれ、一七五四年、父の参勤に伴って江戸に上った。父の没後に一一歳で家督を継ぎ第八代藩主となった。以来、藩主として三一年半にわたり鹿児島と江戸とを往き来し、四三歳で隠居してからは江戸に生活拠点を置き、一八三三年に八九歳で没するまで、およそ四六年間を江戸で過ごした。重豪は江戸と薩摩とを移動しながら、江戸や長崎といった薩摩の外の地域に展開していた文化に関心を向け、その担い手たちとの交流・交友網を築くことで、薩摩の地域社会の文化的環境を積極的に変えていった。重豪は生涯にわたり能を楽しんだことで知られるが、単に文化的な趣味というだけでなく、能を通じて生まれる人々のつながりが幕藩体制を支える組織の諸方面に広がっていた。薩摩藩の場合には、それが琉球支配にまつわる人的交流とも不可分なものになっていたのであり、「薩摩という地域においては、文芸が政治のある一面を長く担ってきた」（鈴木彰）のである。(1)

第1節　島津氏による琉球侵攻

一四世紀以降、中国が提供する理念的秩序（冊封体制秩序）は、中琉関係において徐々に定着した。冊封体制秩序は、大きな円の中心を中国としていたが、中国から見て周辺に位置する琉球王朝は、八重山や奄美からは貢を受ける地位にあった。薩摩に対しては、琉球側は対等の友好関係（善隣）を想定していたが、尚元（一五二八―一五七二、在位一五五六―一五七二）から尚永（一五五九―一五八八、在位一五七三―一五八八）への代替わりにおいて、尚永が若年であったこと、三司官に親薩摩派がいたことが影響し、関係が変化した。善隣の名目で折節に派遣されていた綾船の意味を薩摩では別に解釈し、上位にいる薩摩に琉球側が挨拶を送っていると主張して、薩摩および日本の中央政府への綾船派遣を強要するようになっていった。

島津氏の軍事的な強さは、鉄砲の採用や生産、釣野伏の戦法により知られていた。また、秀吉の朝鮮出兵をどのように経験したかも薩琉の力関係に影響したと考えられる。琉球侵攻の薩摩側大将となる樺山久高（一五六〇―一六三四）は、秀吉の朝鮮出兵の撤退戦を経験していた。一五九八年に秀吉が没すると日本軍は撤退を開始するが、明・朝鮮軍の反撃にあった。慶尚道のサチョン（泗川）に倭城をかまえていた島津氏は、五〇〇〇人足らずで籠城して、明の主力軍（およそ三万七〇〇〇人といわれる）を迎えることになった。圧倒的に不利な戦況であったが、島津義弘（一五三五―一六一九）らは押し寄せる明軍を鉄砲で撃退し、さらに明軍の大砲の火薬が誤爆すると、混乱する明軍の中へ突撃する。義弘・忠恒（一五七六―一六三八）も自ら敵兵を討ち取る激戦となり、やがて明・朝鮮軍の全面的な敗走となった。島津軍は「鬼石曼子《グイシマツ》」と呼ばれ恐れられた。この泗川の戦いで樺山久高は豪腕の明兵と格闘になり、組み伏せられたところへ駆けつけた家臣が鎗で明兵の顔を突き、その隙に久高が首を掻いて窮地を脱したが、危うく討死するところであった。泗川の戦いの後、島津勢は順天城に包囲された小西行長の救出に向かい、露梁津の海戦では李舜臣が戦死、日本側も多数の損害を出しながら小西行長の救出には成功した。しかし樺山久高ら五〇〇人の兵が南海島《ナムヘド》に取り残されており、義弘は救出を命じる。救援に向かった伊勢兵部少輔貞昌、五代少左衛門友泰らが夜半に到着した南海島で目にしたのは、敵の「舟と舟と摸合を取、艫舳《ともえ》に燎火《かがりび》を焚、白日の如にして錐を立る程も忍ぶべき道なし」という有様であった。「何れも武功有る勇士にて、兎角して」明の番船の合間をかいくぐって樺山らに再会すると、一旦迎えの船を呼ぶために巨済島へ戻った。迎えを待つ間、久高らは偶然通りかかった対馬の浦舟を見つけ、これを借り受けて、下部軽卒から四〜六人ずつ小舟で興善島まで渡ることとし、深夜のうちに小舟の往来で五〇〇人全員が渡り終えた。そのことを巨済島の義弘らに伝えるため吉田大蔵・竹内兵部実位が送られた。もし義弘らがすでに撤退した後であった場合には、二人はその場で切腹し、取り残された久高らと運命を共にすると約しての出発であった。安否の報せを待っていた義弘・忠恒は、五〇〇余人の無事が伝えられると大いに喜び、先に島津勢によって窮地を救われた小西らが迎えの船を出し、一人も残さず巨済島へ撤退させたと『征韓録』は述べている。琉球侵攻において大将を務めた樺山が経験してきたのは、このような戦場であった。朝鮮出兵（文禄・慶長の役、一五九二―一五九八年）から一一年後に島津氏は琉球へ侵攻しており（もう一つの慶長の役、一六〇九年）、直近の実戦経験に関して言えば琉球側には及びもつかなかった。そうした薩摩武士の姿は、慶長の役においては侵攻・占領される側を恐れさせる心理的な効果を持ったものと考えられる[2]。

薩摩武士の容貌は、一八世紀中頃を過ぎるころまで「兵児二才《へこにせ》」の姿を残していたとされ、「若侍は大かた此へこ二才なり。其風俗、鬢は十筋ばかりにて糸のごとく首筋に結び、衣裳の裾軽々しく膝をあらわし、肩ゆき又肘を見るばかりにて、三尺余の長かたな（刀）に、わり鞘とて鯉口の所のむねの方に三四寸斗、鞘をわりて傘のはじきのごとくにして、長き刀をぬきやすきやうにしたるを落しざしにし、差添は前の方に横一文字にさし、腰には鹿の皮、或ひは熊の皮などにて尻当を下げ、五七人づゝ打連てさゞめありく。其勇気火のもゆるがごとし」（橘南谿『西遊記』一七九五年）、「古しへの武士はかゝる風俗ならんと頼母しき体なり」（古河古松軒『西遊雑記』一七八三年）と記されるほどであった。異様に長い刀を帯び集団で連れ歩く二才の外観や諍いともなれば命をも惜しまない行動は、後に島津重豪（一七四五―一八三三）の時代には克服すべき課題となり、服装や振る舞いが規制されるようになった。松浦静山『甲子夜話』には、徒党を組み、ロシアンルーレットのような度胸試しにすら命を使ってしまう兵児二才の「狂勇」が筆者の困惑と共に描かれている。

以前は薩摩にへこ組と云て、党を結び男伊達をする士あり。其大略を云はゞ、此組に入者は、行状を守ること僧の持戒の如く、まづ夙に興て書を会読し、夜は寝るまで指矢を射、婦女に近づくことを禁ず。若し途中、女に逢ても、諦視すれば大に咎めて自殺せしむ。又これを難んずる者あれば、泡盛酒を多くの飲ませ、酔臥せしとき枕を払へば、頭低りて即死す。この如くして失約を罰し、幾年とか期ありて、それを過れば組を出て平常の士行に還るとなり。婦女を禁るは如レ斯と雖ども、男色を求め、美少年に随従し、殆ど主人の如しと。或人の話なり。又予が聞たるも此類にて、律僧の武勇を兼たる如しとなり。其一を云んに、酒宴を設るとき、大円形に群坐して、人々の間を疎にして居、其中央に綱を下げて鳥銃《てつぽう》をくゝり付け、玉薬を込め、綱によりをかけ、よりつまるを見て、火をさしながら綱の手を離せば、綱のより戻りてくるくると回る内に銃玉発す。円坐せしもの、元の如くありて避ず。或は其玉に当る者あるも患へず。人も亦哀《あはれま》ずと云ふ。（中略）栄翁老候（薩摩守重豪）家督のとき、此党徒を禁ぜられ、へこ組取捨と触られける。

他方で、そうした古風な侍の姿が（重豪の価値観からすれば次第に開化されて）消えていくことを惜しむ向きもあったようである。一七七二年正月、重豪は、家中藩士の言語や風習が粗野で、日本全国になじまないことを戒め、風俗改革の通達を出した。言語、行状、髪形などを直すよう「容貌検方」（風俗監視方）を置いて規制する一方で、他国人を自由に入国させ、商人を招きいれるために、薩摩の関所を開き、旅館を開放し、他国人との縁組の自由も許す藩令を出した。鹿児島城下では江戸の芝居や相撲、花火、舟遊びなどを催し、上方の芸妓も出入りさせ、上方言葉や歌踊をはやらせた。こうした江戸や上方文化の導入のために「繁栄方」と呼ばれる担当役人が置かれた。この結果、質実剛健を美風とし、金銭や酒食、贅沢をさげすむ薩摩士風の衰えが嘆かれるようになった。薩摩武士の気風について、『西遊記』（橘南谿）などの見聞録に多くの逸話が収録されている。身分の高低にかかわらず義節を重んじることが自他ともに認める薩摩武士の気質とされ、藩士が藩主を批判することもいとわない反骨が同居していた。しかしともすれば平然と命を捨ててしまう傾向もあった。詩人・頼山陽が文政元年（一八一八年）に鹿児島城下を訪ね、昔に聞いた薩摩の質実剛健の士風と、現在（重豪晩年の時代）の堕落した様子とを対比して「前兵児謡」と「後兵児謡」を詠んで風刺したことは知られている。(3)

兵児二才の典型として、薩摩の民話に語り継がれてきた大石平六《おおいしひょうろく》の姿がある。文学者の毛利正直（一七六一―一八〇三）はこれを『大石兵六夢物語』に書き改めた。諸伝本があり、伊牟田經久は『夢物語』を『絵巻』の派生テキストと位置づける。『絵巻』が妖怪と対峙する場面に力点を置くのに対し、『夢物語』は先行文芸や同時代の芸能の活用に優れており、『古今和歌集』や『百人一首』、『太平記』、『仮名手本忠臣蔵』などの浄瑠璃のほか、『論語』など漢籍が、兵六と妖怪の応酬の随所に引用されている。作品の舞台はあえて暦応元年（南北朝時代の北朝の年号、一三三八年）に設定され（ただし、二才たちが「高麗入りの古《いにし》へを慕ひ」、朝鮮出兵における島津義弘の苦労を昔の出来事として偲ぶ場面があるなど時代設定は虚構である）、同時代を風刺する視点が織り交ぜられている。薩摩の意気盛んな若侍である大石兵六は、人々を困らせている狐を退治すると二才仲間に請けあい、討伐の途中妖狐に何度も驚かされ騙されて丸坊主にされるなど災難に遭いながらも、最後は二匹の古狐を仕留めるという滑稽味のある怪異譚である。

毛利正直は六歳の時に父を亡くし、二三歳で隠遁して『大石兵六夢物語』を始めとする幾つかの作品を残し、四三歳で世を去った。正直が生まれた一七六一年は薩摩藩から多くの犠牲者を出した木曾川治水工事完成の六年後であり、この年に藩主の重豪が初めて鹿児島へ到着した。正直（幼名虎次郎）が重豪の前に出て治右衛門と改めたの

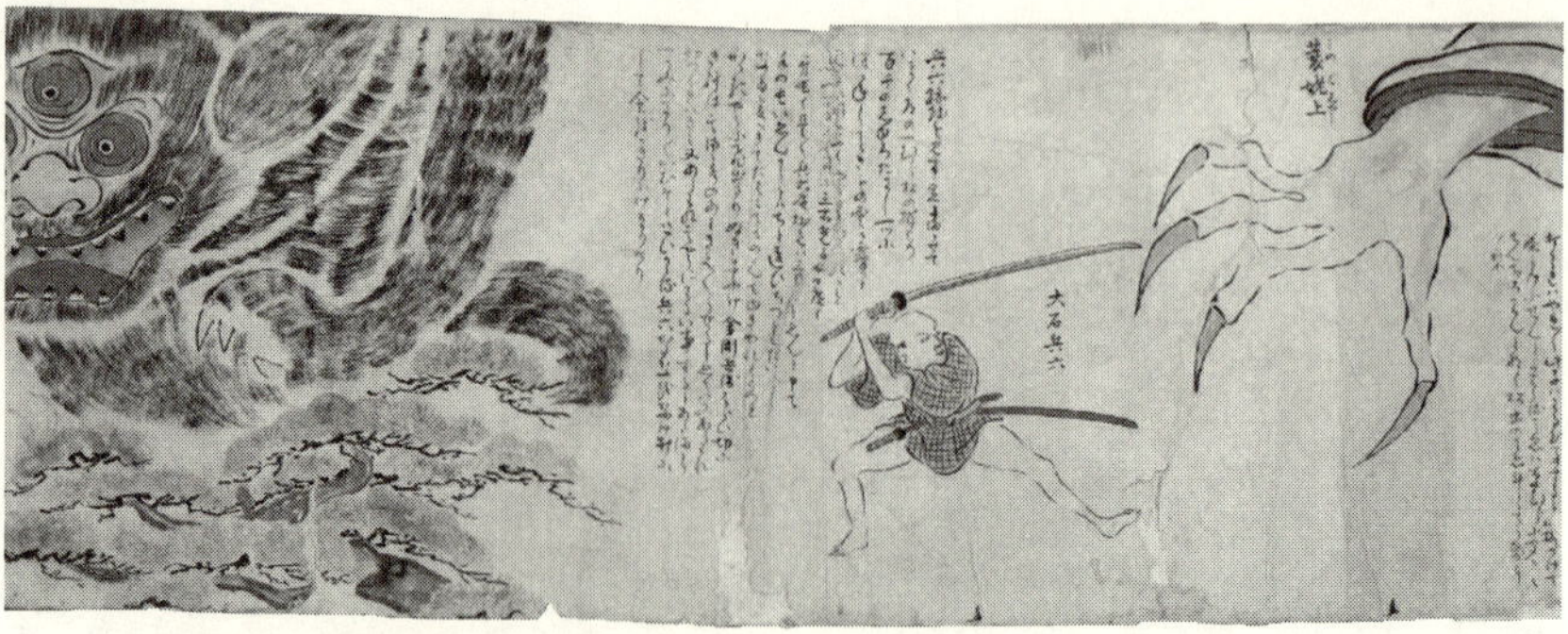

図 4–1　『絵巻』より蓑姥上（みのばじょう）に刀を抜く兵六。左側には次の場面に登場する三目猴猿（みつめこうえん）の姿が見える。

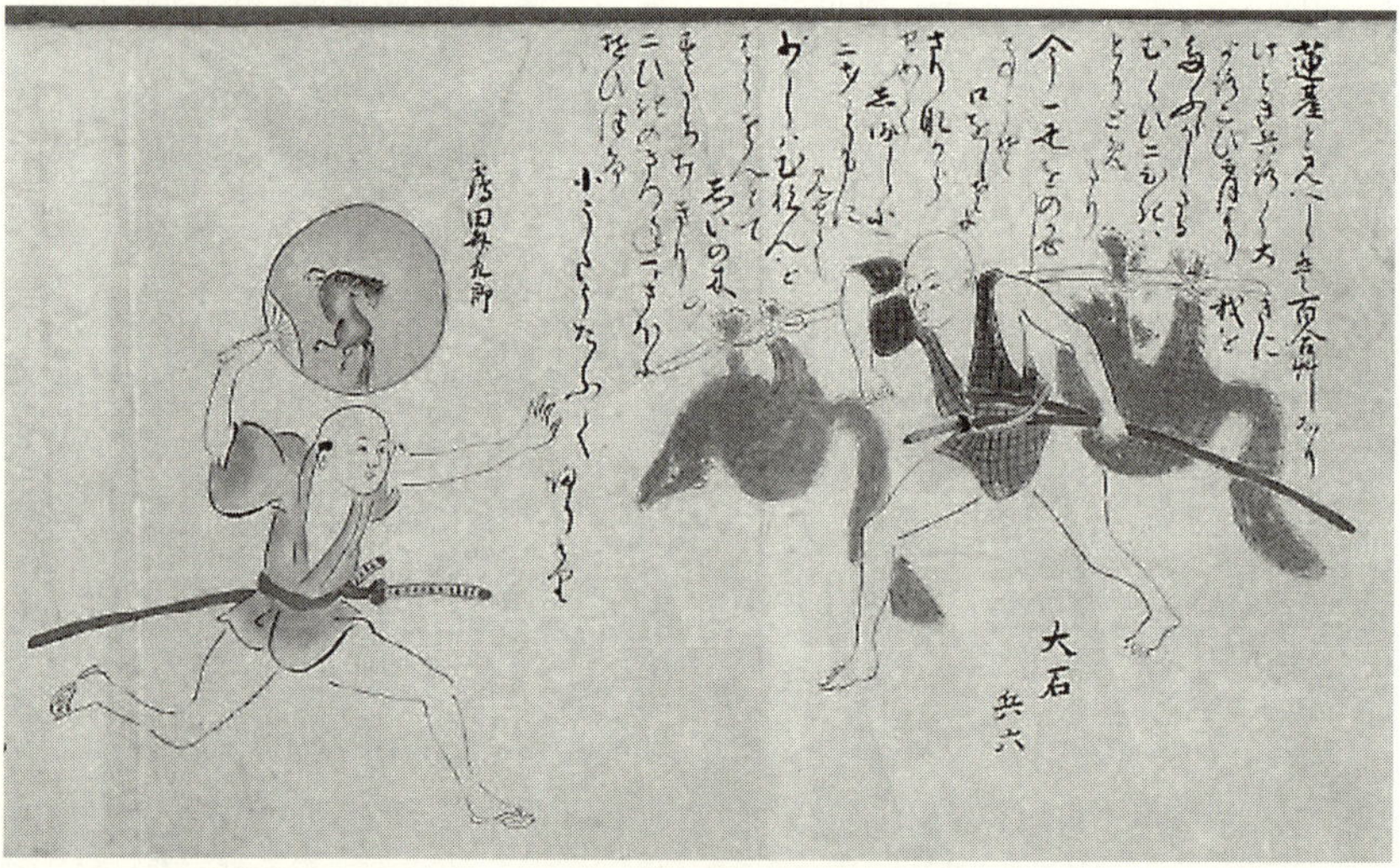

図 4–2　『絵巻』より妖狐を討ち取り二才仲間の元へ帰る兵六。
出典：『大石兵六物語』〔絵巻〕1801（享和元）年，早稲田大学図書館蔵。

は一三歳の時（一七七三年）だが、その前年に重豪は侍の言葉や服装の荒々しさを戒める方針を出している。その意味では、正直は重豪の時代を生きた人であり、彼の政策が藩に与える影響を目の当たりにした世代であった。『大石兵六夢物語』は血気にはやる二才の失敗を滑稽に描いており、自序の日付（「天明四年霜月猫の日」）など正直は随所に風刺の要素を盛り込んでいる（島津氏は時刻を知るために朝鮮出兵にも猫を連れて行き大切に扱った）。その一方で、兵六の狐退治は、重豪の時代に導入されたいわゆる開化政策に便乗する権力者を、人々を苦しめ世の中を乱れさせる悪狐になぞらえた物語としても解釈され（兵六の父に化けた狐が稲荷大明神と島津家のゆかりの深さを説き、「高麗入り」で明の大軍を迎え撃った泗川の戦いの際に義弘は白狐・赤狐が常駐から走り出て明軍の中に走り入るのを目にして勇み立ったという不思議な出来事を思い出させ、狐を殺すのは島津への不忠になるとして、せっかく捕まえた狐を逃がすよう兵六を説得する場面がある）、重豪の時代の社会を暗に批判する書でもあった(4)。

琉球から見れば、やがて「日本化」や「異国化」を迫ってくる（そのいずれもが文化的に異なる琉球を薩摩・日本より劣位に置こうとする意図であった）存在となる薩摩藩自身が、藩内に隠れた反発を抱えつつも中央の美意識や価値観を内面化し、自らを江戸に対して劣位と自覚して一種の「文化統合」を推し進めていたことになる。

島津氏による琉球侵攻の印象が強いために、それより前の琉薩関係や琉球の地位について看過しがちであるが、琉球もまた第一尚氏の末期には喜界島遠征を行い、遠隔の南方諸島に対して小規模な階層的秩序を形成する存在であった。琉球と諸島の関係の深さを表す例として、徳之島の掟《うっち》（集落区長のような役割であった）の対応があげられる。一六〇九年三月二〇日、大島各地を平定した島津の軍勢が徳之島に到着し亀津に入港した際、降伏を求める樺山大将に対し、佐武良兼と思呉良兼の掟兄弟が交渉に臨み、琉球からは連絡がなく（実際には侵攻に備え防戦の準備をしていた）、臣下の分際で主君をあなどり降参するわけにはいかない、とし降伏を拒んだ。薩摩軍は鉄砲で島人を圧倒し二二日に徳之島を制圧するが、敵味方入り乱れての混戦は三日間に及び、多くの犠牲を出した。島津側の記録（「家久公御譜中」）では、「島人巌拒之、我兵急撃屠殺數百人、島人大恐僉服従」（島人がかたくなに拒んだために、わが兵は攻撃して数百人を殺害したので、島人は皆、大いに恐れて服従した）とある。(5) 中国を中心とする大－華夷思想の中で、朝貢国間には中心との距離に応じて文明の受容の度合いに差があるという認識に基づけば、島津が琉球やその周辺地域を見る意識はアンビヴァレントなものであったと考えられる。

一六〇九（慶長一四）年春、薩摩藩主島津家久は、三〇〇〇人の兵を送って奄美大島、徳之島、沖永良部島を順次制圧し、琉球王国を侵略、征服した。薩摩侵入、琉球出兵、また慶長の役とも言われる。本章において慶長の役という場合には、（秀吉の朝鮮出兵、第二次朝鮮遠征ではなく）島津氏による琉球侵攻を指す。

侵攻の背景として、秀吉の朝鮮出兵により断絶していた中国（明）との関係改善を求め、徳川家康が琉球を介して日明の国交回復を図ったものの、琉球側の協力が得られずにいたことがある。また、島津氏はすでに藩の財政が悪化しており、領地拡大と中国貿易の利益を見込んで琉球領有が有効であると判断し、さらに藩内における権力強化を意図して琉球出兵を計画した。(6)

島津義弘は一六〇〇年には関ヶ原の合戦で家康と戦い、「島津の退き口」として語られる壮絶な敵中突破を敢行し生還している。領地を忠恒に譲り、自らは僧になるという条件で許しを得た。一六〇二年、忠恒は伏見城の家康を訪れて感謝の意を示した。後に家康は「家」の字を忠恒に与えて家久と称させた。島津氏は有力な外様大名であったが、このような経緯があっただけに、薩摩と琉球の関係や首里＝江戸間の仲介者としての役割を重視していたと考えられる。カーは「一六〇九年の島津の琉球遠征は、彼らの野望と好戦的精力〔原典のまま〕に対する安全弁の役目をはたした。数世紀にわたって彼らは隣国に対して戦いを挑む自由を享受してきたのである。一六〇〇年にいたって陸地ではまったくそれは阻止されてしまった。そこで南方に向きを変えて、琉球の住民を従えることによって彼らの誇りを満足させたのである」とし、家康以来受けた制約への「激昂」や「嫉妬の念」が行き場を失い、琉球に向かったと見ている。(7)

家康の同意を得た一六〇九年、樺山久高らの率いる薩摩軍は山川港を出陣し、琉球の版図であった奄美諸島を攻略し、四月一日に首里城を陥落させた。(8) 薩摩軍との戦い、首里城の陥落、そして国王尚寧や三司官らが薩摩へと連れ去られ、琉球へ戻れるのかも分からない中で起請文への同意を強いられたこと、それを一人拒んだ謝名親方の処刑といった出来事は、琉球王朝の消滅後（廃藩置県後）に繰り返し語り直され、琉球の苦難の時代として想起されることになる。(9)

一六〇九年の慶長の役、その後の尚寧（一五六四―一六二〇、在位一五八九―一六二〇）の薩摩・日本への抑留、検地と知行の再配分（琉球国王と家臣に薩摩が知行を与えるという形になった）を経て、琉球の国家機能の一部を、日本の中央政府の意向に影響されつつ薩摩は影響下に置いた。その際、意図的に、中国が琉球を「朝貢国」として認識するのに必要な諸条件・外観（明に接触し交渉する部分）は従来のまま残した。

島津氏が琉球に対して行った複数の要求は、中央と島津、島津と琉球、そして琉球（および日本）と明との関係を意識したものであった。まず、島津は中央政府との関係を良好に保つため、琉球が日本の中央に対して礼を尽くすよう促した。具体的には、一六〇二年に東北伊達領に琉球の船が漂着した際、家康は漂着民を島津氏に引き渡させ、翌年の春に琉球へ送還させた。上里隆史によれば、家康にとって琉球との最初の公的接触となったこの船の保護・帰還に際し、家康は、琉球人一人が死亡した場合には送還にあたる島津側五人を斬ると厳命していた。そこまでして漂着民を無事帰還させたことについて、島津は、琉球から家康に対し謝意を示させ返礼（聘礼）の使者を派遣させる必要があった。また、島津と琉球との関係については、琉球に対して十五カ条の掟（起請文）を認めさせ、検地を行い石高を定めて課税するほか、兵役負担の割り当てを行った。そして最後に、最も重要であったのは、琉球が対明貿易の窓口になることであった。この点は、外交上の失敗を犯してきたのは日本・薩摩の側であり、冊封体制の中で琉球が持っている国家的機能に日本と薩摩は期待・依存していた。

琉球を対明の窓口とするため残した部分としては、中国によって琉球の国王が冊封される慣習はそのままとし、明が冊封するのを排除しなかった。また、琉球が明への朝貢国としてふるまうこと（自発的に逐次状況を明に報告する等）は続いた。こうして、中国の様式に則った手続き（請封など）および文書の提出は継続され、中国側が琉球王朝の連続性は保たれると判断する限りは問題がなかった。御冠船が運んでくる品物全てを買い取る慣習は続けられた。明への贈り物を続けることも、薩摩は奨励した。冊封の儀礼は七宴に発展し、冊封使が滞在する間、在番奉行所の薩摩の人々は身を潜めて存在を知られないようにした。

概して冠船儀礼が滞りなく済んだ翌年には、首里三平《しゅりみふぃら》等、那覇四町お祝上《ゆわいあげ》の行事をする嘉例であった。冠船期間中、浦添間切城間村に潜伏した在番奉行の慰問をかねて、上下一統安堵の祝意を表することになっていた。琉球王朝最後の冊封使歓待となった「寅の御冠船」に例をとってみると、一八六六年六月二二日に趙新一行の冠船が着覇し、およそ五カ月の滞在の後、同年一一月四日に退去している。そこで、同月一九日に、薩摩士族の奉行一行は城間村を引き揚げて帰覇、翌一八六七年四月二〇日にお祝上が行われている。首里、那覇、泊、久米村、思い思いの趣向をこらし綱引行事で御茶屋御殿に参入し、歌舞音曲を上覧に供えたとされる。(10)

薩琉の関係は、かつて島津貴久（一五一四—一五七一）(11)の時代には琉球からの綾船派遣を敬意を以て迎え、書簡の上でも国王尚元を敬う様子を示していたが、(12)尚豊（一五九〇—一六四〇、在位一六二一—一六四〇）の例にみられるように、島津氏は侵攻によって琉球国家を解体はしなかったものの、意向に沿わない場合は「国司」(13)の継承過程への介入を辞さなくなっていった。(14)明は新国王の選出過程には立ち入らないため、人選に薩摩の意向が反映されていたとしても文書が揃っていれば冊封される。政府内に親明派はおり、次期国王の決定に唐栄の有力者が支持や不支持を抱く場合はあったが、それにも増して島津による人事への介入は次第に強まっていった。

第2節　「両属」論について

島津氏による侵攻以降も琉球王国は確かに存在していたが、そのあり方をめぐる議論は、研究史において大まかに次の三つの方向に分かれてきた。

(1) 日本と中国への「両属」

(2) 中国への冊封朝貢は形式に過ぎず、実質は日本に属したとする「幕藩体制のなかの異国」

(3) 琉球の主体性（自立）を重視する「従属的二重朝貢国」というとらえ方

先行研究においては、経済的な関係、とくに対明貿易をめぐる日・薩摩＝琉球＝明のやりとりや、綾船の解釈、さらに一六〇九年の軍事侵攻について個々に詳しい議論がなされている。そして、それらの諸側面において、近世から近代にかけての琉球が形成していた外交儀礼がどのような役割を果たしたのかは付随的に言及されるにとどまってきた。その意味では、冊封を形式に過ぎないととらえる第二の見方に批判的な立場であっても、政治的支配の実体（支配の意味をどう理解するか）に言及する際、薩摩侵攻より前の出来事について、現代の視点や用語を前提に論じられる傾向がある。しかし看過できないのは、東アジア冊封体制の中でまず中国の思想や技術を受けて始まり発展していった外交儀礼が、形式を重視する価値体系に基づいており、いわば形式の遵守およびその確認が支配の実体であったという点である。

冊封は形式にすぎないといわれる理由として、例えば、島津氏が侵攻したにもかかわらず明が琉球に援軍を送らなかったことが挙げられる。援軍の派遣がなかったのはなぜか、まず琉球側の事情として、琉球王国は喜界島遠征や八重山諸島の反乱鎮圧など、首里が優位に進められる軍事遠征の経験はあったものの、外からの脅威にさらされることは薩摩侵攻までほとんど経験がなかった。そのため、国防上、明による派兵支援が必要となるような状況は、朝貢関係において想定されていなかった（検討すべき政策分野としてそのような問題が存在しておらず、意識の外にあった）と考えられる。むしろ明による武官の派遣は、朝貢国にとっては、なにか不始末があって国王が罰せられることを意味し、そのような事態になれば国内の諸勢力に対して国王は権威を示せなくなる。そのため、尚寧の冊封に際し、明からの武官の派遣が打診されていたのを断って文官の派遣を請うた例があった(15)。また、国防に関して、神官の祈りは防衛に効果があると考えられており、琉球では宗教的な側面からの備えを実効性のあるものとして重視していた様子がうかがえる(16)。

近代以降の国防や支配の実体を前提にすると、たしかに朝貢について「形式だけで実質がなかった」ともいえるが、ここでいう「形式」と「実質」は、それぞれが前提にする国家像や国際関係のあり方、時代とがかみ合っていない。双方の成り立ちには時間差があり、先に「形式」を本体とする冊封体制が、後にいわゆる「実質」つまり薩摩・日本が強いた支配服従関係がつくられた、と見るべきであろう。そして、この二つが接触・抵触したのが秀吉の「朝鮮出兵」であった。

琉球が中国との冊封関係を通じて形成してきた外交儀礼の蓄積は、対日関係においては、日本に「朝貢してくる他者」の役割を期待され（それが日本の中央政府の威光を高めると考えられた）、「異国」の文化を体現するよう期待される中で、琉球が儀礼においてあらわす姿は大和風とは異なる外観を強調する演出になった。これは演じ手の外観の美を重視する傾向につながっていく。そして、儀礼（管弦）それ自体が対日関係において産品に代替する価値を持つようになっていった（中央政府へ贈る特産品を用意できないので管弦を以てかえたい旨、琉球側から薩摩へ申し出た例がある）。

当初は求められて演じた「儀礼で見せる異国性」であったが、後には琉球が中国とも日本とも異なるというアイデンティティや主体性のもととなっていった。しかし、この過程は（近代以降の意味での）国家的な独立性を琉球が獲得できないことが明らかになっていくのと軌を一にしていた。中国向けの外交儀礼が洗練され完成していくプロセスの頂点ともいえる組踊の創作と七宴が催されたとき（一七一九年）には、薩摩藩による在番奉行駐在が始まってから九〇年近くが経っていた。この間に、国家の（対外的）機能の中で、外交儀礼としての舞踊管弦だけが残り、そこに「主体性」の表明が維持されていたともいえる。その意味で、琉球王朝の踊奉行をはじめ「踊方」[17]が担っていたのは、エクスカーション的な補助や装飾の役割というより、冊封に適切な形式と儀礼が整えられているのを示すことであり、それは外交の場において国家的存在でありつづけるための生命線であった。

こうしてみると、「両属」論にも、「冊封＝形式、日本への帰属が実質」という見方にも、それぞれに補いうる部分がある。そして、「主体性」論をとる場合、それがどのように表明・承認されていたのかは、未だ検討の余地がある。次節以降は、「主体性」が主に表明・承認された分野として外交儀礼に着目し、対中国、対日本（薩摩、中央政府）との関係において、外交儀礼がどのような役割を果たしたのか、またそれぞれの役割に合わせてどのように発展したのかを概観する。それによって、琉球（のち沖縄）の「主体性」[18]がどのようなものであったのか考える手がかりとしたい[19]。

第3節　慶長の役以降の江戸上り——大和文芸の影響と「琉球的」外観の形成

一六二四年八月二〇日、島津氏は「定」を発し、琉球国王に対して、諸役人の扶持給付権・裁判権・祭祀権を与える一定の自治を許した。首里王府は自国意識を高め、幕藩体制に対応した執行体制の整備と任務職掌の明確化といった構造改革を行い、王府の政治的・行政的機能を強化した[20]。一六三一年には、島津家は家臣の川上又左衛門忠通を琉球在番奉行に任じて琉球に派遣する。すでに島津は財政難に陥っており、琉球の進貢貿易を領主財政に直結させるという積極的な危機打開策を展開したのだった[21]。

一六三四年には、島津家久は将軍家光に対する最初の慶賀・謝恩の入見を画策し、佐敷王子朝益（尚豊の次男、尚文）を上京させ七月に二条城で家光に拝謁させた。慶賀・謝恩の入見を恒常化させた「江戸立」（江戸上り）は島津氏の参勤交代に付随する形で、朝鮮通信使の外交儀礼に準拠させて行われた[22]。先述のように、徳川に謝恩使・慶賀使を送る際、琉球士族の子弟である一四歳から一八歳の男児が楽師から楽曲を教授されて「楽童子」として一行に加わり、御前で三線や舞踊を披露した。[23] 中国からの冊封使歓待と並んで、こうした場面における歌舞音曲の披露は宮廷芸能の重要な役割であった。琉球からの使節は大陸由来の書や詩文に通じていることを求められた。また同時に日本の士族や文化人との交流においては、琉球の士族が大和の文芸にも秀でていることを示しつつ、琉球の言葉と日本語との言語的な由来の近さを認識させるという、絶妙なさじ加減が求められた。

第４節　羽地朝秀の改革と湛水親方

対中国外交のために必須とされてきた礼楽を具現化した管弦舞踊は、常に意見の対立を抱えながら、長期間かけて確立された。特に、尚質王の摂政、羽地朝秀（向象賢、一六一七―一六七五）の在任中には、儒家思想を強化し、神女の地位を大きく下げ、それにかわり士族男子が宮廷儀礼を主に担う方針が出された。これにより、士族男子が参与・主管する宮廷儀礼音楽が大いに発展し強化された。士族が獲得すべき技能として、唐楽謡（管弦舞踊）が定められ、官位昇進の必須条件となった。羽地は若い士族が学ぶべき技芸として、学文、算勘、筆法、筆道、医道、立花、容職方、謡、唐楽、包丁、茶道、馬乗方、などを示している。[24] 琉球では弓・剣術といった武道のたしなみではなく、音楽が士族層に奨励されたのだが、これは様々な儀礼の場で音楽が使われ、国家体制の中で重要な地位を占めていたためであった。[25] 羽地は、日本や中国の文化の習得を通じて、外交の場で通用する士族の登用を目指したが、「日琉同祖論」の先駆的論者ともいわれ、どちらかというと大和を中心とした芸能を推進した。これに対し、羽地の従兄弟でやはり高官であった幸地賢忠（夏徳庸のち湛水親方、一六二三―一六八三）は、度々渡航した薩摩において大和の芸能を学びつつも、琉球独自の芸能の方向性を模索していた。

幸地賢忠は、鬼大城（大城賢勇、夏居数、?―一四六九）の裔といわれ、現代まで伝わる楽曲のなかでは最も古い作品群を残した演奏家であった。一六二三年に生まれ、一六五三年には具志川間切の脇地頭に補せられ、具志川親雲上を称した。薩摩へ上国すること数度に及んだが、その中で特殊であったのは、一六六四年の北谷親方一件をめぐる陳情のための上国であり、幸地賢忠の一生に心境の変化を来したほどの大事件であった。この事件は、三司官北谷親方朝暢が進貢正使として渡唐した際、福州港外で海賊に襲われるなどして進貢品の一部を失ったことから、接貢使恵祖親方と共に職務怠慢の罪に問われ、死罪となった一件であった。北谷親方朝暢が伴っていた部下が窃盗を働いたことも責任問題を複雑にした。羽地執政中の事件であり、慶長終戦後の薩摩の支配下にあった時代とはいえ、約三カ月の控訴期間をおいてあったにも拘らず、摂政具志川王子は勿論、羽地、あるいは国王尚質の一身にも及ぶおそれのあったために、琉球側は遂に救命の途を講じなかった。当事者のこの冷淡な措置に対しては遺恨があったとされ、対応にあたった幸地賢忠にとって重い出来事であった[26]。

この北谷恵祖事件から九年後の一六七三年、尚貞王の治世に、幸地賢忠は年忌の踊奉行に任じられている。この時、五〇歳であった。「その芸道も練熟老成の域に達していたであろうが、世事を捨て、歌舞音曲にかくれて、虚無的生活を送っていた境地も察するにかたくない」(東恩納寛惇)とされるが、翌年、羽地が風紀粛正の法令を出す。その達書には「この頃、世間の噂では、よい年配の者一両人傾城に溺れ、或は傾城を漁りあるき、或は地頭所の差配までもさせる者あるやに聞及んでいるが、不都合の至り、それに若年の者、上下によらず、傾城を自宅に引入れ、奉公疎略に致すものある由、お国元にまでも知れているらしき風聞国の面目にもかかる事である。左様の者は、早速知行返上、隠居の身になって、思う存分遊興もするがよし、島知行頂戴しながら、世間の風紀をみだし、平気でいるような輩は容赦なく曲事申付ける所存である」とあった。ここで「年配の者一両人」は幸地賢忠と「妓女」を指したものであろうが、同じ法令の文末に「若し恨みに存ぜられるべき人は羽地合手《あいて》になるべく、少しも一身惜しみ申さず国中の恥辱にはかえまじく候」とある。羽地の急進政策に不満を抱く人が少なくなかった様子がうかがえる。妻を亡くした後の喪失感からか、高官の身でありながら仲島通いを続けたことで幸地賢忠はとくに羽地の怒りを買い、風紀を理由に左遷された。琉球独自の芸能をめざしたために、「日琉同祖論」を唱える羽地の方針と合わなかった、ともいわれる(27)。

親類会議の上、幸地賢忠は領地を返上し、具志川間切田場に隠棲謹慎となった。発令後僅か三日目のことで、夏氏系譜には「妓女を以て妾となす是により十二月十五日田場村に放居す」とある。長男賢充の家督が同月の二六日となっており、隠居の願が直に受理されて、家督を承認されたことが確認できる。湛水親方の詠んだ歌として、「露の身や持ちやい遊ぶしや笑てこの世振り捨てていきやしがな」が知られているが、この時に余憤をもらしたのであろうといわれる。人生の無常を感じ、浮世のはかなさを遊興にまぎらわせていたらしい彼の心境は、その芸風に反影していった(28)。

一六七五年一一月二〇日、羽地が五九歳で世を去ると、翌年一〇月二四日に湛水は恩赦の上、命を蒙って、田場村から首里に帰り御茶道頭職に任用された。茶道職は尚寧時代、喜安入道（一五六六―一六五三）がこの職に任ぜられてから御近習役の一員となっているが、頭職は、湛水の時にはじめて置かれたものであった。系譜には「乃剃鬚髪」「任用茶道頭職」とあって、御茶道と医者は剃髪するのがこの時代の風であったから、湛水も帰参してこの職につくために剃髪したようにもとれるが、恐らくそうではなく、田場天願の蟄居の時に髪を落として湛水と号し、恩讐をこえて風月を友とし、三弦の爪弾にその日その日を送っていたものであろう、と東恩納寛惇は述べている(29)。

首里帰還後二年が経った一六七八年に、湛水は名護間切喜瀬の地頭職に補せられた。それから三年たって北谷間切屋良に転封となる。一六七八年には尚貞冊封の請封使が立ち龍潭の浚渫が行われる等、冠船接待の準備が始まったことから、湛水の恩赦もこれと関連しており、それだけ彼が音曲の上で余人を以てかえがたい存在であったと考えられる。この時の冊封使であった汪楫一行の冠船宴には湛水流が大役を勤めたとされるが、汪楫はその時の歌曲を評して「其音哀怨、抑えて揚げず」と記した(30)。

一六八三年、湛水は久米島仲里間切惣地頭職に栄転、同年一二月一〇日に六一歳の生涯を閉じた。後に組踊を創作する玉城朝薫が誕生するのは、翌年のことである。

第5節　対島津関係における芸能の役割

島津による琉球侵攻の後、国王尚寧が不在の間に行われた検地や知行の再分配に見られるように、琉球国家が有していた機能のうち統治や経済活動にかかわる多くの分野が薩摩の干渉を受けた。それは人的な交流が増すことを意味し、宮廷芸能においては、薩摩への往来や江戸立の際に日本の歌舞音曲や能、歌舞伎に触れる機会が増えていった。在番奉行所の薩摩士族との交流を通じ、大和の芸能に精通する琉球の士族階級が育成されていった。それはまた後述のように、文化的なサロンにおいて交流のあった薩摩士族の共感が得られることを一方的に信じながら顧みられなかった平敷屋朝敏（一七〇〇―一七三四）の悲劇を生むこととなった。

ただし、琉球の宮廷芸能は対中国関係において国家性（東アジア冊封体制の中で対外的に示すべき国家的機能）を示す役割をまず期待されてきた。慶長の役から一〇〇年後の一七〇九年、江戸幕府は通信の国と位置づける朝鮮とは異なり従属国である琉球の外交儀礼（江戸立）を無用とした。これに対し、江戸立を継続したい薩摩は新たな意義づけをせまられた。そこで、琉球は中国に朝貢する国々の中で朝鮮に次いで第二位の席次にあり、琉球からの慶賀使の派遣は「日本の御威光」として、東アジア世界において日本の威信を高めるのに役立つと強調し、先例通り慶賀使を召し連れるのを継続できるよう請い、最終的に幕府に受け入れられた(31)。これ以降、薩摩は琉球使節一行に、異国風・中国風に装うよう特に命じ、中国へ朝貢する異国からの外交使節であることを演出するようになったと赤嶺守は指摘する。薩摩は江戸立の目的が附庸国たる異国王の聘礼にあるとして、道中で唐衣装を着て路次楽を演奏しながら行列をなし、宴や儀礼にあたっては中国的な座楽を演奏することを求めたという。以降、主要な城下町などにさしかかると、その都度唐衣装に着替え、路次楽を演奏して通過している。琉球士族は中国的な鬚髭を蓄えて

図 4–3　琉球人来朝の図，路次楽

いて、その形も見る人に異国イメージを抱かせた。[32]

　こうした薩摩による「異国風」であることの要求は、琉球の名称にも反映される。一七一二年六月、薩摩は琉球の王に一時名乗らせていた「琉球国司」[33]号を廃し、異国の王として「中山王」号を称することを許し、異国化政策に踏み切った。薩摩から強いられた「異国化」であったが、琉球の王府は江戸立を、中国に対する進貢使・慶賀使などと並んで、琉球の国家としてのアイデンティティを表現する外交上の機会ととらえるようになっていく。王府は、江戸立を、中国を中心とする華夷秩序の中に位置づけられている国の「王権」を顕示する外交イベントとして利用することとし、王府もまた中国化政策を一層推進することとなった。[34]

　琉球は単純な大和化といった形で影響を受けたわけではなく、むしろ、芸能の分野における専門性の高さゆえに、中国の礼楽や言語を琉球が薩摩に伝授する関係が限られた事例ではあるが存在した。[35]二三歳の知識欲に富んだ藩主であった島津重豪（一七四五―一八三三）と、津花波親雲上[36]（阮廷宝）との交流は、そうした関係の一例である。

島津重豪は、薩摩藩が列島の西南端に位置することに由来する辺境性と閉鎖性、そして戦国時代の体質を残した風俗のあり方、および藩の財政の立て直しなど、外様大名として多くの課題に取り組み、また子女の婚姻を通じて、幕府・徳川氏に対し薩摩・島津氏の立場を引き上げることに努めた。

重豪は、一七四五年一一月七日、加治木島津家当主、重年の嫡男として生まれた。生まれたその日に母・都美（富・登美）が死去し、また五歳の時には、藩主宗信の死去に伴い、その弟・重年が加治木家を出て宗家を継いだ。このため善次郎（重豪の幼名）は加治木家を継ぎ、一七五三年一二月一五日元服した（兵庫久方と改名）。この頃の薩摩藩は、幕府から木曾川治水工事の手伝いを命じられて多くの人員を割いていたが、言語風習の異なる異境の地での幕吏や地元民との意思疎通の困難、土木工事そのものが困難な工程を含んでいたこと、計画の齟齬や、監督の幕吏の強圧的な態度があり、動員された一〇〇〇名の薩摩藩士からは憤激やるかたなく割腹する者が続出して五〇余名に上った。さらに疫病の流行で三〇名あまりの死者を出した上、所要経費も当初の見込みを大幅に上回った。このため工事の総奉行であった家老平田靭負正輔（一七〇四―一七五五）は、工事完成後の検分報告を終えた上で自刃している（一七五五年五月）。治水工事場の検分を終えた重年は、一七五四年に江戸に着いたが、持病が悪化し、翌年六月に芝藩邸で帰らぬ人となった。[37]

こうして一一歳にして重豪（この時は松平又三郎忠洪）は父を失い、同年七月、二五代の藩主となった。祖父継豊（一七〇一―一七六〇）が没するまでその後見を受け、一七五八年六月、一四歳のとき江戸城黒書院で正式に元服し、将軍家重の諱一字を賜って、名を重豪と改め、薩摩守を称した。

早くに両親を亡くした重豪の青少年期の養育に大きな影響を与えたのは、祖父継豊の夫人竹姫（一七〇五―一七七二、継豊死後は浄岸院と称した）であった。竹姫は五代将軍綱吉の養女であり、将軍家と島津家の結びつきを作った人といえる。継室となった竹姫には男児は産まれず、先に側室との間に生まれていた宗信を竹姫は自分の子同様にかわいがったという。しかし、宗信は襲封後まもなく死んでしまい、病身の継豊も国元へ帰ったままでいたところ、一七五四年の秋に重年と共に一〇歳の重豪が出府してきたことは、竹姫にとって心を明るくする出来事であった。出府以来、重豪は藩主後嗣として教育を受けた。後年の重豪の鹿児島離れした政策、特に言語容貌の矯正へのこだわりに、京都生まれの江戸育ちであった竹姫の影響があったことは看過できない。竹姫はまた、現職将軍家重の妹的な存在であった。浄岸院の没後、重豪の娘（茂姫）は一橋家徳川豊千代（後の家斉）と婚約し、一一代将軍家斉の御台所となったが、この縁組も浄岸院の遺言によるものであった。この婚姻により、重豪は将軍岳父となり、大きな権勢を振るうこととなった。こうしたことは、島津家の家督継承や子弟の養育・価値観の形成において女性が果たす役割の大きさを重豪に認識させたと考えられる[38]。

重豪は中国語に強い関心を持ち、二三歳の時、一七六七年には中国語学書『南山俗語考』の編纂に着手した。これは半世紀近い年月をかけて編纂され、一八一二年に上梓された。南山は重豪の号である。薩摩が中国と長崎との航路に面しているため、中国船が漂着することがあり、薩摩藩では訳士（通事）を置いて対処させていた。重豪は長崎の唐通事に頼んで漳州や福州方面の俗語を集めており、その音韻や日本語訳を一書にまとめたいと考えていた。中国語談話を好んだ重豪であっても、中国語とされる言葉の種類が多く弁別が困難であるために、辞書的なものを自分の座右に置いて備忘の用に供するのだと『南山俗語考』において述べている。これには唐通事らの実用のためもあったようである。『南山俗語考』は本文五巻付録一巻から成り、収録語数は八二七七語であった。これを分野毎に分け、各単語の中国音と和訳を記載した[39]。

重豪は参勤交代の往復には上方文化の吸収に努め、また長崎を経由して異国文化とも接点を求めた。京都においては、宇治にある黄檗宗の万福寺を訪問するなど、中国（明）僧との交流を深めた[40]。長崎へ立ち寄った折には唐四カ寺と呼ばれる中国系の黄檗寺院を参詣し、唐人屋敷（唐人館）を訪問している。長崎ではさらに出島を訪ね、オランダ商館を通じてブルグ号へ乗船して船内を見学するなど、オランダ人と接触し交流を深めるきっかけを作った[41]。

中国への関心を一段と高めた理由は、薩摩藩が琉球を支配していたためでもあったが、それだけではなく重豪自身の先取的で好奇心旺盛な姿勢は多方面に発揮されていた。幼少より書画・文房・古器・金石・草木等に通じ、毛群（獣類）を養い、羽族（鳥類）を愛玩し、飼育法に通じていった。鷹狩りを特に好んだが、これは乗馬を伴うもので、早世した宗信・重年の例を気に掛け、人一倍健康に留意して屋外での活動を重視したためとも考えられる。また、重豪は早くから散楽（猿楽、能楽）を修行しており、一七六二年、つまり初入部の翌年の正月四日には「散楽、親しく羽衣を舞う」ている。その後も、祖母嶺松院（重年実母）のために宴会を開いた折（一七六四年、於鹿児島）には「加茂」を舞っている。また一七六五年、二一歳の時には、一二月四日卯の刻（午前六時）から翌日の卯の刻まで、一昼夜通しで散楽を催し、およそ能二十番、狂言十番を試みている。この他にも、側小姓らに笙や琴を演奏させて余興としたり、自らは「翁」を舞って客に小鼓を受け持たせるなどした。重豪はおおよそそのような人柄であった(42)。

重豪が藩主として藩内の改革や異国文化の吸収につとめた時期は、琉球における尚穆王（一七三九―一七九四、在位一七五二―一七九四）の時代と重なっている。一七六七年四月二五日、尚穆王により津花波親雲上（阮廷宝）は楽師を命ぜられる。薩摩藩主重豪が琉球国へ文書連絡し、中国の音楽と雅楽にくわしい者を三名選んで鹿児島へ派遣し、こちらで楽と雅楽を教えてほしいと依頼したのに応えてのことであった。尚穆王は急遽、津花波親雲上（阮廷宝）と、米須里之子親雲上（欽清亮）および久志親雲上（金安執）の三人をこの役に当て、それぞれ三人の供をつれて出発するように命じた(43)。

このとき三二歳であった津花波親雲上（阮廷宝）は、すでに二度、御書院歌楽師の役割を任じられ、御書院小姓に中国の音楽と歌を教えた経験があった。教習を終えた御書院小姓たちの演奏を尚穆王は高く評価した。御書院奉行らは「中華の歌楽は、琉球の国用にとどまらず、当国の使者が江戸参府する時は、もっぱら中華の歌楽を奏進いたすことになっております。もはや旧例であり、今更変更はできません。その芸は、最も緊要なものでございますが、師となる者は多くはございません」と上司に申請した。この申請は三司官にも届いたと原田禹雄は推測している。それを受けて、歌楽師として教えたことも論功の対象とするように、との通達がなされた。津花波親雲上（阮廷宝）が薩摩行きに抜擢されたのは、そうした実績があったためと考えられる[44]。

一七六七年七月に那覇港を出港した一行は、七月六日に山川港に到着し、そこから陸路で鹿児島の琉球仮屋へ向かった。八月一日は八朔という武家の節日にあたり、琉球仮屋の年頭慶賀使であった伊舎堂親方翁盛敝は、津花波親雲上（阮廷宝）と、米須里之子親雲上（欽清亮）および久志親雲上（金安執）の三人の楽師を伴って、鶴丸城へ登城し、ここで島津重豪と謁見した。

八月四日からは、鶴丸城の本殿において、一〇人の小姓に中国の音楽と歌の教習が始まった。これは、翌一七六八年二月に重豪が江戸表へ出立するため、そのお供となる小姓たちに中国の音楽を稽古させるためであった。小姓の稽古は一月までに仕上げなければ江戸で重豪の顔が立たない。しかも鹿児島滞在中には薩摩藩の唐学方から中国の最新事情を伺いたい旨挨拶があり、応対する必要があった。また唐通事らからは中国語会話に招かれ、さらに咨文（中国語の公文書）の意味の解説を度々頼まれるなど、津花波親雲上（阮廷宝）は忙しく過ごした。久米村生まれの彼は中国語と音楽を幼時から習い覚え、すでに福建へも渡航経験があった。一七五六年の冊封時には、天使館の書簡司と承応所に勤め、実務に中国語を用いるのに不自由がなかった[45]。

唐学方や唐通事は中国事情の把握や中国語の習得に熱心だったが、それにも増して重豪は琉球を通じて中国語や文物を知ることに積極的であった。八月二九日には、磯御殿において重豪は琉舞と琉歌を観賞している。伊舎堂親方はこの時、立方と歌三線の楽師を伴って磯御殿へ伺い、琉球漆器の重箱と泡盛二瓶とを献上している。重豪は琉舞と琉歌を楽しみ、とくに紅型の踊衣裳と、三線とに強い関心を示した[46]。一〇月一八日には、楽師の三人を御茶屋へ召し出し、重豪自ら中国語で話しかけている。話しかけられた津花波親雲上（阮廷宝）も官語で返答し、「相い互いによく通じ、太守公〔重豪〕は歓喜極まりなく、大いに褒賞を蒙った」と阮廷宝が記すほど会話は弾んだ。その後、三人の楽師が稽古をつけた小姓一〇人は、御座楽と歌楽とを見事に演奏しきった。重豪はこれにも至極満悦であって、大変な喜びようであった。同月三〇日には琉球の楽師のために浄瑠璃が演奏され、また日を改めて三人の楽師に小物類や京人形が贈られた[47]。

年が明けて二月、重豪は小姓一〇人を伴って江戸へ向かった。同六日、三人の楽師は御暇の許しを受け、褒美を賜って、三月一九日に前之浜を出帆した。那覇に帰着したのは四月一二日であった[48]。

重豪と阮廷宝らの唐楽を仲立ちとした人的な関係構築は、礼楽を基準とする儀礼の一環としての宮廷芸能が、島津による侵攻から一世紀以上を経ても意味を保っていたことを示している。東アジア世界において他の政治的単位とどのような関係があるか、他者との関係性の表示と相互承認および第三者による認識といった、関係性を基準に国家の存在を認識する世界観は、島津による琉球侵攻以降、形骸化したのではなかった。対中国関係においては形式こそが外交の実体であったがゆえに、その次元での「実体」を残しつつ、島津にも対応するという、異なる二体制において主体性を保ち振る舞うことが可能になったのである。

注

（1）鈴木彰「島津重豪・薩摩藩と江戸の情報網——松浦静山『甲子夜話』を窓として」鈴木彰・林匡編『島津重豪と薩摩の学問・文化——近世後期博物大名の視野と実践』勉誠出版、二〇一五年、二〇七—二二二頁。

（2）黒嶋敏『琉球王国と戦国大名——島津侵入までの半世紀』吉川弘文館、二〇一六年、六八頁。また、琉球の漂着民の送還・返礼問題について上里隆史『琉日戦争一六〇九——島津氏の琉球侵攻』ボーダーインク、二〇〇九年、一六九—一七一頁、一七九—二〇一頁参照。北川鐵三校注『島津史料集』人物往来社、一九六六年、三〇八—三一二頁。

（3）芳即正『島津重豪』吉川弘文館、一九八〇年、六三—六五頁。鮫島志芽太『島津斉彬の全容』ぺりかん社、一九八九年、七七—九二頁。

（4）老狐が自らの由来を語ったり、兵六の父親や僧侶に化けて兵六を諭す場面は、『絵巻』では狂言『釣狐』に見られるように、狐が動物でありながら弁舌により知識を披露して人間に対抗するという定型を示している。これに対し、『夢物語』では、老狐の由緒に関する叙述が大幅に増え、内容も薩摩の歴史を前提として島津氏と狐との縁を語るものになっている。島津家にとって稲荷の眷属である狐の加護を得るという言説は、藤原氏一門に自らを位置づける含意があった。朝鮮出兵から七四年後の一六七一年に完成した『征韓録』には、泗川の戦いの初めに「二の白狐出現して、敵中に馳り入り、種々の奇瑞をなすに依て、義弘主父子合掌して心中に祈念をなす。（中略）少焉（しばらくあって）又水の手より赤狐二つ走り出て、見るも敵中に飛入けるを、義弘主父子より騎兵歩卒に至るまで、其体勢（ありさま）を見て、勇み進まぬ者はなかりけり」と記され、「赤白の狐」の霊験が採録されている。このことから、近世後期の薩摩藩の文化にとっても依然として島津家と狐の結びつきを語ることは重要であったと宮腰直人は指摘している。西元肇訳『大石兵六夢物語』高城書房、一九九九年、四頁、一〇頁、九一頁、一四八頁、一五二―一五七頁。伊牟田經久『「大石兵六夢物語」のすべて』南方新社、二〇一二年、四六頁、五〇―五一頁、一五〇―一五一頁。宮腰直人「『大石兵六夢物語』小考――島津重豪の時代と物語草子・絵巻」鈴木彰・林匡編『島津重豪と薩摩の学問・文化――近世後期博物大名の視野と実践』勉誠出版、二〇一五年、一四〇―一五〇頁。前掲北川校注『島津史料集』二九八―二九九頁。

(5)　高良由加利「徳之島（一六〇九年三月）島人、厳しく拒む」琉球新報社・南海日日新聞社合同企画『薩摩侵攻４００年　未来への羅針盤』新報新書、二〇一一年、四一―四六頁。「家久公御譜中（５４０）」鹿児島県歴史資料センター黎明館編『鹿児島県史料　旧記雑録後編　四』鹿児島県、一九八三年、二〇四頁。察度王の時代、一三九一年には、南方諸島から中山に向けて使節が貢物を献じていた。また、久米島などの遠方の島々が属領となった。ジョージ・Ｈ・カー『琉球の歴史』琉球列島米国民政府、一九五六年、五五頁。

(6)　高良倉吉「大国に埋もれず　独自の文化開花」琉球新報社・南海日日新聞社合同企画『薩摩侵攻４００年　未来への羅針盤』新報新書、二〇一一年、九六頁。

(7)　前掲カー『琉球の歴史』一一三頁。

(8)　前掲高良「大国に埋もれず　独自の文化開花」九六頁。

(9)　川畑恵『尚泰――最後の琉球王』山川出版社、二〇一九年、三頁。

(10)　東恩納寛惇「東恩納寛惇の序文」波平憲祐『湛水流をたずねて』三ツ星印刷、一九八〇年、四―一二頁。

(11)　島津貴久は一五四三年にポルトガル人が種子島に鉄砲をもたらすと深い関心を示し、一五四九年にフランシスコ・ザビエルがキリスト教布教のため鹿児島に上陸した際には伊集院城（霧島市の清水城という説もある）に迎えて便宜を与え商船の来着を期待するなど、外交において先取的であった。

(12)　貴久から尚永宛書簡の一例として「島津貴久書状案」東京大学史料編纂所編『大日本古文書――家わけ第十六　島津家文書之二』東京大学出版会、一九七一年、四一三頁。貴久の子、義久が家督を継いでからは、琉球に対抗し琉球より上位にあろうとする姿勢に転じた。前掲黒嶋『琉球王国と戦国大名』二一二頁。

(13) 薩摩は琉球侵攻後まもない一六一二年、中国広東に漂着した薩摩商船の乗組員を救助して肥前に送還したことに対して、広東マカオのポルトガル総督らに感謝の書状を出しており、そこではポルトガル総督を「南蛮国司」と称している。また、一六〇三年にイエズス会宣教師が出版した『日葡辞書』には「国司」は「副王または総督」とある。琉球中山王から琉球国司への呼称の変更は、島津太守の従属下にある印象を強めるためであったと考えられる。与並岳生『尚豊王／尚賢王』新星出版、二〇〇六年、六二―六三頁。

(14) 尚豊王には四人の男児があり、妃との間に長男尚恭、次男尚文、夫人（側室にあたる）との間に三男尚賢、四男尚質がいた。妃は尚文が生まれた際に亡くなった。長男の尚恭は一六三一年に二〇歳で亡くなり、次男の尚文が「中城王子」つまり世子となった。尚豊王が没した時には尚文は二六歳になっており、すでに島津太守や将軍家光にも謁見をしており、世子として経験を積んでいた。しかし、王位継承に際して薩摩は三男の尚賢を推し、尚文を忌避したとされる。この背景として、尚文は父尚豊王の忠実な路線継承者とみられていたために、薩摩としては傀儡化を意図して年少の尚賢を立てたのではないかとされる。尚豊王は薩摩から贈られた茶を喫して即刻絶命したとも伝えられ、薩摩による「毒殺」説が出るほどであった。生糸貿易をめぐって薩摩の不信感が募り、対応に苦慮していた時期であった。前掲与並『尚豊王／尚賢王』七六頁、八三―九一頁。

なお、薩摩に即位を忌避された次男の尚文は左手が壊疽を起こしていたことなどから、ハンセン病だったとも言われるが、墓所の末吉陵を守る向氏仁淵堂金武御殿門中会には、薩摩に反抗的な態度を取り続けていた尚文は「薩摩に毒殺された」との言い伝えがある。藤村謙吾「末吉陵で十数年ぶりの御願　尚久王を元祖とする門中会が実現」『琉球新報』二〇二一年一一月二六日。

(15) 一五八九年に王の地位に就いた尚寧は、国内では先行して王を名乗っていたものの、明朝皇帝からの冊封を受けない限り正式には「世子」のままであった。一五九一年に鄭礼の使者を明へ送った際は「国方多事」を理由に冊封を要請せず、明側から冊封を要請するよう促されていた。一五九二～一五九三年にかけての秀吉の朝鮮出兵が収束すると、一五九四年に尚寧は請封する。要請を受けた明は、秀吉との和平交渉による休戦期間であったことや、明側の財政上の理由から、従来のように冊封を琉球で行う方式（頒封）ではなく、福建において行う方式（領封）に変更すると通達した。しかし琉球はこれを承諾せず、秀吉没後の一五九九年になってから再度請封する。これに対し明は、頒封にすることは認めたが、従来派遣していた文官ではなく武官を派遣する、と決定した。これに琉球側は反発し、武官派遣の報告を持ち帰った長史を重罪に処し、一六〇〇年に再び別の長史を派遣して文官による冊封を求めた。武官派遣に対して尚寧は「吉事には文を尊び、凶事は武を用いる」として、臣下は尚寧が討伐を受けたと思って信服しなくなる、との理由から文官による冊封を改めて要請した。前掲上里『琉日戦争一六〇九』一七七―一八〇頁。

(16)　薩摩軍が徳之島へ上陸した際、掟兄弟は島人に対し、家ごとに粥をたぎらかして、大和人の膝をやけどさせるために坂や道に流し、また、水差しなどで粟粥を浴びせかけるよう指示していた。熱による防御というよりは、呪術的な性格をもつ行為であり、焼き畑農業でも逞しく育つ粟が重要な作物であったために、粟粥の霊力によって薩摩軍を防ごうとしたものとみられる。前掲高良「徳之島（一六〇九年三月）島人、厳しく拒む」四一―四六頁。

(17)　踊方（おどりほう）は、踊奉行を筆頭に数百人が在籍した臨時役職。冊封使歓待のための芸能上演を担った。

(18)　琉球の「主体性」について検討する際の具体的な論点として、例えば薩摩（島津氏）との関係が明の主導する倭寇対策を契機としてどのように変化したかを、黒嶋敏が検討している。黒嶋敏は従来の「島津は一方的に琉球を圧倒・侵略していった」という見方に対して、尚元の時代までは首里を中心とする華夷思想があり、その時点において奄美諸島は琉球に服属するものと認識されており、さらにその外側である薩摩に対しても上位にあると認識していた、という見解を示している。前掲黒嶋『琉球王国と戦国大名』六八頁。

(19)　琉球の外交史研究は、対薩摩関係、対日関係と、対明清関係とに大きく分けられる。薩摩との関係については、上原兼善『鎖国と藩貿易――薩摩藩の琉球密貿易』八重岳書房、一九八一年があり、後に紙屋の研究を反映して、上原兼善『幕藩制形成期の琉球支配』吉川弘文堂、二〇〇一年へと発展させている。このほか主なものに、紙屋敦之『幕藩制国家の琉球支配』校倉書房、一九九〇年、喜舎場一隆『近世薩琉関係史の研究』国書刊行会、一九九三年がある。いずれも琉球を支配する側としての薩摩藩の統治策に分析の力点が置かれており、琉球側の論理や対抗策といった「主体的動向」を取り上げる視点が少ないと豊見山は指摘している。なお上原兼善は『島津氏の琉球侵略――もう一つの慶長の役』榕樹書林、二〇〇九年を上梓しており、琉球側の事情についてより一層の注意が向けられている。

(20)　赤嶺守『琉球王国』講談社、二〇〇四年、一一〇頁。

(21)　同前、一〇二頁。

(22)　同前、九七頁。

(23)　沖縄県立博物館・美術館監修・編集『三線のチカラ――形の美と音の妙』沖縄県立博物館・美術館、二〇一四年、一二頁。

(24)　王耀華著、金城厚監訳『中国と琉球の三弦音楽』第一書房、一九九八年、四三頁。

(25)　真栄平房昭『琉球海域史論　上――貿易・海賊・儀礼』榕樹書林、二〇二〇年、四五二頁。

(26)　前掲東恩納「東恩納寛惇の序文」四―一二頁。

(27) 同前。
(28) 同前。
(29) 同前。
(30) 同前。前掲波平『湛水流をたずねて』一三―四四頁。田場村での湛水の歌の表記は人により相違がある。
(31) 明の時代には琉球は郡王ランクで冊封されたのに対し、朝鮮と日本は蕃王としては例外的に親王と認められた。檀上寛「明朝の対外政策と東アジアの国際秩序――朝貢体制の構造的理解に向けて」『史林』第九二巻四号、二〇〇九年、六三五―六六九頁。
(32) 前掲赤嶺『琉球王国』一一五―一一六頁。
(33) 紙屋敦之「日本国王と琉球国司」高良倉吉・豊見山和行・真栄平房昭編著『新しい琉球史像――安良城盛昭先生追悼論集』榕樹書林、一九九六年、四五―五九頁。一七一〇年、新井白石が将軍の対外的称号を「日本国大君」から「日本国王」へ復号するよう建言。琉球国司から中山王への復号は、この将軍と日本国王とを同じものとする変更に続いて行われた。幕府は、日本国王（将軍）に朝貢する朝貢国（藩国）として琉球の地位を位置づけるため、国司号を廃し本来の中山王号に戻すよう薩摩藩に命じたと紙屋は考察している。
(34) 前掲赤嶺『琉球王国』一一六頁。
(35) 原田禹雄「島津重豪と津花波親雲上」原田禹雄『封舟往還』榕樹書林、二〇〇七年、九八―一〇八頁。
(36) 阮廷宝の伝記的研究として松浦章『清代中国琉球交渉史の研究』関西大学出版部、二〇一一年の「清朝琉球国副使阮廷宝の客死」の章参照。
(37) 前掲芳『島津重豪』九頁。
(38) 同前、一一―一三頁、二〇頁。
(39) 同前、一一―一三頁、一一〇―一一四頁。
(40) 中国福建省福州府黄檗山にある禅寺（万福寺、七八九年草創）は臨済禅の大道場であり、一七世紀に隠元が黄檗宗を開いた。その後、隠元が渡来して一六六一年（寛文一年）に京都宇治に万福寺を開き、黄檗宗の本山となった。江戸中期まで、一三代までは中国僧の住持で、その後和僧住持になったが、一五代（一八代再任）大鵬や二〇代伯珣、二一代大成と三人の中国僧住持が復活した。伽藍・食事も中国風であった。こうしたことから、長崎以外では宇治が中国語のメッカであった。重豪が黄檗宗に傾倒していたのは、伯珣、大成の時代であった。前掲芳『島津重豪』三四―三五頁。また、興福寺は揚子江下流域出身者の菩提寺で、南京寺の俗称があった。福済寺は福建省泉州の唐船主たちが帰依し、泉州寺とも呼ばれた。崇福寺は福建省出身の在留唐人が建立した寺院で、福州寺とも言われた（隠元は一時住職をつとめた。伯珣も二六年間この寺の住持であった）。さらに聖福寺（広東寺）を加えて、唐四カ寺と呼ばれた。重豪が長崎において参詣した寺はこの四カ所のみであった。同前、四九頁。

(41) 重豪自身の書簡はないものの、オランダ商館長の書簡には、「薩摩の領主」（重豪）への期待が度々言及されている。内容の多くは、商館長が自由に国内を見て歩けるような許可を得たい、「薩摩の領主」は王（将軍）の妻の父であるため、重豪の口添えがあればそのような許可を得ることは可能であろう、という見通しを示している。横山伊徳編『オランダ商館長の見た日本――ティツィング往復書翰集』吉川弘文館、二〇〇五年。

(42) 同前、五五―五七頁。

(43) 前掲原田「島津重豪と津花波親雲上」九八―九九頁。

(44) 同前。

(45) 同前、九八―一〇〇頁。

(46) 紅型は華やかで鮮烈な色彩、琉球には生息しない異国の動植物をも取り入れた大胆な模様表現により、本土においても多くの人々を魅了した。王国滅亡後は衰退の危機に瀕したが、「世界で最も美しい民族衣装のひとつ」（柳宗悦、一八八九―一九六一）、「琉球が生んだ宝石の輝き」（鎌倉芳太郎、一八九八―一九八三）、こんなに美しい「染物以上の染物があるかと、夢のような思い」（芹沢銈介、一八九五―一九八四）と絶賛された。芹沢銈介『芹沢銈介全集第十巻月報三』中央公論社、一九八〇年。

琉球王国時代、紅型は国王尚家一族ほか限られた者にのみ着用が許され、階層により身に着けて良い模様の大きさや色が細かく定められた（以下、児玉の研究に依拠する）。最も高位に置かれた地色は、金黄色地・黄色地であり、王家一族のみ身に着けることができた。これは中国において黄色が皇帝の色（禁色）と定められたことに準じていた。他に王家一族は、花色地、水色地、白地の紅型を身に着けた。次の按司階級には、水色地、白地、色物が許された。そして、第三階級の親方には、中柄以下の藍型が許された。表される模様にも階級の区別が定められた。王族着用の最も高位な模様は龍・鳳凰・花鳥模様大模様で「御殿型（うどぅんかた）」と呼ばれた。上級士族の着用する花鳥模様は「殿内型（どぅんちかた）」、御冠船衣装ほか王族や貴族夫人の礼装は「御冠船模様型（うかんしんむゆうがた）」、王城内で上級士族子弟が着用した模様は「若衆型」と称された。これら紅型の政策を担ったのは首里王府に使える下級士族の男性であり、その技法は家業として代々受け継がれた。舶来の希少な顔料・染料、型紙などの制作材料の確保から、王府お抱えの絵師による下絵の作成、紺屋での制作管理など、全工程が王府評定所の管理下に置かれた。児玉絵里子『初期歌舞伎・琉球宮廷舞踊の系譜考――三葉葵紋、枝垂れ桜、藤の花』錦正社、二〇一二年、三八一―三八二頁。

（47）　前掲原田「島津重豪と津花波親雲上」一〇二—一〇三頁。この際、重豪はとくに側室を同席させ、中国語会話の様子を見聞きさせたが、それは外国語の習得や先進の文化の吸収の重要性を、子弟の養育を担う立場にある人々に認識させようとする試みであったとも考えられる。

（48）　前掲原田「島津重豪と津花波親雲上」一〇五—一〇六頁。

第5章　政治的危機と芸能

本章においては、外交儀礼として重要な役割を持ち、琉球王朝の官僚組織に継承された芸能の内容が、その時代の三司官の方針、また芸能の担い手である士族個々人によって、大和の芸能の影響を強く反映する方向へ向かうか、あるいは琉球独自の芸能を確立するのか、対立・緊張関係を含みながら発展した経過を概観する。その際、尚敬王（一七〇〇—一七五一、在位一七一三—一七五一）のもとで三司官・蔡温（一六八二—一七六一、在任一七二八—一七五三）が政治を担った時期に着目し[1]、組踊の創作者として知られる玉城朝薫（一六八四—一七三四）、そして同時代に活躍した文学者である平敷屋朝敏（一七〇〇—一七三四）の生涯を手がかりに、大和の芸能とどのような距離を保とうとしていたのかに着目する。

第1節　組踊の成立と踊奉行——年忌の舞踊から冊封の祝賀への転換

琉球において、踊りはもともと神に捧げるものとして発達し、その神は豊穣を祈る際の神であったり、または後生から迎える祖霊であった。地方農村で神に捧げる芸能が発達していたのを、中央集権化の過程で宮廷も取り入れ、行事として整えていった。そして、王府では芸能の上演は、国王の年忌に行う慣例となった[2]。この準備・上演を担ったのが踊奉行という役職であった[3]。玉城朝薫が、こうした国王の年忌の際の舞踊上演において経歴を積んでいたことは先述の通りである。

一七一六年（享保元年）になり冊封使の御冠船渡来が三年後に迫ると、朝薫は那覇港の浚渫脇奉行として、御冠船が入港するのに差し支えがないよう設計・工事の指揮に当たっている。こうしたことから、芸能の知識と実践は特殊化されたものではなく官僚全般に求められる主要な職能であり、実務的・外交上の観点から冊封使の迎え入れを万全にするために、芸能もまた不可欠な実務を構成していたと考えられる。芸能は、その華やかな外観にもかかわらず、装飾的に区別された位置づけではなかった。

一七一八年、国王の命により、朝薫は踊奉行に任じられる。従来は按司・親方奉行各一名、親雲上奉行三名の計五名でつとめていたが、慣例とは異なり朝薫一人が親方奉行に任命された(4)。また、このとき初めて、琉球に昔からある物語を用いて劇を創ることとなった。それまでの劇は神への讃美が主であり、『長者の大主』のように、老翁、老媼が大勢の子や孫に囲まれ家内繁盛を祝うといった、祖先崇拝と儒教倫理とをあわせたものであった。これに対し今回の国王の命では、昔からある物語・故事を用いるよう要望があり、従来の祝いを象徴する舞踊にとどまらない起伏や緩急のある心理描写が求められた。

玉城朝薫は薩摩行きや江戸上りの間に能や狂言などにふれ、自他を相対化し、他にない（中国とも日本とも異なる）琉球独自の歌や踊によって劇を構成する方向へ創作意欲を向かわせたと考えられる。現在残っている組踊作品のうち、およそ八割の筋書きが仇討物であり、それらの原型となったのが玉城朝薫作の「二童敵討」である。仇討物が多く作られた背景には忠孝思想の普及があり、筋書きには、古琉球の群雄割拠の伝説が活用された(5)。また、組踊は多くの場合、幸せな結末を迎える筋書きとなっている。そうしたことから、「二童敵討」は、仇討ちとハッピーエンドというこれ以降の組踊の一典型を確立したといえる。

「二童敵討」は玉城朝薫によって創作され、一七一九年首里城北殿前において初めて上演された。『球陽』巻十には、一七一八年、尚敬王六年の項に、向受祐に命じ、始めて本国の故事を以て戯を作らしむ。

首里の向受祐（玉城親雲上朝薫）は、博く技芸に通ず。命じて戯師と為し、始めて本国の故事を以て戯を作り、人に教へ、次年演戯して、冊封天使の宴席に供せしむ。其の戯、此れよりして始まる。(6)

とある。冊封使をもてなすため、踊奉行の玉城朝薫に新しい演目の創作が命じられたことが記されており(7)、これが組踊の始まりの記録である。

冊封使が滞在する約半年の間、宮廷は様々な趣向をこらして冊封使を歓待した。歓待は次第に盛大になっていき、冊封七宴において冊封使と国王が同席して組踊を鑑賞するほか、首里城の外でも龍潭、弁ヶ嶽、末吉宮への遊覧、王族・士族の屋敷での小宴会を通じて、国王および琉球の王族・士族は冊封使との交流を深めた(8)。

第2節　玉城朝薫の経歴と組踊の創作

玉城朝薫が踊奉行に任じられたのは、すでに二度の江戸立に際し座楽主取（将軍などのご覧に供する芸能の責任者であり楽童子を指揮する）として総合演出を成功裏に務めた実績が評価されての抜擢であった。玉城朝薫は江戸立の途中、薩摩屋敷で能や狂言などを観劇している(9)。江戸立は、徳川将軍就任の慶賀と琉球国王即位の謝恩のため、薩摩藩主の参勤交代と共に江戸に赴き、徳川将軍に謁見することを指す。不定期の派遣であり、往復一年程度であったが、琉球が大和文化を取り入れる機会となった。尚敬王のときには三回の江戸立があり、一七一四年（慶賀使・謝恩使、家継）、一七一八年（慶賀使、吉宗）、一七四八年（慶賀使、家重）であった(10)。玉城朝薫はこのうち二回の江戸立を経験し、また一七〇四年に初めて上国《じょうこく》して以来、生涯で五回の薩摩旅をしている。

玉城朝薫は、一六八四年八月、父朝致（一六六四—一六八八）、母真鍋（野国親方正恒の娘）の長男として首里儀保村に生まれた。童名は思五郎、唐名は向受祐であった。『球陽』巻十（七一〇）には、尚敬王四年の時、冊封を請う連名の結状をつくる際、署名の仕方を整えるため「始めて国王同宗の按司、王子銜に封ずるとき、姓を改めて尚字を用ふることを定む。原、惟、国王の兄弟のみ王子と称し、姓、尚を用ふるを許し、其の余の同宗は、皆、姓、向を用ふ」とある。(11) 朝薫（向受祐）は国王と同宗の家柄であり、大宗は尚真王三男今帰仁王子朝典で、代々、南部の玉城間切の総地頭を勤める親方家であった。(12) 朝薫が名をつらねた辺土名家は、初代六世の朝智が玉城間切総地主になって以来、一一世の朝嘉まで玉城姓、弟の一一世朝喜の代から豊見城間切平良地頭となって奥平姓を称し、一五世朝長の代から中城間切熱田地頭となって熱田姓、一八世朝昭の代から辺土名姓となった。玉城朝薫は同家の一〇世にあたる。

玉城朝薫の祖先の中には、一六〇九年の慶長の役の際に命拾いした人もいた。「向姓家譜」によれば、慶長の役の時、与那原親雲上朝智は琉球王府の番主として徳之島に派遣されていた。薩摩に捕縛された与那原親雲上は、あわや処刑されるところであったが、薩摩の陣僧に見知った者（「旧識」で山川衆の内田浄休）がおり、その助命により「万死に一生」を得たという。そして捕虜となり、樺山久高の船で徳之島から琉球へ連れ戻された。この時に与那原親雲上が救われていなければ、朝薫の組踊も生まれていなかった。(13)

朝薫は数え年で五歳の時には父朝致を失っており、祖父朝恩（一六四一―一六九二）と母真鍋に育てられた。父方の祖父の朝恩は生涯に五度も薩摩へ上国しており、有能な官僚として大和的な教養を積んでいた。その祖父は朝薫が九歳の時には亡くなり、後を継いで玉城間切の総地頭となった。幼少から和学漢学や武術、立花茶道を始め、高位の士族としての教養を身につけた。

朝薫の母は野国親方正恒の娘である。朝薫にとって母方の祖父にあたる野国親方正恒（一六三八―一七〇二）は、一六六六（康熙五）年五月、尚質王の母にあたる西之按司加那志の三三回忌の際の踊奉行に任じられている。これは、王や王族の年忌の時に踊奉行を任命して芸能を提供したことを示す記録の最も古い例とされる。野国親方正恒は、一六八七年には「尚永王の御百年忌につき」踊奉行に任命されている。こうしたことから、朝恩を失った後、実質的に朝薫の後見をしたのは母方の祖父の野国親方正恒であったと考えられる(14)。

また、母真鍋は朝薫の祖父朝恩の没後まもなくして、与儀親雲上守包（一六六三―一七四〇）に再嫁している。与儀親雲上は芸能の名手であり、後に朝薫が初めて年忌の踊奉行（按司奉行）になったとき、与儀守包は同僚の奉行となっている（異例の六度目の任命であった）。母の再婚相手（義理の父）という縁に加え、朝薫が才能に恵まれていることが幼少の頃から目立ったとすれば、ことのほか愛され、将来を見込まれたのではないかと大城立裕は推測している(15)。

玉城朝薫は康熙三五年（一二歳）に御書院小赤頭《こあくかべ》（国王の小姓見習い）となり、康熙三七年（一四歳）に御書院若里之子となった。康熙四〇年（一七歳）には国王の命で「文彌」という名を賜っている。この名前は大和風であり、さらに尚貞王から繻子衣装一領、縮緬衣装一領、緞子紳一筋、国王世子・尚純から羽二重衣装一領、緞子紳一筋、世孫・尚益から羽二重衣装一領、御羽織一掛という大和風の衣装の数々を賜った。このことから、朝薫は大和風の衣装を賜って踊り、上覧に供したのではないかとも考えられる。また、文彌という名については、大阪の太夫・岡本文彌が語り始めた浄瑠璃の「文彌節」を朝薫がよくしたためとされる。ただ文彌の名を使った形跡はなく、朝薫の大和芸能の見事さに感嘆した尚貞王が褒美として座興で名を与えたようである(16)。一七〇三（康熙四二）年八月一六日、一九歳で欹髻《カタカシラ》を結って元服し、同年一一月に美里王子朝禎の小姓を命じられた。翌一七〇四（康熙四三）年七月に二〇歳で初めて薩摩へ渡り、一〇月に帰国した。この年の一一月に越来王子朝奇の小姓となった。

一七〇五年（康熙四四年）五月に二度目の上国のため那覇を出港し、薩摩で年越しをした。これは、島津吉貴（一六七五―一七四七）が藩主になったことの祝いのため渡ったものであった。翌一七〇六年（康熙四五年）の正月は薩摩で迎え、正月二八日に朝奇が吉貴に食事を差し上げる宴において、吉貴公に望まれて謡曲の仕舞「軒端の梅」（「東北」）を舞い、ご覧に供した。このことから二月に越来王子が帰国のご挨拶を申し上げたとき、吉貴公から白麻五束の恩賜にあずかっている。四月に帰国し、五月には国王から夏衣装一領を賜った。[17] この年、七月に御書院里之子となり、一一月に御書院当足役で親雲上の位（黄冠）を授かった。これ以降、玉城親雲上と呼ばれた。[18]

一七〇九年（康熙四八年）一一月、徳川家宣の将軍職即位を祝う慶賀使美里親方の与力（付き人）となり、翌一七一〇年（康熙四九年）七月二日に那覇を出発（この時は尚益王の即位謝恩使も同時派遣であった）。七月六日に鹿児島に到着した。吉貴公にしたがって江戸へ赴き、一七一一年（康熙五〇年）三月に帰国した。朝薫が江戸を訪れたのはこれが初めてであった。このとき、吉貴の命で通事の一人となっている。江戸滞在中の一七一〇年、江戸城において将軍大名列席の下、明清楽とともに琉球三線歌の上演があった。朝薫は演奏していないが、同年、芝の薩摩屋敷において「くりまへおどり」（「かせかけ」とみられる）を披露している。[19] とくに許されて日本語《やまとぐち》をどこでも話してよいとされ、芝の屋敷では通訳の大半を担ったので、御目付平岡八郎太夫から狩野周信（一六六〇―一七二八）の絵一枚を賜った。[20]

一七一二年（康熙五一年）七月には、尚益王が亡くなったことを知らせる飛脚使として薩摩へ遣わされた。この時、薩摩には与那城王子朝直が人質となって留まっており、次の江戸上りの使者になることが決まっていた。朝薫は先の江戸上りによって江戸の事情に通じているため、次回は座楽主取を務めるように、との沙汰が薩摩側からあった。帰国を来年の春に延ばし薩摩に留まった朝薫は、九月六日には王子にしたがって城中で囃子、狂言を観賞し、また同月二五日には能を観劇している。[21] 翌一七一三年（康熙五二年）一月から二月にかけ、吉貴公からいろいろの賜り物（白麻五束や國分煙草一箱）があり、三月に琉球へ帰国した。

一七一四（康熙五三）年初夏、朝薫は二度目の江戸立に出発し、一一月二六日に江戸に到着した。与那城王子は徳川家継将軍即位の慶賀正使として、金武王子朝祐は尚敬王即位の謝恩使として江戸立し、朝薫は座楽主取と通事を兼ねた。このとき「楽童子」となって同道した一人が平敷屋朝敏であった。与那城王子の家譜には一二月一九日に「吉貴公於表御書院拝見傀儡」とあり、薩摩屋敷内で「操人形」（人形浄瑠璃か）を観覧したことが記されている。

また、鹿児島滞在中にも「囃子狂言」や能を鑑賞しており、薩摩藩がいかに各種の芸能に高い関心を持ち、それを対外的に示すことを重視していたかがうかがえる。[22]

この時（一七一四―一五年）の江戸上りにおいて、朝薫は公務を果たして帰国する寸前に、新井白石の訪問を受けている。琉球の一行には漢学に長けた程順則がおり、玉城朝薫とともに新井白石の質問に答えて琉球について語ったとされ、その様子は『南島志』に書かれている。白石は、「国内で使用する文字は、ひとしく日本の一般と同様である。また歌詞をうまく作る者がいる」と記しており、白石と面会した玉城朝薫の詠歌や程順則（漢詩集に優れた）について言及したものと考えられる。[23]

一二月二一日に江戸を発った朝薫は、翌一七一五（康熙五四）年四月一日に帰国した。同年に先王尚貞の七年忌のための踊奉行に任じられている。なお朝薫が踊奉行に任じられたのはこれが二度目であった。先に一七一三年に尚益王の一年忌のため、与儀親雲上守包と共に務めている。[24] このとき踊奉行の按司奉行は小禄按司朝朗、親方奉行は友寄安乗《ともよせあんじょう》（一六七七―一七三四）[25] であった。

生涯で五回に及んだ薩摩への上国、二度の江戸立といった頻繁な往来の間に、朝薫は、日本語《やまとぐち》や芸能について琉球国内や薩摩藩主らから評価され、そのつど丁寧な下賜品を授かるなどした。そして、一七一八年（康熙五七年）、三五歳の時、尚敬王の冊封を控え踊奉行を拝命した。年忌供養のためでなく、冊封にあたっての踊奉行任命はこれが最初であり、また一人で務めることも異例であった。[26]

第3節　御冠船踊における組踊の役割

一七一九年、尚敬王の冊封使（正使・海宝、副使・徐葆光）が来琉する。

副使の徐葆光は、江蘇省長洲県の人であった。清朝の科挙に合格し（殿試で一甲三名の中に入る）、翰林院の編修の職を授けられたエリートであり、漢詩や書を得意とした。琉球滞在中の六月から翌年二月までの見聞などを報告書『中山伝信録』として帰国後にまとめた（全六巻、一七二一年、康熙六〇年に成立）。そこには、重陽の宴（旧暦九月九日）の際に城内において「執心鐘入」と「二童敵討」の二つの組踊の演目を観劇したことが記されている。[27]

徐葆光が滞在したのは、程順則や蔡温といった優れた官僚が活躍し、文芸復興期として盛世がうたわれた尚敬（一七〇〇―一七五一、在位一七一三―一七五一）の治世の琉球であった。この時期をとらえて現れたのが、神への祈りとしての芸能や、薨じた国王のための祈りの舞踊をこえた芸能であった。徐葆光はそれに応えて琉球の風土と人と芸能とを深く観察し、宴における琉球の芸能をくわしく書きとどめた。[28]中国は康熙帝の治世下であり、日本は徳川吉宗の享保年間に相当する時代、琉球は東アジアのそれぞれの国から成熟した文化を吸収し、後世につながる独自の芸能の礎を形成した。

「執心鐘入」は能の「道成寺」から、「二童敵討」は「望月」や「小袖曾我」から発想されたとも指摘されるが、大城立裕はこれについて構成形式や心理描写の重点の違いを指摘している。[29]朝薫は一七三四年一月二六日に五一歳で没するまでに「銘苅子」「女物狂」「孝行之巻」の三作品を書いた。これらを先の二作品とあわせて玉城朝薫の組踊五番という。朝薫の五番は、「組踊は朝薫に始まり朝薫に終わる」といわれるほど完成度が高く、後に作られた六〇～七〇番ともいわれる多くの組踊の規範になった。

歴史上の人物としての阿麻和利

「二童敵討」の阿麻和利のモデルとなった歴史上の人物としての阿麻和利（?―一四五八）は、農民の子から身を起こして勝連の城主となり、王の娘を妻とするほどの有力者であった。さらに王位をのぞんだ阿麻和利は、中山王の股肱、中城按司の護佐丸（毛国鼎、一三九三?―一四五八）を攻め滅ぼしたうえで、反旗を翻して首里城を攻めようとした。護佐丸は第一尚氏成立以前の群雄割拠の三山時代に活躍し、三山の統一（第一尚氏の成立）以降は、初代の尚思紹から尚泰久まで六代もの王に仕えた有力按司である。琉球王国の正史『球陽』には「護佐丸は賦性聡明にして英雄絶倫なり。而して誠実恭謹、色を正して朝に立ち、敢へて妄行せず。当時諸僚皆之れを尊信す」とある。[30]しかし、阿麻和利が首里の王に護佐丸謀叛の報せをしたために、後述のように家族とともに非業の死をとげた。

護佐丸討伐の後、夫が首里攻めを企てていると知った百度踏揚[31]（王の娘であり阿麻和利の妻である）は、父に急を報せるべく、側仕えとして勝連へ嫁ぐ際に伴ってきた鬼大城（大城賢勇、夏居数）とともに勝連城を脱出した。『球陽』には、大城賢勇について、「首里州に一忠臣有り。姓は夏、諱は居数、名乗は賢勇、俗に大城と名づく。其の人と為りや、忠義剛直にして武勇無比、骨格人と異なり、勢狼虎の如し。是れに由りて当時の人、鬼大城と叫ぶ」とある。[32]

百度踏揚の脱出の報せを受けた首里の父王は、阿麻和利討伐の大将を鬼大城に命じる。阿麻和利は鬼大城の逆襲に遭い、「勝連城邊海浪激し松風荒む所に、空しく逆臣の醜名を無期に傅ふるに至つた」[33]とされる。ただし阿麻和利を「逆臣」とする解釈について、伊波普猷「阿麻和利考」以降は異なる見方が示されるようになり、現在はとりわけ勝連半島においては領地を交易で栄えさせた名君として再評価がなされている。[34]阿麻和利は一説には屋良城主の大川按司の子であったとされる。中山軍に追われるうちに生まれ故郷である屋良方面へと逃れ、さらに現在の読谷へと逃れるも、ウェンミモー（現在は親見原という小字の一帯）で捕えられ、斬られたとも推察されている。[35]

史実についてもう少し先を続けるなら、阿麻和利を倒したのち鬼大城は越来城を賜り、また百度踏揚をも賜り妻とした。その後、一四六〇年に尚泰久が没して子の尚徳が第一尚氏の七代目として即位すると、若い尚徳王は喜界島への遠征を強行するなど、先王の信頼が厚かった重臣金丸と意見が合わなくなる。そして一四六九年に尚徳が没したのを機に金丸はクーデターを起こし、尚円王として第二尚氏王朝を開く。このとき鬼大城は幼い世子を殺害された第一尚氏王朝の側に立ち、金丸（尚円王）によって討伐されるのである。

護佐丸・阿麻和利の乱（一四五八年）をもとにして作られた、玉城朝薫作「組踊五番」の一つである「二童敵

図 5–1　阿麻和利の墓（現読谷村）。2023 年 8 月筆者撮影。

討」（護佐丸敵討）は、御冠船踊として最初に上演された組踊である。[36] 歴史上は敗者であった護佐丸の一族が、劇中では仇討ちを果たす筋書きとなっている。

「二童敵討」の舞台となっているのは、古琉球時代、首里城の第一尚氏が天下統一を果たそうとしていた戦国時代である。勝連城主阿麻和利は天下取りの野望を抱いていたが、首里を攻略するためには、まずその手前にある中城城を滅ぼすことが先決と考えていた。中城城は、第一尚氏の初代から六代までの王に仕えた有力な按司、護佐丸の居城であった。尚巴志の妃は護佐丸の叔母、娘は尚泰久の妃（つまり護佐丸は王の義父）である。首里との間に磐石の関係を築いていたはずの護佐丸であったが、阿麻和利が尚泰久王に「護佐丸が首里攻略の準備をしている」と嘘偽りを告げると、それを受けて王は阿麻和利に護佐丸討伐を命じる。攻めてくる軍勢の中に首里の旗を認めた護佐丸は、陥れられたことを知りながら、反乱の意思がないことを王に示すためあえて手向かわず子弟とともに自刃することを選んだ。組踊「二童敵討」では、ここまでの出来事が物語の前史とされており、護佐丸討伐の時に乳母が幼い子らを守って秘かに城を逃れていたという設定になっている。

首里、中城城、勝連城の位置関係を見るなら、首里は勝連との間に位置する中城城に護佐丸を置くことで勝連の阿麻和利の勢いを抑えようとした、とされる。護佐丸謀叛の報せを首里が容易に信じた理由は不明であるが、結果として、有力按司同士が戦うことにより、首里の中央集権化が進んだ側面がある。

組踊「二童敵討」第一場「阿麻和利登場の場」は、護佐丸討伐が終わった後の阿麻和利の名乗りから始まる。この場面において七目付《ナナミヂチ》という所作があり、阿麻和利の豪快さや威厳、英雄ぶりが示される。首里の王を騙して護佐丸を討ち取ることに成功した阿麻和利は、護佐丸の子孫を全て絶やした今では後顧の憂いもなくなっており、さらに首里城を攻め滅ぼす機会をうかがっている。そんなある日、気晴らしのため臣下とともに野遊びをすることとし、家来たちにその準備を命じる。

第二場「鶴松、亀千代と母親の別れの場」では、死んだと思われていた護佐丸の息子二人が、実は乳母に守られて城を逃れ生きていたことが明らかになる。南に落ち延びた鶴松、亀千代の兄弟は、義臣国吉比屋に匿われて成長し、密かに父護佐丸の敵を討つ機会をうかがっていた。二人はある日、阿麻和利が野遊びをすると聞き、千載一遇の機会ととらえ、身を隠して暮らす母に仇討ちにいくことを願い出る。母は二人に父の形見の守り刀を与え、哀しみの裡に母子の別れとなる。兄弟は踊り子と偽って敵に近づこうと計画を立てる。

そして第三場「野遊びと敵討ちの場」では、吉日を選んで阿麻和利が三人のお供を連れて野遊びに出て酒盛りを始める。そこへ鶴松と亀千代が懐に守り刀を忍ばせつつ、春に浮かされて遊ぶ童になりすまして阿麻和利に近づく。美しい二人に見惚れた阿麻和利は、お酌と踊りを所望する。華やかな装いの二人の様子が美しいので大変機嫌を良くした阿麻和利は、「普段はあまり飲まない私だが今日の嬉しさにまた飲もうか、さあ、さあ、注げよ注げよ」と酒がすすみ、酔ったまま二人に褒美として太刀や軍配、さらに帯や着物まで脱いで「これも取らせようよ、これも取らせようよ」とみな与えてしまう。すっかり丸腰となった阿麻和利を護佐丸の子供たちは首尾良く討ち取り、親の仇討ちを果たした晴れ晴れしい心情をあらわしながら「踊って戻ろう」と退場する。

こうした物語は、中国から受容した儒教的価値観を強く反映しており、冊封使を迎えて上演される組踊は、中華世界の徳が遠く琉球にまで及んでいることを示す役割を持った。

第4節　「平敷屋・友寄」事件に見る儀礼の方向性

平敷屋朝敏（一七〇〇―一七三四）は近世沖縄の和文学者であり、玉城朝薫と同時期に活躍した。尚敬王（一七〇〇―一七五二）も同年代である。父は向氏禰覇《ねは》朝文、母真鍋のもとに長男として生まれ、弟が一人あった。数え年七歳で父が亡くなり、母方の祖父で歌人・和文学者であった湛氏屋良宣易のもとで育ち、文学的な才能を磨いた。(37)

朝敏は和歌や琉歌にすぐれ、『貧家記』や『苔の下』といった擬古文物語四篇のほか、士族の若い男女の恋を題材とした組踊『手水の縁』がある。(38)『貧家記』は朝敏が経済的苦境から首里を離れて勝連半島の平敷屋へ移り住んだ約一年間を歌とともに綴った随想である（琉球では領地を姓とし、子が新しく地頭に任じられたら、その領地を姓とした）が、これ以外の作品はいずれも恋愛の物語であった(39)（遊女の物語である『若草物語』や『苔の下』、恋愛成就の物語である『萬歳』と『手水の縁』）。

蔡温が政治の中枢を担い、儒教道徳を重んじていた時代に、恋愛をテーマとし詩情豊かな言語で表現した『手水の縁』は異色の作品であった。それだけに、現実社会に対する不満を表現し、道徳基準を否定する内容とも取られかねなかった。蔡温は国民に向けて『御教条』や『家内物語』といった多くの著作を示し、庭訓を説いていた。朝敏の文学者としての価値観と、政治家蔡温のそれとは相容れないものであった。

三司官・蔡温と平敷屋朝敏の価値観の対立が背景にあったとしても、「平敷屋・友寄事件」の結果は深刻なものであった。この事件の詳細は不明であるが、島津在番の川西安左衛門に何らかの投書をし、朝敏と友寄安乗、朝敏の弟ら同志とされる一五人が一七三四（尚敬王二二）年六月二六日に安謝湊で処刑された。朝敏三五歳、友寄親方安乗五七歳、親泊親雲上直増五七歳、弟・禰覇《ねは》里之子親雲上朝意三二歳、従弟・屋良筑登之親雲上宣蕃二四歳であった。この五人の士族以外は名前が明らかになっておらず、処刑されたとされる一五名の中には、系図持ちの士族層だけでなく無系の農民（奉公人）等が含まれていた可能性が指摘されている。(40)

平敷屋は士の位と領地を取り上げられ、妻・真亀と娘は百姓の身分に落とされ、男子二人は一生涯の流刑を申し渡されて、長男の朝良は宮古の水納島に流された。次男の朝助は五歳の若年であったため親類に預けられ、一七四一年一二月、一二歳で宮古の多良間島へ流された。真亀はその二年前の一七三九年一二月二八日に四〇歳で没している。(41)

一五人の士が処刑されるという過酷な裁断がなされた一七三四年は、一〇月に尚敬王の王女思鶴金が一六歳で、蔡温の長男である二一歳の翼と結婚した年でもあった。慶事に伴い恩赦がなされるのが慣例である時に、冷酷な大量処刑と、係累など十数人の流刑が行われたのはどのような理由があったのであろうか。(42)

国文学者の平敷屋は、普段から和歌の交流を通じて薩摩の在番奉行所の人々と親しい付き合いがあったとされる。事件の発端となったのは、先述の島津在番の川西安左衛門に対する投書であった。その投書を島津在番は琉球王府に廻し、王府では内容を一切公表せず「御国の難題なる儀」とした。この事件については、蔡温一派の漢学者が『中山年鑑』を漢訳し、『琉球国旧記』や『球陽』その他碑文なども漢文で記すことになったことが背景に挙げられる。つまり、漢学者が登用され、朝敏ら国文学を修めた者たちは厚遇されなかったことで、平敷屋らが不満や懸念をつのらせたのではないか、という見方がある。蔡温は初めのうち、両派の調和を意図して、国文学の統領惣慶《そうけ》の登用を試みたが、惣慶は応じずに最終的には八重山へ流されてしまった。(43)

琉球藩末の国学者、喜舎場《きしゃば》朝賢《ちょうけん》（一八四〇―一九一六）は『東汀随筆』において、蔡温の学識の深さや、尚敬王の信頼の厚さを特筆し、王の信任が蔡温の専断の元とも解され不満を集めていた様子を記している。

法司〔三司官〕蔡公は学問に長じ謀略に富む。当時文学未だ開けず、衆官其右に出るものなし。尚敬王、〔蔡温〕公を師として学を受け、特進して法司に揚げ尊信せられ、政事皆其言ふ儘に履行せられ玉ふこと桓公の管仲に任ずるよりも甚だし。故に紳貴者〔首里の名門の者〕之を猜忌するもの少しからず。

喜舎場はこれに続けて、平敷屋・友寄の事件に触れ、二人が在番奉行に投書し「王及び蔡公を誹議したり」とし、非難の対象は蔡温だけでなく王も含まれていたことを明記して「主人を〔薩摩に〕讒訴」した出来事と解している。一方で喜舎場は、在番屋敷が投書を摂政三司官に送ったため、平敷屋と友寄らが入獄・糺問の末に死刑に処された顚末について「国人以て濫刑とし蔡公を悪むもの」とし、蔡温による処断を行き過ぎるとみる向きが非常に多かったと記している。そして「後世の国王亦苛酷に過ぎたるらんとの故をか二人が冤霊を慰むる為め」、毎年八月彼岸に久場川の離宮に於いて祭祀を行わせた（喜舎場はそうした祭祀を「予が親しく見る所なり」と付言している）(44)。

在番奉行所への投書は、唐栄出身の三司官であった蔡温の政策を批判する書簡であったとされる。批判の対象は、漢文書類の作成部署を充実させるなど、蔡温による漢学重視の政策ばかりでなく、その専断とも見える手法を許している尚敬王の姿勢にも及んだ。平敷屋らは蔡温らを告発する書を薩摩に届ければ、薩摩が介入して王府の人事が変わると期待した、ともいわれる。大和の文芸に造詣の深かった平敷屋が薩摩の介入を信じたとすれば、文芸を仲立ちとした交流は、期待したほどの共感や介入を引き起こさなかったということになる。

この事件は文芸に対する弾圧とみられることもあるが、それは平敷屋の作品に、歌物語『苔の下』（一九歳で夭折した伝説の女流歌人、遊女吉屋チルの半生を描いた）や、組踊『手水の縁』があり、いずれも当事者同士の感情を重視していたところがこの時代の道徳観には新しかった（挑発的であった）ためである。彼はまた、多くの琉歌、とくに仲風とよばれる新しい形態の、感情を強く表す歌を創作し定着させた。

主な組踊の演目のうち、『手水の縁』は、作者平敷屋が裁かれて最後を迎えたために長く公式の上演を禁止されていたが、自由恋愛では結ばれなかった時代に命がけで恋を成就させた物語は、地方の村芝居など民間では上演されていたようである。「王府の踊り奉行として忠孝節義を下敷きにした玉城朝薫の作品と際だった対照を示している」（當間一郎）ともいわれ同時代の評価は明暗に分かれたが、朝薫と朝敏は友人同士でもあり、それぞれの作品の方向性の違いはありつつ互いに敬意を払っていたと考えられる(45)。

なお朝薫は朝敏の刑死より少し前、一月二六日に没している。

第５節　最後の冊封使と宮廷芸能の終焉

一八六六年、琉球国最後の冠船、寅の御冠船により冊封使の正使・趙新、副使・于光甲が来琉した。翌年には大政奉還がなされ、一八七一（明治四）年に廃藩置県の詔が出され、一八七二年には琉球王国が日本政府により琉球藩に変更された。一八七九年に明治政府から琉球問題の処理を任されていた松田道之が首里城で廃藩置県を布達し、首里城明け渡しを命じる。いわゆる琉球処分（琉球藩が廃止され沖縄県が置かれる）によって琉球王国が消滅する際に、日本政府は多くの王国史料を没収した。没収された史料は内務省に保管されたが、一九二三年の関東大震災で大半が消失した。また沖縄戦では一四二四年から一八六七年までの中国や朝鮮・東南アジア諸国との往来文書を綴った琉球王国の外交文書『歴代宝案』の原文書などが失われた(46)。

琉球王国が琉球藩とされ、さらに琉球藩が廃止されたのに伴い、宮廷の中で冊封使に対して行われていた組踊は役割を失った。その後の約二〇年の間に、芸によって暮らしを立てる道を選ぶ芸能者が現れ、一九〇七年に沖縄座が玉城盛重（一八六八―一九四五）(47)を招いて組踊を上演すると人気となり組踊熱が高まった。宮廷芸能が野に下ったことから、王族や士族ではない一般庶民の人々が組踊を目にする機会が広がった。そしてこの時期から、王に仕える宮廷の役職であった従来の身分とは異なる、役者を職業とする演奏家・演者が組踊の担い手となっていく。この過渡期に位置するのが、琉球王国がまだ存在していた時代に生まれた玉城盛重であり、また共に一八八〇年生まれの新垣松含や渡嘉敷守良であった。新垣と渡嘉敷は、すでに「沖縄県」になってからの生まれである。そして、一八八九年生まれの真境名由康（一九八二年没）は戦後、組踊復興の中心的存在となっていく。やはり一八八九年生まれの玉城盛義は、沖縄芝居の俳優・舞踊家として名を残し、一九七一年に没した。

玉城朝薫作の組踊「二童敵討」において、阿麻和利が、登場し名乗りを唱えた後で大きく見得を切る型（七目付）には、大和の歌舞伎からの影響が指摘される[48]。阿麻和利を演ずる役者の技量はこの七目付のこなしにより評価された[49]。戦前戦後の組踊・舞踊の発展に尽力した真境名由康は阿麻和利の名演のほか、数多くの歌劇や史劇、舞踊を創作したことでも知られる。代表作に、歌劇では「伊江島ハンドー小」、創作組踊に「人盗人」、舞踊では「糸満乙女」や「はりく美童」があり、そのほかにも「国難」や「ガンチョー小」など多様な人物が登場する舞台作品を残した。作家の船越義彰（一九二五―二〇〇七）は真境名由康の七目付について、次のように述べている。

阿麻和利の七目付が問題になったことがある。その頃、七目付といえば、玉城盛重翁の演技が最高のものとされていた。しかし、翁は既に鬼籍の人、その芸は古いフィルムから偲ぶより他に方法がなかった。こうしたとき、真境名師が七目付に挑んだのである。……「盛重翁には盛重翁でなければ出来ない、あらわせない七目付がある。真境名由康には由康でなければあらわせない七目付がある……そして、真境名師は己の七目付への第一歩を踏み出したのである」と思った[50]。

戦後、真境名由康は東京においても公演し、一九五五年（昭和三〇年）一一月、早稲田大学講堂、学習院講堂、日本青年館にて文部省主催第一〇回芸能祭（邦楽）に参加した。「琉球の舞踊」として、舞踊「八重瀬万歳」「人盗人」、組踊「二童敵討」の阿麻和利を演じている[51]。

第6節　「慶長の役」とのアナロジー

太平洋戦争中、地上戦が行われ激しい艦砲射撃にさらされた沖縄では、二〇万人以上が犠牲となった。その中には尚家の人々、宮廷芸能の名優、演奏家たちが含まれていた。文献や楽器、衣裳など王朝時代の多くの文化財も失われた。終戦直後、米軍統治の中心となった海軍から米国海軍軍政府教育担当官ウィラード・A・ハンナ少佐（Willard Anderson Hanna, 1911–1993）が派遣された。ハンナ少佐は「民心の安定のために沖縄の芸能を一日も早く復興したい」として一五人ほどの役者を集め、被災した人びとの心を芸能によって慰める取り組みを始めた。一九四五年八月には「沖縄芸能連盟」が発足し、同年末にクリスマス祝賀の演芸会が石川市の城前小学校において行われた。仮設の舞台であったが、観客数は五〇〇〇人を超え、組踊「花売りの縁」に人びとは涙したと伝えられる。これは離別した親子が再会する物語で、収容所での暮らしを余儀なくされていた人びとは自分の境遇と重ね合わせていたのだった。

一六〇九年の慶長の役や、さらに後の廃藩置県、首里城明け渡しといった史実に題材をとった演劇や、そこで用いられた台詞、琉歌（「命どぅ宝」）は、戦後の状況とアナロジーでとらえられ、本土への復帰の是非を含む様々な可能性や選択肢を示唆するようになっていく[52]。

ここまで本章においては、三山統一時代から、宮廷芸能が琉球の国家的存立を維持する上でどのような役割を果たしたのかを見てきた。中国との朝貢関係を築く中で、海運や外交文書の作成、国政の整備の仕方を、国相や久米村の官員ら人材と共に中国から受け入れ、また琉球からは官生の派遣をし、文化（礼楽を表現するものとしての音楽や演劇など）の移入・担い手の育成が制度として整えられた。琉球士族の子弟は、外交に必要な冊封使歓待の一環として、宮廷芸能の担い手として育成されていった。これは、古琉球において神女が大きな影響を持った政治のあり方を転換し、儒教に基づいて官僚が役職を分担する政治体制への改革がなされたことと密接に関係していた。こうした転換を経て、琉球は東アジア冊封体制の一隅に、その秩序の中に位置を占めることを内外に示し、中国に自王朝の安定と連続性を認められようとした。

こうして、朝貢の初期においては、統治のあり方を具現化したものとしての礼楽が秩序観や世界観、国際関係の捉え方とセットで中国から取り入れられた。冊封体制という秩序観において、中国との関係性が最も危機的になる場面の一つは、朝貢国の国王の代替わりであった。冊封使の歓待とそれにまつわる儀礼は、代替わりという危機的な時期を越えるために王朝が通過しなければならない儀礼であり、成功すれば東アジア冊封体制という秩序における自他の関係を確認・更新することができた。

冊封使の歓待は「一〇〇年に一度」と言われた（実際には国王はもっと頻繁に交代した）が、定期的な中国との関係や朝貢国の地位の確認は、島津さらに日本との関係においても、複製・応用されることになる。しかしそれは、中国への冊封体制が前提とした皇帝の「徳」を慕ってなされるものではなかった。一六〇九年の島津氏による琉球侵攻以降、王朝の人事や検地、日本から求められる軍事的負担は、王朝の自立性を浸食していった。

こうした状態は後に「両属」とも解釈され、また冊封をたんに「形式」ととらえ、日本への帰属を「実質」とする見方もあるが、近代までの国家のあり方は、現代にイメージされる「主権国家」とは異なっていた点は看過できない。琉球王朝はとくに中国とどのような関係であるか、それを中国が承認するか、また他の諸国がどのように認識しているか、関係の承認・認識をもって存立の実体としていた。そのことから、冊封において「形式」を成り立たせているもの（歌舞音曲に表現される礼楽）は、自らが何者であるのかを示す契機であり、ここに外交の本体があった。島津による介入や、冊封朝貢関係とは異なる国家間・国際関係観の強要を受けてもなお、宮廷芸能が支える外交は、琉球王朝の存立を継続させ、持ちこたえさせていた。そのために、島津侵攻から一世紀ほどの間に、宮廷芸能は従来にも増して洗練され、踊奉行をつとめる立場の士族たちは江戸や薩摩との往来から日本の文芸や舞踊への造形を深めた。そして朝貢によって蓄積されてきた中国文化とも、また日本とも異なる独自の創作分野を確立した。その代表的な領域である組踊は、宮廷を舞台としつつ、士族の屋敷での上演などを経て民間にも次第に浸透していった。そうした下地があったために、王朝の喪失後には民間の俳優となった演じ手たちが大衆を観客として

「組踊」を上演することができたのだと考えられる。それは先に述べたように、歴史的な苦境を舞台上に再現することによって、とくに戦後の苦境や復帰運動といった動乱の時期に、「沖縄アイデンティティ」を左右し反映するものとなっていったのである。

注

（1）蔡温の職歴について、真栄田義見『蔡温——伝記と思想』文教図書、一九七六年。西銘郁和『平敷屋朝敏を聴く　西銘郁和評論集』榕樹書林、二〇二二年、二三四—二三五頁。

（2）大城立裕『琉球の英傑たち』プレジデント社、一九九二年、二五九頁。

（3）大城立裕は玉城朝薫生誕三百周年記念事業会長を務め、朝薫が組踊創作に到るまでを題材とする小説『花の碑』の執筆過程において墓碑の調査を行っている。調査の詳細は沖縄県浦添市教育委員会編『玉城朝薫の墓調査報告書』ちとせ印刷、一九八九年を参照。

（4）大城學「玉城朝薫の芸能」前掲沖縄県浦添市教育委員会編『玉城朝薫の墓調査報告書』四二頁。

（5）宜保榮治郎『組踊入門』沖縄タイムス社、二〇〇四年、一八頁。

（6）球陽研究会編『球陽　読み下し編』角川学芸出版、二〇一一年、巻十（七二五）、二五八頁。「戯を作る」は「組踊を作る」の意味。また、「戯師」は踊奉行を指す。踊奉行は普通五人構成であり、按司奉行一人、親方奉行一人、親雲上奉行三人から成り、玉城朝薫は親雲上奉行であった。「次年演戯」は、玉城朝薫が組踊を創作したのが尚敬王六年（一七一八年）であり、その翌年初めて冊封使宴の席上（重陽の宴）で演戯をしたことを指す。同前『球陽　読み下し編』七七一頁、語註十四、十五、十六。

（7）原田禹雄『冊封使録からみた琉球』榕樹書林、二〇〇〇年、二〇頁。

（8）沖縄美ら島財団編『THE KUMIODORI 300 ～組踊の歴史と拡がり～』沖縄美ら島財団・花城良廣、二〇一九年、二一—二三頁。

（9）同前、七頁。

(10) 江戸上りについて、同時代的には京都が中心であり、幕府のある江戸は「下向」するところであったため、江戸上りは明治以降に称された用語とされる。同前、二〇頁。

(11) 前掲球陽研究会編『球陽　読み下し編』二五五頁。前掲大城『琉球の英傑たち』二五四―二六八頁。

(12) 玉城朝薫作、岡田輝雄訳・解説『執心鐘入――組踊』琉球新報社、二〇〇三年、三五頁。

(13) 久岡学「奄美大島（一六〇九年三月）」琉球新報社・南海日日新聞社合同企画『薩摩侵攻４００年　未来への羅針盤』新報新書、二〇一一年、四六頁。上里隆史「薩摩侵攻と那覇の「日本町」――渡航の規制徹底できず」同『薩摩侵攻４００年』九三―九四頁。岡田輝雄・国吉和夫『世界遺産グスク紀行――古琉球の光と影』琉球新報社、二〇〇〇年。

(14) 野国正恒は章氏、唐名は受祐であり、朝薫の唐名と同じである。これは正恒にあやかってつけたものと考えられ、玉城家における野国親方の存在感の大きさを示していた。池宮正治「玉城朝薫」前掲沖縄県浦添市教育委員会編『玉城朝薫の墓調査報告書』四五頁。

(15) 前掲大城『琉球の英傑たち』二五四頁。前掲大城「玉城朝薫の芸能」四一頁。

(16) 前掲大城『琉球の英傑たち』二五五頁。

(17) 同前、二五六頁。前掲玉城、岡田『執心鐘入』三六頁。

(18) 那覇市企画部市史編集室編『那覇市史　資料篇第1巻7　家譜資料(3)首里系』一九八二年、二九六―二九九頁。以下玉城朝薫の経歴に関しては、同資料を参照した。

(19) 前掲大城「玉城朝薫の芸能」四一頁。

(20) 前掲大城『琉球の英傑たち』二五六頁。前掲岡田『執心鐘入』三六頁。

(21) 前掲大城『琉球の英傑たち』二五七頁。

(22) 前掲西銘『平敷屋朝敏を聴く』三八頁。

(23) 新井白石著、原田禹雄訳注『南島志　現代語訳』榕樹社、一九九六年、一五八―一五九頁。原田は「歌詞」について、琉歌であろうと解釈している。大城立裕は、白石の『折たく柴の記』にある「琉球人は南の和人であって、この国（日本）と同じ地脈である。だから、名歌を詠む者がいる」という記述を引いて、白石が言及したのは朝薫であったと解している。

(24) 前掲大城「玉城朝薫の芸能」四二頁。

(25) 友寄安乗は嵩原親方安依の三子。毛姓美里家の七世。父・兄（嵩原親方安満）ともに三司官の家柄であった。安乗は紫冠にまでのぼったが、兄の三司官在任中に、後述の「平敷屋・友寄事件」を主謀した一人として処刑された。

(26) 玉城朝薫は江戸上りの際には能や歌舞伎、人形浄瑠璃など洗練された江戸や上方の舞台芸術に触れ、近松門左衛門（一六五三―一七二四）の作品など大和の文化への造詣を深めつつ、中国の演劇と日本の芸能とを相対化し、琉球独自の国劇の着想を得たと考えられる。

(27) 徐葆光『中山伝信録』（一七二一年）は、琉球への渡航、諭祭・冊封の儀礼、七宴、琉球国の地誌、官制、風俗、琉球語などを記録し、江戸や京都においても木版本が作成された。フランス人宣教師（耶蘇会員）アントワーヌ・ゴービル（Antoine Gaubil, 1689–1759）によって抄訳 “Mémoire sur la Isles que les Chinois appelere isles de Lieukiou” (1752) が *Lettres Édifiantes et Curiuses,* vol. 23 (1781) に掲載されるなど琉球認識を形づくる上で重要な役割を果したとされる。原田禹雄「はじめに」徐葆光著、原田禹雄訳注『中山傳信録』榕樹書林、一九九九年、四頁。

(28) 前掲原田「はじめに」『中山傳信録』五頁。

(29) 前掲大城『琉球の英傑たち』二六四頁。また、宿の女と若松の関係を再考し〈組踊「執心鐘入」は能「道成寺」の翻案〉という見方を批判するものとして、前掲西銘『平敷屋朝敏を聴く』二四〇―二六一頁。

(30) 『球陽』巻二（一〇六）に尚泰久王五年、「阿摩和利、護佐丸を讒害す」とある。前掲球陽研究会編『球陽　読み下し編』一二六―一二七頁。『球陽』は国王の命により鄭秉哲が編纂し、一七四五（延享二）年完成。それ以後一八七六（明治九）年まで書き継がれた。漢文体であるが、薩摩との関係はすべて付巻に収めており、中国側に知られないように配慮していた。『球陽』について本書では『球陽　読み下し編』を参照した。球陽研究会は、一九六四年五月に嘉手納宗徳（一九一三―一九九二）が沖縄関係の漢文史料の講読・研究のために図書館で開講した郷土史講座が発展し、結成された郷土史の研究会。なお戦後初めての『おもろさうし』の出版が実現した経緯と角川源義の尽力については、外間守善『沖縄学への道』岩波現代文庫、二〇〇二年、五七―五九頁に詳しい。

(31) 「尚泰久王の娘」百度踏揚は一五世紀中頃の女性。「百度踏揚」は元々は高位の神女の名称であったが、「尚泰久王の娘」以降は、主に彼女を指す固有名詞となった。『おもろさうし』には「百度踏揚様が、天降りをして神舞いをなされるよ。さあ、迎えて誇りましょう。父なる貴人（国王）がおられることを、神も知らないはずがないのです」というおもろがある。外間守善校注『おもろさうし　上』岩波文庫、二〇〇〇年。井上秀雄監修『絵で解る琉球王国　歴史と人物』ＪＣＣ出版、二〇一一年、三八頁。

(32) 前掲球陽研究会編『球陽　読み下し編』一二七―一二八頁。

(33) 伊波普猷『琉球戯曲辞典』榕樹社、一九九二年（復刻　初版昭和一三年）、八頁。

(34) 伊波普猷は「阿麻和利が独り逆臣の名を専にしたのは無論成敗の結果ではあるが……その他俗間に理外の勢力を有する組踊

（脚本）に『二童敵討』のあるにも因るだろう」として、一般に阿麻和利の「善い方面」が忘れ去られたのは組踊の筋書きの影響が大きかったと述べている。伊波普猷「阿麻和利考」伊波普猷著、外間守善校訂『古琉球』岩波文庫、二〇〇〇年、一二四―一四三頁。

(35)「屋良《やら》のアマンジャラー（話者　照屋牛五郎、翻字　玉城和美）」名嘉真宜勝ほか編『楚辺の民話　読谷村民話資料集11』沖縄県読谷村教育委員会・歴史民俗資料館、一九九二年、一九二―一九六頁。阿麻和利の墓の所在について、豊見盛功氏よりご教示賜りました。記して感謝いたします。

(36) 同じく護佐丸・阿麻和利の乱に基づいた組踊は複数あり、例えば「忠臣護佐丸」は、『琉球新報』一九〇一年六月一九日二面の記事中に「阿麻和利征討記を脚色して護佐丸義臣伝とか」が初演（本部町備瀬区）とある。また、二〇一一年に第八回中城文化祭において上演された「組踊　護佐丸」では、護佐丸と妻子が自刃する場面が舞台上で観客に見える形で演じられており（息子二人が互いを刺し合って果て、護佐丸が自ら妻に刀を振り上げる）、宮廷芸能とは異なる演出となっている。冊封使向けの舞台においては、殺害のシーンは幕の後ろに隠して示唆するに留まったとされる。

(37) 前掲西銘『平敷屋朝敏を聴く』四九頁。

(38) 前掲宜保『組踊入門』一三五頁。

(39) 前掲真栄田『蔡温』六七頁。前掲西銘『平敷屋朝敏を聴く』四九―五一頁。

(40) 前掲西銘『平敷屋朝敏を聴く』一九四―一九六頁、二〇八頁。平敷屋村には、事件の累が及んだために「高離島（宮城島）」へ流されたという平敷屋家の奉公人「後門（シリージョウ）ウシー」の伝承がある。

(41) 前掲真栄田『蔡温』八〇―八一頁。前掲西銘『平敷屋朝敏を聴く』一九六頁。

(42) 前掲真栄田『蔡温』五九頁。

(43) 同前、五八―五九頁。

(44) 喜舎場朝賢『東汀随筆』第二回、一九一二（大正元）年、伊波普猷文庫 IH011（琉球大学附属図書館所蔵）から「第十六　蔡法司ガ久米人ヲシテ三司官推挙ノ投票権ヲ得セシメタル事」「第十七　主人ヲ讒訴セル平敷〔屋〕友寄死刑ハ濫刑ト為スル事」を参照。喜舎場は最後の国王尚泰の御側仕を務め、王府内で伝えられてきた話を『東汀随筆』にまとめた。与並岳生『尚敬王（下）』新星出版、二〇〇六年、四二―四七頁は、平敷屋らは薩摩の介入によって尚敬王に再考を促し蔡温を罷免させる意図であったと解している。

(45)『手水の縁』は士族の男女の悲恋の物語であることから、悲劇の主人公を後世の人が朝敏になぞらえるようになったのであり、平屋敷朝敏の作ではないとする池宮正治の見方もある。池宮正治「平屋敷朝敏」『朝日日本歴史人物事典』朝日新聞社、一九九四年。當間一郎「平敷屋朝敏」『日本大百科全書』第二一巻、小学館、一九九四年。

(46)　赤嶺守『琉球王国』講談社、二〇〇四年、七四頁。

(47)　玉城盛重は最後の御冠船から二年後の一八六八年に首里金城に生まれ、琉球最後の名優とうたわれた。一二歳で那覇の芝居小屋に入り、三七歳頃まで仲毛芝居の役者をつとめ、「むんじゅる」「浜千鳥」などの雑踊をつくる。のち御冠船踊の継承者として後進を指導した。一九三六（昭和一一）年、折口信夫を中心とする日本民俗協会主催の琉球古典芸能大会に座頭として参加した。

(48)　歌舞伎における「見得」の原型は、不動明王など神仏の形、荒ら神の像、修正会ほかの鬼の所作、狂言「仁王」、奴の擬勢、丹前・六法等歩く動作を止めた姿、不動尊の梵字、風流の造り物、などが挙げられる。元禄見得は、武勇の力を誇示する意図が込められた形とされる。児玉絵里子『初期歌舞伎・琉球宮廷舞踊の系譜考』錦正社、二〇二二年、二九頁。『藝能史研究』第二二三号（特集・歌舞伎の〈見得〉）、二〇一八年一〇月。児玉氏の文献について、真境名由佳子先生よりご教示を賜りました。記して感謝いたします。

(49)　前掲宜保『組踊入門』一七頁。

(50)　船越義彰「真境名由康・人と作品」真境名由康生誕一〇〇年記念事業会・那覇市主催『琉球芸能中興の祖　真境名由康　生誕一〇〇年記念芸能公演』パンフレット、一九八九年一二月二四日、那覇市民会館大ホール、一六頁。

(51)　同前。

(52)　川畑恵『尚泰――最後の琉球王』山川出版社、二〇一九年、三頁。

第6章　琉歌にみる交易世界の広がり

琉歌は8／8／8／6音を基本にし、5／7音を基調とする和歌に対比される。もとはオモロ（古謡）[1]から出たものであり、8音を基調として句を長く重ねていく形であった。一四〜一五世紀頃に中国伝来の三線（三弦）が伴奏に用いられるようになったのに合わせて、次第に四句目を短く切って終わりを六音にとどめる形に展開していったと考えられる。琉歌は三線や箏を伴奏にして歌うのが本旨とされ、歌詞は様々な節にのせて歌われる。当初は新しい歌詞を新しい曲（曲節、旋律）にのせて歌う形であったのが、後には新しい歌詞を既成の曲にのせるようになり、本歌に対する替歌が続々作られた。そのため、本来の歌詞（本歌）の他にも複数の替歌が自由に用いられ、同じ歌詞が異なる節（曲）にのせられる場合もある。

宮廷音楽として用いられた楽曲は、奄美諸島以南の南西諸島の各地に口承されてきた歌が首里士族の手によって編曲されたものであり、楽曲が整えられる過程において、各地の原歌が洗練された本歌になったと考えられている。そのため詠み人知らずの歌詞や、原歌が不明のものも多い。とくに中央集権化がすすめられた尚真王（一四六五—一五二七）[2]の時代には、地方文化もまた集約された[3]。

琉球古典音楽を代表する曲の一つ「かぎやで風節」は、一八世紀に成立した最古の琉歌集『琉歌百控』[4]に「嘉謝伝風節」として記載されている。国王の前で必ず演奏された「御前風五節」の最初の曲であり、現代においても祝いの座の幕開けにまず演奏される[5]。一般に知られる歌詞は次のとおりである[6]。

今日の誇らしゃや　何にぎやな譬る
　　莟でをる花の　露行逢たごと

今日の嬉しさは何に譬えようか、まるで莟《つぼみ》でいる花が朝露を受けてぱっと一時に開き咲くようである、という歌意である。一九七二年五月一五日に沖縄が日本国へ復帰した日、記念式典の祝賀会の幕開きもまた、この「かぎやで風節」による翁と媼の舞であった。(7)

「かぎやで風節」の本歌と考えられる歌詞はいくつかあり、その一つ「あた果報のつきやす夢やちやうも見だぬかぎやで風のつくりべたとつきやさ」は、農民から身を起こし第二尚氏をひらいた金丸（のちの尚円王）(8)が青年であった頃の出来事に由来する。干ばつの折、田の水をめぐる争いのために古里の伊是名村を追われた金丸は、舟で国頭へ渡り宜名真において農業を始めた。しかし、そこでもやはり水をめぐる問題が起こり、村の後方に聳える与那覇岳の山中に隠れた。食べ物がなく困窮していたところを隣村の奥間に住む鍛冶屋によって助けられた。後年、金丸は王位に推されて尚円王となるが、この時の恩を忘れず奥間鍛冶屋へ使者を送り首里へ迎えたという。奥間鍛冶屋が思いもよらぬ報恩を受けた幸せに感激して詠んだのが、右の歌「あた果報の……」と伝えられている。(9)『琉歌百控』上編（乾柔節流）には、「かぎやで風節」の歌詞として、このほかに長命を願う歌詞や、首里天加那子（琉球国王）を讃える二首がみえる。(10)

現代に伝わる「かぎやで風節」の歌詞は三〇余りあり、国王の頌歌、国家の繁栄、五穀豊穣、子孫繁栄、航海の安全、公事公務の遂行など、慶賀の歌ばかりである。(11)前段落に挙げた尚円王の伝説を由来とする「あた果報の……」を本歌とするなら、「かぎやで風節」と第二尚氏とのつながりが一層深まる。尚円による王朝の始まりを祝い、歴代の王と琉球王国の安寧を祝うため用いられてきたことが現存する歌詞に示唆されている。

琉球の宮廷音楽は、初期には中国の儀礼に伴う音楽（伴奏）を取り入れる形で始まった。また、それとは別に

「オモロ」（神への祈りとして謡われた詞）の歌詞をもとにして琉歌（節歌）が発展した。それらの歌詞が、中国に由来する三弦（三線）や箏にあわせて冊封使を歓待する宴において演奏された。また、島津さらに江戸幕府との関係においては、琉球が独自の国家的存在であることを示す演出のなかで、宮廷音楽が積極的に用いられた。

「いまだに謡う歌と読む歌とが分化しない状態にある琉球では、琉歌は常に音楽と道づれをして、しかも音楽が主で歌詞が従である」ために、「能く謡われる琉歌には、原型を失ったのが多い」と伊波普猷は指摘したが[12]、それだけ数多くつくられた琉歌の歌詞には、宮廷音楽が果たした王朝の権威を表現する役割だけでなく、琉球が冊封体制の中において交易上また文化的にどのような位置を占めていたのかを垣間見ることができる。以下本章においては、「かぎやで風節」の歌詞のうち、「原型を失った」ものと評価されつつも頻繁に演奏される一つの琉歌を手掛かりに、一八世紀末の琉球が急速に変化する東アジア世界においてどのような位置を占めていたのかを考察する。

第1節　琉球王朝の交易関係を伝える歌詞

「かぎやで風節」の歌詞のうち、本歌とされる「あた果報の……」は歌意が極めて難解であり、解釈が人によりまちまちであるため「本歌でありながら……敬遠されて、この歌詞で歌うのをあまり聞いたことがない」とされる[13]。最もよく歌われるのは本章の冒頭にあげた「今日の誇らしゃや」の歌詞である。

「かぎやで風節」の歌詞には、琉球と日本との間に交易や文化的な往来の関係があったことも示されている。例えば、替歌の一つである、

あらたまの年に　炭とこぶかざて
心から姿　若くなゆさ

図 6-1　第 1 回沖縄県議会後の記念写真。明治 42 年（1909 年）7 月議事参与員及県会議員（県会議事堂・県庁倹徳館玄関前）。倹徳館は 1879 年まで「昆布座」として使われていた。
出典：沖縄県公文書館所蔵。

という詠み人知らずの歌は、今日でも定期的に演奏されている。「新年になると、たんと喜ぶという縁起を祝って、炭とこぶ（昆布）とを飾り、心も姿も若くなったような気がするものだ」という歌意で、正月に歌われている。(14)

この歌詞にある「こぶ」は海藻の昆布を指す。昆布の育つところは太平洋沿岸の親潮寒流が流れる地域とされ、産地の南限は太平洋沿岸の宮城県であり(15)、沖縄の海には生息していない。本歌よりずっと後に成立した替歌とはいえ、琉球古典音楽のなかでも特に厳粛な儀式用の曲の歌詞に、北国の人に身近な海藻が入っているのは一見すると意外に思われる。

しかし、一八世紀末には対清貿易において昆布が重要な役割を果たしており、那覇港近くに「昆布座」が設置されるほどであった。「昆布座」は、対清貿易用昆布の集荷、琉球国内向け昆布の一手販売等を担った(16)。

薩摩の「在番奉行所」、「油座」、「昆布座」は近接しており、冊封使が滞在する「天子館」(砂糖座)からは五〇〇メートルほどの距離であった。一八七九(明治一二)年の琉球処分を機に「昆布座」と「在番奉行所」は沖縄県庁として用いられることになる。沖縄県庁が一九二〇(大正九)年に美栄橋町に新築移転されると、旧「昆布座」は貴賓高館「倹徳館」となった[17]。こうした経緯から、「昆布座」が占めた貿易および政治上の役割の重要性が推測されると大石圭一は述べている。「昆布座」は対清朝貢貿易の中枢であったと同時に、薩摩藩の琉球支配の要所であり、また沖縄県政の発祥の地となった[18]。

「昆布座」が設置された一八世紀末は、漁業史においては、北海道東部に産する長昆布が市場に出回り始めた時期であった。江戸初期までは、松前藩の三港(木材やニシンの積み出しを主とする西海岸の江指、昆布産地に近く有力な昆布交易港である箱館、城下町として優遇され昆布交易が最も多かった福山の三港)から本州へ向かう航路は、日本海を通って小浜、敦賀に達するルートのみであった(函館は明治二年まで箱館と表記された。以下本章では時期に関わらず函館と表記する。引用文は原文の表記を優先する)。寛永年間には小浜を通って下関へ向かい瀬戸内海を経て大阪に達する航路が開発されたが、昆布はまだ生産量が少なかったこともあり、この後も約七〇年間は小浜、敦賀から京へ送るルートが取られた。琵琶湖の水運と北陸街道を利用して松前まで到達する航路は、京坂からの最短距離にあり、近江商人にとっては好都合なルートであった。松前交易が盛んになるにつれ、一六八一―一七八〇年頃までに敦賀は「昆布ロード」の中核となっていった。小浜と敦賀は細工昆布(酢で加工したおぼろ昆布やとろろ昆布)を「若狭昆布」として京へ送り、そこで昆布は饗饌儀式の際に上菓子に用いられた[19]。

第2節　上方における昆布の儀礼的利用

昆布は遠方の蝦夷から極めて貴重な朝貢品として都へ送られて来たもので、その需要は室町末期までは限られており、京の都とその周辺に集中していた。その後大坂、堺の町が発展すると、広く近畿地方一帯に需要が広がった。京は消費地であると同時に集散地となった。(20)

宮中ではかなり古くから昆布を用いており、『続日本紀』で七一五（霊亀元）年に、「蝦夷の須賀君古麻比留《すがのきみこまひる》」が朝廷に対し「先祖代々、夷布《えびすめ》（昆布のこと）を献上」し続けている旨を報告している。(21) 平安中期の『延喜式』になると、神祇部の諸神諸社の記事に神饌の様相が見られ、そこに昆布が用いられている。(22)

室町時代の『年中定例記』には、「殿中正月ヨリ十二月まで、御対面御祝ハ以下ノコト」として「焼栗九、昆布九きれ（一寸四方）」と記されている。こうして宮中から始まった昆布を用いる習慣は、やがて公卿より武家へ、民間へと広まり、その用い方も定式化されてゆくことになった。(23)

室町時代から昆布を扱っていた京の「松前屋」では、宮中の大嘗会、歴代天皇の即位その他の儀式に際し、菊花、紅葉、観世水、百花を合わせた「有職昆布」を京菓子の一種として献上している。一八世紀中ごろ（明和二年、一七六五年）には、後桜町天皇にこれらの「菓子昆布」（おぼろ昆布やとろろ昆布を製造した後の芯をよく煮てから砂糖液で煮詰め、さらに表面を砂糖で覆い、色々な花模様を施したもの）を献納して、天皇より「養老御所の花」「雪の上」「紫の戸」等の命名を受けた。また同じく献納した「松葉昆布」（昆布を柔らかくなるまで砂糖で煮たもの、求肥昆布）は「養老」と命名された。(24) 上方は古代から江戸時代半ばまで、食物文化の全国的な先進地であった。江戸中期になっても、昆布菓子などは上等品の「下り菓子」として江戸の人びとに喜ばれた。(25) 上方の食物文化が伝播していった様子がみてとれる。

宮中、貴族において昆布を縁起物の第一とする習慣は、他の海藻とは全く産地が異なり希少価値が高かった古代に由来し、また仏教文化にそむかない食材であったため定着したと考えられる。現代に至るまで京都地帯一帯は昆布利用の習慣が生産地よりも多様な形で維持されているが、その遠因は寺院の日常のしきたりが古代以来仏教信仰の中心となってきた畿内の人々に強く影響を及ぼしたためと考えられる。(26) これは畿内の神事における神饌の内容にもあらわれており、上賀茂神社の御棚会神事や志賀神社の「花の頭」のオコナイ、伏見稲荷神社の菜の花祭り、八坂神社の御饗神事など多くの祭祀において宮座（中世後期に形成された祭祀組織）が神饌に昆布を用いている。(27)

第3節　武家による昆布の利用と縁起物としての意味の定着

戦国時代には兵糧として軍中で昆布など海藻が用いられ、籠城に備えて蓄えられた。加藤清正が朝鮮出兵のおり兵糧不足に苦しんだ経験から、熊本城の壁の内部に昆布やアラメをすき間もなく詰めさせたことはよく知られている。こうした戦国時代の籠城用兵糧の知恵は、太平の世になると、救荒食糧の貯蔵に活かされた。(28)

鎌倉期から戦国時代にかけて、出陣と凱旋を祝う儀式が次第に定式化していくと、儀式に海藻が決まって用いられた。『軍用記』にある出陣の儀式では、三宝には打ち鮑五本、勝栗七箇、昆布五切れの順に並べる。鮑五本には「御本意」をとげるという心意気があらわれている。まず打ち鮑を食べ、土器に酒を三度つがせて飲み、次に勝栗を一つ食べて三度四度盃をあげ、終わりに昆布の両端を切り除け、中を食べてさらに三度酒を飲む。敵に「打ち勝ち喜ぶ」という意味がこめられていた。また帰陣したときには、初献に勝ち栗を食べて酒を飲み、二献目には鮑を、三献目には昆布を食べて酒を飲んだ。順序が入れ替わったのは、敵に「勝ち、打ちて喜ぶ」、戦勝を祝う意味からとされる。(29)

これらの縁起物は、単に語呂合わせのために選ばれたのでなく、どれも古代から祖先が大切にしてきた食料であった。そのため戦や飢えといった生死が分かれる場面にあらわれたもので、言葉の意味は重かった。武家の習慣は民間に伝承され、のし鮑と昆布は、結婚、元服その他の慶事に欠かせないものとなった。また正月には勝ち栗を歯固めに、のし鮑や昆布の類を鏡餅の上に飾るようになった。(30)

第4節　琉球における昆布の儀礼的意味

このように、日本の宮中において希少な縁起物として古代から昆布が珍重される習慣が定着し、神饌の食材として用いられたことは、その儀礼における価値を高めたと考えられる。また上方における仏教信仰の深さや茶の湯の普及は、昆布の水揚げや流通量の増加と相乗的な効果を持ち、近畿地方以外へも昆布の利用や縁起物としての意味づけを広める導因となった。そして戦国時代以降は、武士が保存食として昆布を用い、それによって命を救われた経験に裏付けられる形で慶事において昆布が飾られるようになった。

日本において昆布が持った慣習上の意味は、琉球を経由して中国へ昆布が送られる過程において、琉球社会にも取り入れられていったと考えられる。京都から琉球へ移住した仏僧の名は政治史上にしばしば登場し、また「京太郎」と呼ばれ本土の念仏踊りを伝えた流浪の芸能者集団も存在した[31]。こうした往来により、仏教信仰とともに生活様式や食材の意味なども伝えられたと考えられる。ここで本章冒頭に挙げた「かぎやで風節」の歌詞「あらたまの……」に昆布が見える理由として、上述の日本や中国における昆布についての肯定的な評価に基づく慣習（慶事における装飾としての使用）が琉球社会にも取り入れられたことが考えられる。

また、昆布の輸出先である中国において信じられていた薬効は、琉球および日本へと逆輸入され知られるようになった。日本から中国への海藻の輸出は、遣隋使・遣唐使や宋との交易の折にもみられ、中国から多種多量に輸入された文物の見返り物資として海藻が用いられた。特に昆布は山東省では少量採集されていたものの、古くは高麗から、また日本から輸入していた。内陸の奥地では塩の入手が困難なため、軽くて保存の利く食塩の代用品として需要があった。また、中国において昆布は医薬用（昆布は瘡毒を治す薬とされていたほか、硫黄鉱山に入る人の養生になる食品といわれていた）に用いられ、五色菜の一つとして、特に四川方面で重視された[32]。

日本の場合、新年に鏡餅や鯣が昆布とともに用いられるが、琉球では炭と組み合わせている。これは、竈や火への信仰に由来するものと考えられ、中国の民間信仰の影響が見られる。中国では竈神を祭ると火災をまぬかれ長命を得ると信じられ、竈神は福神とされた。沖縄においても民間信仰では祖先と火の神（ヒヌカン）が大きな存在を占めている。室内炊事用の竈（薪用も炭用もともに）に竈神があると信ずる信仰は古く、一つは火への畏怖から、一つは食品加熱の恩恵から生じた。火の神は家々の竈に祀られる神であり、竈だけではなく家の神となって、さらに後には門中の神、部落の神、間切の神、そして首里王府の聞得大君（女性最高神官）が祀る最高の守護神として系列化された。生活における火の重要性とニライカナイ信仰とが結びついて、個々の家の竈の神から霊威ある神へと発展していったと考えられる。さらに中国の民間信仰から影響を受け、那覇・首里においては道教的な要素も加わった(33)。

第5節　昆布の流通と進貢貿易——富山の売薬業と昆布

一八世紀になって蝦夷地開発の前線が襟裳岬よりもさらに東へ拡大すると、釧路や根室沿岸で採れる長昆布が広く流通するようになり、蝦夷地のニシンや昆布などの海産物は函館から北前船に載せられて日本海沿岸から下関などを経る航路で大坂へ運ばれた(34)。北前船による昆布の輸送量は増大し、大坂市中・市外の加工昆布、青板昆布等の消費が増えた。また、精進物のだしにコンブを使う習慣も定着し、大坂は全国最大の昆布集散地となった。上方には古代以来の根強い仏教信仰があり、精進食をきっかけとして昆布を食べる習慣が長期間かけて工夫された。大坂の問屋から江戸積みされた昆布は、一九世紀半ばには年々三万俵ほどになっていた。その内容は、元揃、長折、青板、青切等の板昆布に限らず、京極、初霜、松葉切、桜切、水晶、藻汐といった名称を持つ細工昆布まで多岐に及んでいた(35)。

大坂から関東や九州へ延びる「昆布ロード」と結びついたのが、富山の薬売りである。越中の薬売りは仲間組を結成して北は奥州・出羽から南は九州の薩摩まで広がる行商圏を持っていた。[36]富山の売薬商人にとって、琉球から薩摩に輸入される唐薬種は大きな魅力であった。琉球からの進貢貿易では中国産の薬種、漢方薬の原料となる「粗薬材」が大量に輸入されていた。[37]薩摩藩は唐薬種を提供する見返りに、大量の昆布を富山商人に要求した。[38]昆布は薩摩藩を通じて琉球に渡ることとなった。

こうして道東の長昆布は主に函館を経て九州の西海地方さらに琉球へ運ばれ、そこから清国へ輸出されるようになった。またこの時期、昆布の取り扱いは薩摩藩の直営となり、その事務処理をしたのが「昆布座」であった。進貢貿易の輸出品は、日本産の昆布や鰹節など海産物がもっとも多かった。[39]朝貢船の積荷重量の八割から九割を昆布が占めたとする統計もあり、貿易品の中心をなしていた様子がうかがえる。[40]

このように昆布の輸出量が増えた要因の一つには、渡唐銀の質の劣化があった。一六八三年に台湾の鄭氏が清に降り、翌一六八四年に遷界令（鄭成功の勢力を抑えるため清が行った海禁政策）が解かれると、大陸沿岸から長崎へ来港する唐船が急増した。これに対して、幕府は金銀の流出を抑えるため年間貿易額の上限を設ける「定額制」を打ち出した。この政策と連動して琉球の渡唐銀も規制され、一六八七年（貞享四年）に進貢料銀八〇四貫、接貢料銀四〇二貫となった。そこへ、幕府の貨幣改鋳が大きな影響を及ぼした。一六九五年（元禄八年）の改鋳を受けて渡唐銀の質が下がり、慶長銀（古銀・品位八〇％）から元禄銀（新銀・品位六四％）に低下した。こうして幕府の貨幣改鋳が度重なると、渡唐銀の質の低下は避けられなかった。粗悪な銀について取引先の中国商人から苦情が出て「増銀」を要求され、琉球の「御用物買調」にも差し支えるようになった。そこで渡唐役人たちは増銀を渡す代わりに、持参した「昆布」を値引きで売り渡すことでトラブルを回避したとされる。つまり、銀の質が下がった分の差額を海産物の交易で補ったわけである。[41]

昆布を扱う利の大きさは、薩摩の特権商人による独占販売の試みを琉球側が阻止した記録に垣間見える。一七九七年（寛政九年）、昆布の「一手売」を海商横山喜助が申請した際、琉球側は強く反対した。その理由は「昆布の儀、古来より祝物その外彼是につき、常々国中上下共相用来申候、かつ渡唐役者以下末々の者ども付届用、または唐に於いて商売用にも持ち渡り申す儀に御座候、（中略）昆布の儀、琉球格別なる交易の品にて、一手売りに付ては末々まで差し支え候」（『琉球館文書』）というものであった。王国内において高位の者から身分の低い者まで昆布を広く用いていたほか、中国向けの輸出品であるため、独占販売は支障が大きいとの説明であった(42)。

すでに一八世紀後半には、琉球士族社会の一部には正月祝いのしめ縄飾りに昆布を用いる習慣があった。また、出産祝いなどに昆布や鰹節を贈答する習慣も見られた。こうして琉球国内の生活様式に蝦夷地や日本からもたらされた海産物が定着する一方、対外的にもこれらの海産物が進貢貿易の輸出品に組み込まれ、一八世紀末には、琉球＝清の貿易において昆布は渡唐銀の価値低減を補塡するほどの重要性を持っていた。そして一九世紀の対中国貿易では、昆布は主要産品としての地位を占めた(43)。

古琉球は「中継貿易」に依存していたが、一七世紀以降、朝貢制度の枠組みを継承しつつ「中継貿易」からの脱却をはかり、従来の貿易パターンとは異なる特徴を持つようになった。琉球王府は砂糖の国産化を進めながら、可能な限り貿易銀を資本調達した。幕藩制市場に砂糖を出荷する見返りに渡唐銀を入手するという琉球の経済構造は、必然的に日本との経済関係を緊密化した。また、日本の蝦夷地開発に伴う漁業の拡大は、昆布や鰹節といった海産物を琉球へもたらし、それらの輸出品目は銀の質が低下するのを補う形で対中国貿易を支えた(44)。

しかし、琉球の昆布貿易は長続きしなかった。変化のきっかけはペリー艦隊の来日であった。

第６節　輸出拠点の変化と函館の昆布輸出活況

ペリー艦隊は一八五三年（嘉永六年）四月一九日（五月二六日）に琉球へ来航し、那覇に入港した。その後、ペリーは六月二七日（八月一日）、ひとまず香港へ向けて那覇を離れた。そして、一二月二四日（一八五四年一月二二日）再び那覇に到着し、琉球を対日交渉の拠点とする準備を進めた。[45]

一八五四年一月一〇日（二月七日）、日本へ向けてペリーは那覇を出港し、三月三日（三月三一日）、日本との和親条約が締結された。武蔵国横浜村（横浜市中区）において調印し、ペリーは開港を認められた下田に留まった後、四月一七日、同じく開港を約された函館へ向かい、五月一七日に函館に来航した。このときペリー提督の通訳として香港から同行してきた羅新[46]（羅森）は函館が昆布の集散地であることを知った。次いで清商の陳玉松が函館に昆布を買い付けに訪れたことにより、対清昆布貿易の拠点が那覇から函館へ移る契機になったとされる。

函館において外国との貿易が開始されたのは一八五九（安政六）年六月であった。貿易船として最初に入港したのは米国商船モーレー号であった（六月二日）。モーレー号との取引は少量であり、次に英国商船イリサーメル号が来港して、初めてやや大量の貿易が行われた。イリサーメル号と直接貿易に当たったのが、函館の新興仲買商人柳田藤吉であった。[47]柳田藤吉はこの間の出来事について、随鴎吟社の創設者となった漢詩人の大久保湘南に語っている。大久保湘南は「北海道に遊び函館に淹留すること半星霜」、藤吉の回顧を聞き書きした。藤吉の回想は大久保湘南筆記『稿本柳田藤吉翁経歴談』柳田一郎跋、一九一〇年一一月にまとめられている。湘南は一九〇八（明治四一）年に四四歳で没し、藤吉もその翌年に亡くなった。回顧録の散逸を惜しんで刊行したと柳田一郎（藤吉の孫）は跋に述べている。

『稿本柳田藤吉翁経歴』には、陳玉松が当初から昆布を求めて函館を訪れたことや、その買い付けに熱心であった様子が語られている。安政六年六月二日は函館開港の期日にあたり、当日午前四時第一着に巴港（函館港の別名、港の形から巴《ともえ》港とも呼ばれた）湾頭に投錨した外国船は米国帆船モーレー号、船長は米国人フレッチャー氏であった。モーレー号は紫檀、黒檀、白檀、氷砂糖、丁子、大黄、甘草といった「夥多の唐物類」を貨物として搭載していたが、市民の中にはこれを買い取るものがなかなか出てこなかった。そこで当時駐在していた米国領事ライス氏が便宜を図ろうとした形跡はあるものの、炭や馬鈴薯といった必需品の買い付けをめぐってライス氏とフレッチャー氏の間に不和が生じたこともあって、モーレー号による函館港最初の貿易は目的を達しなかった(48)。

次に入港せるは、英国帆船イリサーメル号にして、同国商人アストン氏及び其番頭清国広東人陳玉松乗込来れり。該二人は上陸の上、偶然自分〔語り手：柳田藤吉〕の商店の店頭に佇《たたず》み商品中の寒天及び椎茸を一覧したる後、懐中より畳紙に包みたるものを取出し、之れを買入を為さんことを求めたり。自分は生来初めて外国人と応対せることなれば先づ其示したる見本を見るに約一寸四方位に切りて畳紙に並列せるものにして既に数年を経過したりと覚しく、香味色沢亦た原品とは異なり居りて、自分は其何品たるやを判別する能はず、之を二人に問へば、海帯と称するものにして香帯、長帯、板帯、琉球帯、紫単帯の別ありと云ふ。由りて自分は此見本を携へて、大町三丁目亀屋七郎右衛門氏〔博学者〕の宅に至り、其鑑定を乞ひたるに、氏は之を見て海帯即ち昆布なりと云ふ。自分は此に於て三石及び十勝産の最上新昆布を彼等に示したるに、彼等は見本に違へりとて承知せず。やむを得ず自分は該二種の昆布十四五本づつを贈り、帰国の上、確かめ来らんことを求め、亀屋氏へは謝礼として大山酒一樽を贈りたり(49)。

陳玉松は、「海帯」の見本を持参して函館へやってきたが、その見本は何年も経って古くなっており、柳田には何であるか判別がつかなかった。市井の学者亀屋七郎右衛門（淡斎如水）に鑑定を依頼したところ、「海帯」は昆布であることが分かった。そこで上等の昆布を用意したが、古い見本とは様子が違っていたために、陳玉松は納得しなかった。一旦贈り物として昆布を持ち帰ってもらい、見本と同じものかどうか確認することになった。

イリサーメル号は七月一六日出帆し、八月一四日再び入港した。陳玉松は再びイリサーメル号にて入港し、先に持ち帰った昆布は海帯であったことが確認できたとし、本格的な昆布貿易が始まった。

此時昆布の函館に於ける市価は、場所買付幌泉産百石（即ち二万五千斤）六十八両にして、之を函館に積来りて百両に売るは、非常の困難とする所なりし、自分は此場合に於て、船手上越後◬権右衛門より、百石百六十両に買取り、百斤一両即ち、百石二百五十両にて千石陳玉松に売渡したり。(50)

こうして取引をおえた陳玉松は、出帆の際、金三〇〇〇両を自分（柳田藤吉）に託し、再び「今後何程にても、昆布買置を為すべしと」言遺し、同月二〇日解纜《らん》した。これが「函館より昆布を清国に直輸せし嚆矢《こうし》」となり、その後「昆布取引の盛大を極めたる」端緒であった。そして「此度イリサーメル号入港の際は、陳玉松の掛引にて」あえて直に港内に入らず、「台場沖山背泊に投錨し、船影を市人に見せしめず、昆布の商談成りて後始めて公然入港したるは是れ全く昆布価格の上騰を防ぎたる手段」をとっており、陳玉松が商機に敏なることを示していた、と語り手は評している。(51)

このようにして、柳田藤吉は「三千両の附託金に対し、昆布買入の事に奔走したれども、前回の如き価格にては売人なく、場所買付九十八両に騰貴せり」という状況であった。そうした中でも「問屋白鳥の手代半之助なる者より、百石二百両にて六百石だけ漸く買付を為」すことができ、またその他にも「六、七百石をボツボツ買入るゝ」ことができた。「都合千三、四百石を買収せる折柄、同年九月二日に至り、陳玉松は凡四千石積の三本檣《ほばしら》帆船にてアストン氏及び支那人四、五名と共に入港」した。(52)

（柳田藤吉は陳玉松に）昆布価格の騰貴せる事実を告げ、三千両の附託金に対し、百石三百両の相場を以て、漸く三千三、四百石を買入れたるが、此上は更に価格を上すにあらざれは到底自分の力に及ばずと述べたるに、陳曰く宜し、五十両若くは百両を上るも厭ふ所あらず請う努力せよと。即ち自分は三百両にて買付を為し、彼に売るには四百両を以てし、彼の四千石積帆船は昆布を満載して出帆せり。[53]

この後にも、英国の会社が函館において昆布を買付した上、「居留諸外人も亦競ふて買入を為したるより、昆布価格次第に騰貴し、遂に百石五百両の高直を見るに至り、此年中は該相場にて売行きたり」という活況を呈した。[54]

このようにして、陳玉松の買い付けは「函館より昆布を清国に直輸せし嚆矢」となり、昆布の価格は投機的に高騰していき、現物の用意が間に合わないほどであった。それでも外国船は「昆布を満載して出帆」していくという、取引のさかんであった様子が見て取れる。[55]一八六七（慶応三）年における輸出品目のトップは昆布（seaweed、約三八万ドル）であり、全体の六〇％を占めていた。日米和親条約による開港から二〇年が経過した一八七五（明治八）年においても、輸出品目の一位は昆布であり、函館港の輸出品目の大部分を昆布・海鼠などの海産物が占めた。[56]

こうして対清昆布貿易の拠点は琉球から函館へ移ったものの、北方の海産物の流通は沖縄の食文化に後世まで影響を与え、クーブイリチーなどの昆布料理が定着したのはよく知られている。さらに「おめでたいもの」というイメージも定着した。[57]蝦夷地産の昆布は遠く薩摩を経て琉球から福州へ運ばれ、その代わりに粗薬材が中国から琉球へ運ばれる。そして琉球から薩摩、大阪を経由し、富山の商人の手によって各地で売られた。北方から薩摩・琉球、福州、北京にいたる東アジア世界のつながりが、「かぎやで風」の一節「あらたまの……」に伝えられている。

注

（1）オモロは、沖縄本島およびその周辺の古謡をさす。一二世紀頃から祭祀の場で神女たちに口承歌謡として伝わっていたものを一六世紀から一七世紀にかけて首里王府がとりまとめたのが『おもろさうし』であり、奄美・沖縄で謡われたのべ一五五四首が、二二巻の官撰『おもろさうし』におさめられている。外間守善「『おもろさうし』概説」外間守善『おもろさうし　下』岩波書店、二〇〇〇年、四四八―四四九頁。

（2）尚真王は、第二尚氏をひらいた尚円の子、第三代国王。一四七七年から一五二六年までの五〇年間にわたり在位し、沖縄歴史上の黄金時代といわれる。多くの業績を残して琉球王国発展の礎を築いた。外間守善『沖縄の歴史と文化』中公新書、一九八六年、六五頁。

（3）大城米雄『沖縄三線節歌の読み方』沖縄教販、二〇〇三年、一三―一五頁。

（4）『琉歌百控乾柔節流』伊波普猷文庫IH074（琉球大学附属図書館所蔵）。波照間永吉「『琉歌』上巻解説：琉歌概説」波照間永吉ほか校注『琉歌　上』ゆまに書房、二〇二二年、三―三〇頁。

（5）宮城嗣周『嗣周・歌まくら』那覇出版社、一九八七年、一二頁。この文献について、また「かぎやで風節」をはじめとする古典の楽曲「御前風」について、與那覇徹先生より多くのご教示を賜りました。記して感謝いたします。

（6）前掲大城『沖縄三線節歌の読み方』二五頁。「御前風型」の歌持（前奏）部分の役割について、ロビン・トンプソン編著『琉楽百控――琉球古典音楽　野村流工工四百選　楽譜と解説』榕樹書林、二〇一六年、一五頁、二四頁。

（7）矢野輝雄『沖縄芸能史話』榕樹社、一九九三年、一一頁。

（8）金丸（尚円王）は一四一五年伊是名島に生まれた。百姓の身分であったが、越来王子（後に第一尚氏の第六代琉球国王となる尚泰久）に取り立てられ、下級官人から黄冠を叙されるまでに出世し、尚泰久王の側近となった。一四六〇年に尚泰久王が亡くなると、王位を継いだ尚徳（尚泰久の子）との確執があり官職を辞した。しかしその翌年一四六九年に尚徳王は急死し、「クーデター」により金丸が推されて尚円王となり、第二尚氏を開いた。一四七六年没。前掲大城『琉球の英傑たち』九八―一〇八頁。

（9）前掲宮城『嗣周・歌まくら』一二―一三頁。

（10）前掲『琉歌百控乾柔節流』および『琉歌百控覧節流』に「嘉謝伝風節」の歌詞としてあげられているのは、次の三首である。まず「あた果報の……」（乾柔節流九段）と並んで「朝夕我願や事々や思ぬ命果報重幸あらち給れ」があり、これは長命を神仏に祈る歌意とされる。また、「首里天加那子ももとわれちよわれ御万人のまぎり拝ですでら」（詠み人しらず）、これは王寿万歳を祈った歌であり、百年千年幾年久しくおわしませ、天下万民揃ってありがたい大御代を拝み、王様の恵に浴したいものですという歌意の歌と並んで、「首里天加那子松のしんたとて下草になやり朝夕をがま」（渡久山親雲上政規）があり、これは国王を松の梢にたとえ、人民はその松の下のかげに生える草のようにして、朝夕拝みたいものである、という素朴な国王への敬慕の歌とされる。作者の渡久山親雲上政規は宜保朝保の弟子で沖縄三十六歌仙の一人とされ、和歌もよくした。なお「今日の誇らしや〳〵」の歌詞は中編にあたる『琉歌百控独節流』一一段に掲載されている。前掲大城『沖縄三線節歌の読み方』二六頁。歌意について島袋盛敏『琉歌集』沖縄風土記社、一九六九年、一頁、七頁、一三一頁を参考にした。表記について、次の文献も参照。外間守善ほか編『南島歌謡大成II』角川書店、一九八〇年、および『新日本古典文学大系62』岩波書店、一九九七年。

(11) 前掲島袋『琉歌集』一―一〇頁。

(12) 伊波普猷「音楽家の息のかかった琉歌」『古琉球』岩波書店、二〇〇〇年（初出は一九三四年六月二日稿『琉球音楽考』の跋）二六七頁。

(13) 前掲島袋『琉歌集』一頁。

(14) 同前、一―二頁。

(15) 大石圭一『昆布の道』第一書房、一九八七年、二〇頁。

(16) 真栄平房昭「琉球貿易の構造と流通ネットワーク」豊見山和行編『琉球・沖縄史の世界』吉川弘文館、二〇〇三年、一六〇頁。

(17) 沖縄県公文書館「一九〇九年五月一一日　初の沖縄県会議員選挙」『あの日の沖縄』沖縄県公文書館ホームページ https://www.archives.pref.okinawa.jp/news/that_day/4682（最終閲覧日二〇二一年六月四日）。

(18) 前掲大石『昆布の道』二三二―二三三頁。

(19) 宮下章『ものと人間の文化史11　海藻』法政大学出版局、一九七四年、九二―九四頁。

(20) 同前、九三頁。

(21) 同前、五〇頁。宇治谷孟『続日本紀　上』講談社、一九九二年、一六八―一六九頁。

(22) 前掲大石『昆布の道』一三〇頁。『延喜式』とは、平安中期の行政官庁の施行細則や宮中の儀式などをまとめた法典で、九〇五（延喜五）年醍醐天皇の勅命により藤原時平、忠平らが編集した五〇巻。九二七（延長五）年に完成した。巻第七神祇七に記載される大嘗祭の神饌の品目をあげると、神酒のほかに、鰒（あわび）・烏賊（いか）・熬海鼠（いりこ）・魚腊（いおのきたい）・胎貝（いがい）・堅魚（かつお）・興理（より）・刀魚（といお）・鮭などの魚類、海菜（もは）・昆布（ひろめ）・海松（みる）・紫菜（のり）などの海藻類、梨子・橘子・柿・柚・栗などの果実、未豆子（ふきまめ）・大豆（まめ）・小豆などの豆類、搗き餅・捻り餅・勾り餅などの餅類、粰米（おこしこめ）などが見られる。

(23) 前掲宮下『海藻』五六頁、一二二頁。『南留別志』は、祝儀の時には、コンブを「両のはしよりまきておきたる形」にして「夫婦を祝う」のだと説いている。京阪方面では、祝儀にさいして幅の広い山出し昆布をたてに二つ折りにし、これをぐるぐる巻き、紅白のひもで結び、三宝にのせて床の間に飾る習慣が現代まで残されていた。これが一段と凝ったものになると、昆布で鶴亀を作って供えたりしたと宮下章は記している。

(24) 同前、九三頁、一二八―一三一頁。ここで登場する昆布問屋「松前屋」は、もとは南朝方の武士を祖先とし、後亀山天皇から「満つまへや」の旗印と室町一条辺に数千坪の宅地を賜り、代々御所の御用品の調達を務める商人となった。後に蝦夷地で活躍する松前氏との関連は不明である。
(25) 同前、九四頁。
(26) 同前、五六頁。
(27) 岩井宏實・日和祐樹『ものと人間の文化史140　神饌（しんせん）――神と人との饗宴』法政大学出版局、二〇〇七年。
(28) 前掲宮下『海藻』一一九―一二二頁。
(29) 同前。
(30) 同前。
(31) 御代英資『沖縄エイサー誕生ばなし――袋中という坊さまの生涯』東洋出版、二〇〇八年。
(32) 矢野憲一『ものと人間の文化史62　鮑（あわび）』法政大学出版局、一九八九年、一一三頁。前掲宮下『海藻』二〇〇頁、二二八―二二九頁。五色菜とは、鶏冠菜（紅）、寒天（白）、いりこ（海参、黒）、鯣（茶）、刻昆布（青）をさす。五色のうち三色が日本から輸入される海藻であった。
(33) 樋口清之『ものと人間の文化史71　木炭』法政大学出版局、一九九三年、一七七―一八〇頁。真栄田義見ほか編、琉球政府文化財保護委員会監修『沖縄文化史事典』東京堂出版、一九七二年、三二五―三二七頁。
(34) 前掲真栄平「琉球貿易の構造と流通ネットワーク」一五四頁。
(35) 前掲宮下『海藻』一三二―一三四頁。
(36) 富山の薬売りが蝦夷地・樺太での販売に入ったのはいつ頃かを示す史料として、例えば、安政五年四月、船橋今町本荘屋敷政次郎外四名より〔富山〕町肝煎甚左衛門外三名宛、東西蝦夷地行売薬に助人六人の見通し新足を願い出て、同月一四日許可されたという記録がある。高岡高等商業學校編『富山賣薬業史史料集（上巻）』高岡高等商業學校、一九三五年、一一六五―一一七三頁。植村元覚『行商圏と領域経済――富山売薬業史の研究』ミネルヴァ書房、一九五九年。
(37) 琉球から輸入された唐薬種の大半は薩摩を経て、薬種問屋が集中する大坂の道修町に運ばれた。また、琉球の支配層が消費する分もあり、「北京人参」を服用していたことが知られているほか、「唐万金丹」や「反龍丹」「真珠丸」「抱龍丸」「平安散」「紫金錠」といった薬名のものが用いられていた。しかし人参のように希少な薬草は高価な物品に属し、買い取る琉球の側で代金の用意が間に合わないといった問題もあった。例えば一八六六年の尚泰王冊封の際、琉球側では冠船貿易の準備の一環として、二年前の一八六四年に「評価方」（首里王府が冠船貿易に対応するため臨時に置く組織）から答申が出された。その内容は、評価物（唐人が持ち込み琉球側が買い取る物品）の大量持ち込みや高価品の持ち込みを抑えるよう唐人側へ申し伝えるようにする、というものであり、さらに交易品を七種類に区分した「品立書」が作成された。「品立書」の分類によれば、「本掛人参、山出人参」は「産物方の御用品だが高額のため搬入を希望しない商品」に、また「本人参、条人参、高麗人参」は「高額のため搬入を希望しない商品」に記載されている。前掲真栄平「琉球貿易の構造と流通ネットワーク」一五二―一五七頁。豊見山和行「冠船貿易からみた琉球王国末期の対清外交」『日本東洋文化論集』第六巻、二〇〇〇年三月、一四一―一四四頁。

(38)　上原兼善『鎖国と藩貿易――薩摩藩の琉球密貿易』八重岳書房、一九八一年。

(39)　前掲真栄平「琉球貿易の構造と流通ネットワーク」一六六頁。

(40)　同前、一五九―一六〇頁、表8「『清代中琉関係檔案選編』にみる海産物貿易」。なお前掲大石『昆布の道』二一四頁は、福州の海関報告による周益湘の「道光以後中琉貿易統計」をもとに一八二一年から一八七三年までの昆布の輸出量を最も多い年で三〇万斤としている。

(41)　前掲真栄平「琉球貿易の構造と流通ネットワーク」一三二頁、一四一―一四二頁。

(42)　同前、一五五頁。

(43)　同前、一五七頁。

(44)　同前、一六六頁。

(45)　上原兼善『黒船来航と琉球王国』名古屋大学出版会、二〇二〇年、一五六―一五七頁、一八二―一八五頁。

(46)　ペリーの通訳のうち、アメリカ人の宣教師S・ウェルズ・ウィリアムズは、アメリカ外国伝道教会から中国宣教へ派遣されていたところ、ペリーによって通訳に抜擢された。函館ではウィリアムズは琉球語（琉球で覚えた日本語）を用いたが、松前弁が強い函館の人々との会話は通じにくかった。また、羅新は英語が堪能で、日本語は分からなかったが漢文の筆談により意思疎通ができた。羅新は広東出身の文人であり、前半生の経歴は不明だが香港においてペリー提督の漢文通訳に雇われ来日したとされる。羅新は多くの幕府要人や学者、知識人たちと交流し、日本見聞録「日本日記」を香港の新聞上に連載した（一八五四年一一月〜）。北海道の海産物を中国に持ち帰り広めた人物とされる。前掲大石『昆布の道』一九九頁。加藤祐三「解説」M・C・ペリー、F・L・ホークス他『ペリー提督日本遠征記』下巻、角川ソフィア文庫、二〇一四年、五六一頁。ウィリアムズについて、照屋善彦『英宣教医ベッテルハイム――琉球伝道の九年間』人文書院、二〇〇四年、二五五―二五七頁。

(47)　柳田藤吉は一八三七年奥州盛岡生まれ、一九〇九年根室にて没した。実業家。函館における対外国船貿易の先駆的存在であった。明治二年には戊辰戦争時に得た利益をもとに北門社新塾を東京早稲田に開き、翌年函館に北門社郷塾を開いた。函館市編『函館市史　通説編』第一巻、函館市、一九八〇年、六一一―六二〇頁。河野常吉編著『北海道史人名字彙』北海道出版企画センター、一九七九年。加藤克『ブラキストン「標本」史』北海道大学出版会、二〇一二年。

(48)　大久保湘南筆記『稿本柳田藤吉翁経歴談』柳田一郎跋、一九一〇年一一月について、本章では北海道大学附属図書館・北方資料室に所蔵されている一九七八年一一月写（マイクロフィルムからの複写）を参照し、『函館市史』に一部翻刻・校訂されている「函館開港最初ノ貿易　附タリ西洋秤使用ノ嚆矢」および「清国直輸昆布貿易ノ先鞭」の各節を参照の上、句読点を補い、旧字体は新字体に変更した。なお函館の地名表記は、行政上は明治二年（一八六九年）に箱館から函館に変更されている。『稿本柳田藤吉翁経歴談』は、函館への変更後の明治四三年に刊行されており、変更前の安政六年の出来事について述べる際にも「函館」を用いている。これに対し、『函館市史』は『稿本柳田藤吉翁経歴』の翻刻に際し出来事の時期に合わせ「箱館」を用いている。文献により複数の表記がみられるが、本章は時期にかかわらず「函館」を用いた。また本史料には頁番号がないため、節のタイトルによって出典を示す。

(49)　大久保湘南筆記『稿本柳田藤吉翁経歴談』柳田一郎跋、一九一〇年一一月、「函館開港最初ノ貿易　附タリ西洋秤使用ノ嚆矢」。

(50)　大久保湘南筆記『稿本柳田藤吉翁経歴談』柳田一郎跋、一九一〇年一一月、「清国直輸昆布貿易ノ先鞭」。

(51)　同前。

(52)　同前。

(53)　同前。

(54)　同前。

(55)　『函館市史　通説編　第1巻第3編』六一一―六一三頁。前掲矢野『鮑』一一三―一一五頁。沼田正宣『日清貿易經驗事情』有隣堂、一八九〇年、二二―二五頁。

(56)　函館日米協会編『箱館開化と米国領事』北海道新聞社、一九九四年、七七―七九頁。

(57)　うるま市のほぼ中央、旧具志川市に「昆布」という名の集落がある。これは昆布が水揚げされた港に由来するのではなく、集落の地形が高地や丘陵地帯に囲まれた「窪地」であることから、クブンジからクーブへと呼び方が変化し、沖縄の島言葉で昆布もクーブという音なので、当該地区が設立された喜びと縁起物の昆布とを重ねて「昆布」という地名にしたという。現在はうるま市となった昆布地区にある天願栈橋は、米軍が弾薬などの危険物を荷揚するのに用いるもので、一九六三年にヴェトナム戦争の激化に伴って施設が拡張された。一九六六年にはさらに土地の強制接収が行われようとしたが、「昆布の土地闘争」によって反対運動が続けられた経緯がある。一九七一年、米軍は土地の接収を断念、桟橋の後背地を返還した。この昆布土地闘争の過程で作られた、土地接収に反対する農民の立場からのヴェトナム反戦歌に「一坪たりとも渡すまい」がある。

また昆布土地闘争の時期には、一九六九年七月、知花弾薬庫区域で発生した神経ガス漏洩事故をアメリカの雑誌記者がスクープしたことにより、沖縄の米軍基地に大量の毒ガス兵器が保管されている事実が明らかになった。毒ガス兵器の撤去は一九七一年一月一三日の第一次移送から二次にわたって行われた。琉球政府は第二次毒ガス移送にあたり、一九七一年七月一四日には石川東恩納に「毒ガス撤去対策本部」を設置。美原、池原、栄野比、昆布の各集落に同支部を設置し、翌七月一五日から五六日間にわたって第二次移送が進められた。「昆布採れない沖縄に「昆布」という地名、なぜ?」『沖縄タイムス+プラス』二〇一五年九月一三日。沖縄県公文書館「毒ガス兵器撤去のたたかい 1969–1971」https://www.archives.pref.okinawa.jp/event_information/past_exhibitions/10922

第II部

沖縄の自立と日本復帰運動

柴田晃芳

第7章　戦後沖縄と日本

第1節　問い

沖縄にとっての日本復帰の意義

沖縄にとって日本復帰とは何であったのか？　日本への復帰実現は沖縄にとってどのような意義をもったのか？戦後沖縄の人々の多くが熱望した日本復帰は、一九七二年に実現した。今日日本において沖縄返還の成功物語として想起されることが当たり前となっているこの出来事は、しかしそうした物語では到底語りつくされ得ない。沖縄において復帰を希求した人々にとって、その実現は必ずしも満足できる結果とはいえず、むしろ大いに不満の残るものであった。復帰運動で長年中心的な役割を果たしてきた屋良朝苗琉球政府主席と喜屋武真栄参議院議員が復帰に際して発した言葉は、現実の復帰が沖縄の人々の多くにどのように受け止められたかを物語る。

復帰当日、屋良主席は日本政府主催の沖縄復帰記念式典の席上、「沖縄県民のこれまでの要望と心情に照らして復帰の内容をみますと、必ずしも私どもの切なる願望が入れられたとはいえない」と語り(1)、喜屋武議員は、復帰運動を主導した沖縄県祖国復帰協議会主催の集会での挨拶で、「いま、鉛のような気持ちでここに立っている。復帰の実現のために闘ってきたが、このような結果になったことについて苦悩する一人だ。どうぞお許し願いたい」と頭を下げた(2)。復帰翌年の一九七三年にＮＨＫが沖縄で行った世論調査では、復帰を「非常によかった」ないし「まあよかった」とする回答が三八％に留まったのに対し、「非常に不満である」または「あまりよくなかった」との回答は五三%にのぼった(3)。

この、沖縄の人々が求めた日本復帰の実現と、それに対する当の沖縄の人々の不満は、当時の事情を知らぬ者を戸惑わせる。独特の文化と慣習を感じられる南国リゾートの印象も強い日本の一県として「見知った」(つもりの)沖縄の姿に重ねて、近代まで独立王国であり、明治期に日本に編入され、大戦末期に激烈な地上戦を経験し、その後長らくアメリカの統治下に置かれた、「異境」としての沖縄の姿が浮かび上がる。二つの沖縄は、対照的な印象をまといながら常に同時に存在している。しかしそれを見る外部の者の目は往々にして、一時にそのどちらか一方の姿にしか焦点を合わせることができない。見知った姿の中に思いがけず異境が像を結ぶ時、その重なりに眩暈にも似た戸惑いを感じることになる。多くの日本人にとって沖縄は、沖縄に依存しながらそのことを十分に知らない自らの姿を映し出す鏡となって、戦後日本の在り方を意識させずにはおかない。

あるいは復帰を求めた沖縄の人々も、思うに任せぬ現実に対する怒りとともに、戸惑いを感じていただろうか。沖縄はただ沖縄の人々が形作りうるものではなかった。それこそが「国際存在(4)」としての沖縄が常に抱えてきた苦悩だろう。人々の意思にかかわらず、沖縄はその在り方を変えられてきた。戦後においては、過酷な戦災の傷跡を抱え、日本とアメリカという二つの主権国家の狭間におかれた沖縄は、そこに住む人々にとっても見知らぬ異境であっただろう。その中で人々は沖縄がいかに在り得べきかを求め、その存在を可能ならしめ存続させようとし続けた。この意味において、日本復帰をめぐる運動は、「国際存在」としての戦後沖縄の存在様式、その自己表出の在り方の端的な表現である。

第II部は、こうした問題意識と関心から、戦後沖縄を政治学的に検討する試みである。戦後沖縄の政治や社会運動については、主に歴史学的な視点・方法に基づいて、多数の実証的研究が積み重ねられ、それらの実態がかなりの程度明らかにされてきている。中でも特に「日本復帰運動」については、その社会的・政治的重要性から、一次資料やインタヴューを駆使して運動の内実を究明する実証研究が数多く行われている。これらの研究の成果により、戦後沖縄の社会・政治状況、その中で展開された多様な主体の主張や活動、それらの相互関係といった重要な論点について、詳細な検討に基づいて解明された事実関係が蓄積され、「日本復帰運動」の実態も相当程度明らかになっているといってよい。他方、歴史学的な実証研究の進展に比して、それらの成果から「沖縄」という大きな対象の全体像を捉えようとする試みは、相対的に手薄といえよう。冒頭に示した問いは、無謀を承知でこのような「大きな」問題関心に基づいて立てられた。

第II部では、この問題関心と問いを出発点として、戦後沖縄の帰属や政治的在り方をめぐる構想や運動の展開を先行研究に依拠して確認しながら、「日本復帰」や「日本復帰運動」の意義と成果に関する評価を、例えば「国際存在」といったような政治学的な枠組みと視点から試みる。もちろんこの課題はあまりに大きく、一足飛びにその答えを得られるものではない。以下では、その答えを求めるいわば準備作業として、より具体的な三つの問いを立て、その答えを探る中で、「大きな問い」へのアプローチを示す。

三つの問い

三つの問いは、次のとおりである。第一に、「なぜ沖縄の人々は日本復帰を求めたのか？」という問い。第二に、「復帰運動は沖縄返還にどう影響したのか？」という問い。そして最後に、「日本復帰運動は何を目指していたのか？」という問いである。

第一の問いは、主に終戦直後から一九五〇年代初頭までの戦後初期、沖縄において展開された構想についての言説に関わる。混乱を極めた戦後の沖縄社会において、徐々に沖縄自身の在り方に関する政治構想が生まれ始め、多様な構想が語られる中から、「日本への復帰」という方向性が選び取られていった時期である。したがってこの問いに答えることは、戦後の初期条件の中で、新たに作り上げられていった沖縄という社会と政体の実態、そしてそこに生きる人々の実感を、求めるべき未来や「日本」への認識を通して、描き出すことであるといえよう。

沖縄は、太平洋戦争末期の沖縄戦を通してアメリカの占領を受け、日本の敗戦によってその占領状態が追認されたことで、戦後も長らくアメリカの施政下に置かれ続けた。そこで沖縄住民たちは、「日本人」でも「アメリカ人」でもなく、「琉球人」とされ、しかし主権を備えた自らの政府をもつことを許されなかった。沖縄住民は、沖縄の在り方を自らの手で決することができない状況を強いられていた。特にその初期に引き起こされた空前の社会的崩壊とそこから徐々に進む再生の中で、沖縄の人々が自分たちの未来について示した構想は、単なる政治的競争の手段として提示される政治目標とは一線を画す、より実質的な意味をもっていた。

第8章では、この時期の沖縄の社会状況と、その中で展開された政治的言説の動向を検討することで、当時の沖縄の人々が、何を問題とし、何を求めていたのかを明らかにする。また、そうした諸構想間の競合の結果として、沖縄世論において大勢を占めるようになっていった「日本復帰」という目標が、「日本」をどのように捉えていたのか、実際のところ何を実現しようとするものであったのかを、より具体的に明らかにする。これは、後に隆盛する「日本復帰運動」の実態や目標を検討するうえでも、重要な起点となる。

第二の問い、「復帰運動は沖縄返還にどう影響したのか?」は、沖縄において展開された「日本復帰運動」と、日米両政府による沖縄返還合意との関係に関わるものである。主に問題となるのは、サンフランシスコ講和条約によって日本が独立を回復すると同時に、沖縄がアメリカの施政下に取り残された一九五二年九月から、日米両政府が沖縄返還方針に言及し始める六〇年代中盤に至るまでの時期である。

沖縄の施政権をめぐる政治は、その基本的な構造において、それぞれが主権を具え施政権の主体となり得る日米両国政府が主体となり、この二国間関係において展開・決着した。(5) 周知のとおり、一九七一年六月、日米両政府はアメリカが沖縄の施政権を日本に返還することを約した沖縄返還協定に調印、翌一九七二年五月、施政権返還が実現し、沖縄は日本に復帰した。しかしそうしたプロセスに当事者たる沖縄が主体的に関与するための手段は制度化されていなかった。

沖縄における「日本復帰運動」は、主流化した「日本復帰論」を基礎として、沖縄が自らの将来に関わることができない「沖縄不在」の政治構造の中で組織され、様々な具体的争点と関係しながら多くの住民の支持を集めて、大衆運動として盛り上がりを見せていく。こうした運動は、政治構造・制度上の限界を超えて沖縄の状況に影響を与えることができたのか？　できたとすればそれはどのように可能になったのか？　その影響はどのようなものであったのか？

第９章では、主に「日本復帰運動」に関する先行研究に依拠して、沖縄及び「復帰運動」の状況を明らかにすることで、この問いに取り組む。もちろん、この問題に関する全面的な解を示すには、沖縄の施政権をめぐる日米両政府内部の検討状況や両政府間の交渉過程を明らかにすることが不可欠である。しかしながら、そのような検討を体系的に行うことは、戦後沖縄の状況に主たる関心を寄せる第II部の射程を大きく超える。ここでは、限定的な検討とならざるを得ないのを承知のうえで、あえて前述のような視点を中心とした検討を行いたい。不完全ながら、戦後の「沖縄の不在」の政治構造がいかに沖縄を限界付けたのか、沖縄の住民運動がその構造にいかに対抗し得たのか／し得なかったのか、という問題に取り組むことには意義があると考える。

第三の問いは、「日本復帰運動」の開始から一九七二年の復帰実現に至るまでの全ての期間に関わる。「日本復帰運動」は、その活動を通して必ずしも一貫した方針や目標を維持したわけではなく、その時々の状況や具体的争点を反映して、方針や目標の変化を経験した。例えばアメリカの抑圧的統治の中で米軍基地に関わる具体的な問題が深刻化した五〇年代後半にあっては、復帰運動は後景化し、那覇市長問題や土地闘争といったより具体的な問題への取り組みが優先された。また復帰を目指す運動自体においても、特に六〇年代中盤以降には、「革新化」傾向が顕著になっていったとされる。

したがって第10章では、それ以前の状況も踏まえつつ、六〇年代初頭から復帰が実現する七二年までの時期に特に焦点を当てて、「日本復帰運動」の方針や目標の変化を確認する。

その際に重要となるのが、沖縄と日本との関係の拡大である。五〇年代中盤以降、アメリカが沖縄と日本との関係拡大をある程度容認するようになったことで、主に経済面において両者の繋がりは強化されていき、その影響が政治面にも及ぶようになっていった。その結果、沖縄の「日本復帰運動」と日本の革新政党・運動との連繋も深まっていった（同様の傾向は保守の側にも見られた）。この両者の関係を視野に入れつつ復帰運動に見られる変化を確認することで、「日本復帰運動」が何を目指していたのかを明らかにできよう。これらの検討を通して「日本復帰運動」とは沖縄にとってどのような意味をもったのかについての示唆を得たい。

枠組み・視点

第II部では、「国際存在」と「保革対立の構造」という、二つの政治学的な枠組み・視点を重視することで、戦後沖縄における復帰運動の意義を検討する。

第一の視点は、国際存在の存在様式と自己表出である。戦後沖縄は国際存在として主体性を著しく制限された状況におかれたため、自らの固有性を維持し主体性を確保するため、その存在様式を確立してそれを内外に向けて自己表出する必要に迫られた。これが序章において提示した「国際存在」という前理論的枠組から導き出される示唆である。

また「国際存在」にとって、存在様式を自己表出することによる主体性の表現は、リアクティブにであれ、政治的主体として作用する自立性を確保するための前提となる。沖縄が自立を目指す上で、この自己表出の段階を無視することはできない。また「日本復帰運動」が、戦後沖縄の自己表出に極めて密接にかかわる営みであったことは言を俟たない。したがって、戦後沖縄が「日本復帰運動」の中でいかなる存在様式をいかに自己表出しようとしたのかという視点は、沖縄にとっての自立や復帰運動の意義を検討するうえで重要な意味をもつ。

第二の枠組みは保革対立の構造である。現代政治における対立は保守的な立場と革新的な立場の対立へと縮減されることが一般的であり、これは保革対立あるいは左右対立と表現される。保守と革新（ないし進歩）が意味するものは時代・地域によって様々であるが、一九世紀以来の大衆社会の成立と社会主義思想の普及によって、社会主義・共産主義をめぐる争点が保革対立の中心を占めるようになったといってよい。さらに第二次大戦後に世界的な冷戦構造が定着する中で、革新は平等を重視し資本主義経済を批判する社会主義的傾向の強い政治勢力を、保守は自由を重視し共産主義を批判する自由資本主義的傾向の強い政治勢力を指すことが一般的であった。このような区別を基としつつ、各社会に固有の対立争点に対する態度を重ね合わせることで、各社会ごとの保革対立が形作られたと考えられる。したがって、保革対立を構成する対立軸は単一ではなく、複数の対立軸が同一線上に重ね合わされる形をとる。そのうちの一つは一般的な冷戦的対立軸であり、これに加えて各社会に固有の争点をめぐる対立軸が一つないし複数存在することになる。また時期によって対立軸は変化しうるものであり、争点が新たに現れたり、消滅したり、重要度が入れ替わったりすることがある。この複数の対立争点の構成を対立構造と呼ぶ。

例えば戦後日本においては、戦争への反省から憲法九条への賛否を核として平和主義・再軍備・日米安保といった争点をまとめる形で固有の政治的対立軸が形成され、これが冷戦的な対立と重なり合って、日本固有の保革対立が成立した。そこでの中心的な対立は、自由資本主義対共産主義のイデオロギー争点よりも、むしろ親米再軍備対護憲平和をめぐる争点にあり、こうした状況は一九八〇年代末まで継続した。またこの他にも、社会保障、教育、対外関係、戦前体制への評価などの争点が、時によって重要性を変化させながら、全体として戦後日本の保革対立の構造を形成した。この対立構造を反映してこれを持続させたのが、いわゆる五五年体制といわれる政治構造であった。

戦後沖縄における保革対立も、当然ながら固有の争点構成をもった。それは、戦前以来の社会主義・共産主義をめぐる対立を基に、そこに戦後沖縄社会に固有の争点をめぐる対立が重ね合わせられることで、形成されていった。その対立構造はいかなるものであったのか、それはいかに変化したのか／しなかったのか。戦後沖縄における保革の対立構造に注目することで、戦後沖縄の政治的・社会的変化と復帰運動の位置付けを摑むことができよう。

第2節　沖縄について問う意味

すでに示したとおり、第II部は直接的には戦後アメリカの統治下にあった沖縄において展開された日本への復帰運動を中心的な検討対象とし、その発生や展開に影響を与えた政治・社会状況をも視野に収めつつ、沖縄にとっての日本復帰の意義を探ろうとする試みである。

これは同時に、日本政治の一側面を描き出す試みともなる。一九七二年にようやく日本へと復帰した沖縄の辿った道は、戦後の日本が作り上げた政治体制によって負わされた、いわば影の部分によって方向付けられたものであった。この意味で沖縄は、戦後日本政治を映し出す鏡としての側面をもつ。本節では、戦後日本政治にとっての沖縄の意義について確認しておく。

戦後日本の沖縄依存

戦後日本の体制は、安定的な日米関係に依存することによって成立してきた。戦後、新憲法のもと民主主義国として再出発した日本は、GHQ占領下においてはアメリカからの指令を執行しながら国内統治を行い、講和によって独立を回復したのちには、国内では民主的に親米保守政権を維持し、外交関係においては対米協調を基軸とし、安全保障においてはアメリカに強く依存し、経済的にも輸出を中心とする対米貿易を重視した。この政治・経済体制は、対米関係の偏重によって成立したものといえる。そのような方針を可能としたのが、日米安全保障条約を中心として構築されたアメリカとの同盟関係であった。日米同盟を前提としたからこそ、東西冷戦下にあっても、憲法九条の制約下で比較的小規模な軍備によって安全保障を確保しながら国力を経済分野へと振り向けて高い成長を実現する、いわゆる吉田路線という基本戦略が、長らく可能となってきた。いくつかの重要な変化にもかかわらず、この大枠は今日に至るまで維持されている。日米同盟を根幹とする両国関係の安定が、日本の体制を安定的に存続させてきたのである。

このように見れば、戦後の日本がいかに沖縄に依存してきたかは明らかである。日本は、沖縄をアメリカの統治下に留め、そこに米軍基地を集中させることで、安定的な対米関係維持のためにその意思に反して沖縄を利用し、自身の体制を安定させ、経済的繁栄を享受し得たのである。

沖縄は、日本の周縁部に位置する「国際存在」として、戦後日本の体制の根幹を担う無二の役割を負わされ続けることとなったのである。日本にとってその役割が緊要なものである限り、沖縄を周縁化する圧力は容易に消えることはない。

「国際存在」沖縄の特異性と「周縁性」

戦後沖縄が辿ってきた歴史は、日本の他地域と比べて極めて特異なものであった。それは大きくは沖縄／琉球が戦前においても戦後においても「国際存在」であり続けた現実の反映といえる。

戦後について見れば、まず何よりも第二次大戦末期から沖縄という地域が置かれ続けた特異な状況があった。周知のとおり、戦前より全域が日本国家に組み込まれその一県とされていた沖縄は、しかしアメリカとの戦争と日本の敗戦、そしてＧＨＱ日本統治と講和後の独立回復の中で、全域がアメリカによる「被占領領域」として日本から分断された。残された沖縄は二七年間にわたってアメリカの施政下に置かれた後、ようやく日本の施政下へと復帰することとなったのである。

一九四五年四月五日、アメリカ太平洋艦隊司令官ニミッツは沖縄占領を宣言した（ニミッツ布告）。三月二六日の沖縄侵攻とともに、米軍の軍政も順次開始されており、侵攻以前から用意されていたこの布告は、そうした状況の継続を正式に宣言したものであった。アメリカによる沖縄の占領・統治は、日本の降伏後にも続いていく。一九四六年、GHQ統治下にあった日本政府は、SCAPIN-677（四六年一月）に従って「北緯三〇度以南の琉球（南西）列島」を日本から分離した。ここには、旧沖縄県領域のほか、鹿児島県であったトカラ列島の一部（上三島を除く下七島）と奄美群島が含まれていた。沖縄及びトカラ列島、奄美群島に対するアメリカの占領は、これによって正式なものとなり、継続されることになった。一九五一年の連合国司令部覚書により翌年にはトカラ列島が日本に返還され、また一九五二年のサンフランシスコ講和条約締結によって日本が独立を回復すると、翌五三年には日米が奄美群島の復帰協定を結び、奄美群島は同年中に日本に復帰した。しかし沖縄は、その後もアメリカの統治下におかれ続け、日本に復帰するのは、ようやく一九七二年に至ってのことであった。この点のみからも、戦後沖縄の経験が、日本の他地域とは大きく異なるものであったことは明らかである。

このような戦後沖縄の歩みは、しかし第二次大戦末以降の出来事のみによって生み出されたものではない。その背後には、長きにわたる歴史に根差した経緯が存在した。

沖縄は、先史以来長らく日本本土とは異なる自律的な政治空間を形作ってきた。一五世紀中葉に成立した琉球王国は、独立国として沖縄諸島及び先島諸島に加え、奄美群島をもその版図として、中国の明・清王朝と朝貢―冊封関係を築いていた。しかし一六〇九年、琉球王国は薩摩藩の侵攻に屈し、以降は同藩の支配下に置かれることになった。明治維新後の一八七二年には、琉球の支配権は旧薩摩藩から明治政府直轄へと移って琉球藩が設置され、さらに一八七九年には「琉球処分」によって同藩は廃止され、沖縄県が設置された。このような歴史を経た新生沖縄県においては、旧薩摩藩などの本土出身者が枢要な政治的地位を占めて現地の人々を上から統治する傾向が広く見られた。「国際存在」としての沖縄は、明治期以降、日本の一部とされることで、日本の「周縁」としての位置付けを受容させられたのである。

固有の歴史や地理的条件を背景として、沖縄は琉球王国時代から政治のみならず文化や言語の面でも、日本本土とは大きく異なる際立った特徴をもっていた。そうした沖縄の独自性は、日本への編入によって「周縁性」の象徴とされた。沖縄の方言や習俗は後進的なものとみなされ、沖縄出身者が他地域において差別的扱いを受けることは珍しくなかった。そして沖縄の人々は、「日本人」となってそのような差別を乗り越えるため、「日本語」を学習し「日本的」な生活習慣を受け入れることを強いられた。

日米関係と沖縄の「周縁性」

こうした沖縄の「周縁性」が、戦中から戦後にかけての沖縄の歩みにも影を落としたことは否定しがたい。日本において唯一、多数の民間人を巻き込んで大規模な陸上戦闘が展開された沖縄戦においては、多くの沖縄出身者が犠牲となった。その数は、民間人約三万八七五四名、準軍属約五万五二四六名、軍人・軍属二万八二二八名、計一二万二二二八人で、当時の沖縄住民の実に四分の一に上るとされる(6)。また、戦後のアメリカによる占領・統治とそれを追認した日本からの分離も、沖縄の「周縁性」を抜きには考えられない。

戦後の日米関係は、そうして「周縁化」された沖縄を利用することで成立してきたのである。太平洋戦争において直接の交戦国として敵対した日本とアメリカは、戦後には良好な関係を形成し、アジア太平洋地域に安定した国際関係を構築するに至った。この日米関係の核心が日米安保条約を中心として形成された同盟関係である。

日米同盟は、アメリカが日本国内に前方展開兵力を維持し、日本は米軍の国内駐留を認めてそのための土地を提供する、という相互性によって維持されてきた。これにより、アメリカは東アジアに安定的かつ大規模な前方展開拠点を確保し、覇権国として自らの世界戦略を軍事的に遂行する能力を高めることができる。他方日本は、国内にアメリカという覇権国の軍事的プレゼンスを受け入れることで、その抑止力を利用して安全保障を確保しやすくなる。この同盟関係が維持されることで、その影響は安全保障領域以外にも波及し、日米関係全般が強固なものとして安定してきた。

そして、このような戦後の日米関係を可能としてきたのが、他ならぬ沖縄である。沖縄は、日米同盟の前提である在日米軍基地の大部分を抱えることで、日米同盟において日本側が果たすべき役割の大部分を担ってきた。

しかしながらこの重要な役割は、沖縄が自ら望んで引き受けたものではない。それは沖縄の意思にかかわらず、日米両国によって押し付けられたものであった。沖縄戦以降、占領下の沖縄には多くの米軍基地が設置され、終戦後にもその数と面積は拡大を続けた。しかも講和以降、日本政府は本土に置かれた米軍基地の撤去を求めてこれを実現していったが、本土から撤去された基地の多くは、アメリカ統治下の沖縄へと移設されたのであった。沖縄の米軍基地は、一九五二年の講和発効時には約一万二四〇〇ヘクタールであったものが、本土復帰を果たした一九七二年には約二万七八〇〇ヘクタールへと二倍以上に拡大していた。日米両国の方針によって、本土の基地負担を軽減するために沖縄へと負担が押し付けられたのである。日米同盟、ひいては戦後の日米関係は、沖縄の存在抜きには凡そ維持困難であったと思われる。

これらの在沖縄米軍基地、そしてそれらが存在するに至った状況を、沖縄の人々が主体的に受け入れたものでないことは明らかである。むしろ、この過程において沖縄の主体的意思表明は、体系的に阻害され、無視された。沖縄の人々に対するこのような日米両国の無関心と横暴の背後に、沖縄の「周縁性」を見出すことは容易であろう。沖縄は、自立性なき「周縁」として戦後日米関係における核心的役割を強制されてきた。

第3節　戦後沖縄の初期条件

本章の最後となる第3節では、戦後初期の沖縄が置かれた状況について確認し、次章以降の出発点を明らかにしておきたい。

収容と貧困

一九四五年四月、米陸軍が沖縄本島中部西海岸から上陸し、沖縄戦が開始された。当初強い抵抗を受けなかった米陸軍は、支配地域を南北へと広げて占領下に置いていった。中南部においては特に激戦が展開され多数の死者を出したが、六月末までには組織的戦闘が終了し、七月二日、米軍は沖縄戦の終結を宣言した。

この過程で米軍は、占領地域の住民を戦争難民として収容所に「保護」し、無人となった地域全体を沖縄戦及び対日戦展開のために自由に使用した。また日本軍属の捕虜は住民収容所とは別に設置した捕虜収容所に、日本軍人、沖縄軍人、朝鮮人軍夫を区別して収容した(7)。

民間人収容所に入れられた保護民は、四五年七月末時点で、当時の沖縄の人口の大半にあたる三二万人に上った。米軍は相対的に開発度が低く広大な北部を中心に収容所を確保し、沖縄戦以前から人口や社会的機能が集中し、戦闘も激しいものとなった中南部から住民を大量に移動させた。これによって北部の人口は急激に増加し、四五年七月時点での収容人数は、南部が九万人であったのに対し、北部は二〇万人を超えていた(8)。

沖縄戦がもたらした破壊と収容に伴う人口移動によって、沖縄においては地域社会、市場経済、行政機能といった、あらゆる社会的基盤が失われた。それは稀に見る社会の大崩壊であったといえよう。沖縄戦終結直後には、そのような混乱した社会の機能を不十分ながら米軍が代替したが、そこに貧困と不自由が現出するのは当然の帰結であった。

終戦直後には米軍によって貨幣流通が停止され、貨幣経済・市場経済自体が機能を失っていた。収容所においては、食料、衣類などの生活物資は無償配給制が採られた。それまでの生活基盤を奪われた沖縄住民は、生活全般を米軍に依存する状況に置かれたのである。米軍は住民を戦闘の後片付けや収容所の維持管理作業、米軍施設の建設作業などに動員したが、それらの作業は無償労働であり、対価は支払われなかった(9)。

当初、収容所において配給される食糧はごくわずかで、生活物資も到底十分とはいえず、人々の生活は困窮を極めた。産業基盤を失った沖縄においては、島内で人々の生活需要を賄うことが到底できない状況に置かれ、極端な貧困は日本の降伏まで継続した。陸上戦闘にさらされなかった八重山においては、戦後の食糧難とマラリアによる死者が戦死者の二倍に達した。食料供給がいくらか改善を見せるのは、日本の降伏後、米軍が対日戦のために備蓄していた大量の物資を徐々に放出するようになってからであった。とはいえその後も、人々の生活は決して余裕のあるものとなったわけではなく、誰もが日々の生活に懸命とならざるを得ない状況は続いた。

米軍は、沖縄戦時から占領地域を戒厳下に置き、人々の移動を厳格に制限した。そうした状況は終戦後も継続し、各地に設置された収容所間の移動は禁じられた(10)。一九四五年一〇月頃から徐々に収容所からの退所が始まり、住民たちは元々の居住地域等に帰還したが、その後も移動の自由は制限され、警察の許可なく居住地域を離れると罪に問われた。また通行許可も各警察署の管区毎に得なければならず、長距離の移動には煩雑な手続きを要した。昼間の自由移動が解禁されるのはようやく四七年三月になってからのことであり、夜間移動の解禁はさらにその一年後であった。

収容所からの退所後も、人々は必ずしも以前の居住地に戻れるとは限らなかった。広大な土地が軍用地として立ち入りを禁じられ、住居や耕作地に戻れない者も多かった上、戦闘などにより居住環境が破壊され、移動を余儀なくされた者も珍しくなかった。多くの者が元々の居住地やその近辺にある程度まとまって帰還・居住したが、米軍の土地収用や軍関係施設の建設などによって、さらなる移動を強いられる例も少なくなかった。終戦以前の沖縄は、中南部の市街地を除き大部分が農耕社会であったため、旧居住地への帰還困難はそのまま生計を立てる手段の喪失を意味する場合が多かった。

結局のところ、収容所からの帰還は生活の再建を意味しなかったのである。物資不足のほか、こうした事情もあって、生活物資の配給制は貨幣経済が再開される四六年五月まで続いた。旧居住地を軍用地として奪われた者の多くは基地近くに居住地を割り当てられ、賃金制が導入されてからは軍作業や基地関係の職を生活の糧とするようになっていった。

社会の再建

米軍が貨幣流通を停止させて以降、沖縄においては市場経済が機能しなくなった。生活物資が配給制となったことで、市場取引が存在しなくとも最低限の生活必需品は入手できた。とはいえ、様々な物資の取引が非公式に行われることも必然であった。こうしたヤミ取引は、時に物々交換によって、また時にはアメリカ製たばこを貨幣代わりとして行われた。

四六年五月、米軍が発行するB円軍票を法定通貨とする貨幣経済がようやく再出発した。また日本円も同時に流通した。これとともに生活物資の配給は有償制へと切り替えられた。とはいえここで立ち上がったのは自由市場経済ではなく、米軍が物資の公定価格や労働賃金を厳格に管理する統制経済であり、配給品の販売は官公営の売店のみで行われた。

こうした統制経済の裏では、ヤミ経済が活発化した。島内産業が機能しない中、米軍の余剰物資とガリオア・エロア資金などによる輸入調達に依存する物資供給は不安定とならざるを得ず、配給に頼る人々は生活必需品にも事欠く状況にあった。そこに米軍からの放出品や軍用品・配給品の横流れ品、台湾、香港、日本からの密貿易品などを取引するヤミ市場が形成された。こうしたヤミ経済の発展を促した要因の一つが、大量の沖縄出身者の帰還であった。

四六年一月には公式に日本本土から沖縄・奄美出身者の送還が開始され、三月から八月までの停止期間を挟みながら、一二月までの間に希望者一二万八〇〇〇人余りが帰還を果たした。その後にも個別引き揚げは継続され、最終的には一四万二〇〇〇人余りの帰還が実現した。しかもこの数字はあくまで日本からの公式の帰還に限ったものであり、その開始以前から多く見られた非公式の帰還（密入国に近いような例も多かったという）や、日本以外（例えば台湾や南洋）からの帰還者は含まれていない。(11) 沖縄本島は戦前から人口密度が高い状態にあったが、沖縄戦の影響で一度減少した人口は大量の帰還者によって短期間に回復・増加し、一層人口密度の高い状況が現出した。終戦時点での沖縄本島の人口は三二万六〇〇〇人強と推計されているが、五一年の国勢調査においては五八万人弱へと急増していた。この急激な人口増加は、生活物資の需要を激増させ、物資不足と貧困を一層深刻なものにした。公営の配給制度で満たされない需要はヤミ市場へと向かい、さらに帰還者が持ち込んだ日本円などの通貨や物資が、ヤミ経済を一層活発化させた。

ヤミ経済を促進したもう一つの要因は、インフレの進行である。米軍が沖縄の占領・統治のために民政府に注入した大量の米ドルは、帰還者が持ち込んだ通貨と合わせて、ようやく立ち上がったばかりの沖縄の貨幣経済にとって、急激なインフレ圧力となった。その結果、生活物資の配給制による物価統制・経済管理政策は機能不全に陥って破綻に近づき、他方ヤミ経済は一層の活況を呈した。米軍は四八年七月、法定通貨をB円に統一して日本円の流通を停止し、一一月には自由企業制を導入したものの、産業基盤がほとんど整っていない状況の中ではインフレの抑制や物資不足の解消には至らず、経済的な混乱は解消されなかった。

物資不足とインフレが解消に向かうのは、貿易庁が日本から大量の物資を政府輸入してドルを費消するようになった五〇年以降のことであった。この年、本土からの政府輸入が始まり、また民間貿易も認可されたことが、物資供給安定化の大きな要因となった。輸入のための資金は、同年に本格化した基地建設に伴う米軍からの支払いによって賄われた。五〇年から五二年までの三年間、ドル受取額は毎年二・三〜三・二倍の伸びを見せ、その大部分が島内における支払いであった。支払額も受取額を超える伸びを見せたものの、総額では受取額が大きく上回り、黒字が大幅に積み上がった。こうして沖縄の経済及び人々の生活は、五〇年代に入り徐々に安定したものとなる。経済成長は五〇年代を通して高い水準を維持し、都市によっては年一〇％を超えた。しかし、その経済的な安定と成長は、米軍基地に大きく依存する基地経済の成立を意味していた。

政治・行政においても、混乱は経済に劣らず深刻であった。戦前の沖縄においては、知事を県外からの任命官が独占するなど、県政・行政の中核を県外出身者が占める状況が続き、県内人材の統治経験は著しい制約を受けた。ところが戦局が悪化すると、県外出身者を中心とする統治エリートが県外へと「避難」する例が多発し、沖縄戦以前から県の統治機能は支障を来していた。そして沖縄戦による破壊とアメリカの占領統治は、もともと不十分であった沖縄の内部統治能力を更に毀損した。中核的人材の多くが戦火や避難によって失われ、政治・行政機構は破壊・解体された。

米軍政府の占領統治下、その指示によって四五年八月、石川収容所内で沖縄諮詢会が立ち上げられて臨時政府的な位置付けを与えられ、四六年四月には琉球民政府が発足して、沖縄諮詢会を引き継ぐ形で行政活動を開始した。また九月には一六市（米軍が設定した収容地区）で市議会選挙が実施された。こうして戦後沖縄の政治・行政は何とか再出発を果たしたものの、その権限は米軍によって厳しく制限されており、実現した自治は形ばかりのものに留まった。そこに参加した人材の多くは戦前・戦中の体制派か、経験に乏しい新規参入者であり、新たな戦後沖縄社会の統治を担いうる人材は十分ではなかった。大量に流入する帰還者も、十分な統治人材を供給するには至らなかった。また、財政的な面でも、行政の活動資金は米軍政府が注入するドルにほぼ依存していた。

加えて戦争によって報道機関やその他の情報網も破壊され、人々は自分たちが置かれた状況に関する情報を得ることもままならなかった。沖縄の状況全般や、かつての統治者であった日本の現況、新たな統治者となったアメリカの占領方針などに関する情報も、入手困難であった。戦後初期の沖縄は、自立や自治を実現するための社会情報環境を著しく欠いていた。

戦前・戦中の状況について見れば、新聞は太平洋戦争開戦以前の一九四〇年、日本政府が情報統制のための一県一紙化方針を打ち出したことで、沖縄では『琉球新報』、『沖縄朝日新聞』、『沖縄日報』の三紙が合併し、『沖縄新報』の発行が開始された。『沖縄新報』は、沖縄戦中にも、首里の新聞社壕（留魂壕）で元『沖縄朝日新聞』関係者を中心として発行が続けられたものの、陸軍が南部に撤退すると、発行継続が困難になり終刊、廃刊を余儀なくされた。また状況は、放送においても同様であった。沖縄における放送は、一九四二年三月一九日、日本放送協会（ＮＨＫ）沖縄放送局の開局によって開始された。都道府県別では最も遅い放送の開始で、ラジオ普及率も全国最低であった。しかも同局は、四四年一〇月の那覇大空襲以降、度重なる空襲の被害で機能停止に陥り、四五年三月二八日に解散した。

沖縄戦終結後の一九四五年七月二五日、沖縄諮詢会が設置されたうるま市石川で『ウルマ新報』が創刊された。占領米軍の情報宣伝紙として米軍主導で創刊されたこのガリ版刷りの無料配布紙が、戦後沖縄の新聞の出発点となった。『ウルマ新報』は、戦争に批判的だった社会主義運動家の島清を編集長とし、新聞の編集経験をもつ者を排除して、非新聞人によって発行された。四六年四月に編集長となった池宮城秀意は、当時唯一の新聞記者経験者であった。『ウルマ新報』は、四六年五月二六日からは『うるま新報』と平仮名表記に変更され、九月には新聞記者で社会主義運動家でもあった瀬長亀次郎が新社長に就任、四七年四月には発行元のうるま新報社が民間企業となり、購読も有料になった。この頃までには米軍の影響は薄らいでいたものと思われる。瀬長以降は、池宮城秀意、又吉康和らが社長職を引き継いでいく。うるま新報社は四八年、本社を那覇に移転し、五一年九月のサンフランシスコ講和条約締結を機に『琉球新報』へと改称し、現在まで続くことになる。

また沖縄において複数の新聞が発行される状況が実現するのは、一九四八年以降のことである。『沖縄タイムス』は、一九四八年七月一日、『沖縄新報』発行に最後まで携わっていた元『沖縄朝日新聞』関係者を中心に、それまで新聞製作から排除されていた戦前・戦中の新聞人による新聞発行を目指して創刊された。また同月には『沖縄毎日新聞』も創刊された（一九五四年廃刊）。四九年一二月には『沖縄ヘラルド』（『沖縄新聞』、『沖縄朝日新聞』、『沖縄新聞』への改称を経て五七年廃刊）が、五〇年二月には『琉球日報』（『沖縄日報』、『琉球新聞』への改称を経て五五年廃刊）が創刊された。(12)

さらに放送について見れば、その再開は新聞よりもはるかに遅れ、五〇年代半ばを待たなければならなかった。日本語ラジオ放送の開始は一九五四年一〇月（琉球放送ＲＢＣ）、一般向けテレビ放送の開始は五九年一一月（沖縄テレビＯＴＶ）であった。ＮＨＫが沖縄向けに番組提供を開始するのは六四年九月のことである。

以上に見てきたように、戦後初期の沖縄は、米軍統治という権力構造の面でも、統治エリートの人材・経験という能力の面でも、財政資金の面でも、社会情報環境の面でも、戦争による破壊の傷跡が生々しく残り、復興は著しく不十分であって、自立や自治を実現し得る状況には程遠かったといわざるを得ない。生活物資が不足し、インフレの進行とヤミ経済の横行によって経済状況も安定せず、社会基盤も整わない前近代的な生活環境の中、人々は困窮を強いられて日々の生活に汲々とし、政治・行政はそうした社会的混乱を収める権限も能力もなく、あらゆる面において、占領軍たる米軍に頼らざるを得ない。戦後沖縄は、そのような苦難と欠乏の中から始まらざるを得なかった。

注

（1）屋良朝苗『一条の光――屋良朝苗日記（下）』琉球新報社、二〇一七年、三三一頁。沖縄県立公文書館「沖縄復帰記念式典における「沖縄県知事あいさつ」〔全文〕」沖縄県立公文書館ウェブサイト https://www.archives.pref.okinawa.jp/news/that_day/4557（二〇二四年五月三一日確認）。

（2）沖縄県祖国復帰協議会主催の「五・一五抗議県民総決起大会」における挨拶。新崎盛暉『沖縄現代史』岩波書店、一九九六年、二一頁。

（3）河野啓・小林利行「復帰四〇年の沖縄と安全保障――「沖縄県民調査」と「全国意識調査」から」『放送研究と調査』第六二巻七号、二〇一二年、三頁。

（4）国際存在については本書序章を参照。

（5）渡辺昭夫『戦後日本の政治と外交――沖縄問題をめぐる政治過程』福村出版、一九七〇年。河野康子『沖縄返還をめぐる政治と外交――日米関係史の文脈』東京大学出版会、一九九四年。平良好利『戦後沖縄と米軍基地――「受容」と「拒絶」のはざま

で1945〜1972年』法政大学出版局、二〇一二年。

（6）櫻澤誠『沖縄現代史――米国統治、本土復帰から「オール沖縄」まで』中央公論新社、二〇一五年、四頁。

（7）波平恒男「一九五〇年前後の沖縄――軍政下の戦後復興」『政策科学・国際関係論集』第七号、二〇〇五年、一〇五頁。

（8）本段落に示した収容人数は、清水史彦「沖縄戦下の民間人収容所の展開に関する考察――米軍基地建設計画と関連して」『沖縄史料編集紀要』第四〇号、二〇一七年、六九頁による。

（9）本段落及び次段落の内容について、詳しくは、前掲波平「一九五〇年前後の沖縄」、鳥山淳『沖縄／基地社会の起源と相克――1945-1956』勁草書房、二〇一三年、第I部を参照。

（10）ただしこうした厳格な住民管理が常に機能していたわけではなく、特に初期の北部の収容所においては、収容者は「いかなる軍政府の管理下にも置かれておらず、そのうえさらに、現地人は金武や田井等の収容所から勝手気ままに野山を歩き回っていた」ような状態であったという。引用は前掲清水「沖縄戦下の民間人収容所の展開に関する考察」六四頁による。原文は、Memorandum "Military Government Operations in Northern Okinawa from 21 April to 28 May 1945" (NoDate)（ワトキンス文書刊行委員会編『沖縄戦後初期占領資料』第一七巻、緑林堂書店、一九九四年、四五頁）。

（11）本段落の記述は、伊敷勝美「引揚げと収容所からの出発」『浦添市立図書館紀要』第一二号、二〇〇一年、八四―八五頁による。

（12）『沖縄毎日新聞』以下の創刊、廃刊年については、吉岡至「III　戦後沖縄における新聞ジャーナリズムの営為と思想――『琉球新報』と『沖縄タイムス』を事例として」地域社会と情報環境研究班編『日本の地域社会とメディア』関西大学経済・政治研究所、二〇一二年、五六頁による。

第8章　沖縄の自立と復帰論

本章では、終戦から一九五二年頃までの、沖縄において様々な構想の中で「日本復帰論」が最も優勢となっていく時期を対象に、「なぜ沖縄の人々は日本復帰を求めたのか?」という問いへの答えを探る。

この時期を通して、沖縄では政党政治が徐々に立ち上がり、多様な戦後構想が論じられる中で、人々の間で沖縄の将来像が徐々に明確化していった。当初は「独立論」的な主張が幅広くなされていたものの、最終的には、当初周辺的な主張でしかなかった「日本復帰論」が最も人々の支持を得るようになっていった。なぜ沖縄の人々は「日本復帰論」を支持するに至ったのか?「日本復帰」とは何を意味し、その実現は沖縄に何をもたらすと考えられたのか?

こうした疑問に答えるため、本章では、第1節でこの時期の経緯を、当時の沖縄社会や世論の状況、政党の成立、将来構想にかかわる政治的主張の展開に着目して確認する。次いで第2節においては、代表的な将来構想の性質を、言説と認識という観点から分析し、「日本復帰論」の特徴を明らかにすることで、本章冒頭の問いに答える。

第1節　経緯(1)

沖縄の戦後初期政党

一九四五年三月、米軍の上陸によって沖縄戦が開始されると、アメリカは占領地を順次軍政下に置き、七月の戦闘終結宣言時には沖縄全土がアメリカの占領下におかれた。このの ち五〇年代初頭まで、アメリカの沖縄統治は、日本への返還を主張する国務省と長期保有を目指す軍の間の争いのせいで方針が明確化されないままに惰性的に継続し、「忘れられた島」(2)の様相を呈した。アメリカ軍政の管轄権は、五〇年一二月の米国民政府発足までに海軍と陸軍の間を三度も移動した。また、アメリカは北緯三〇度以南を奄美群島、沖縄群島、宮古群島、八重山群島の四群島に分けて統治した。この分割統治は、五二年四月に琉球政府が設置されるまで継続した。

前章で確認したとおり、終戦直後の沖縄は社会的・経済的に極めて混乱した状況にあり、人々は窮乏の中で日々の生活にあえいでいた。しかしそのような状況の下でも、一九四六年頃から各群島において独自の政党が設立され始めた(3)。中でも、その後の政党設立に大きな影響を与えたのが、四七年五月に宮里栄輝や桑江朝幸ら本土からの引揚げ者たちが中心となって開催した、沖縄建設懇談会であった。この懇談会には、平良辰雄、當間重剛、仲宗根源和、瀬長亀次郎といった、戦後沖縄の政治・社会において活躍することになる人々が参加していた(4)。

本土で終戦を迎え、GHQによる日本の民主化を経験した沖縄出身者たちは、アメリカが沖縄を解放して「沖縄の自治」が実現することに期待して帰還したものの、当時の現実はそのような希望を打ち砕くものであった。各群島では米国軍政府（以下、軍政府）が選任した現地住民による各群島民政府が行政機能を担っており、沖縄群島においては志喜屋孝信知事率いる沖縄民政府がその任に当たっていた。沖縄史上初の県内出身知事を頂く政府の実態は、しかし、民主化や自治とは程遠いものであった。沖縄議会は特に権限をもたず単なる知事の諮問機関とされ、その議員は米陸軍政府によって戦中からの議員がそのまま選任された。また市町村長も選挙ではなく知事の任命によって決定された。このような沖縄民政府の非民主的な運営は、各群島民政府が軍政府に従属せざるを得ず、その許す範囲においてしか活動することができない状況下では、不可避であった。軍政府は、この頃までには沖縄に自主性を発揮させせない方針を固めていた。日々の生活に追われ、社会情勢に関する十分な情報ももたない人々がそうした状況に抵抗することは、容易なことではなかった。沖縄建設懇談会開催にあたって中心的な役割を担った宮里栄輝は、当時の状況を次のように述懐している。「民主化と反対の方に進んでいる。とても、沖縄独立論というようなことではないという感じでした。だから、「民主化」ということにしぼって活動しました」[5]。本土からの帰還者が民主化運動の中心を担った状況は、極めて示唆的である。本土において様々な情報に接していた帰還者の方が、沖縄が置かれた厳しい状況に対する俯瞰的な認識をもちやすかったと考えられる。沖縄建設懇談会は、こうした状況の中でも、幅広い勢力を結集して開催され、沖縄民政府を「民意を無視した」「封建的な独裁」と批判し、知事・議員の民選を求めた[6]。ここには占領期において一貫して継続されていく自治権確立闘争の原型を見ることができる。

沖縄建設懇談会の活動が契機となり、これ以降に政党設立が相次いでいく。四七年六月には沖縄群島初の政党である沖縄民主同盟（以下、民主同盟）が結成され[7]、七月には瀬長亀次郎や兼次佐一ら左派運動家によって、反米・社会主義傾向の強い沖縄人民党（以下、人民党）が設立された。また九月には沖縄社会党が結成され、翌一〇月の琉球社会党結成と同時に両党が合併し、社会党（以下、旧社会党）が成立した[8]。

沖縄の政治的位置付けについて、これら初期政党には当初、日本への復帰という主張は見られない。民主同盟は、「独立共和国の樹立」を主張し、また人民党においても瀬長と兼次がいずれも日本を植民地的支配者と捉えて従属的地位からの脱却を目指すなど、独立を志向する傾向が明白であった。また旧社会党は、「解放軍」であるアメリカによる信託統治の下で沖縄の自治を目指していた。各政党の主張は、独立や自治といった目標に示されるように、沖縄の政治的自立を求める点では共通していたといえよう。

他方、五〇年代以降に主流化していく日本復帰の主張は、この頃までは仲吉良光や平良辰雄、當間重剛ら一部の保守的人物に見られるものであり、これを支持する主要な政治勢力は存在しなかった。また沖縄住民の中にも日本復帰を支持する者は少数であったとされる。この背景には、戦前・戦中の抑圧的・差別的な日本統治に対する強い反発があった。

以上から明らかなとおり、戦後初期においては、沖縄の自立を願う人々の希望は、主に「独立論」と、アメリカや国連による「信託統治論」に寄せられていた。

日本復帰論の隆盛

ところが、このような状況は長くは続かなかった。一九五〇年末頃には、日本への復帰が広く主張されるようになり、それとともに沖縄の政治的自立を目指していた諸主張は潜在化していく。

この「日本復帰論」隆盛の要因は、アメリカの沖縄占領政策に求められる。四七年後半から四九年にかけて、軍政府は強圧的な統治方針を採り、政党の活動制限や、軍政府への批判弾圧、経済的な締め付けなどを露骨に行っていった。四八年八月には、知事・議員の民選を主張した民主同盟機関紙『自由沖縄』創刊号が発行停止処分を受け、設立メンバーの桑江朝幸らが逮捕された。また同時期、軍政府は沖縄人被用者の勤務態度不良を理由に配給停止を民政府に指示し、圧力を加えた。軍政府は、さらに翌四九年一月、進行するインフレに対処するため、食料配給量を三分の二に削減し主食価格を六倍に値上げする変更を一方的に実施した。こうした強圧的な経済政策の背景には、前章で見た混乱した経済状況とインフレの昂進による経済統制政策の行き詰まりがあった。これらの抑圧的統治姿勢は、アメリカの統治が「解放」などではなく「占領」であることを人々に強く印象付け、アメリカへの期待は急速に薄れていった。

そうした状況の中、アメリカは冷戦の緊迫化を背景に沖縄の長期保持方針を固め、これを公表する。トルーマン大統領は軍が主張していた恒久基地化を受け入れ、この方針を一九五〇年一月にアチソン国務長官の談話として発表したのである。これを受けて米軍政府は、長期保持を容易にするため占領政策の見直しを行い、五〇年六月には住民からの要求が高まっていた群島知事選挙（九月）と群島議会選挙（一〇月）の実施を決定した。当時の米軍政府長官ジョセフ・シーツの名から「シーツ善政」と呼ばれた融和的な政策展開も、このような文脈の下で実現していく。

一一月には、対日講和会議に向けたアメリカの方針が発表され、沖縄については信託統治を予定していることが示された。沖縄では、この信託統治方針発表を受けて帰属問題に注目が集まり、日本への復帰論が優勢となっていく。実現した各群島知事選挙・議会選挙の結果、沖縄群島では平良辰雄沖縄民政府知事が誕生し、平良知事は日本復帰を支持する姿勢を打ち出した。(9) また、両選挙後の一〇月に平良陣営を基盤として沖縄群島議会において社会大衆党（以下、社大党）が設立された。この院内政党は、穏健な名望家政党として全二〇議席中一五議席を占める大与党となり、日本復帰方針を打ち出した。既存政党では、人民党（沖縄群島議会選挙で一議席を獲得）も、五一年頃までには独立志向を捨て、日本復帰へとその方針を転換していた。以降、社大党と人民党は日本復帰を求める二大勢力として、沖縄政界において復帰運動を導いていくことになる。

これに対して知事選挙で敗北した民主同盟は、解党して旧社会党の一部と合同して共和党を結成し、独立方針を打ち出した。この独立論は、米軍用地料請求運動の中心となっていた桑江朝幸らによって進められたものであった。(10) その根底には、アメリカによる沖縄長期保持に向けた宥和的政策や経済援助を前提としながら、米軍用地への補償を沖縄経済の自立にとって必要な要素と考え、軍用地補償を受けられない可能性のある日本復帰ではなく、独立によってアメリカから補償を受けようという論理があった。(11) この意味で、共和党の独立論は、政治的な帰属問題よりも、経済的な自立を重視したものであったといえよう。しかしながら共和党は、沖縄群島議会選挙では三議席を獲得するに留まり、その主張は広範な支持を得られなかった。また旧社会党は、アメリカ信託統治の方針を維持していたものの、沖縄群島議会選挙では議席獲得を果たせなかった。こうして沖縄群島においては、日本復帰方針を採る政治勢力が多数を占めることになり、それ以外の主張は周辺化されていく。特に、終戦直後に沖縄の政治的自立を求めて語られていた独立論の退潮は印象的である。(12) 同様の傾向は、沖縄群島以外の各群島においても見られた。

講和条約の沖縄の扱いに関心が集まる中、五一年四月には社大党と人民党が中心となって日本復帰促進期成会

（以下、促進期成会）を結成し、五月から三か月にわたって署名運動を展開し、有権者の七二・一％という多数の署名を得て、吉田茂首相に提出している。なお、沖縄群島以外の群島においても同様の署名活動は行われ、有権者の八〇％を超える多数の署名が集められた[13]。これ以降、日本復帰こそが沖縄の人々の多くが求める将来像とされ、人民党と社大党に代表されるように、左派から中道保守までを中心とする幅広い主張として受け入れられていくことになる。

ただし、当時の沖縄において、日本復帰の方針に実際のところどれだけの大衆的支持があったかについては、一定の留保も必要であろう。桜澤によれば、促進期成会の署名運動は当初難航したため、六月に社大党傘下の沖縄青年連合会（以下、沖青連[14]）が中心となって復帰促進青年同志会（以下、同志会）を結成して運動にテコ入れをすることで、ようやく七〇％を超える署名を実現したという[15]。また作家の大城立裕は、この署名率につき、「この数字は実感から遠く、実際の復帰論者はそれよりもはるかに少ない」と回顧して、当時の世論状況と署名結果の乖離を指摘している[16]。また、促進期成会と同志会は、署名活動ののちには活動を停止してしまい、この復帰運動は継続されなかった。

結局、五一年九月に締結されたサンフランシスコ講和条約は、第三条で沖縄をアメリカの統治下に置いた。沖縄における「日本復帰論」は実を結ばず、講和成立による沖縄の日本復帰は実現しなかった。

第2節　分析

終戦から一九五二年頃までのこの時期、沖縄の将来構想をめぐる構図は大きく転換し、当初は周辺的な主張に過ぎなかった「日本復帰」が、最も優勢となっていった。本節では、主にこの転換を、沖縄の問題や将来をめぐって語られた言説及びその背景にある認識という、二つの観点から整理することで、「日本復帰論」の内実を検討する。

沖縄戦とアメリカ統治という、望まぬ外来の圧力にさらされた人々は、改めて沖縄という存在の在り方を意識し検討・議論する必要に迫られた。そこで沖縄の「自立」が多く意識され主張されるようになったのは、自然な流れといってよいだろう。その意味で、この「自立」にかかわる主張は、「国際存在」の存在様式を明確化し自己表出する試みの一つであったといえる。しかし前述のとおり、この「自立」は必ずしも単一の統一的内容をもつものではなかった。大きくは、外部の主体からの政治的圧力を受けずに内部において自己完結的な統治を行うという、自治の実現を目指すような「政治的自立」と、帰属の在り様にかかわらず外部の主体に過度に依存せずに内部にある程度自己完結的な経済圏を完備しようとする「経済的自立」の二つを区別することができる。これらは必ずしも対立するものではなく、むしろいずれもが沖縄の自立に必要な要素であるが、現実の政治的対立の中では優先順位をめぐって対立するものであるかのように主張される傾向があった。

本節の検討を通して明らかになるのは、戦後沖縄が目指す存在様式として自己表出された「自立」の在り方が、大きく転換していった状況である。当初、自立と対立するものとされていた日本復帰は、アメリカの統治方針の変化によって反アメリカ統治の世論が高まる中、自立と整合的なものと読み替えられることによって、多くの支持を集めていくのである。この背景には、アメリカ統治への反感を核として新たに生じたその是非をめぐる争点対立と、政治的帰属の問題以上に経済問題が重視されていた状況があった。

自立と「日本復帰論」をめぐる言説

本項では、この時期の沖縄における政治言説の中で、特に沖縄の自立や、かつての日本統治、あるいは日本がどのように語られたのかを確認することで、自立や「日本復帰」をめぐる主張がどのように変化したのかを検討する。

戦後沖縄における政治言説の中で、最も根本的で重要な方針として共通して示されていたのが、沖縄の自立であった。沖縄に苦難をもたらした軍国主義を改め、民主主義を実現し、住民が自らの手で社会を運営することが、苦境からの脱却と望ましい沖縄の実現にとって不可欠である、との認識である。言い換えるなら、戦後沖縄においては国際存在として外部の国家主体から強く浸透を受ける状況下で、そこから脱却して主体性を発揮しうる存在様式が希求され、その自己表出として「自立」が主張されたといえる。

こうした認識を典型的に示す主張は、一九四七年九月、人民党結党に際して行われた複数の演説会に見出すことができる(17)。これらの演説会において、屋部憲、瀬長、兼次といった論者は総じて、沖縄が直面する諸問題に対処するため、沖縄の自立が必要であると説いた。自立の重視は、人民党綱領にもよく表れている。綱領は、まず「政治、経済、社会並に文化の各分野に於て民主主義を確立し、自主沖縄の再建を期す」としたうえで、第二項において「わが党は公益事業の公営を図り中小企業の振興と海外貿易の発展に依り沖縄経済の自立を期す」とし、また政策として「人民自治政府の樹立」を掲げていた。同時期に行われた演説会において多くの演者が言及している、公職追放の徹底や民主化といった政治課題は、この自立を実現するための手段に関わるものであったといってよい。

自立を志向する言説は、他の政党においても見られた。独立志向の強い民主同盟は、四七年九月に行われた政策発表演説会において、恒久政策の第一を「独立共和国ノ樹立」とし、政策集の中では沖縄外部の国家についてはほとんど触れていない。政策発表演説の最後において事務局長（党首に相当）の仲宗根源和が、独立を実現する上でのアメリカとの関係について論じるのみであった(18)。また旧社会党綱領は、「沖縄民族國家ノ進運ニ寄与セントスルノガ立党ノ精神デアル」と宣言する(19)。

ただしこれらの自立主張は、必ずしも独立論に直接結びつけられたわけではなく、独立を主張する民主同盟の立場はむしろ例外的であった。

また、「政治的自立」に関する主張は、当時の政治的言説の中で大きな位置を占めていたわけではない。むしろ目に付くのは、生活の困窮を取り上げ、その解消を訴えたものである。上記人民党主催の演説会の一つ（喜如嘉初等学校にて実施）において、屋部は沖縄の状況を次のように評している。「現在の沖縄は本当に憂鬱であります。俸給は二、三ケ月不払、住宅は假小屋だし貯蓄は引き出せない。文化面はすっかりなくなり、これ又憂鬱であります。社会面をみると引揚者が失業して居る、職はない、配給代がない、これ又憂鬱であります」[20]。

また兼次は、同演説会において、人々の苦境を次のように語る。

我々の生活には煙草も味噌も塩も必要だが一向入って来ない。僅かアメリカ物資で生命をつないでゐるのである。我々は生きるために今日の生命を明日に延ばすために敢て闇をしなければならないのである。百円の収入で二百円の生活をしなければならない手品をやらされてゐるのである。私は絶対に闇をしないと云ふ人があればその人は確に裏で不正な事をしてゐるのである。（拍手）事実民政府の公定値で品物が手に入るだろうか。いや入らない。だから闇をする。すると警察に引掛る。寧ろ今の政策は民衆に対し死ねと云ふに等しい。誰が配給物資のみに依つて生活をなし得るか。此の儘推移すれば生命も維持出来得ない[21]。

兼次が続けて論じていく人民党の重点課題は、住宅問題、物資不足、医療の公営化、給与の適正支払い、交通網の整備、中小企業の自由など、人々の生活に直結するものが大半を占めた[22]。「〔重要問題の〕一つは住宅問題だ。国頭方面では差程不自由を感じないが首里、那覇方面では風が吹けば吹き飛ぶ様な蒸し暑い天幕小屋の生活をして居るのである」（〔　〕内引用者補足）。

人民党の綱領は、先に見たとおり、第一項で社会の諸分野における民主主義の確立、第二項で公営・中小企業振興と貿易促進による経済的自立を掲げ、経済重視の姿勢を打ち出している。「人権を尊重し、世界平和の確立を期す」とする第三項の前に経済振興の方針を掲げていることは象徴的である。

以上はいずれも社会主義傾向の強い人民党員の言説とはいえ、当時において、経済問題、より具体的には食糧・生活物資・住宅供給等の日々の生活にかかわる問題が、いかに人々の関心事であったかがよく分かる。同様の経済重視の傾向は、民主同盟や旧社会党にも見出される。四七年九月の民主同盟の政策発表演説会では、担当者が入れ替わり政策集に示された重点政策について論じたが、その内容は、農業・水産組合の民主化、預貯金・各種保険金の受取促進、規格住宅促進、元居住部落への復帰、教育制度・教育施設・文化施設整備、医療制度整備……といった、生活に密接にかかわるものであった[23]。

このように、当時の沖縄においては政治問題より経済問題が重視される傾向があったものの、両者は対立的関係にあったわけではなく、優先順位の上で後者がより高かったといえる。

また経済問題の他、当然ながら戦争に関する言説も多く見られた。それらの中では戦争被害の悲惨さを振り返る内容が目立ち、被害を過去の日本統治と結び付けるものも目に付く。そうした言説では、やはり自立を重視する文脈で、日本を沖縄の人々を抑圧的支配によって苦しめてきた「異民族」として表象する傾向が強かった。

例えば前述の喜如嘉初等学校での人民党演説会において、屋部は「専ら日本軍閥の専制的政治の行い方によって斯くも多大な犠牲を出した」と、日本軍の専横に怒りを露にする。また兼次は、日本の沖縄統治の実態について、「我等は日本民族の名の下に日本の奴隷にしか過ぎなかつた」と断じ、「我々は日本のために犠牲になつて今日の惨めな生活をして居る」と論じる。そして奥間・辺士名初等学校における演説では、「我々は日本といふ大を生かすために我が沖縄の小を殺した」とし、「幾万の我々の同胞を戦死をさせ沖縄を焦土と化さしめ住むに家なき悲惨極は（ママ）る姿を無視してかへり見なかつたことに対して私は日本に対し非常な怨を持つに至った」と語る[24]。また旧社会党綱領は、冒頭から「軍國主義的權力ニ依ッテ強行サレタ侵略戰爭ハ沖縄ヲシテ史上未曾有ノ破壊ト窮乏ノ姿ト化セシメタ」と、日本統治を非難する[25]。かつての日本が沖縄の自立を阻み、現在の苦境をもたらした存在であると語られるのである。こうした言説では、「日本帰属」は、沖縄の自立とは相反するものであった[26]。

これに対してアメリカは、日本からの「解放者」として表象されることが少なくなかった。こうした言説は、まずアメリカの対沖縄政策の中に見出すことができる。沖縄戦前からアメリカは、対日戦争を有利に進めるため、その橋頭堡となる沖縄について、日本に抑圧支配された少数民族の島と位置付け、自らを日本から沖縄を解き放ち自由を与える解放者であると喧伝していた。沖縄側において、このような言説を最も明示的に用いていたのが旧社会党であった。旧社会党綱領は、上記の日本批判に続いて、「沖縄ハ日本ヨリ分離シ米國支援ノモトニ新ラシク平和主義ニ徹シタ文化國家トシテ起チ上ル時ガ来タノデアル」(27)とする。

こうした反日的・親米的見方に抗して日本への帰属を主張する者は、翼賛体制にも親和的だった保守的傾向が強い一部論者たちに限られた。彼らにとっては、戦前からの日本統治は必ずしも抑圧的ではなく、沖縄の近代化を導いたのであって、琉球民族は日本民族と一体ないし近親性の高いものとされた。

代表的復帰論者であった仲吉良光らは、四六年一〇月にマッカーサーへの陳情の中で、以下のように述べる。「欧米の一部には、日本国民は沖縄人民を貧乏な従兄弟と軽視し、冷遇したと論ずる者も居りますが、これは謬想で、日本政府及び日本人が沖縄人を差別待遇した事実は絶対にありません」「沖縄人民は政治、行政その他の権利とも、本土同胞と全く平等で、みじんも差別がないのであります」。したがって、「現在の沖縄民衆、また矢張、日本国家構成分子としての存続を切望して居ります。人情自然の成り行きであります」(28)。こうした言説に、民族主義、あるいはナショナリズムに基づく主張を読み取ることは容易である。ただしその背後には、アメリカ側の反発と弾圧を避けるため、日本復帰の主張を非政治的なものとして位置付けようとする意図もあったと考えられる。

しかしながら当時の状況では、彼らの主張は、アメリカによる統治、及び沖縄の自立への反対とも受け取られかねなかった。したがって、こうした主張を活発に表明する者は、沖縄においては仲吉良光に代表される少数に限られた。戦後初期の復帰論は、むしろ先の陳情にも名を連ねた神山政良、伊江朝助、漢那憲和ら、戦前から本土にあって国家統治に関与していた沖縄出身者によって活発に主張されていたようである。仲吉は後に「復帰男」と呼ばれるようになるが、戦後早い時期におけるその立場は当然ながら困難なものであり、アメリカ側から警戒された末、四六年には戦前に三〇年間を過ごした日本本土に帰還した(29)。

しかしこのような言説状況は、五〇年末以降大きく転換し、「日本復帰論」が優勢となっていく。そうした変化の中で、かつて「解放者」であったアメリカの統治は、むしろ沖縄の自立を阻む「異民族による抑圧的統治」として語られるようになる。

一九四九年五月に知事・議員の公選等を求めて民主同盟、人民党、旧社会党が共催した北部沖縄人民大会において、兼次は米軍政府の態度を、「税を拂え〱と人民からしぼり取ろうとする、これは全く日本の軍閥と同様である」と評している。また同じく人民党の新垣幸吉は、「次々に我々の上に重圧する問題に対し沖縄人民一般大衆農民工業者の深刻に加わり、今や奴レイ的体制より解放すべく（後略）」と、米軍政府の抑圧的統治を批判した。[30]

ただし、アメリカの統治を直接的に批判することは、当然ながら政治的弾圧を招く危険が著しく大きかった。したがって、復帰運動の中ではアメリカ批判を意図的に避ける姿勢が採られた。促進期成会の設立趣意書は、「全面講和や基地提供反対等の主張をせず此の運動を単に琉球の帰属問題に局限する」との運動方針を明示している。[31]

他方、復帰論において日本は、アメリカとの対比から、沖縄と「民族的一体性」をもっているものとして語られる。そして沖縄は、戦後新憲法によって民主主義、平和国家へと転換し、講和によって「独立」に向かいつつある日本に帰属することで、「異民族」の支配から逃れて「日本民族」として独立を実現し、新憲法の下で民主的政治と自治を享受すべし、との主張がなされるようになる。

一九五一年三月、人民党は臨時党大会において日本復帰の方針と促進期成会の設立を決定する中で、以下のように述べる。「けだし帰属の如何は飽く迄当時者（ママ）たる人民の意志に據る可きことは当然である。民族の自決こそは民主主義の原則であるからである」「琉球民族は初めから日本民族の一部である」。また同日に社大党は、「琉球人が日本民族なる事は今更論ずるまでもなく同一民族が同一の政治体制下に置かれる事は人類社会の自然の姿である」と、日本復帰を主張する声明を発表した。[32] 新たに日本復帰を主張するようになった勢力も、従来の復帰論者と同様、民族主義的・ナショナリズム的言説を用いていることは注目に値する。アメリカを刺激しないよう、復帰主張から政治的な側面を削ぎ落とそうとする意図があったにせよ、社会主義傾向が濃厚な上にかつて日本の沖縄統治を強く批判していた人民党でさえも、このような言説を用いたことは興味深い[33]。

また、かつて「異民族の抑圧者」とした日本を、「民族的に一体」の同化すべき対象として（現実とは異なる）理想化された姿を与えて語り直すことには、大きな矛盾と問題を伴わざるを得ない。しかしながら、当時この認識と言説の転換に伴う矛盾が焦点化されることはあまりなかったようである[34]。この問題は放置され、その後も解消されることなく、復帰運動の中に歪みを残していく。

このように、一九五〇年末頃を一つの画期として、沖縄の自立をめぐる言説においては、かつて沖縄を統治した日本と、現に統治するアメリカという二つの政治体の表象が、ほとんど入れ替わるようにして、それぞれ正反対のものへと転換したのである。

自立と日本復帰をめぐる認識

以下では、前項で見たような戦後沖縄における帰属の問題にかかわる言説の背景にあった認識枠組について、特に沖縄の自立と、アメリカ統治及び日本復帰との関係を中心に検討する。

戦後初期の沖縄の人々にとって、自立とは、端的にいえば日本による統治の対概念であった。換言すれば、沖縄の自立と日本帰属の間に対立軸が存在していたということである。日本は近現代を通して沖縄の自立を阻んできた異民族国家である、という認識が前提となり、したがって沖縄の自立は日本と離れてしか実現し得ないと広く考えられた。

戦後早い時期に政党などが主張した「独立論」や「米国統治論」、「国連信託統治論」、「米国州論」は、いずれもそうした認識を共有していた。後に日本復帰へと方針転換する人民党も同様であった。瀬長は、「我々沖縄人の運命はロンドンに繋がり、ニューヨーク、南京、東京に繋がっている。すなわち沖縄を支配する者は他国であることを思わねばならぬ」と論じて、日本を沖縄支配に関わる「他国」とする見方を明示している。[35]沖縄の自立は、日本への帰属とは相容れないと見做されたのである。新たに得られた自立の可能性に鑑みれば、当時の沖縄において日本帰属に共感する者が多くなかったことは、当然ともいえよう。

結果として、沖縄の人々の中には、日本による抑圧からの解放者としてアメリカに期待する傾向も生じた。[36]沖縄を日本から解放した民主主義国家アメリカが、沖縄に民主主義と自治をもたらしてくれるのではないか、という期待である。「米国統治論」や「米国州論」は、こうした期待に支えられていたといってよい。結党に際して綱領と同時に発表された政策の第一項で「吾党ハ琉球民族ノ幸福ハ米國歸屬ニアリト確信シ産業教育文化ノ米國化ヲ期ス」[37]とした旧社会党の姿勢は、その最も明確な表現であった。人口の四分の一を死に至らしめた沖縄戦における「敵」であったアメリカに対して、終戦直後から一定の期待が向けられた事実は、一面において戦前からの日本統治に対して沖縄の人々が抱いていた厳しい感情を反映していよう。

ところが五〇年代に入ると、それまでに広がっていたアメリカへの幻滅を背景に、かつて自立とは矛盾すると捉えられていた「日本復帰論」が主流化していく。とはいえ、新たに「日本復帰論」を主張し始めた人民党や社大党、そしてその新方針を支持するようになった人々が、沖縄の自立という目標を捨て去ったわけではない。このことは、従来の「独立論」的傾向を転換し、党方針として「日本復帰論」を正式に掲げるようになった人民党に、最も端的に現れる。

アメリカの抑圧的統治及び軍事基地化と長期保有の方針によって、沖縄にはアメリカ統治の下では最早自立は実現しえないとの認識が広がっていく。アメリカ統治はむしろ沖縄の自立を阻むという認識へと転換したのである。これは言い換えれば、自立という目標に向けて、アメリカ統治への賛否をめぐる争点が重要性を増し、戦後沖縄の社会や政治における、主要な対立争点の一つとして顕在化したことを意味する。この新たに浮上した争点は、その後も長らく沖縄の政治社会を規定し分断する保守対革新の対立軸の中心を形成していくことになる。

さて、アメリカの統治が自立を阻むものであるならば、自立の実現にはそれを打ち破るための手段が必要になる。そこで浮上したのが日本への帰属という対抗的選択肢であり、日本復帰こそが自立をもたらす、との認識が形成されていった。この点で「日本復帰論」が「反アメリカ統治」の主張を含むものであったことは明白である。日本復帰言説には、弾圧の危険からアメリカ統治への批判や反対を正面から打ち出しづらい状況にあって、便宜的・手段的に利用された面があったと考えられる。

とはいえ、日本帰属に新たな期待がかけられたことも、また事実であろう。その背景には、日本に対する認識の転換があった。戦後日本は、新憲法によって戦前体制と決別し、平和主義・民主主義・地方自治を掲げる国家として再生した。沖縄の人々にとって、この新生日本の姿は、抑圧的異民族支配を行ったかつての日本とは異なる、自立への希望の拠り所と認識された。こうして、戦後初期には自立と対立するものであった日本復帰が、五〇年頃を境に自立を実現する手段とされていったのである。これにより自立と日本復帰の関係は、整合的なものへと転換されていく。

アメリカに統治されながら、しかしアメリカ国民ではなく、したがってアメリカの政治システムへのアクセスをもたない沖縄の人々は、沖縄統治に十分に関与できない状況を強いられた。四〇年代末の抑圧的なアメリカ統治は、改めて沖縄の人々にその現実をまざまざと突き付けた。となれば、戦後に民主主義国家へと転換し地方自治をも制度化させた日本に正式に帰属し、日本国民としてその政治に関与し、沖縄の地方自治を獲得することが自立への現実的近道であるとの考えに至るのは当然ともいえる。

こうして、五〇年代以降の沖縄においては、保守派の主張も含め「日本復帰論」が幅広い支持を集めるようになり、主流化していく。人民党は「独立論」を捨て「日本復帰論」へと転換し、新たに登場する社大党も「日本復帰論」を主張した。これに対して民主同盟の「独立論」は共和党へと引き継がれていくものの、幅広い支持を集めることはなかった。この傾向は「信託統治論」などでも同様であった。

五〇年代初頭から、主要な政治勢力が「日本復帰論」を主張したことで、それが沖縄において主流化するとともに、日本復帰が自立を実現するための唯一の道であると位置付けられるようになっていく。ここに至り、沖縄政治において日本復帰論は対立軸を構成する争点ではなくなり、合意争点となったといえよう。ただしそれと同時に、実質的に復帰論の裏面を成しているアメリカ統治への態度が主要な対立争点となっていることは、改めて意識しておく必要があろう。

ところで、このような認識に現れる戦後日本は、あまりにも理想化され、またその一面のみを切り取った非現実的なものであったといわざるを得ない。当時、冷戦が東アジアに波及し、五〇年六月に朝鮮戦争が勃発する中で、日本政府は八月に警察予備隊を設立して再軍備を開始し、西側に与する形で単独講和へと進んでいた。日本が安全保障においても経済においてもアメリカに従属する状況は明白であり、沖縄の人々が期待するような平和的民主国家としての日本は幻想であることが、すでに明らかになりつつあったのである。日本復帰が沖縄の目指す自立を実現する手段となりうるかは、大いに疑問といわざるを得ない状況であった。しかしながらそのような日本の現実は、同時代の沖縄においては十分に認識されなかった、あるいは検討されなかったのである。

他方、「独立論」や「米国信託統治論」は、五〇年代初頭にも唱え続けられていたものの、かつての自立を目標とした主張とは異なる傾向をもつようになっていた。そこにはすでにアメリカが沖縄の政治的自立を後押ししてくれるとの期待はなく、アメリカへの従属を前提とし、冷戦構造の中で西側の一員に組み込まれ米軍基地を受け入れた上で、それと引き換えにアメリカから援助や軍用地料といった経済的資源を引き出そうとする方針への転換が生じていた。ここからも、沖縄の自立をめぐる認識の大きな変化を確認することができる。

戦後初期沖縄の政治的対立軸

以上に見てきたとおり、戦後初期の沖縄においては、帰属に関する見方や日米の捉え方が短期間で大きく変化していた。これは、政治的・社会的に極めて不安定な状況から徐々に立ち上がっていった状況を反映しており、そこに戦後沖縄の政治社会が抱えていくことになる対立構造の生成を見て取ることができる。

一九四〇年代までは、沖縄における対立は戦前から存在した保革対立が中心で、他の争点はこれに重ね合わされていなかったと見ることができる。もちろん、政治や社会には多くの争点が存在したであろう。しかしそれらは保革軸と重なって対立構造を構成していなかったといえる。

五〇年代に入ると、アメリカの強権的統治への反発から、かつて「解放者」と期待したアメリカを抑圧者とする捉え方が広がった。ここにおいて、アメリカ統治への態度が戦後沖縄における大きな対立争点として現れたといえる。この時点ではアメリカ統治を無条件に歓迎する者はすでに例外的となっていたが、共産主義への反発や、アメリカとその基地から引き出しうる経済的資源を重視する立場から、アメリカ統治を受け入れるべきと考える人々も、特に保守傾向の強い政界、財界関係者に多く見られた。

こうして、新たに現れたアメリカ統治をめぐる争点が、旧来的な保革対立軸と重なり合って、戦後沖縄に新たな対立構造を形成することになった。つまり図式的にいえば、親米保守と反米革新の対立が形作られた。しかもこれ以降、保革対立の中心争点はアメリカ統治をめぐる態度へと転換していくことになる。ただしこの時点においては、この対立軸の拘束力は限定的であった。帰属問題・経済問題・自治問題・基地問題等々、当時多様に存在した争点の多くは単純な保革二極対立的な構造には収まっておらず、人々の態度には幅広いグラデーションが見られた。そうした中でも政党政治レベルでは諸争点間のリンケージが形成され始めていた。それは革新側の人民党においてより顕著で、反米国統治の立場から、基地を批判し自治権確立と日本復帰を強く主張する傾向が見られた。これに対して保守側の旧社会党・共和党・民主党においては争点間リンケージはやや曖昧であったものの、親米的立場は経済を重視して基地を受容する態度と結びつきやすかったといえる。社大党は保革イデオロギーとアメリカ統治の双方に対して態度は明確でなく、対立軸上の位置は中間的であった。

ただし五〇年代前半に展開された初期の復帰運動は超党派的運動を志向し、「日本復帰論」を保革対立と結び付けることを拒否した。主流化した「日本復帰論」は、新たに現れた保革対立構造の中に位置付けられなかったといえる。保守の側にもアメリカ統治への反発は存在しており、日本復帰への期待は保革を超えて共有され、合意争点となっていた。日本復帰をめぐる態度は、保革の差異を示すものとはなっていなかった。

第3節　検討

前節では、戦後初期の沖縄における政治言説とそこに現れる認識に関する検討を通して、沖縄の自立と日本復帰の関係の変化を明らかにした。以下では、改めて本章の問いに答えた上で、「日本復帰論」が主流化していく背景として、経済問題への関心が広く共有されていたことを指摘する。沖縄の経済的自立の実現という生活にかかわる問題意識の共有が、「日本復帰論」の合意争点化を導き、五〇年代の島ぐるみ大衆運動の基礎条件を作り出した。

問いへの答え

本章の主たる問いは、「なぜ沖縄の人々は日本復帰を求めたのか？」であった。

戦後初期においては、沖縄の自立をめぐって、「独立論」、「米国信託統治論」、「国連信託統治論」、「米国州論」、「日本復帰論」など、多様な主張がなされた。これらの多くに共通するのは、沖縄を一つの独立した社会と考え、それまでもち得なかった政治的・経済的な自立を実現する、という目的であった。そこで語られたあるべき沖縄のヴィジョンの多くは、自立を目指すものであったといえる。この沖縄の自立という目標を共有しなかった主張は、仲吉ら保守的論者の一部による「日本復帰論」のみであった。そこには日本と区別される独立の社会としての沖縄という視点は希薄であった。

以上から、戦後初期の沖縄においては、将来の沖縄が目指すべき目標として、自立と日本復帰という対立する二つの異なる構想が存在したといえる。そして、当時の状況においては前者が広く受け入れられており、後者の主張は一部の少数派にのみ見られる限定的なものであった。

にもかかわらず、その後「日本復帰論」が主流化していく。この変化はなぜ起こったのか？　これが「なぜ沖縄の人々は日本復帰を求めたのか？」という本章の問いへの答えとなろう。この点につき前節では、二つの要因があったことを示した。

第一の要因は、抑圧的なアメリカ統治への抵抗である。米軍による沖縄の経済統治が失敗し、状況改善のため強圧的な対策が採られたことが、困窮する沖縄の人々の反発を招いた。さらに、アメリカが講和以降の沖縄長期保有・信託統治方針を示したことで、アメリカは沖縄を冷戦の軍事拠点と位置付けて占領し続けるつもりであり、自立を許さないということが明らかになった。こうしたことにより、戦後初期には一部にあったアメリカへの期待は消え去り、幻滅が急速に広がって、アメリカ統治に反対する傾向が広まった。これが「アメリカ統治への態度」という主要な対立争点を新たに生み出した。

しかし、反米運動はアメリカから弾圧を受ける危険が高い。そこで、直接のアメリカ批判を避けるため、代替的言説・行動として、日本復帰の主張が用いられるようになった。「日本復帰論」は、反米抵抗の代替的主張として用いられたことで、反米意識の高まっていた沖縄で広く受け入れられるようになった側面がある。

第二の要因は、新たに日本への期待が生じたことである。かつて日本は帝国として沖縄を抑圧的に支配してその自立を阻んだ。しかし、敗戦によって日本の旧体制は崩壊し、新憲法の下で平和的民主国家へと新たに転換を遂げたとする認識が広がり、これが最早日本復帰は沖縄の自立とは対立せず、むしろそれによってこそ沖縄は自立を実現しうる、との期待を生んだのである。戦後、アメリカの下で自立を実現できるかもしれないとの期待が打ち砕かれた時に、新たな期待の担い手として、日本が選び取られたといえる。

こうして、沖縄の自立と日本復帰の関係が転換し、両者が整合的に両立するものと捉えられるようになったことで、復帰への支持が高まっていった。

二つの要因によって主流化するに至った新たな「日本復帰論」は、沖縄の「自立」へと向かう傾向を内包するようになった。しかしそれは、復帰と自立の対立的関係を解消したことで実現したわけではなく、この矛盾は「日本復帰論」の中に潜在化して継続したといえる。

経済問題への関心と住民運動の展開

こうして日本復帰が沖縄の合意争点となり、五〇年代中盤から後半に展開される土地闘争や自治要求などにおける「島ぐるみ」運動の環境条件が形成された。ただし、「島ぐるみ」の条件は、日本復帰という沖縄の帰属をめぐる政治争点に関する合意によってのみ形成されたわけではない。むしろ、このような合意の成立を可能とするような基礎条件があったと考えるべきであろう。それは、広くいうならば経済をめぐる関心、より具体的には、人々の日々の生活をいかに成り立たせるかという切実な課題であった。

当時の沖縄社会にとっての最重要課題は、日本復帰ではなく、この経済問題であった。沖縄経済は、戦前から産業基盤が弱く外部依存が強かったことに加え、前章で見たとおり沖縄戦により様々な社会基盤が破壊されたことで、深刻な物資不足に陥っており、大量の帰還者はこの状況を一層深刻化させた。日々の食料や生活必需品にも事欠く中で、いかに生活を成り立たせ、再建していくのか。困窮著しい混乱状況の中、四〇年代には人々の最大の関心事はまず日々の生活であり、経済状況であった。沖縄の人々にとっては生活基盤の安定が最重要の要請だったのである。「独立論」「信託統治論」「日本復帰論」といった沖縄の帰属に関する政治的問題は、人々の主たる関心対象ではなかった。政党も、沖縄の帰属問題について語る以上に、人々の生活や経済をいかに復興させるかという問題を熱心に語っていた。それは当然のことであった。当初のアメリカへの期待が急速に幻滅へと変わっていった理由の一つが、まさに人々の生活に深く関わる経済政策における一方的締め付けであったことは、こうした事情を端的に示している。経済的抑圧が、自分たちの生殺与奪の権をアメリカが握り、強権的支配を行っているという認識を広めたのである。

この、アメリカに生命線を握られたような状況は、生活が安定に向かい経済成長が続いた五〇年代に入っても、何ら変わることなく続いた。したがって、五〇年代には自立経済の建設が、重要課題として幅広い勢力に共有されるようになる。それは、桜澤が強調するように、「平良知事就任後の第一の課題は、復帰問題ではなく自立経済計画の策定だった」ことからも明らかである(38)。こと経済問題に関する限り、ほぼ全ての勢力が一致して「沖縄の自立」を求めていた。経済がその根本から極端に混乱して揺らぎ、完全に外部に依存せざるを得ない時代にあって、自立経済の建設こそは、日本復帰を超えて幅広い勢力に支持された、大前提の課題であった。この意味で、経済についてては日米への当面の依存を前提としつつも、将来的にはそこからの脱却を目指す「独立論」的志向が大勢を占めていたといってよい。経済問題と帰属問題をめぐる政治状況は一致しておらず、しかも前者の方がより重要な意味をもっていたのであった。

このように沖縄の自立という目標は、政治的帰属の問題だけでなく、経済的な問題への解としても語られたという点で、沖縄にとっての包括的な大目標となり得たのであり、事実そのように位置付けられて、独立と日本復帰の捉え方やそれらの主張の盛衰を左右したといえよう。

この点は、戦後沖縄の「独立論」が抱えた限界を考える上でも重要である。すでに見たとおり、「独立論」も「日本復帰論」も、アメリカあるいは日本という外部の政治主体に依存する主張であった。なぜ沖縄自身の力による自立を目指す「独立論」は現れなかったのか？　当時の社会経済状況を踏まえれば、そのような「独立論」は空想的なものといわざるを得ず、十分な現実性をもたなかったことは想像に難くない。当面の生活を成り立たせるためには、外部からの経済的支援が不可欠だったのである。経済的自立は、その先に実現されるべきものであった。

この意味で、「独立論」も「日本復帰論」も、経済的なリアリズムを前提としていたといえよう。

付言すれば、沖縄の経済運営に困難を抱えた米軍政府にとっても、沖縄の経済的自立は望ましいことであった。実際米軍政府は、五〇年九月の群島知事選に勝利した直後の平良に自立経済の建設を要請している。また同年一二月の米国民政府[39]への改組にあたっても、沖縄の経済的自立を実現する政策が重視された。自立経済建設に関する各勢力の合意は、アメリカも歓迎するところであった。

以上に見たように、沖縄の経済的苦境と人々の生活上の困難は、人々と諸政党が共通して認識した問題であった。それへの対応こそが諸政党の一致する最重要の合意争点となって、アメリカ統治に対する人々の幻滅をもたらし、諸政党が一致して日本復帰を求める基礎条件であったのである。当時人々の最大の関心事であった経済問題、及び戦後沖縄政治における重大争点であり続ける復帰問題の合意争点化が、五〇年代半ばから活発化していく島ぐるみの住民運動の主要な原動力となっていく。

このように見ると、五〇年代初頭までの沖縄政治が必ずしも政党間の安定的な対立軸に沿って構成されていたわけではないことが分かる。そのダイナミズムは、アメリカ統治への態度という大きな争点をめぐる対立軸を背景としてもちつつも、政治家個々人の人間関係や、その時々に持ち上がる個別具体的な政治課題への対応によって、かなりアド・ホックに形成されたといえよう。言い換えれば、この時点においては沖縄の政治社会を貫く対立軸はいまだに確立されていなかった。政党の性質の側面から見ると、この時期の諸政党は、政治的リーダーの個人的性質や一時的な選好が政党行動に色濃く反映される、名望家政党的性格を強くもっていた。それは、イデオロギーや主要な政策選好に基づいて組織されたイデオロギー政党でも、強固で安定的な支持組織に支えられた組織政党でもなかったのである。

平良が群島知事選に勝利した翌月に、その政権与党として社大党が設立された事情は、こうした当時の政党の性格をよく物語る。また同様の状況は、その後もしばしば見られた。ただ沖縄政治にとって、この社大党の設立が重要な画期となったことは間違いない。以降社大党は、大衆運動を主導する中心組織の一つとして、島ぐるみの運動に深くかかわっていく。

注

（1）本節の記述は、櫻澤誠『沖縄現代史――米国統治、本土復帰から「オール沖縄」まで』中央公論新社、二〇一五年、新崎盛暉『沖縄現代史　新版』岩波書店、二〇〇五年、佐道明広『沖縄現代政治史――「自立」をめぐる攻防』吉田書店、二〇一四年を中心とする戦後沖縄の通史のほか、他の注に挙げた先行研究に依拠している。ただし煩雑を避けるため、各事実関係については直接引用を除き出典を明示していない。

（2）Frank Givney. "Okinawa, Forgotten Island," *Time* Nov. 28, 1949, pp. 24-27.

（3）この初期政党については、鳥山淳「「沖縄の自治」への渇望――戦後初期政党関係史料を中心にみる政治意識」『沖縄県史研究紀要』第四巻、一九九八年、六一―八〇頁に詳しい。以下、本節の事実関係に関する記述は主に、同鳥山「「沖縄の自治」への渇望」、前掲櫻澤『沖縄現代史』によっている。

（4）鳥山淳「沖縄群島の戦後初期政党関係史料について」『史料編集室紀要』第二四号、一九九九年、五二―五三頁による。

（5）引用は前掲鳥山「「沖縄の自治」への渇望」六五頁による。初出は宮里栄輝「宮里栄輝回顧譚（三）」『沖縄思潮』第四号、一九七四年。

（6）「沖縄建設懇談会趣意書」（沖縄県公文書館資料編集室所蔵「宮里栄輝資料」）。引用は、前掲鳥山「「沖縄の自治」への渇望」六五頁による。

（7）八重山群島や宮古群島では一九四六年から政党が結成されていた。

（8）この沖縄社会党は、一九五八年二月に結成される沖縄社会党（社会党）とは無関係の政党で、社会主義政党ではなかった。なお、旧社会党は一九五二年四月、第一回立法院選挙での敗北を受けて解散。

（9）他の群島知事も日本復帰に賛意を示していた。

（10）ただ実際には、ガリオア資金などを中心とするアメリカの沖縄に対する経済援助は、一九五一年をピークに減少に向かい、五七年には打ち切られた。

（11）前掲櫻澤『沖縄現代史』三五頁。

(12)　ただし波平によれば、当時の帰属論議には様々な立場の主張が見られ、例えば「『琉球経済』は幅広い立場の論考を掲載しているが、全体としては独立論や信託統治論に立った主張が多く収められている」という（波平恒男「戦後沖縄とアイデンティティをめぐる政治」『政策科学・国際関係論集』第六号、二〇〇三年、一九一頁。復帰論以外の主張が政治状況に見られるほどには周縁化されていなかったことには、留意が必要であろう。

(13)　前掲桜澤『沖縄現代史』二三頁。これらの群島で沖縄群島よりも高い署名率を実現できたことの背景には、沖縄本島とそれ以外の諸島の間に存在した歴史的格差ないし「「内国植民地」というべき関係」があったと考えられる。石川捷治「復帰運動における「沖縄的」アイデンティティと「日本的」アイデンティティの変容と相克」『法政研究』第六八巻一号、二〇〇一年、一八二頁。

(14)　沖青連（一九五八年に沖縄県青年団協議会に改称）に代表される青年団は、教職員会と並び沖縄の社会運動の主要な推進組織であり、労組が台頭する六〇年代中盤以前に特に大きな役割を果たした。六〇年代前半まで、青年団幹部の過半数を教員が占めていた。以上につき、櫻澤誠「一九五〇年代沖縄の地域における教員の役割について——社会運動の基盤形成を軸に」『立命館大学人文科学研究所紀要』第九〇号、二〇〇八年、一七七—二〇四頁参照。

(15)　前掲桜澤『沖縄現代史』二三頁。

(16)　大城立裕『同化と異化のはざまで』潮出版社、一九七二年、三一四頁。ただし大城は、署名結果は日本への潜在的な帰属意識の表れであり、復帰方針が多くの人々に支持されうるものであったとの見解も示している。以上の大城の回顧については、前掲石川「復帰運動における「沖縄的」アイデンティティと「日本的」アイデンティティの変容と相克」、注一六、六八頁を参照。

(17)　本段落の人民党に関する引用及び記述は、「沖縄人民党演説会開催に関する件」（沖縄県公文書館所蔵「沖縄人民党に関する書類綴　一九四八年〇一月～」）による。

(18)　以上の民主同盟に関する引用及び記述は、「沖縄民主同盟による政策協議会、政策発表演説会（一九四七年九月六・七日、石川市）」（沖縄県公文書館所蔵「沖縄民主同盟に関する書類　一九四八年一月～」）による。

(19)　以上の旧社会党に関する引用及び記述は、「政党に関する報告」（沖縄県公文書館所蔵「社会党に関する書類　一九四八年〇一月以降」）による。

(20)　「沖縄人民党演説会開催に関する件」（沖縄県公文書館所蔵「沖縄人民党に関する書類綴　一九四八年〇一月～」）。

(21)　この引用及び次段落に示す兼次の演説内容は、「沖縄人民党演説会開催に関する件」（沖縄県公文書館所蔵「沖縄人民党に関する書類綴　一九四八年〇一月～」）による。

(22) それ以外の論点として取り上げられたのは、公職追放の徹底、治安維持法の撤廃、役人の汚職など。
(23) 民主同盟の重点政策については、「沖縄民主同盟による政策協議会、政策発表演説会（一九四七年九月六・七日、石川市）」（沖縄県公文書館所蔵「沖縄民主同盟に関する書類　一九四八年一月～」）による。
(24) この段落の引用は、「沖縄人民党演説会開催に関する件」（沖縄県公文書館所蔵「沖縄人民党に関する書類綴　一九四八年〇一月～」）による。
(25) 「政党に関する報告」（沖縄県公文書館所蔵「社会党に関する書類　一九四八年〇一月以降」）。
(26) ただし、こうした日本非難の言説に関しては、奥間初等学校での人民党演説会で、屋部が「過去日本の話を又ムシ返そうとしたので過去の話を止め当面または将来如何に進むべきかを早く話せと野次馬にやじられついに降壇」したという出来事も記録されており、当時の人々の関心を知るうえで興味深い。上記引用は、「沖縄人民党演説会開催に関する件」（沖縄県公文書館所蔵「沖縄人民党に関する書類綴　一九四八年〇一月～」）による。
(27) 「政党に関する報告」（沖縄県公文書館所蔵「社会党に関する書類　一九四八年〇一月以降」）。
(28) 本段落の引用は、沖縄県祖国復帰闘争史編纂委員会編『沖縄県祖国復帰闘争史　資料編』沖縄時事出版、一九八二年、七―八頁による。
(29) 仲吉は、米軍政府からは警戒の目を向けられており、通常は新首長に戦前の市町村長が充てられたにもかかわらず、元首里市長であった仲吉はその座から排除された。仲吉は米軍政府との確執の中、日本本土への帰還を希望し、一九四六年七月、第一便で本土に帰還した。また本土帰還後も、その復帰主張は在本土県民から排撃されるなどした。以上につき、納富香織「仲吉良光論――沖縄近現代史における「復帰男」の再検討」『史論』第五七巻、二〇〇四年、五〇―五三頁参照。
(30) 本段落の引用は、「政党に関する報告について」および「沖縄人民党、沖縄民主同盟、沖縄社会党　三党合同演説会（一九四九年五月六日、名護市）」（沖縄県公文書館所蔵「政党に関する書類綴　一九四八年一月～」）による。
(31) 前掲沖縄県祖国復帰闘争史編纂委員会編『沖縄県祖国復帰闘争史』二二―二三頁。
(32) この段落の引用は、前掲沖縄県祖国復帰闘争史編纂委員会編『沖縄県祖国復帰闘争史』二一頁による。
(33) なお、五〇年一〇月に設立され、後に日本復帰運動を主導するようになる社大党は、結党宣言、党綱領、政策集などにおいて、日本復帰方針のみならず帰属問題に言及していない。
(34) この点につき、例えば前掲鳥山「「沖縄の自治」への渇望」七三―七四頁、前掲波平「戦後沖縄とアイデンティティをめぐる政治」一八四頁を参照。

(35)「沖縄人民党演説会開催に関する件」(沖縄県公文書館所蔵「沖縄人民党に関する書類綴　一九四八年〇一月〜」)。この瀬長の言葉は、同時にアメリカをも沖縄の新たな支配者と見る点で、旧社会党に代表されるアメリカへの期待とは対照的である。

(36)この点につき波平は、ジャーナリスト池宮城秀意の回顧を引きながら、米軍を「解放軍」と受け止める一般的な雰囲気があったと推測する。前掲波平「戦後沖縄とアイデンティティをめぐる政治」一九五―一九四頁。

(37)「政党に関する報告」(沖縄県公文書館所蔵「社会党に関する書類　一九四八年〇一月以降」)。

(38)前掲桜澤『沖縄現代史』二七頁。

(39)一九五〇年一二月、米軍政府から改組して発足。しかし、軍政府から国民政府への名称変更にもかかわらず、その実態に大きな変化はなく、その後も統治は軍によって主導された。

第9章　島ぐるみ土地闘争と日本復帰運動

本章の主たる目的は、「復帰運動は沖縄返還にどう影響したのか？」という問いの答えに接近することである。そのため、アメリカが沖縄の長期保有を既定路線化した一九五三年ころから、アメリカ政府が沖縄返還方針に言及し始める六〇年代序盤までの時期を対象として、この時期の沖縄において展開された日本復帰運動についての検討を通して、運動が沖縄返還に与えた影響について考察する。

沖縄返還をめぐる日米両政府間の交渉過程を直接取り扱わない点で、また返還が決定するより前の限られた一時期のみを対象とする点で、本章の検討に不十分な面があることは否定できない。しかし著しく制約された政治構造の中で日本復帰を目指した沖縄の住民運動が果たした役割や意義について、一定の洞察を得ることができよう。

以下では第1節で、この時期の沖縄の政治・経済状況を概観しつつ、アメリカ統治に対抗して展開された住民運動について、日本復帰運動を関心の中心に、島ぐるみ土地闘争や那覇市長問題をめぐる動きをも対象として、当時の状況を概観する。続く第2節では、一九五〇年代沖縄において「自立」を求めて展開された三つの大衆運動の関係を検討することで、沖縄側の視点から、「復帰運動は沖縄返還にいかなる影響を与えたのか？」という問いへの答えを探る。

第1節　経緯[1]

復帰運動をめぐる政治構造の原型

一九五二年四月一日、サンフランシスコ講和条約が発効し、日本は独立を回復した。しかし沖縄は同条約第三条に基づいてアメリカの占領下におかれ続けた。五〇年一二月から米軍政府を引き継いでいた米国民政府は、同日四つの群島政府を解体し、全群島統一の中央政府として、独立した立法・行政・司法機能を備える琉球政府を設立した。群島政府解体の背景には、五〇年九月の初選挙で選出された四群島の知事全員が日本復帰を支持したことがあったとされる。琉球政府設立に先立つ同年三月には琉球立法院の初選挙も行われた[2]。

米国民政府は、琉球政府行政主席を任命制として、初代主席に社大党の比嘉秀平を任命した[3]。比嘉が社大党に諮ることなくこの任命を受け入れたことに対し、社大党内の左派は比嘉の党軽視・親米の姿勢を批判した。八月、比嘉はこの批判に抗して四名の立法院議員とともに社大党を離党して共和党などと合流し、琉球民主党（以下、民主党）を結成した。以降、民主党は親米保守勢力として沖縄政治の一翼を担い、また社大党は中道的位置を占めるようになっていく[4]。

またこの頃、政党外にも戦後沖縄政治に大きな影響を与えるアクターが登場している。一九五二年四月、琉球政府と時を同じくして発足した沖縄教職員会（以下、教職員会）である。農業社会であった沖縄において、各地域で活動する教員は、戦前から典型的な地域名望家であり、様々な社会的・政治的活動において主導的な役割を果たしていた[5]。その役割は、混乱する戦後の社会状況の中で、一層大きくなったといえよう。教職員会は、幼稚園から大学までの教職員のほとんどに加え、文教行政関係者までが参加した職能団体として、組織内に多様性をもっていたため、それ自体が「島ぐるみ」の基礎となりうる性格を備えていた。また各学校の組織がそのまま支部組織として機能し、しかも各成員が地域において主導的立場にあったことで、教職員会は五〇年代沖縄の社会運動の多くで主導的な役割を果たした。教職員会と並んで大きな役割を果たした沖青連に代表される各地の青年会でも、教職員会のメンバーが大きな役割を担っていた。

その教職員会の初代会長に就任したのが、屋良朝苗であった。屋良は戦前には教員として各地で教育に携わり、戦後には沖縄群島政府文教局長として崩壊状態にあった教育体制再建に携わり、援助を日本政府に求めるなど、活発な活動を行った。教職員会会長に就任した後も、沖縄戦災校舎復興促進期成会会長として全国を回り、募金活動を展開していた。教職員会は屋良を会長として、日本復帰運動においても中心的な役割を担っていくことになる。

五三年一月には、教職員会が中心となって沖青連などとともに恒久的な復帰運動組織として沖縄諸島祖国復帰期成会（以下、期成会）を結成し、大衆を動員して日本復帰運動を展開しようとした。期成会には沖縄市町村長協議会、沖縄婦人連合会、沖縄教育後援連合会、沖縄体育協会も名を連ねた。期成会は超党派的運動を志向し、当初は政党の参加を認めなかった。しかし一一月には、一層の運動高揚を図るため、民主党、社大党、人民党のほか、経済団体や新聞社などをも加えて組織改変を行った。これにより期成会は、「島ぐるみ」の運動体制を作り上げた。

他方、アメリカは五〇年代初頭頃から、沖縄の長期保持を確かなものとするため反共主義の名の下に抑圧的統治を強めていく。この背景には、世界的に緊迫化した冷戦が朝鮮戦争の勃発などによって東アジアにも波及し、また沖縄においてはアメリカ統治と距離を置く社大党・人民党が活発化する状況があった。先に見た群島政府の解体は、そのような方針の一環と見ることができる。加えて米国民政府は、憲法に相当する基本法を立法院に起草させるという当初方針を撤回し、立法院選挙直前の二月に自ら「琉球政府章典」を制定した。また、沖縄側の要求を背景に実施に向かっていた主席公選制も、五三年一月に無期限延期とした。さらに五四年一月、アイゼンハワー大統領が沖縄の無期限保持を表明したことを契機として、弾圧は復帰運動にも及んでいく。

期成会はアメリカの弾圧を避けるため、当初から政治的イデオロギーとは距離を置いて超党派的な民族運動を展開しており、基地存続に反対しない姿勢を示していた。にもかかわらずアメリカは日本復帰運動を共産主義と結び付けて、期成会及びその中核組織であった教職員会を弾圧した。(6) その結果復帰運動は停滞し、期成会は五四年中に自然消滅を強いられた。

島ぐるみ土地闘争と経済

こうした中で深刻な問題としてもち上がったのが、軍用地問題であった。講和成立によって平時に復した沖縄では、アメリカが基地を維持するために地権者と合法的な契約を交わす必要が生じたものの、借地料が低額であったために多くの地主が契約に応じなかった。当時、沖縄の人口五六万人に対して軍用地主は五万人程度おり、その家族を含めれば人口の半数近くという無視しえない数の人々がこの問題の当事者であった。米国民政府は五三年四月、新たに「土地収用令」を発することで形式上の合法性を担保しつつ、同令に基づいて「銃剣とブルドーザー」による高圧的な強制収用を進めていった。これに対し、沖縄側では六月に市町村軍用土地委員会連合会（以下、土地連）(7) が設立される。土地連は、「市町村当局、市町村議会、各地域の地主代表ら」有力者が挙って参加する各地の軍用土地委員会の連合体で、「軍用地問題の円満、且つ適正妥当な解決を図」り、「住民の財産権を保護すること」を目的とした、軍用地問題の当事者を含む公的な性格をもった超党派の団体であった。(8) さらにアメリカは五四年三月、長期にわたって低額で安定的に基地用地を確保するため、「軍用地料一括払いの方針」を発表する。実質的にアメリカによる土地の強制的買い上げに他ならないこの方針に対し、沖縄側は一層反発を強めた。翌月には立法院が、一括払い反対・適正補償要求・損害賠償請求・新規接収反対の「土地を守る四原則」を含む「軍用地処理に関する請願」(9) を全会一致で可決した。また請願内容の実現に向け、琉球政府行政府、立法院、沖縄市町村長会、土地連が四者協議会を発足させ、協力体制を組んだ。党派を超えて多くの政治勢力や住民がこの「一括払い方針」に抵抗したのである。

同年七月には土地連が、アメリカへ代表団を派遣して問題を議会などに訴えることを発案し、一〇月には立法院がこの実現を比嘉主席に要請した。前年から経緯を把握していた日本政府も、ようやく静観から脱し代表団訪米を支援した。[10] その結果、代表団派遣が実現し、五五年六月に米下院軍事委員会の公聴会が実施された。これを受けてアメリカ政府は五五年一〇月から一一月にかけて、下院軍事委員会のメルヴィン・プライスを委員長とする調査団を沖縄に派遣することになる。

調査結果は五六年六月九日に「プライス勧告」として発表された。その内容はしかし、人々の期待を大きく裏切り、アメリカの軍事戦略拠点としての沖縄の重要性を強調し、借地権料引き上げでは譲歩を見せつつも、「一括払い方針」を含む沖縄統治政策を基本的に継続しようとするものであった。この結論は、実は調査団派遣前から決まっていた既定路線であった。

これに対して沖縄側は強く反発し、ここから「島ぐるみ」土地闘争が展開されていくことになる。「プライス勧告」発表直後の六月一一日には、立法院が「プライス勧告に反対し四原則を堅持する」要請文を米上下院宛で決議し、一四日には琉球政府と有力団体などが四原則貫徹本部を設置した。一五日、比嘉主席がプライス勧告阻止に失敗した場合の辞職を表明し、また四者協議会の責任者も挙って総辞職の決意を表明する。一八日、軍用地問題解決促進連絡協議会（以下、軍用地協）が、民主党、社大党、人民党、土地連、沖縄市町村長会、教職員会、沖青連など一六団体によって設立される。土地連が公的な性格を帯びた組織であったのに対し、軍用地協は土地連等を含みつつも民間色の強い運動団体としての性格を強くもっていた。二〇日には、軍用地協と四者協議会が協力し、全六四市町村中五六市町村で二〇万人が参加する「プライス勧告拒否、四原則貫徹」住民大会が開催された。また二五日には、軍用地協主催で那覇市とコザ市で計一五万人が参加して、「四原則貫徹地区住民大会」が開かれた。軍用地協の協力により、土地闘争は多くの沖縄住民を巻き込んだ「島ぐるみ」の運動となっていった。[11]

この土地闘争において、沖縄側は日本政府の関与を引き出そうと繰り返し試みる。また反対運動の中で、「一括払い」によるアメリカの永久的土地使用権取得は、日本の潜在主権を侵害するものであるとの立論もなされるようになる。元来日本復帰はアメリカ統治を脱して自立を実現するための手段という側面をもっていたから、土地闘争の中で日本政府への期待が示され、運動が復帰と結び付けられたことも、驚くに当たらない。

沖縄側指導者は六月中旬以降、日本政府にこの問題に対処するよう要請する電報を送るとともに、社大党委員長で立法院議員の安里積千代を団長とする沖縄代表団を本土に派遣した。六月二六日に本土に到着した代表団は、以降三週間にわたって日本政府に対応を求めていく。日本政府では、重光葵外相が沖縄からの電報を受けて、ジョン・アリソン米駐日大使との折衝を開始し、また到着した沖縄代表団とも会見するなど活発な対応を見せ、以降外務省を中心にこの問題に積極的に関与していく。こうして、米軍基地統治をめぐる沖縄の土地闘争は、アメリカと沖縄の問題であるのみならず、日米間の問題ともなっていった。土地闘争は、日本政府（鳩山政権）が「講和後初めて沖縄の問題に、しかも在沖縄米軍基地に関わる問題に本格関与」する契機となったのである。[12]またアメリカ側では国務省が日本政府との折衝に当たることで、基地問題に関与するようになる。沖縄の要求が契機となり、日米両政府が在沖縄米軍基地問題に取り組む状況がもたらされたといえる。こうしたなか、アメリカでは国務省が一旦は一括払い撤回の方針に傾いたものの、米国民政府・国防省の巻き返しによって、一転して一括払いの支持に回る。

軍用地協は七月一八日、沖縄土地を守る協議会（以下、土地協）へと改組し、屋良教職員会会長が会長に就任する。二八日には本土から帰還した沖縄代表団の報告会も兼ねて、那覇で土地協主催の「四原則貫徹県民大会」が開催され、一五万人の参加者を集めた。しかしこの集会において反米的な行動が見られたことに対し、保守派のみならず土地協内部団体からも批判が向けられることになった。またアメリカ側も、住民運動への「反共」圧力を強めていく。八月には、コザ市のオフ・リミッツを発表し、米兵の立ち入りを禁じて基地依存が強い地域に経済的圧力を加え、沖縄側の保守勢力や基地経済に依存する人々を切り崩すことで、運動の解体を狙っていく。比嘉主席は、当初の辞任表明にもかかわらず米国民政府側の圧力に屈し、民主党は、七月二八日の「四原則貫徹県民大会」への出席を取り止めていた。運動内では、左右勢力の離間から内部対立が生じ、土地協は反対運動の運営に失敗した。

保守派切り崩しの背景には、自立経済の建設を目指す沖縄の状況があった。そもそも比嘉主席は、就任直後の立法院での所信表明において、自治を獲得するためには経済的自立が必要であるとして、自立経済の建設を県政の最重要課題として挙げていた。五一年以降ガリオア援助が減少し、終了も想定された中で、自立経済の建設が急務と考えられた。比嘉政権下では当初、日本との貿易拡大などを背景に自立経済建設が進展し、アメリカの経済援助への依存度も低下していった。五三年末から五五年にかけては、援助を前提としない自立経済実現に向け「経済振興第一次五か年計画」が立案・策定されていく。ただし、自立財政の余裕はさほど大きなものではなく、経済振興は限られた予算の制約を受けざるを得なかった。予算が限られ、さらにアメリカからの援助が減少する中で、一括払いされる借地権料は沖縄の産業振興を大きく進めるための資源となり得たし、それが経済的自立に向かう道だとも考えられた。當間重剛那覇市長や財界は、「一括払い」方針にこのような期待を強く抱いていた。

アメリカは、こうした沖縄の保守・財界の態度を見透かし、経済的圧力を加えることで、その譲歩を引き出そうとしたのである。アメリカ側の対抗策によって、民主党や財界に代表される親米保守勢力は「一括払い」を受け入れてその資金を自立経済建設に向ける方針へと傾き、地主層に「一括払い」を受け入れるよう圧力をかけるようになる。[13]比嘉主席も、この流れの中では反対姿勢を維持することができなかった。保守・財界がアメリカ側の圧力に屈したことで、「島ぐるみ」のプライス勧告への抵抗は五六年秋頃までに当初の勢いを失っていく。活動を縮小し島ぐるみの運動を維持できなくなった土地協は、一一月末に解散せざるを得なくなる。

ただし沖縄分裂への憂慮から、土地協に代わる組織として九月三〇日には土地を守る会総連合（以下、土地総連）が設立されていた。土地総連は、土地連、市町村長会、市町村議会長会を中心として、民主党、社大党、人民党、教職員会、沖青連などの民間団体を結集した超党派の「島ぐるみ」組織であった。土地総連は吉元栄真市町村長会長を会長に据え、桑江朝幸土地連会長を事務局長として運動を展開していく。

五七年一月、アメリカはライマン・レムニッツァー国民政府長官が、プライス勧告に従った軍用地政策を堅持する声明を発表するに至る。この時点において、沖縄及び日本政府の一括払い反対活動は実を結ばなかった。しかし一時の勢いを失ったとはいえ、沖縄における抵抗運動は収束せず、また日本政府・外務省もアメリカ側に一括払いの撤回等を粘り強く求め続けていく。

那覇市長問題、土地闘争終結、自立経済の転換

アメリカの切り崩しと政策堅持によって退潮するかに見えた沖縄の抵抗運動は、しかし那覇市長問題によって再び活性化する。これを契機に運動側は、土地総連を中心に四原則のうち「一括払い反対」に集中することで「島ぐるみ」の体制を何とか維持しつつ、抵抗運動を継続していく。社大党及び人民党は「新規接収反対」を強硬に主張したものの、吉元、桑江ら土地総連幹部がこれを重視しなかったことで、これらは「島ぐるみ」の主張からはこぼれ落ちていく。

那覇市長問題の端緒は、一九五六年一〇月に遡る。比嘉主席が急死し、後継主席として當間那覇市長が指名されたのである。空席となった那覇市長を決める選挙が一二月に行われ、そこで人民党の瀬長亀次郎候補が、保守系候補の分裂を突いて当選を果たす。最左派で、米国民政府から共産主義者と名指しされ、人民党事件でこの半年前まで収監されていた瀬長の当選により、沖縄政界は混乱に陥った。米国民政府は瀬長市長に対して、多年をかけてようやく開始された那覇市の復興計画に必要な巨額資金の提供を停止するなど、圧力を強めた。[14]

保守勢力や財界は、米国民政府に瀬長の市長就任阻止を依頼して断られていたものの、市長を合法的に解任すべしとの示唆に従って、翌五七年六月に那覇市議会で瀬長市長の不信任決議を可決した。これに対し瀬長は市議会を解散し、不信任案再可決に必要な総議席二九の三分の二、二〇議席をめぐる選挙戦が展開されることになった。反瀬長派の組織化を図る保守側に対し、市長派は不信任案に反対した人民党と社大党那覇支部を中心に民主主義擁護[15]

連絡協議会（以下、民連）を組織し対抗した。八月に実施された選挙の結果、民連は勢力を一二議席へと倍増させ、不信任案再可決を阻止しうる議席を確保した。

保守勢力及び米国民政府はこの敗北に危機感を募らせ、民主党と社大党の合同を模索し始める。瀬長に対しては、米国民政府府令により犯罪歴(16)を理由に市長選への再出馬を禁じるとともに、市議会において過半数で市長不信任案を可決できるよう手続き改正を行った。このあからさまな瀬長・革新勢力への弾圧により、一一月に瀬長は失職を余儀なくされ、那覇市長の再選挙が行われることになった。

再選挙において、社大党が平良辰雄元沖縄群島知事を擁立し、独自候補を立てられなかった民主党も平良支持に回ったのに対し、瀬長を支持していた社大党那覇支部は支部ごと脱党して兼次佐一を後継候補とし、民連として人民党とともに戦った。アメリカの強権的態度は革新側への追い風となり、五八年一月に行われた投票の結果、一〇〇〇票に満たない僅差で兼次が当選した。翌二月、兼次ら社大党脱党組は、本土の日本社会党の系列政党として、社会主義を謳う沖縄社会党（以下、社会党）を結成した(17)。

このように、アメリカが反共主義と沖縄長期保持のために強権的な統治を進めた結果、五〇年代半ば以降、これに反対し抵抗を行った革新側が勢力を伸ばしていく。五八年三月の立法院選挙においては、民連が選挙前の人民党一議席から大幅増の五議席を獲得したのに対し、民主党は選挙前一六議席から半減以下の七議席と惨敗した(18)。これらの選挙における民連の勝利は「民連ブーム」とも呼ばれた。これに対して、アメリカ及び財界の中で、民主・社大の保守合同を求める声が強まった。社大党がこの動きから距離をおいたことで大連合は実現しなかったものの、五九年一〇月、民主党を中心として保守派議員や行政府當間派が合同し、本土自民党の系列政党として沖縄自由民主党（以下、沖縄自民党）が結成され、一応の保守合同が成立した。また一一月には、當間主席の任期切れに伴い、副主席であった大田政作が新主席に任命される。

このような保守劣勢の状況は、アメリカの軍用地政策にも影響を与えていく。国務省は「民連ブーム」を受けて、沖縄統治が植民地問題化することを恐れ、日本復帰運動を反共主義の名の下に弾圧してきた従来の政策では住民の不満を抑え付けることは困難と判断するようになる。大衆運動は、ここでアメリカ側に明確な影響を与えることに成功したのである。国務省は改めて一括払い方針の見直しに姿勢を転じ、施政権返還をも検討し始める。結局この国務省方針がアメリカ政府内でも採用されることになり、五八年四月、ジェームズ・ムーア高等弁務官が「一括払い」の見直し方針を発表した。

この後には、アメリカと沖縄の保守勢力が連携し、軍用地政策の転換を図っていく。「一括払い」容認派であった當間主席もその姿勢を反対へと転換し、六月には渡米折衝を行うことになった。當間の姿勢変化は、アメリカ側の政策転換によって経済援助が得られる目途がついたため、「一括払い」に期待する必要性が薄れたことに理由があった。実際、當間の渡米前には「経済振興第一次五か年計画」が、当初の自主財源に基づく自立経済的な内容から、アメリカの援助に大きく依存する内容へと改定された。これにより比嘉主席時代に目標とされた自立的な経済振興の方針も転換され、アメリカ依存の振興が進められていくことになる。

そうした変化の結果、同年一一月には「一括払い」の廃止と地料の適正補償を謳った米琉共同声明が発表されるに至る。地料に関しては、毎年支払い方式と、五四年比で六倍水準の支払いが約束された。これにより「土地を守る四原則」のうち、一括払い反対と地料の適正補償が実現したことで、土地闘争は沈静化へと向かう。

人民党と社会党は残る二つの原則、損害賠償請求と新規接収反対が実現していないことを批判したものの、土地闘争の継続には繋がらなかった。これら二党にとって、立法院最大勢力であった社大党がある時期以降新規接収に反対しなくなって四原則を放棄し、當間主席・民主党とともにアメリカと「妥協」したことは許し難く、人民党・社会党と社大党の関係は険悪化した。また那覇市長に就任した兼次が米国民政府や保守勢力に融和的な現実路線を採るようになり、民連側がこれを批判したことで、民連は実態を失い野党協力も頓挫する。そうした中で、土地闘争を特徴付けた「島ぐるみ」の運動も過去のものとなっていく。

五八年に始まるアメリカの政策転換は、軍用地政策に限らず統治政策全体に波及した。沖縄の復帰要求を抑制して基地を安定的に確保し続けるために、沖縄の経済状況を本土に近づけ生活水準の向上を図る新たな方針を立て、これに基づいて新政策を実現させる。経済面では、外資導入や長期資金調達に有利な環境を整えて、沖縄経済の規模拡大・成長を促す方針の下、五八年九月にＢ円から米ドルへの通貨切り替えが行われ、翌年九月には琉球開発金融公社の設立、六〇年七月には米本土で琉球経済援助法が成立する。また日本との経済関係強化も容認されるようになった。労働運動に関しても、この頃から規制が緩和され、五八年に沖縄官公庁労働組合協議会（以下、官公労）、六一年にはナショナルセンター、全沖縄労働組合連合会（以下、全沖労連）、及び全沖縄軍労働組合連合会（以下、全軍労連）などが結成され、主要労組の組織化が進んでいった。

日本復帰論の再興

その勢いは継続しなかったとはいえ、アメリカの「一括払い方針」を撤回に追い込んだという土地闘争の成果は、サンフランシスコ講和以降停滞状態にあった日本復帰運動を再活性化させる契機となった。

土地闘争の最中も、沖青連や、それと密接な関係にあった原水爆禁止沖縄協議会（以下、沖縄原水協）などが中心となって復帰運動は進められていたものの、超党派的な島ぐるみで取り組んだ土地闘争に比べれば、その盛り上がりは限定的であった。しかし、土地闘争に決着がつき、また一九五八年一〇月以降、日米安保条約改定に向けた日米交渉が進むと、人々の関心は復帰運動へと向かい始める。

その中で沖縄の人々に影響を与えたのが、「共同防衛地域」をめぐる問題であった。日米両政府間の安保改定交渉において、アメリカ側が共同防衛地域を「それぞれの施政の下にある太平洋の領域または地域」として、日本の領域外もここに含まれるという案を提示したことが報じられると、日本国内ではアメリカの戦争に巻き込まれることを恐れてこれに反対する意見が与野党双方から上がった。この文脈でアメリカの施政下にあった沖縄と小笠原の扱いが問題となり、与野党が一致してこれらを共同防衛地域に含めないことを決定したのである。日本側としてはこの問題を沖縄の帰属問題とは切り離し、沖縄及び小笠原は現状において日本の施政下にないので、日本はこれらに対する防衛義務を負わない、という立場を取ったのである。これは、敗戦によってアメリカの施政下に置かれ、大規模な米軍基地を押しつけられている沖縄の状況を追認する態度の表出であった。しかも、日米安保に反対する野党でさえも、反戦を重視する立場からこれに同調したのである。これは沖縄の人々にとって、沖縄は日本ではないと自分達を切り捨てる態度に他ならず、当然ながら大きな危機感が広がった。

五九年一月には、保革の枠を超えた諸政党・諸団体参加の超党派による祖国復帰促進県民大会が開催され、施政権返還に向けた活動を日本政府に要求することが決議された。ここから超党派での復帰推進団体設立が模索され、一九六〇年四月には、教職員会、沖縄青年団協議会（以下、沖青協）[19]、官公労が中心となって、沖縄県祖国復帰協議会（以下、復帰協）を設立するに至る。復帰協は当初、最大組織であった教職員会会長の屋良を会長に推したが、屋良が就任を固辞したため、会長不在で発足した[20]。復帰協は、中心組織として沖縄の「日本復帰運動」を推進していくことになる。

しかしながら、復帰協の設立時には、多くの保守系団体が参加を見送った。設立準備は、諸政党・諸団体に呼び掛けて進められており、当初は沖縄自民党も参加していた。しかし沖縄自民党は、経済成長が進展する中、民族主義的な復帰協主流派の運動方針がアメリカの反発を招くことを恐れて結局離脱を決定し、それとともに保守系諸団体も参加を見送ったのである。この結果、復帰協は保守勢力を含まない組織として活動を開始することになった。

復帰協の目的は、毎年の総会において定める運動方針の「主目標」[21]に端的に示されている。最大の目標は、沖縄をアメリカの統治下に置いた講和条約第三条の撤廃に置かれ、これは復帰協の設立から解散に至るまで維持された。また、六二年には核兵器の持ち込み阻止と日米安保条約への反対が掲げられ、翌年以降は原水爆基地の撤廃と安保条約（体制）反対も毎年継続的に目標とされた。

保守勢力の不参加にもかかわらず、復帰協は発足後も党派性を排した非イデオロギー的活動を継続していく。復帰協最初の大規模活動となったのは、六〇年六月の「アイク請願デモ」である。五九年六月、米空軍ジェット機が操縦不能となり石川市の宮森小学校校舎に墜落炎上する事故が発生し、死者一七名、重軽傷者二一〇名という大惨事となった。この事故の被害者に対するアメリカ側の補償が極めて不十分であり、それに琉球政府が有効に対処できなかったことで、被害者支援と賠償要求のための市民運動が立ち上げられた。復帰協設立準備を進めていた諸団体がここに深く関わっていたことから、復帰協も被害者への完全賠償を求める「アイク請願デモ」を主導することになった。この例に代表されるように、復帰協は超党派による人権擁護のための活動に取り組み、沖縄住民に広く支持される活動を継続した。また、復帰協の運動目標は、上記のように原水爆基地撤廃や安保条約反対を主張するものではあったが、六七年に至るまで米軍基地一般への反対を掲げることはなかった。そうした活動の結果、六三年には、保守傾向をもつ団体も含め、当初参加呼び掛けを受けた七〇団体中五四団体が復帰協に参加するようになる。(22) 五〇年代末から六〇年代初頭においても、日本復帰を求める姿勢は、沖縄の人々の多くに共有されていたのである。

ただしこうした状況は、当時の沖縄において日本復帰が最重要課題と捉えられていたことを意味しない。例えば六〇年一一月の第五回立法院選挙では、日本復帰は沖縄自民党、社大党、社会党、人民党の四党が共通して掲げる合意争点であり、選挙上の争点とはなりづらかった。またこの選挙では、本土の自民党と社会党がそれぞれ、沖縄自民党と沖縄社会党を初めて支持するなど、本土政党と沖縄の政党の結びつきが示された。その結果、人々の関心を集めたのは、復帰問題ではなく経済問題であった。

五〇年代後半から、本土へのスクラップ輸出や、本土からの糖業資本導入、軍用地料・遺族年金の一括支払いなどにより、すでに見たアメリカの政策転換の影響と併せて、沖縄経済は高度成長を経験していた。こうした好調な経済状況は、ある面では自立経済に逆行しかねない本土とアメリカへの依存の結果であったものの、米国民政府と安定した関係を築き経済運営を行ってきた沖縄自民党は、六〇年選挙で二二議席を獲得する大勝を果たした。これに対し野党三党は、土地闘争後の関係悪化によって選挙協力を実現できず、むしろ野党間で対立的な選挙戦となって、社大党五議席、人民党一議席、社会党は獲得議席なしという大敗に終わった。

しかしこの大敗を一つの契機として、野党の中で保守寄りと攻撃されていた社大党が革新色を強めていくことになる。六一年一二月の那覇市長選では、社大党が人民党及び社会党と初めて選挙協力を行い、本土革新勢力からの支援を得ながら、宮里栄輝を統一候補として、現職の兼次佐一、沖縄自民党の西銘順治、琉球国民党の大宜味朝徳と戦って、社大党の革新化傾向が明確となる。結局この選挙では西銘が当選するが、これにより、以降の沖縄政治においては、保革対立の軸が明確化・固定化されていく(23)。

ただし、この保革対立の構図は、復帰運動には必ずしもすぐには反映されなかった。復帰協は、野党三党を参加政党としつつも沖縄自民党を排除せず、復帰運動を島ぐるみで進める姿勢を堅持した。また沖縄自民党側も、六二年二月の立法院定例議会冒頭で人民党が提起し社大党が修正を加えた「施政権返還に関する要請決議」(「二・一決議」)を大筋において受け入れ、全会一致の成立に協力するなどした。この頃はまだ、復帰運動における島ぐるみの可能性は維持されていたといえる。

そうした状況の中で、沖縄と日本との経済的つながりはさらに強まっていった。アメリカ側の政策転換により、両者の経済関係を強化しやすい環境が整ったことに加え、沖縄の通貨が米ドルに切り替わり、日本側にとっては沖縄との貿易によって米ドルを得られるようになったことが後押しとなった。六一年には、六月の日米首脳会談において両国が沖縄に対する日本の財政援助に合意し、これが開始される。六二年には日本政府が財政援助に関する大規模調査団を沖縄に派遣し、各省ごとの調査を行った上で、沖縄側の要望を反映して産業振興とインフラ整備を提言した報告書が作成された。

また、このような沖縄と本土との関係強化とともに、アメリカも沖縄統治政策のさらなる転換を進めていく。六一年一〇月に派遣された米国政府沖縄調査団は、琉球政府の要望を反映し、一二月には日本の関与拡大、日米からの援助拡大、自治権拡大を容認する報告書を提出した。この報告書では、アメリカの援助上限を四倍以上に引き上げる提言がなされた(24)。翌六二年三月、アメリカのケネディ政権はこの報告書をもとに、沖縄への新政策を発表し、将来的な沖縄返還の可能性にも言及した。また、大統領行政命令を改正し、立法院に琉球政府主席の指名権を与え、また任期を二年から三年へと延長するほか、米国民政府高等弁務官の拒否権を限定するなど、沖縄の自治を拡大した。この新政策は、六〇年代後半に向けて沖縄をめぐる環境が大きく変わっていく契機となった。

ただしこの新政策は、当初から十分に実現されたわけではなかった。新政策に対する米軍内の反発を受けたポール・キャラウェイ米国民政府高等弁務官が、キャラウェイ旋風と呼ばれる反動的・抑圧的な統治を行ったためである。六一年二月に高等弁務官に就任していたキャラウェイは、琉球政府、立法院、沖縄自民党、沖縄経済などに一方的介入を強め、自治要求を無視するように直接統治的な方針を押し通していき、六三年三月には沖縄の自治は神話であると演説した。

キャラウェイ高等弁務官は六四年八月に更迭されるが、キャラウェイ旋風は当然ながら沖縄政治にも大きな影響を与えた。キャラウェイ旋風に迎合的な大田主席への批判が、野党のみならず与党沖縄自民党内においても高まり、六四年六月には同党の立法院議員一一名と西銘那覇市長が脱党して沖縄自民党は分裂し、大田主席は求心力を失った。脱党組は一〇月に自由党を結成する。同月末には沖縄自民党と自由党との密約に基づいて立法院で主席指名された松岡政保が米国民政府によって任命された。これは立法院による初の主席指名であった。ただし野党側は、年来の要求である主席公選制をあくまで主張し、この指名に反対した。一二月には沖縄自民、自由の両保守政党が合併し、沖縄民主党（以下、新民主党）が結成されることになる。

こうした政治状況の中で日米からの経済援助は拡大しており、沖縄の各政党はこれを基本的に受け入れていた。ただし各政党の姿勢には、認識の違いも見られた。沖縄自民党は援助を歓迎し、それを元に自立経済の建設を目指し、実態的な経済関係の深化を復帰へとつなげるという方針を示した。これは、渡航自由化や援助受け入れなど、特に講和以降実態として進んでいる本土との関係深化を通して、具体的な繋がりを徐々に拡大して「一体化政策」を進め、その成果を積み上げることで復帰を実現しようとする、五〇年代以来の「積み上げ方式」の主張に沿うものであった。ここには反米的と見られた復帰協の民族主義的運動への批判が込められている。これに対し社大党、人民党、社会党の各野党は、援助が現状の固定化につながることに強い警戒感を示しながらも、アメリカ統治下で不当に基地負担を強いられている沖縄への当然の補償として財政援助がなされるべきとの立場を取った。加えて社大党は、援助を経済的自立の実現につなげることをも主張していた。こうした援助と自立経済を結び付ける社大党の立場は、沖縄自民党と共通していたといえる。

第2節　分析

本節では、一九五〇年代沖縄において展開された三つの大衆運動の関係を検討する。三つの大衆運動とは、五〇年代初頭の日本復帰運動（「期成会運動」）、五〇年代中盤の土地闘争、五〇年代末以降の復帰協を中心とした日本復帰運動（「祖国復帰運動」）、である。前節で見たとおり、「期成会運動」は、目立った成果を上げることなく、アメリカの弾圧により五四年頃には衰退した。また、土地闘争は、島ぐるみの大衆運動として盛り上がりを見せ、アメリカ側の譲歩を引き出すことに成功した。「祖国復帰運動」は、六〇年代に本格化し、七二年の復帰実現まで続いていくことになる。この検討を通して、「復帰運動は沖縄返還にいかなる影響を与えたのか？」という問いへの答えを探る。

まず、日本復帰の実現を目指した五〇年代序盤の「期成会運動」と、主に五〇年代中盤から終盤にかけて活発に展開された土地闘争を比較する。これにより、この時期の大衆運動がもった影響力について示唆が得られよう。次いで、土地闘争とそれに引き続く「祖国復帰運動」を比較することで、後者の特徴を明らかにする。最後に、以上の議論を踏まえて五〇年代終盤以降の復帰運動の影響について検討する。

分析に入る前に、各運動の名称について確認しておく。以下では各運動の特定局面を区別して議論を明確化するため、必ずしも一般的ではない名称を用いる。

まず、復帰運動についてである。通常、（日本）復帰運動とは、アメリカ施政下における沖縄で、日本に施政権を返還し沖縄を日本の統治下に置くことを要求する運動一般を指す。特に断りのない場合、（日本）復帰運動という語をこの意味で用いる。復帰運動の中でも、五〇年代初頭に期成会によって主導された大衆運動を志向した復帰運動を、「期成会運動」と呼ぶ。また、六〇年代に復帰協に率いられて大衆運動として展開されたものを「祖国復帰運動」と呼ぶこととする。

次いで土地闘争についてである。一般に戦後沖縄史の文脈において土地闘争という場合、軍用地問題に関する抵抗運動のうち、五六年六月の「プライス勧告」発表以降の高揚した運動局面を限定的に指すことが多い。これに対して以下では、五三年四月の「土地収用令」や五四年三月の「軍用地料一括払いの方針」に対する抵抗運動をも含めた五〇年代の軍用地問題に関する抵抗運動全般をも土地闘争と呼ぶこととする。

期成会運動衰退の要因

「期成会運動」が目立った成果を上げられず収束せざるを得なかった最も直接的な理由は、アメリカが運動に対して弾圧を加えたことである。

五〇年代初頭、東アジアにおいても冷戦が緊迫化する中、アメリカは沖縄を軍事基地として長期にわたって保持するため、抑圧的統治を強め、人民党事件などに見られたように、反米的対象には共産主義のレッテルを貼って弾圧した。これは当然ながら沖縄の自立を阻むものであったため、沖縄側では日本復帰論が主流化し、抑圧的統治に抵抗して自立を実現するための大衆運動として、期成会運動が立ち上げられた。いかなる言説や目標を掲げていたにせよ、運動の本質部分に「反アメリカ統治」の要素があったことは明らかである。

期成会運動に内在したこの反米的性質は、アメリカにとって受容しうるものではなく、その結果、期成会運動も共産主義運動として弾圧を受けることになった。民主党はアメリカの圧力によって五四年一月に綱領から「復帰」を削除した。期成会の中核組織であった教職員会は、アメリカ側からの度重なる圧力により、同年五月、労組への移行を断念させられ、屋良は期成会及び教職員会の会長を辞任することになった(25)。こうしたアメリカの弾圧の結果、期成会運動は衰退を強いられたのである。

期成会運動は当初からアメリカの弾圧を警戒し、これを避けようとしていた。屋良は、運動の中で度々アメリカへの配慮を示していた。例えば五四年二月、「われわれは、米国の沖縄に於ける基地の維持には、理念的にも経済的にも、反対する立場にはない」とする書簡を米国民政府に送り、期成会運動への理解を求めた(26)。アメリカへの配慮は、期成会運動の主張にも見出される。期成会は、アメリカの統治への反発を直接的には明示せず、異民族国家であるアメリカの統治下から祖国である日本へ帰るべき、とする民族主義的・ナショナリズム的主張を展開した。期成会設立趣意書は、次のように述べる。「一国一民族の幸福と繁栄は他によつて与えられるものではなく、その国民の熱意と努力によつて建設されるべきものであるからであります。今こそ吾々は大同団結し決然立つて民族の声を結集して自らの運命を打解《ママ》して行く知性と勇氣を必要とする秋であります(27)」。

このような民族主義的主張には、アメリカ統治への政治的批判を前面化させないことで弾圧を避けるために、戦略的に選び取られた側面が存在した。それは、単に当時の沖縄の人々がもった日本への帰属を求める感情の反映であるのみならず、困難な状況の中で運動を展開するための努力が込められたものといえる。しかしながら、期成会運動のこうした対米配慮や反米性の隠蔽は実を結ばず、弾圧を招いて運動は衰退へと向かったのである。

他方、このアメリカの弾圧という直接的な原因の裏側にある、弾圧に抗しきれなかった運動側の要因も無視すべきではない。日本復帰論は幅広い支持を集めるようになっており、期成会も「島ぐるみ」体制を実現した。この意味で、日本復帰は当時の沖縄において多くの政治勢力や住民が支持する合意争点であったといってよい。しかし、期成会運動はアメリカの弾圧に抵抗し得るほどの大衆的な盛り上がりを示し得なかった。その直接の原因はアメリカの抑圧的な統治政策に求められるが、背景として以下の二点も考慮する必要があろう。

第一に、期成会運動が具体的な目標を欠いたことである。講和と同時の復帰が成らなかったことで、その後の復帰運動は政治日程上の目標を失っており、期成会運動も具体的な復帰への道筋を示せなかった。さらに、民族主義的主張が示す復帰、すなわち日本への民族的一体化としての復帰が、沖縄の人々にもたらすメリットも、必ずしも明らかではなかった。アメリカ統治からの脱却や自治の実現による沖縄の自立という目標は多くの人に支持されたものの、抽象的な政治目標に過ぎず、多くの人々の参加を引き出すだけの具体的ヴィジョンを欠いていた。

第二に、経済的な状況である。前章で見たように、アメリカが長期保有方針に基づいて基地建設を中心とする大規模なドル投資を始めたことで、沖縄は五〇年代序盤にそれまでの苦境をようやく脱しつつあった。四九年に二八二万ドルだったドル受取額は、五〇年に九〇四万ドル、五一年二三五八万ドルと増加し、五三年には六〇〇〇万ドルを突破した(28)。これは自立経済を目指した比嘉政府の意図に反し、基地依存経済の拡大に他ならなかったものの、経済は劇的な成長を遂げていった。ドル受取の激増とともに、それを用いた輸入も急拡大して物資不足は過去のものとなり、人々の生活は大幅に改善した。このように、経済的には目に見える成長・改善が実現される中で、自立経済の建設という目標は切実なものでなくなっていた。

期成会運動は、民族主義的な日本復帰と政治的・経済的自立を求める抽象的な政治運動であったため、多くの人々を動員することに失敗したといえる。アメリカの抑圧的統治に対する不満は大きいものの、さりとてそこから脱却する具体的な道は見えず、かつての困窮した生活状況は大幅に改善している中、多くの人々は弾圧に抗してまで抽象的な政治運動に強くコミットするほどの動機をもたなかったといえよう。

土地闘争成功の要因

これに対して土地闘争は、期成会運動とは異なり、アメリカの統治に対する大衆的抵抗運動の中心となった。土地闘争の成功をもたらした最大の要因は、島ぐるみ体制による大衆運動の高揚にあった。政治的立場を超えて多くの人々が参加した大衆運動が、アメリカの沖縄統治全体を揺るがせ、抑圧的な軍用地政策の見直しへと繋がったといえる。ではなぜ土地闘争は、期成会運動が得られなかった大衆運動の高揚を実現できたのか。

島ぐるみの運動は、アメリカに対して一体となった沖縄の意思を示した。「国際存在」という曖昧な存在に留め置かれていた沖縄が、その主体性を実現し表現する機会となったのであり、その意味で「島ぐるみ」は単なる運動形態や動員規模の形容を超え、沖縄の存在様式を自己表出する運動であり象徴となったといえよう。島ぐるみ土地闘争は、土地問題に関するアメリカへの抵抗という単一争点にかかわる運動の枠を超え、島ぐるみの実現とそこへの参加に対する特別の情熱を人々から引き出した。

より具体的な政治的側面に関していえば、島ぐるみの土地闘争を可能とした要因の一つとして、軍用地問題自体の性質を挙げることができる。軍用地問題は、米軍に土地を奪われた多くの人々の生活に関わる身近な懸案であった。「土地を守る四原則」を示した琉球政府立法院の「軍用地処理に関する請願」は、まず米軍基地として耕地を収用された「農民の貧窮は、言語に絶する」ことを示し、次いで強制収用に対する沖縄住民の「不安は、計り知れないものがある」としている。アメリカ統治下で蔑ろにされてきた政治・経済上の基本的権利が、軍用地に関する一方的・収奪的な取り扱いという生活に直結する具体的問題として現前したのである。軍用地問題は、人々の生活意識と反米意識が交錯する問題であったために、沖縄の一般の人々が関心をもちやすく運動に参加しやすい性質を備えていたといえる。当然ながら、各政治勢力もこの問題には積極的に関与した。土地闘争は、人々の生活を支える身近な基本的権利の擁護という具体性によって、島ぐるみの大衆運動となり得たといえる。この島ぐるみの体制を体現したのが、土地総連であった。

沖縄の諸政治勢力及び住民の多くが一致して結束した土地闘争は、島ぐるみの運動によってアメリカに弾圧や抑圧政策の限界を認識させ、一括払い方針の撤回と地料の大幅増額という政策転換を引き出すことに成功した。これは、期成会運動をはじめとするそれまでの沖縄の運動が実現し得なかった体制であり、結果であった。アメリカ統治下にあって自治権をもたなかった沖縄の人々は、島ぐるみ大衆運動によって「沖縄の意思」を示すことで、直接的に政治的影響力を行使することに成功したといえる。

ただし、土地闘争の島ぐるみ大衆運動は、軍用地問題の性質から自然に発生したわけではない。島ぐるみは、何よりも意識的な運動戦略の結果として実現したものであった。この戦略こそが、島ぐるみ大衆運動実現の最重要の要因といえよう。その核心は、抵抗の対象をアメリカ統治そのものとせず、基地自体への反対も主張しないという、いわば「反米回避」の方針にあった。

「土地を守る四原則」を示した琉球政府立法院の「軍用地処理に関する請願」は、次のように述べる。

かかる時に当つて、アメリカの議会が、更に沖縄の土地の買上と永久使用、地料の一括払の問題を採り上げ、これが恰も琉球住民の希望であるかの如き印象を与えることは、住民に大きな衝撃を与え、米国の土地政策に対する住民の不信と、不満は、今は抑え得べくもないものとなつている。

民主々義を確立し、共産主義の浸透を防ぐ上からも、この軍用地問題の円満解決は必要である。

よつて琉球住民の意志を代表する琉球政府立法院は、住民の生存権の確保財産権尊重の立場から、左記要望事項を決議し、これがすみやかなる実現をアメリカ合衆国大統領、同上院議長、同下院議長、同上院外交委員長、同国務長官、同陸軍長官、琉球列島米国民政長官及び同副長官に請願するものである。(29)

そしてこの後に「要望事項」として、一括払い反対・適正補償要求・損害賠償請求・新規接収反対の四原則を示すのである。

以上の請願文からは、アメリカの軍用地政策に対する強い憤りと不満が容易に読み取れるが、その中にあっても、アメリカ統治自体への批判や米軍基地への反対は示されない。むしろアメリカ側も否定しづらい民主主義、生存権、財産権、反共といった事柄を強調して、「円満解決」を求めて、反米姿勢を慎重に避けている。また四原則も、アメリカの統治や米軍基地自体に反対するものではなく、それらを受け入れることを前提とした上で、軍用地補償が著しく不十分であることを問題化した、反米色の薄い内容である。

この「反米回避戦略」は、土地闘争において一貫して極めて重要な意味をもつことになる。そこには主に三つ理由があった。

第一は、島ぐるみ体制の条件形成である。「土地を守る四原則」は、そもそも立法院において全会一致で決議された要求であった。アメリカ統治や米軍基地の是非を問題としない反米回避戦略は、親米保守の民主党から反米革新の人民党までが議席を有した立法院において全会一致を実現するために必要であった。また、軍用地問題の直接的当事者である軍用地主の中には親米保守姿勢をもつ者も多かった。例えば土地連初代会長となった桑江は、従来から親米傾向をもち、軍用地問題においては経済的側面を重視して軍用地料請求運動を展開していた。すでに見たとおり、桑江は、戦後本土から沖縄に帰還し、沖縄建設懇談会に参加して沖縄の政党設立に影響を与え、四七年、仲宗根源和や山城善光とともに沖縄民主同盟を設立した人物であった。民主同盟時代には沖縄の自立を重視した独立論を主張した。「独立論」は共和党時代にも維持されたものの、その内実がアメリカの軍用地補償を重視するものへと転換したことも、前章で見たとおりである。この共和党は、保守政党民主党の母体の一つであった。また多くの基地が立地する市町村にとって、基地収入は無視しがたい財源となっており、土地連の一角を成したそうした市町村は、特に経済・財政面においてアメリカに依存していた。このような桑江や構成団体の政治姿勢からも、土地連の親米的傾向は明らかである。その主張はあくまでも適正な軍用地補償の実現にあって、政治的には親米的であったため、土地連が反米的運動と協調する可能性は低かった。したがって土地闘争においては、当事者団体との連携のために反米回避戦略を採ることが必要不可欠であった。また、基地経済に依存する者は他にも多く、反米姿勢を正面から打ち出すことは、そうした人々を切り捨てて島ぐるみの運動を諦めることを意味した。土地協の運動が反米姿勢の表出により失敗に終わったことは、当然の結果だったのである。

二つ目の理由は、アメリカによる弾圧の回避である。アメリカ統治への抵抗が弾圧を招いて衰退に至る恐れがあることは、期成会運動の経験が示すところである。弾圧は、運動自体を直接的に阻害するのみならず、運動内部に亀裂をもたらし、組織崩壊を招く要因ともなり得る。米国民政府が「軍用地料一括払いの方針」を発表して軍用地問題が一層深刻化する五四年三月には、すでに期成会は強い圧力を受けており、期成会運動は勢いを失っていた。この失敗を繰り返さないためには、まずアメリカによる弾圧を避け、さらに島ぐるみの結束を保つ必要がある。反米回避戦略は、この条件を満たし得る運動方針であった。期成会運動の教訓は、島ぐるみ土地闘争において反米回避戦略として生かされたといえよう。これによって土地闘争運動は、期成会運動と比較すれば、直接的な弾圧を受けずに展開され得た。

アメリカが土地闘争に対してかつてほど強い弾圧を加えなかった背景には、島ぐるみ運動の影響や、次に触れる妥協可能性の問題のほか、軍用地問題への日本政府の関与があったといえる。五六年六月以降、日本政府が沖縄の意を受けて関与するようになったことで、弾圧は、米沖間に留まらず日米間の問題となる状況に至った。この結果、アメリカとしてはかつてのような抑圧的手段を用いづらくなったことは想像に難くない。ここでは改めて、この日本政府の関与が沖縄の働きかけを一つの契機として実現したことを指摘しておく。

さて、反米回避戦略が重要であった第三の理由は、妥協可能性の確保である。この戦略により、沖縄側の要求がアメリカの統治や基地の存否に向かわなかった結果、問題が経済的に解決可能な範囲に留められた。これにより、アメリカと沖縄の間で、問題解決の着地点の幅は広がり、妥協を図ることが容易となったのである。反米回避戦略によって、双方の妥協による現実的な解決を図るための条件が確保されたといえよう。

五六年六月の「プライス勧告」以降、土地闘争は高揚したものの、これに対するアメリカの圧力も強まって、比嘉主席や當間那覇市長ら親米保守指導層が切り崩され、民主党や財界が運動から脱落していく。ここで一度勢いを失った土地闘争は、五六年末から翌年にかけての那覇市長問題を通して再び勢いを取り戻し、以降は相対的に反米傾向の強い革新勢力の影響力が高まる中での運動となっていく。にもかかわらず、ここで土地闘争はイデオロギー性を強めて反米的運動となる道を採らず、土地総連を中心に島ぐるみの根本にあった四原則の中でも、特に一括払い反対に要求を集中することで、島ぐるみ土地闘争を継続した。新規接収反対の主張を軽視するこの方針は革新勢力から批判を受けたものの、土地総連はこれを維持した。ここでも、島ぐるみで生活に直結する現実的な利益擁護に集中して、アメリカ統治への反対を表面化させない運動戦略は機能していたのである。

土地闘争の成功を導いた第三の要因は、島ぐるみ運動を維持しようとするリーダーシップの存在であった。ここまで見たとおり、土地闘争の島ぐるみ体制の中には、アメリカ統治に妥協的な保守派と反米的な革新派が存在した。そのような状況においては、反米回避戦略と一括払い反対への集中は必ずしも合意戦略ではなかった。例えば人民党の反米姿勢は明らかであり、反米回避戦略はアメリカに迎合的と映ったであろう。瀬長は、那覇市長を追われた後に著した『民族の悲劇――沖縄県民の抵抗』の中で、以下のように主張している。「民族意識を失うと、ものごとの判断を正しくすることを妨げられるのだから、どうしても、お互いにはげましあって、日本国民としての民族的誇りを持ちつづけ、異民族の圧制をはねのけるのだという、強い意欲を燃やしつづけることが、この際、とりわけ大事だと思う[30]」。ここには、アメリカの統治を異民族による圧制と位置づけ、日本民族としてアメリカの支配から脱して日本に帰属すべきであるという、瀬長の民族主義的な反米主張が明示されている。また人民党や社会党が、五八年一一月の米琉共同声明による一括払い方式の撤廃と地料適正補償の発表以降にも、損害賠償請求と新規接収反対の実現を主張し続け、この決着を批判したことからも、島ぐるみ運動内部において革新勢力が強硬な抵抗を志向していたことが読み取れる。

したがって島ぐるみ体制の形成・維持には、そうした反対や対立を抑えつつ運動を継続させるリーダーシップが不可欠であった。ここで、まとまりがたい二つの勢力を架橋し一つの「島ぐるみ」運動へと導く役割を果たしたのが、第三の運動主流派であった。とはいえ、この運動主流派はまとまった一つの勢力として存在したものではなく、主に二つの中心的リーダーシップの周辺にいた人々であった。ひとまず、この運動主流派の立場を親米保守でも反米革新でもないという意味で「超党派」と呼ぶことにしよう（したがってここでの党派は政党を意味しない）。その中心の一つは土地闘争の初期に島ぐるみの体制形成に重要な役割を果たした当事者団体のリーダーシップであり、もう一つは島ぐるみ運動における大衆動員を主導した大衆運動のリーダーシップである。

土地闘争の初期に親米的あるいはアメリカ依存的な保守派と反米的な人民党や社会党までをまとめて、反米回避戦略を貫徹する「超党派」的なリーダーシップを発揮したのが、当事者である軍用地主として土地連及び土地総連の幹部を務め運動を起動した桑江と吉元である。彼らは米軍基地に依存する立場から、基本的には親米的な保守派と位置付けられる人々であった。しかしながら、基地からもたらされる経済的利益を確保するため、これに反するアメリカの基地政策には反対した。この、基本的には親米的でありながら、かといってアメリカに妥協的でもない態度が、こと軍用地問題に限っては、当事者であり運動を主導したリーダー層には基本的に共有されていた。彼らは、本来的には親米保守の傾向を強く持ちながら、この争点に関しては図らずも超党派的な立場を取ることになったといえよう。この、当事者による意図せざる超党派的リーダーシップが、その方針に賛同する運動主流派を形成し、親米保守派と反米革新派を架橋する役割を果たしたことにより、土地闘争は島ぐるみの体制を形成・維持し得たのである。

こうして形成された島ぐるみ運動を大衆運動へと押し上げたのが、従来から様々な住民運動にかかわり、土地闘争においては軍用地協・土地協の中心団体として大衆参加の運動を主導した屋良ら教職員会幹部を中心とする人々であった。彼らは、以前に主導した期成会運動でも採用した超党派の方針を引き継ぎ、親米・反米のいずれにも偏らない態度を意図的に維持することで島ぐるみの運動を志向した。この意味で、教職員会幹部らの超党派方針は、上述の当事者団体の「意図せざる超党派」方針とは明確に区別されるべき側面をもつ。彼らにとっては島ぐるみの実現が重要な意味を持っていたと考えられる。この点については次々項で検討する。彼らの活動は土地闘争における大衆動員を可能としたものの、上述のとおり意図に反して反米傾向が表出したために影響力を減じ、全体として十分なリーダーシップを発揮することはできなかった。

こうした超党派のリーダーシップが島ぐるみの大衆運動を実現し得た背景には、当時の沖縄に親米保守と反米革新のいずれにも十分回収されない、人々の現実があったことが想像できる。それは沖縄の自己表出を求める情熱にもつながるものだったのではないか。

超党派体制の成功としての土地闘争

以上に見てきたように、土地闘争は、生活に直結する経済・権利に関わる問題としてそもそも多くの人々の関心と参加を得やすい争点であったこと、島ぐるみ体制での運動を実現するため反米回避戦略を採ったこと、この戦略を貫徹する超党派的リーダーシップが機能したことによって、島ぐるみの大衆運動として盛り上がりを維持して、最終的にはアメリカから政策変更を引き出すことに成功した。

土地闘争は、戦後沖縄の対米住民運動における大きな成果として広く知られる。これを反米・反基地的な闘争とイメージした場合、その成果は、反米革新運動の勝利であるかのように思われかねない。しかしここまで見てきたように、土地闘争はその実態において反米・反基地闘争として展開されたものではなく、米軍基地に関わる条件改善要求としての側面が強い。この背景にアメリカの抑圧的統治が存在したことは疑いないが、そうした条件の下でも一括払い撤廃や地料適正補償といった中核的要求を実現させた意義は極めて大きい。土地闘争において勝利を得たのは、桑江、吉元らを中心とする土地連や、これを立場を同じくしていた超党派的な運動主流派であったといえよう。

沖縄政界では、親米保守傾向の強い民主党は土地闘争を通して人々の支持を失い、これに対して民連を形成した人民党及び社会党の革新勢力が勝利したとされることが多い。確かに、五六年一二月の那覇市長選、五七年八月の那覇市議選、五八年一月の那覇市長選、同年三月の第四回立法院選では、革新勢力が連続して勝利を収めた。第四回立法院選挙では、民主党が一六議席から七議席へと半減以下の大敗を喫したのに対し、革新勢力は選挙前の人民党一議席から民連五議席へと躍進した。土地闘争を支持し、ひいてはアメリカの統治に批判的な島ぐるみの民意を示した結果といえる。

ただし、ここで社大党の位置付けには注意を要する。当時の沖縄政界は、単純な左右対立の構造になかった。社大党は、当初は新規接収反対を掲げて人民党などとともに土地連と対立していたが、後にこの方針を転換して民主党と連携して土地闘争の決着を図り、人民党や社会党からは親米保守として強く批判された。また革新勢力の躍進に対し、アメリカや保守勢力内では、民主党と社大党の保守合同に期待する声が高まったものの、社大党はこれを拒否した。社大党は、人民党のような革新政党でも、民主党と同じような親米保守政党でもなかったのである。社大党は、設立当初から穏健な名望家政党であり、内部には保守から革新まで幅広い人材を抱えていた。一九五〇年、平良沖縄群島知事の与党として設立された社大党は、平良委員長の下、前人民党委員長の兼次佐一が書記長に就任しており、当時は社会主義傾向の強かった西銘順司も所属していた。結党宣言は「ヒューマニズムを基底」とする「国民政党」を謳い、党綱領は「農民、漁民、中小商工業者並に一般労働階層の結合体」であるとする。また経済政策として「総合計画経済を確立」することを目指すなど、社会主義志向も見られ、明らかに親米保守とは異なる方向を示していた(31)。社大党はその後活動を展開する中で社会主義的な方向性を解消していくものの、アメリカ統治との距離を保ち続け、五〇年代末の保守合同構想とも距離を置き、六〇年代には革新化していく。五〇年代後半の土地闘争の時期、社大党は、明らかに親米保守政党でも反米革新政党でもなく、中道政党ないし穏健政党と位置付けられるべきものであった。例えば比嘉幹郎は、六〇年代半ばにそうした社大党を「中道改革派」と表現した[32]。

ところで、ここまで見てきた社大党の頻繁な方針転換や分裂は、この政党の性質に起因している。この時期の社大党は、いまだ組織政党というよりは名望家政党に近く、特定の支持団体との関係は薄かった。十分な政党組織や強固な支持団体をもたず、政治家個々人の資源や関係性に依存するという名望家政党的性格は、社大党のみならず保守政党にも共通して見ることができる。成立間もない沖縄の政党政治においては、近代的な組織政党としての基盤は十分に整備されてはいなかった。それ故に、政治家個人や小集団間の関係や志向によって頻繁に離合集散や方針転換が見られたのであり、社大党にもその傾向が濃厚であった。

社大党は、五六年の第三回立法院選挙では八議席を獲得、その後那覇市長問題をめぐって那覇支部が脱退し議席を減らしたものの、民主党が大敗を喫した五八年の第四回選挙では九議席と改選前以上の議席を獲得している。この結果は、社大党が多くの有権者から民主党と同様の保守政党とは位置付けられていなかったこと、土地闘争を通して有権者の支持が必ずしも革新勢力のみならず、中道的な社大党にも向かったことを示している。

五〇年代後半の沖縄政治においては、五六年一二月の那覇市長選から五八年三月の第四回立法院選までの四つの選挙結果が示した民意が、アメリカに従来の統治政策の限界を認識させ、政策転換へとつながった。それは、革新勢力の勝利であると同時に、超党派体制の勝利であったというべきだろう。

島ぐるみのリーダーシップの継承

以下では、土地闘争と五〇年代末から復帰協に主導されて盛り上がっていった「祖国復帰運動」との関係について検討する。端的にいえば、島ぐるみの土地闘争における成功が、日本復帰運動の再興、ひいては島ぐるみを志向した祖国復帰運動の隆盛をもたらしたといえる。祖国復帰運動は、土地闘争の成功を継承するようにして展開されたのである。ただし、土地闘争と祖国復帰運動の間には、無視しえない相違も存在した。土地闘争とは異なる祖国復帰運動独自の性質は、復帰主張全般が抱えた問題と、深くかかわるものであった。ここからの三項では、この二つの運動の間で継承されたものと相違点について順に確認することで、祖国復帰運動の性質を明らかにする。

受け継がれたものの第一は、「島ぐるみ」を志向するリーダーシップであった。五〇年代末からの復帰運動の再始動には、土地闘争の影響が濃厚であった。軍用地問題を通して、改めてアメリカ統治全般に対する否定的認識が強まり、沖縄の自立への希求が高まった。土地闘争の過程でアメリカ統治への抵抗を実践し、政策変更という成果を引き出したことで、大衆運動による日本復帰の実現にも期待が寄せられた。土地闘争の影響の下、復帰を要求する大衆運動の基盤が形成されたのである。

加えて、五八年一〇月以降、日米安保条約改定交渉が日米両政府間で始まったことで、改めて帰属問題に人々の関心が集まった。その中でも「共同防衛地域」をめぐる問題は超党派の復帰運動の機運を高め、復帰協設立へとつながっていく。五〇年代末の日本復帰運動は、安保改定とそれを機に生じた危機感を一つの梃にして、復帰運動に対する関心を高め得たといえる。これは、期成会運動が講和成立後に目標実現の道筋を描けなくなり、人々を惹きつけられなくなったことと対照的である。さらに、復帰協の設立準備中に発生した宮森小学校ジェット機墜落事件などが、復帰を求める人々の願いを一層強めた。

土地闘争が終結し、親米保守派と反米革新派の対立構造が一層明確化していたこの頃においても、日本復帰は党派を超えて全ての政治勢力に共有された合意争点であった。土地闘争の中で一旦脇に置かれていた日本復帰という目標が、改めて取り上げられるようになったのである。この機運を継続的な運動へと繋げる決定打となったのが、六〇年四月の復帰協の設立であった。以降、日本復帰に向けた大衆運動は、復帰協に率いられて島ぐるみを志向した祖国復帰運動として展開されていく。

復帰協に参加した組織の中でも、屋良会長に率いられた教職員会は最大の中核組織であった。屋良が就任を固辞したために復帰協が当初会長不在で発足したこと、また後に第二代会長に喜屋武眞榮教職員会事務局長が就任したことからも、復帰協における教職員会の中心的な位置付けは明らかである。すでに見たとおり、屋良は期成会会長として、また教職員会は期成会の中核組織として、期成会運動を主導していた。さらに土地闘争においては、教職員会は土地協の中心団体であり、屋良教職員会長は土地協会長も務めていた。それらの運動が反米姿勢によって失敗したことが、屋良・教職員会に大きな教訓をもたらしていた。屋良を中心とする教職員会幹部の多くは、政治的には穏健な傾向をもっていた。その結果、復帰協は屋良や教職員会幹部のリーダーシップにより、特定の政治勢力と結びついて活動に政治色がつくことを避ける方針を採った。これにより、復帰協が主導した祖国復帰運動は、土地総連が主導した島ぐるみ土地闘争と同様に、島ぐるみ体制を形成しようとしたのである。

ここで、島ぐるみは大衆の大規模動員による運動上の影響力確保といった実利的な運動論を超えた象徴的な意味をもっていたと考えられる。後に初代民選主席・知事となった屋良は、沖縄問題に取り組むためには、「鈍角的態勢」が必要であると論じた。これは年来の屋良の一貫した主張であった。知事退任記者会見においても屋良は以下のように語っている。「沖縄のいばらの道は、鉄筋コンクリートである」から、「そのまま激しく突き当たっても刃こぼれ、刀も折れるだけである」ので、「沖縄の運命打開にはむしろ鈍角的態勢がいいだろう」。「ものの考え方も仕事の見方もおおらかな気持ちで相手の立場も考えながら何とかして乗り越えていかねばならない[(33)]」。ここには、一部の先鋭的な集団によって運動を行っても問題の解決を導くことはできず、幅広く沖縄社会全体を結集した島ぐるみの態勢が必要である、との屋良の信念がよく示されている。そこには単に多くの人々の支持が重要であることのみならず、人々が結集して象徴的に沖縄の主体性を表出させることの必要性が込められていよう。このような屋良の思考は、祖国復帰運動にもすでにある程度反映されていたと考えられる。この意味で、屋良を中心とする教職員会幹部、ひいては復帰協は、単に党派間の対立を棚上げにしてまとまるという意味での超党派を志向していたのではなく、より積極的に、沖縄社会全体を包括してその意思を表出させる島ぐるみ運動を実現しようとしたと考えられる。この復帰協の志向性を「社会包括的」運動方針と呼ぼう。

この社会包括的な島ぐるみ方針は、超党派での発足を目指し親米保守傾向の強い沖縄自民党も参加していた復帰協の設立準備段階から発揮されていた。結果的には、沖縄自民党は民族主義への反対から復帰協への参加を拒否し、これに同調して参加を見送る保守的団体も多かったが、それでも復帰協は屋良・教職員会幹部の指導の下で島ぐるみ方針を維持していく。

革新系団体を中心として発足せざるを得なかった復帰協では、米軍基地、ひいてはアメリカ統治全般に反対する革新勢力の主張も目立ち、また徐々に力をつけた労組が影響力を拡大する中で、政治的には革新色を強めていくことになる。にもかかわらず復帰協は、日本復帰自体は党派横断的な共有目標であることから、その後も革新勢力の圧力に抗して対立争点である米軍基地への態度表明を棚上げし続け、極力反米的な姿勢を示さない活動を進めた。復帰協は、運動から政治色・イデオロギー色を排して、島ぐるみ運動の実現を目指す方針を堅持し続けた。「アイク請願デモ」に象徴されるように、その運動は一貫して、日本復帰のほか、日本国憲法の適用と人権などの基本的権利の擁護という、沖縄の人々の大半が同意する要求を続けた。米軍基地撤廃や日米安保・アメリカ統治への反対といった革新色の強い要求は抑制されていた。

島ぐるみの方針は、六二年頃から社大党が革新性を強めて沖縄政治に保革対立構造が定着していく中でも維持された。六二年の那覇市長選においては、復帰協加盟団体が中心となって革新派統一候補を擁立し、社大党も共闘を決断した。この頃から復帰協には、革新三党を加盟団体とする組織として、政治的には革新勢力を支持しようとする傾向が見え始める。社大党の革新化も、復帰協加盟団体によって後押しされたものといえる。にもかかわらず復帰協は、復帰運動に関する限りあくまで中立を維持し、公式には特定政党への支持を明確化しなかった。

復帰協がこのように島ぐるみの方針を維持し政治的中立性を保ち得たのは、教職員会、特に屋良会長を中心とする執行部がリーダーシップを発揮し、社会包括的方針を強力に支持したためである。屋良ら教職員会幹部は祖国復帰運動において、土地闘争の意図せざる超党派性とは異なり、意識的に社会包括的なリーダーシップを揮おうとしたといえよう。教職員会でも、特に若手や中堅層を中心に革新傾向は強まっていたものの、現実的・包括的な運動を志向する執行部やベテラン層が主流派を形成していた。教職員会が中心となって、復帰運動に政治的対立を波及させない方針を維持したことで、六〇年代中盤までイデオロギー性を排し島ぐるみを志向する祖国復帰運動が続いた。これにより、復帰協の参加団体は保守系も含めて徐々に増加していったのである。

反米回避戦略と民族主義の継承

復帰協は祖国復帰運動において、土地闘争に成功をもたらした反米回避戦略を引き継ごうとした。しかし、土地闘争と祖国復帰運動はそもそも対峙する問題も目標も根本的に大きく異なったため、前者と同様の戦略が後者においても再現できるとは限らない。

復帰協の反米回避戦略は、二つの形で実践された。一つは、復帰主張の政治的側面を目立たなくするため、民族主義的な側面を強調することであった。これは期成会運動が採った方針と同じといってよい。祖国復帰運動においても、目的は、アメリカの異民族支配から脱し、日本民族として日本に復帰することとされた。復帰協の結成大会では、「祖国九千万同胞と団結して、復帰の実現を図る」といったスローガンを掲げている(34)。祖国復帰運動は、民族主義的主張によって、アメリカの統治自体や米軍基地への反対姿勢を明示せずに進められた。もう一つは、基本的権利の擁護という普遍性をもった主張・活動を展開したことである。アメリカ側も認めざるを得ない普遍的な価値に沿った運動を展開することで、復帰協は祖国復帰運動をアメリカ統治や基地への態度と切り離そうとしたのである。これは土地闘争の成功から導かれた戦略といっていいだろう。

では、こうした反米回避戦略はどのような成果を上げたのだろうか。土地闘争において反米回避戦略は、島ぐるみの条件を形成し、アメリカの弾圧を回避し、問題を妥協可能な経済的側面へと局限する、という三つの結果をもたらした。しかし異なる条件をもった祖国復帰運動では、こうした成果は再現されなかった。

まずアメリカによる弾圧の回避について確認しよう。日本復帰の要求にアメリカ統治への反対の側面があることは否定し難く、その目的と整合的な形で反米回避戦略を展開することはそもそも困難であった。民族主義的主張によって日本復帰論の反米的側面を隠蔽しきれないことは、期成会運動の顚末が示すところである。民族主義の主張は、祖国復帰運動においても十分機能しないものであった。これに対して、アメリカ側も認めざるを得ない普遍的な価値に沿った運動は、あからさまな弾圧をしづらくさせ、抑圧的政策への再考を促す効果があったと考えられる。ただしこの普遍性の主張が弾圧の回避にどれだけ効果をもったのかについては疑問が残る。確かに、祖国復帰運動は、期成会運動と比べてアメリカから直接的な弾圧を受けずに展開された。しかしそれは、運動側の戦略の結果というより、アメリカ側の沖縄統治政策が軟化した結果と見る方が現実的であろう。この意味では、土地闘争がアメリカの政策に与えたインパクトの方が、反米回避戦略よりも、弾圧回避への影響が大きかったといえるだろう。

次いで、島ぐるみ体制の維持についてである。復帰協は、反米回避戦略により運動に政治対立が持ち込まれることを防いで、土地闘争のような島ぐるみの運動を実現しようとした。しかしながら期成会運動と代り映えしない民族主義的な主張は、抑圧への危惧を生じさせた。沖縄自民党及び保守系団体は、設立当初に復帰協に参加しなかった理由として、「日本復帰」への反対ではなく、この危惧を挙げた。すでに見たとおり、保守勢力も日本復帰という目標は共有していたものの、一度失敗した方針の踏襲を問題視した。そのために復帰協は、設立当初から親米保守勢力の取り込みに失敗したのである。ただしその後、復帰協が反米回避を堅持したことで、祖国復帰運動は徐々に島ぐるみ体制に近づいていく。この意味で、祖国復帰運動における反米回避戦略は、土地闘争と比較して、島ぐるみ体制を維持する効果は相対的に小さかったものの、それでもある程度の成果を上げたといえよう。

最後に、妥協可能性の確保についてである。復帰協の民族主義的主張に反対し、沖縄自民党は「積み上げ方式」による復帰実現を主張していた。沖縄自民党は、民族主義的・ナショナリズム的な主張とは距離を取り、本土との実態的・経済的関係の拡充を重視していた。言い換えるなら、その主張は沖縄の経済的自立を政治的自立よりも優先ないし重視するものであった。六〇年の第五回立法院選挙における沖縄自民党の大勝は、折からの好況によってこうした方針の経済的成果が目に見えるものとなった結果、沖縄自民党の実態・経済重視の方針が支持されたことを示すといえよう。このような沖縄自民党や親米保守派の経済重視の方針は、復帰協の方針と容易に両立しうるものではなかった。土地闘争の場合とは異なり、祖国復帰運動の要求は妥協による決着の余地に乏しく、沖縄の自立に向けた復帰の実現という大目標のレベルでしか、沖縄自民党・親米保守派との一致を見なかった。この点は、アメリカとの関係においても同様であり、復帰という大目標をアメリカが受け入れない以上、中間的な妥協点を見出すことは不可能であった。復帰協は民族主義的主張によって選択肢を限定したために、沖縄の自立を実現する方策として、日本復帰という大目標以外の着地点を作り出すことができなかったといえる。

とはいえ反米回避戦略が、土地闘争の成果とその後のアメリカの統治方針転換によって、祖国復帰運動を島ぐるみ体制へと近づける効果をもったことは確かである。この意味で、祖国復帰運動の戦略は、不十分ながら一定の成果を上げたといってよいだろう。

保革対立軸の明確化と復帰運動

土地闘争と祖国復帰運動の始動期を通して、沖縄における保革対立軸は明確化され、定着した。土地闘争の過程で、それまで曖昧であった保守の争点態度が明確になった。特に保守指導層や財界において、親米的態度と経済重視の姿勢の結びつきがより明確化し、基地受容を表出するようになった。この傾向は基地地主に一括払い受け入れを勧めた人々に顕著であるが、土地闘争を主導しつつも争点をあくまでも経済問題の枠に留めた土地連にも見て取ることができる。これに対して革新側は従来の反米・反基地・自治重視の態度を維持していた。

復帰協の設立に当たってはこうした対立が表面化し、保守側が日本復帰よりも本土との経済的一体化を優先する態度を示したことで、日本復帰を主張する革新との相違が鮮明になり、日本復帰をめぐる保革の路線対立が明確化した。こうして、大目標としては合意争点であるはずの日本復帰が、その実現方法に関する対立から、保革対立軸上に位置付けられるようになったといえる。

復帰協幹部はこの保革対立を受け入れず、社会包括的な方針をもって島ぐるみ態勢を実現することで祖国復帰運動を進めようとした。この時点では、保革対立は復帰運動の方針には影響を与えていなかったといえる。

第3節　検討

前節では、期成会運動、土地闘争、祖国復帰運動という三つの大衆運動の関係を検討し、「復帰運動は沖縄返還にいかなる影響を与えたのか？」という問いへの手掛かりを探ってきた。以下では、この問いに対する本章なりの見解を改めて示した上で、次章へとつながる論点について考察する。

問いへの答え

本章では、復帰運動が日米両国政府に沖縄返還を意識させる上で無視しえない影響をもったことを示した。五〇年代初頭の期成会運動がアメリカの弾圧を避けられず目立った成果を上げられないうちに衰退を余儀なくされたのに対し、五〇年代序盤から末にかけて展開された土地闘争は、最終的にアメリカ側の譲歩を引き出し大衆運動の成功例となった。土地闘争は、人々の生活に直結する軍用地問題の性質から島ぐるみの大衆運動を維持しやすく、また経済的側面においては反米運動と距離をおいて妥協することができた。こうした条件が土地連の桑江らによる意図せざる超党派的リーダーシップの下でうまく生かされたことで、住民の意思を強く表出させることに成功した。アメリカの政策変更は、国際環境や日米関係、アメリカ国内の政治状況など、多様な要因が絡みながら実現したが、土地闘争の展開がなければ生じ得なかったことも確かである。軍用地問題に対する日本政府の本格的な関与が、沖縄側の働きかけを契機として開始されたこと、土地闘争を通じてアメリカ側の姿勢がより柔軟に転換していったことは、こうした見方の裏付けとなろう。この意味で、土地闘争はアメリカの沖縄統治に極めて重要な影響を与えたといってよい。

このように、五〇年代中盤から六〇年代序盤にかけての沖縄の大衆運動は、島ぐるみを目指すリーダーシップの下で島ぐるみの大衆運動を展開したことで、アメリカに対しては軍用地政策や統治政策の危機を作り出して見直し圧力を掛け、また日本政府に対しては軍用地問題解決に向けた対米交渉圧力となったといえる。この影響が、六一年から六二年にかけてケネディ政権が行った沖縄統治政策の転換の一つの契機となり、六〇年代後半に日本復帰を引き寄せる方向に働いていくことになった。

「復帰運動は沖縄返還にいかなる影響を与えたのか?」という問いに全面的な答えを示すことは難しい。しかし以上の検討からは、島ぐるみ大衆運動が沖縄返還に無視しえない影響をもったことは確認できよう。復帰運動は、土地闘争とともに、確かに復帰を手繰り寄せる効果をもっていたのである。島ぐるみの運動がなければ、復帰に繋がっていく日米両政府の政策は、少なくとも大幅に遅れていたのではないか。

ところで、土地闘争の島ぐるみ大衆運動路線を引き継いだ六〇年代序盤までの祖国復帰運動は、五〇年代とは大きく異なる政治状況の下で運動を展開せざるを得なかった。そうした状況は、六〇年代中盤以降の「祖国復帰運動」の展開にとって大きな意味をもつことになる。以下では、それらの政治状況について確認しておく。

復帰協内の革新化傾向

六〇年代前半までの復帰協には、後の復帰運動の方向性を決定付けることになる革新化の傾向がすでに表れ始めていた。その一つの契機は、那覇市長問題であった。この中で瀬長・兼次を支持した社会主義傾向の強い社大党那覇支部が、本土日本社会党との連携を前提として社会党を設立したことで、沖縄政治に、社会主義政党が成立した。また民連の活動を通して人民党と社会党が連携を深めて革新ブロックが確立された。さらに六一年の那覇市長選において、社大党は、この二党と連携して革新共闘体制を成立させたことで革新勢力の一角の位置を確立する。(35) 社大党はその後も人民党や社会党に比べて穏健な方針を採り続け、社会主義イデオロギー政党とはならなかったものの、加盟三党による革新野党ブロックの確立により、政党レベルでは復帰協の革新化が明確化する。ただし祖国復帰運動の中心を担ったのが政党ではなく教職員会等の団体であったために、即座に復帰協の革新化にはつながらなかったのであった。

その教職員会も、政党レベルの変化には遅れつつも、革新化を強めていく。教職員会では、六〇年代初頭には幹部クラスとより若い戦後に教員となった層を中心とする青年部との間に、復帰運動をめぐる方針の差異が見られた。桜澤は、「若い世代の教員はほとんどが即時復帰を主張しているのに対して五十代のいわゆる校長級は即時復帰はのぞましいが、現実的には積み重ね方式による復帰しか実現の見通しはないのではないかとの見方をする人が多い」とする六〇年の立法院選挙に関する新聞記事を引用しながら、教職員会の世代交代が組織の革新化につながったことを示している。(36)

こうした復帰協及び加盟団体の革新化は、先行した政党政治の保革対立を、少なくとも部分的に反映したものであるといえよう。そして、沖縄における政治的保革対立構造の形成・定着には、本土の影響を無視することができない。

日本認識の欠落と政党の本土系列化

民族主義的主張を展開した祖国復帰運動は、やはり期成会運動に内在した日本認識の問題をも同様に抱え込むことになる。

前章で見たとおり、五〇年代初頭に「日本復帰論」が主流化する中で、戦前・戦中の日本による苛烈な沖縄統治の記憶は抑制され、同時代の日本が過度に理想化された非現実的な姿を伴って、復帰すべき対象として描かれ認識されるようになった。アメリカの抑圧的統治を脱し、沖縄が自立するためには日本へ復帰すればよい、との単純な主張が十分な検討を経ずに広く受け入れられた。

祖国復帰運動は、こうした状況をそのまま引き継ぐことになった。日本への復帰がアメリカ統治からの脱却を実現することは確かだが、日本の中で沖縄がいかに自立を実現しうるかを検討する姿勢は希薄なままだった。日本復帰イコール沖縄の自立、という図式が固定化されていたといえる。日本との関係が深まっていく状況にあっても、現実の日本の姿と、その沖縄との関係についての認識は、現実を十分に反映するものへとなっていかなかった。復帰運動でも、理想化された日本を本土革新勢力に投影してそれを無批判に受け入れる傾向が生じていく。復帰運動のシンボルとして特段の違和感もなく利用されていた日の丸が後に否定されるようになる事実は、それを象徴しているといえよう。教職員会は、復帰運動と関連して日の丸掲揚運動を六〇年代に至るまで積極的に続けていた。ところが、復帰運動が本土左派との関係を深めると、日の丸をアメリカに統治される沖縄の現状を作り出した翼賛体制を象徴するものとして否定するようになり、六〇年代前半までの復帰運動は、批判を込めて「日の丸復帰運動」と呼ばれることになる。しかしそれ以前の復帰運動では、本土による沖縄差別の歴史、あるいは沖縄の現状を作り出したそもそもの原因である日本の戦争責任への言及は希薄である。復帰を希求する対象であるはずの日本の実態が、認識の中で奇妙な空白として放置されたまま、復帰運動が展開されていたのである。

この、復帰運動を形作る歴史から切断されたような日本認識の欠落は、目指す未来がいかなるものであるのか、いかにして実現され得るのかについて、十分な検討を欠いたままに、アメリカ統治の下で全く新たな時代を経験せざるを得なかった戦後沖縄の状況を直接反映していたといえる。いまだ戦争の記憶が生々しく、またかつての日本統治の主導者、協力者、賛同者が社会の中枢にも数多く残っていた当時の沖縄においては、日本統治に関する問い直しは手を触れづらいタブーであったかもしれない。

　しかもそうした状況は六〇年代前半まで継続し、日本認識の欠落は過去に対してのみならず同時代にまで及んだ。結果として、日本が抱え続けているはずの問題性は削ぎ落され、理想的な存在として認識されるようになったのである。当の日本が沖縄をアメリカの統治下に置くことを認め、そこに米軍基地があることで成立する安保体制に依存している、すなわち沖縄の現状に立脚しその継続に積極的に加担する存在であるという認識は、六〇年代前半の祖国復帰運動の中でも欠落したままであった。

　日本の実態を直視しなかったにもかかわらず、あるいはそれゆえに、沖縄には日本復帰に対する熱情が保たれた。サンフランシスコ講和を機に沖縄には本土の文物が流入するようになり、それが復帰の希望を一層高める役割を果たした。その後も日本との関係強化は一貫して進展し続けた。本土との関係が深まっていくことで更に復帰願望が強まる、という循環が生じた。また本土の側においても、那覇市長問題と土地闘争を一つの契機として、沖縄に対する関心が高まっていった。例えば五五年初旬には、朝日新聞が沖縄の実態を伝えるキャンペーンを一か月にわたって展開した。一九六一年一〇月には、ＮＨＫが戦後初めて海外総支局扱いで那覇通信局を設置して拠点を設け、現地の情報を本土に伝える体制を整える。

　そうした中、政党政治においては本土との系列化が進んでいった。日本との関係が十分に整理されないままに、政治的には日本との一体化が進んだのである。最終的に本土政党と系列化されずに沖縄独自の地域政党として存在し続けた社大党も、一九五三年には日本社会党に支部としての扱いを求め、日本社会党側もこれを認めた(37)。すでに見たとおり、那覇市長問題を契機に社会党が設立されたことで社大党の日本社会党「支部化」は頓挫したものの、五〇年代前半から本土政党と沖縄の政党の関係形成が進んでいたことが分かる。人民党と日本共産党も、同時期から関係を深めていた。また那覇市長問題以降、本土政党は沖縄へ関与を強めていった。六〇年一一月の第五回立法院選挙は、本土自民党が沖縄自民党を支持し、本土社会党が沖縄社会党を支持するという形で、本土政党が初めて沖縄の選挙に公然と関与した点で画期的であった。この本土政党の選挙支援は六一年一二月の那覇市長選においても行われた。この状況は六〇年代を通じても進み、沖縄の政治に大きな影響を与えていく。

注

(1) 本節の記述は、櫻澤誠『沖縄現代史――米国統治、本土復帰から「オール沖縄」まで』中央公論新社、二〇一五年、新崎盛暉『沖縄現代史　新版』岩波書店、二〇〇五年、佐道明広『沖縄現代政治史――「自立」をめぐる攻防』吉田書店、平良好利『戦後沖縄と米軍基地――「受容」と「拒絶」のはざまで　1945～1972年』法政大学出版局、二〇一二年、第三～五章のほか、他の注に挙げた先行研究に依拠している。ただし煩雑を避けるため、各事実関係については直接引用を除き出典を明示していない。

(2) 琉球政府立法院は全三一議席で構成されていた。

(3) この一年前の一九五一年四月には、四群島の中央政府として琉球臨時中央政府が設置されており、琉球政府の発足は基本的にこれを引き継いだものであって、組織的・人員的にも継続性が強い。初代行政主席比嘉秀平も、臨時中央政府主席からの継続であった。

(4) この時点での立法院内の勢力は、民主党一九議席、社大党一一議席、人民党一議席であった。

(5) 本段落の教職員会に関する記述については、櫻澤誠「一九五〇年代沖縄の地域における教員の役割について――社会運動の基盤形成を軸に」『立命館大学人文科学研究所紀要』第九〇巻、二〇〇八年、一七七―二〇四頁参照。

(6) 教職員会は、五三年に立法院において成立した労働三法に基づき、労働組合への移行を目指していたが、米国民政府の圧力により断念を余儀なくされた。

(7) 土地連は、地元有力者層の協議の下、桑江朝幸を初代会長として一九五三年六月に発足。その後数度の改称を経て、現在は一般社団法人沖縄県軍用地等地主会連合会。

(8) 前掲平良『戦後沖縄と米軍基地』九〇頁。

(9) この請願は、四原則を打ち出しつつも、既存の基地を認めるものであった。

(10) この間、五四年一二月には、アメリカが韓国に駐留していた第一海兵航空団の沖縄移駐と、それに伴う海兵隊基地の新規接収を決定した。これにより、沖縄北部の広大な土地が新規接収され、海兵隊基地が建設されることになる。しかしながら、この辺野古・名護にまたがる北部の新規接収が五六年に公表されても、住民の強い反対は示されなかったという。以上につき、前掲平良『戦後沖縄と米軍基地』九四―一〇五頁、一七八―一八一頁参照。

(11) 平良によれば、こうした住民運動の高揚に対し、アメリカ側は「これといった大きな関心を示したという形跡はみられない」(同前、一二八頁)。アメリカ側は、住民運動よりも、四者協議の総辞職表明や日本政府への訴え等に注意を向けた。

(12) 本文および本段落以下については、平良好利「日米関係のなかの沖縄軍用地問題――一九五六年のプライス勧告をめぐって」『国際政治』第一六〇号、二〇一〇年、一二三頁による。

(13) この結果、一九五八年一一月にアメリカ側が「一括払い」方針を撤回し軍用地問題が一応の決着を見るまでに、地主層の四七・三%が一括払いを受領したという。前掲桜澤『沖縄現代史』七〇頁。

(14) 一九五三年一二月、奄美群島が本土復帰すると、奄美出身者は沖縄住民としての諸権利を失い、公職からも追放された。反共弾圧を強めていたアメリカは、本土復帰により居場所を失った奄美出身の党員をかくまっていたことを理由に、瀬長ら人民党員五〇人を逮捕した。

(15) 総議席数は、五四年の第二回立法院選挙から二九議席になっていた。

(16) 人民党事件による逮捕・収監を指す。

(17) この沖縄社会党（社会党）は、社会主義イデオロギー政党であり、一九四七年九月に設立された沖縄社会党及びそれを引き継いだ旧社会党とは無関係である。

(18) 民主党・社大党は候補者数を抑えつつ、反民連の候補を支援したため、無所属議員が八議席と前回から倍増した。この点から見ると、民主党の惨敗は、必ずしも保守勢力の惨敗といえない部分がある。とはいえ、「民連ブーム」といわれたように、革新系の伸長は明らかであった。

(19) 沖青協は、一九五八年三月に沖青連から改組して成立。沖青連は、教職員組合とともに、五〇年代中盤の復帰運動衰退期にあって、復帰運動を継続していた中心組織であった。

(20) のちに赤嶺武次官公労委員長が初代復帰協会長に就任した。その後一九六二年四月には、喜屋武眞榮教職員会事務局長が第二代会長に就任する。

(21) 六四年から六六年までは「復帰運動の具体的目標」、六七年以降は「復帰運動の目標」と表記されるようになる。

(22) 前掲櫻澤『沖縄現代史』八八頁。

(23) この那覇市長選が、社大党の革新化、及び沖縄における革新共闘と保革対立軸形成の契機となったことにつき、櫻澤誠「戦後沖縄における保革対立軸の形成――一九六〇年代初頭の革新共闘への過程を中心に」『史林』第九二巻三号、二〇〇九年、五六五―五九八頁参照。

(24) ただし、援助上限引き上げのためのプライス法改正案は、上院軍事委員会で修正され、実際の上限引き上げ額は二倍増にとどまった。

(25) ただし教職員会は、七月の総会において屋良を会長に再任した。

(26) 沖縄県祖国復帰闘争史編纂委員会編『沖縄県祖国復帰闘争史　資料編』沖縄時事出版、一九八二年、三六頁。

(27) 「沖縄諸島祖国復帰期成会趣意書」（沖縄県公文書館所蔵「沖縄諸島祖国復帰期成会趣意書」）。

(28) 波平恒男「一九五〇年前後の沖縄――軍政下の戦後復興」『政策科学・国際関係論集』第七号、二〇〇五年、一二二―一二五頁。

(29) 「軍用地処理に関する請願決議」（行政主席官房情報課編『軍用土地問題の経緯』沖縄県公文書館所蔵、一〇〇―一〇一頁）。

(30) 瀬長亀次郎『民族の悲劇――沖縄県民の抵抗』三一書房、一九五九年、五二頁。

(31) 社大党の結党宣言および党綱領からの引用は、「社会大衆党結成届」（沖縄県公文書館所蔵「琉球社会大衆党に関する件　一九五〇年一一月二〇日～」）。

(32) 比嘉幹郎『沖縄――政治と政党』中央公論社、一九六五年、一六九頁。

(33) 本段落の引用は、琉球新報社編『一条の光　屋良朝苗日記（下）』琉球新報社、二〇一七年、三四六―三四七頁による。

(34) 前掲沖縄県祖国復帰闘争史編纂委員会編『沖縄県祖国復帰闘争史』五六頁。

(35) 前掲櫻澤「戦後沖縄における保革対立軸の形成」。

(36) 同前、一一八―一一九頁。

(37) 那覇市企画部文化振興課編『那覇市史　資料篇　第三巻五』那覇市、二〇〇五年、六九頁。

第10章　保革対立と復帰運動の革新化

本章では、沖縄返還が日米両政府において具体的に検討され始める六〇年代中盤から日本復帰が実現する七二年までの時期を対象として、主に「祖国復帰運動」の展開を通して、「復帰運動は何を目指していたのか？」という問いについての答えを探る。

復帰協を中心として始まった社会包括的運動としての祖国復帰運動は、六〇年代中盤以降には革新運動へとその在り方を変えていく。運動が性格を変える中で、運動の目的にも変化が見られるようになる。この目的の転換を確認し、その意味を探ることで、戦後沖縄において日本復帰運動が目指したものを明らかにしたい。

第1節　経緯(1)

本節では、この時期の日本復帰運動の展開を、沖縄の政治状況や社会状況との関係にも関心を払いながら概観し、運動が変質していく様子を確認する。また、必要な範囲で日米両政府の動向にも言及する。

復帰運動をめぐる環境変化

一九六四年から翌年にかけて、日本復帰運動に大きな影響を与える環境変化が連続した。一つは日本国内の政治状況の変化である。自民党の有力政治家であった佐藤栄作は、六四年七月の自民党総裁選に出馬し、現職の池田勇人総裁、藤山愛一郎と争った。佐藤は出馬会見においてアメリカに沖縄返還を要求することを公約した。結局この総裁選では現職の池田が勝利し佐藤は次点に終わったものの、その三か月後には池田が体調を崩して退陣したことで、党内調整を経て佐藤が後継総裁となり、一一月に総理大臣に就任した。沖縄返還要求を公約とする首相が誕生したのである。

ただ当初から、この公約は実現可能性に乏しいと見る向きが多く、佐藤が沖縄問題をどの程度重視しているのかについても疑問がつきまとった。佐藤は、内閣発足時の談話でも、国会での所信表明演説においても、沖縄問題に触れることはなかった。六五年一月に佐藤が訪米して行われたジョンソン大統領との日米会談でも、沖縄の施政権問題に関しては特段の進展は見られなかった。

しかし同年八月、沖縄を初訪問した佐藤首相は、到着した那覇空港で沖縄の人々に向け、「私は沖縄の祖国復帰が実現しない限り、わが国にとって「戦後」が終わっていないことをよく承知しております」と述べた。前年の総裁戦における公約を、改めて表明したのである。佐藤首相、ひいては日本政府が沖縄返還に向けて取り組んでいく姿勢を明確化したといえよう。

ところで、この佐藤訪沖につき、沖縄側の対応は割れていた。新民主党が歓迎し、教職員会も請願の機会と捉えてこれを受け入れたのに対し、沖縄を犠牲にしてきた日本の安保・沖縄政策を問題視する革新勢力は、社大党と社会党が抗議の姿勢を示し、人民党は訪沖自体を阻止する方針であった。ここには政党間の保革対立に加え、復帰協加盟団体間の亀裂も見える。復帰協はこの内部対立の中、最終的に抗議の方針を決定してデモを実施したが、島ぐるみ運動を推し進める教職員会事務局長でもあった喜屋武復帰協会長は、佐藤との懇談会に参加し復帰を請願した。

さて、復帰運動に大きな影響を与えたもう一つの変化は、ヴェトナム戦争に関わるものである。ケネディ政権下で南ヴェトナムへ軍事顧問団を派遣してコミットメントを深めたアメリカは、しかし戦局を好転させられず、ジョンソン政権下の六五年二月には北爆を開始し、また三月以降は陸上部隊の派遣も進めた。北爆のために沖縄の嘉手納基地が活発に使用されるようになり、七月には台風を避けるためとして同基地に着陸していた戦略爆撃機B―52が直接北爆に向けて発進し、北ヴェトナム攻撃に利用された。このことは沖縄の人々に大きな衝撃を与えた。新たな戦争に沖縄が結び付けられたことで、人々の中には沖縄戦の記憶が呼び起こされ、強い忌避感に基づく反戦意識が高揚した。それはまた、沖縄戦と同様の被害がヴェトナムにおいて発生することへの恐れを人々に抱かせ、その責任の一端を沖縄が負っているのではないかという「加害者意識」をも生み出した。松岡政保主席と全政党がアメリカに対して抗議を行ったものの、この戦争の「記憶」と「加害者意識」は、沖縄の人々の状況認識や復帰運動に大きな影響を与えていくことになる。

この結果、米軍基地への態度を棚上げしたままで復帰運動を続けることは、次第に困難になっていく。それまで原水爆基地への反対を繰り返し主張しつつも、それ以外の基地には対応を曖昧にしてきた復帰協も、態度の明確化を迫られるようになる。しかしながら島ぐるみの復帰運動を目指してきた復帰協にとって、それは容易なことではなかった。六五年二月の復帰協定期総会では、加盟団体から米軍基地撤去の方針が提案されたが、執行部はこれを容れずに現状維持を決定した。翌六六年二月の定期総会では、執行部が米軍基地撤去と安保条約撤廃の方針を提起したものの、結局は現状維持で決着した。復帰協内では、島ぐるみの方針を維持しようとする穏健派と、反米・反基地の姿勢を強める革新派のせめぎあいが続いていた。また同様の曖昧な状況は、社大党においても見られた。革新野党の人民党と社会党が反基地姿勢を明示する一方、社大党は革新野党の一角でありながら、六六年末に至るまで、米軍基地に対する態度を明確化できなかった。

ただし、六五年時点ですでに、復帰運動の革新化につながる要因は存在していた。一一月の第七回立法院選挙に際して、復帰協の中核団体である教職員会が、革新野党三党への支持を打ち出し、新民主党との対決姿勢を示した。それまで、政党政治の保革対立を復帰運動に波及させない方針を採り、中立的立場を保ってきた教職員会は、この時点で革新側にコミットする姿勢をとり始めていたのである。

復帰運動の革新化

このような教職員会の革新化は、六六年の教公二法[2]をめぐる問題を通して決定的となる。教公二法とは、教育関係の公務員の身分に関する二つの法案、地方教育区公務員法案と教育公務員特例法案を指す。五〇年代末から議論されてきたこれらの法案は、本土法と同様に、政治活動の制限や争議行為の禁止、団体交渉権の制限などの内容を含むものであったため、教職員会は反対を続けていた。六六年五月、二法案がついに政府案として立法院に送付されたことで、問題は教職員会のみならず復帰運動全体へと波及していく。復帰協の中核団体として運動を支えてきた教職員会の政治活動を制限するということは、運動全体への抑圧に他ならないと捉えられたためである。教職員会に加え、革新野党三党や労組など、復帰協参加団体が団結して教公二法に反対したのに対し、新民主党や沖縄財界などの保守勢力は法案成立に賛成し、事態は保革の全面対立の様相を呈していく。

六七年一月には、与党新民主党が立法院文教社会委員会において教公二法を強行採決した。これに対して教職員会は、全会員が年休を行使して学校を休校とし、徹底抗戦の姿勢を示した。これにより、以降は慎重審議を求める声が高まり、新民主党の強硬姿勢は世論の支持を失っていく。二月二三日、新民主党は議会運営委員会で翌日からの本会議開催を強行するが、翌二四日には反対派二万人以上が立法院を包囲し、警官隊による排除も寄せ付けなかった。この結果、新民主党は法案採決を断念し、与野党間で事実上廃案が決定される。教職員会が革新勢力の中心となり、保守勢力との直接対決に勝利したのである。この教公二法反対運動を通して、教職員会、ひいては復帰協の革新化が決定的となった。その結果教職員会は、同年三月中旬の定期総会で、軍事基地撤去を運動方針として初めて採用するに至る。

また、教公二法をめぐる争いの最中の六六年八月には、県下最大の組織力を誇る全沖縄軍労働組合（以下、全軍労[3]）が復帰協への加盟を決定した。全軍労は、六一年の全沖労連結成に加わって以来、一貫して実質的な復帰協加盟団体であったものの、スト権や団交権をもたなかったため、あくまでも非公式な参加に留まっていた。それが正式加入を果たしたことで、復帰協は強い組織力を得るとともに、大きな雇用を生み出していた米軍基地について議論する条件を整えた。またこれとは別に、復帰協内部では革新色の強い労組の影響力が増す傾向も見られた。これらの変化に押され、復帰協は基地問題への取り組みを積極化させていく。さらに六六年一二月には社大党が、基地がヴェトナム戦争に利用されることへの危機感を背景に、米軍基地への反対を表明する。

こうした結果、六七年三月末の定期総会において、復帰協は決定的な一歩を踏み出した。核基地のみならず米軍基地一般への反対方針を初めて正式に決定したのである。ここに復帰協は、島ぐるみ路線を捨て、保守勢力を対抗相手と位置付けて、革新勢力を中心として基地問題と絡めながら復帰運動を推進することを明確化したといえる。これ以降復帰運動は、基地と安保への反対を訴える革新勢力の運動となっていく。そうした復帰協の姿勢は、後述のように六九年三月の定期総会までにさらに鮮明になっていく。

主席公選と保革の決戦

一九六八年二月、同年一一月に予定される立法院選挙と同時に、琉球政府行政主席選挙を実施することが、フェルディナンド・アンガー米国民政府高等弁務官から発表された。沖縄の積年の要求であった主席公選が、ようやく実現することになったのである。五二年の琉球政府設置時に予定されながら、実際には実施が見送られていた主席公選は、沖縄の人々が保革の枠を超えて訴え続けてきた自治権拡大要求の柱の一つであった。すでに見たとおり、当初米国民政府による任命制であった主席位の決定は、六〇年の第五回立法院選挙からは第一党から選任する第一党方式になり、六五年の第七回立法院選挙後には立法院による間接選挙になっていた。沖縄の島ぐるみの要求が、徐々に自治権の拡大を勝ち取ってきたことが分かる。そののちにも主席公選の要求は止まず、六七年に訪米した松岡主席も、ジョンソン大統領との会談でこの要求を伝えた。沖縄の長年の努力が、ここでついに実を結んだのである。島ぐるみの要求の成果である初の主席選挙は、しかし保革対立の場となった。六八年一一月、主席選挙と第八回立法院選挙が同時に実施されることになり、革新三党は復帰実現に向けて教職員会会長であった屋良朝苗を統一候補として擁立した。前年一二月に新民主党から再び沖縄自由民主党（以下、沖縄自民党）に党名変更していた保守側は、革新三党の屋良擁立に先立って、那覇市長であった西銘順治の擁立を決定していた。西銘の主席選出馬により空席となる那覇市長選は同年一二月に行われることになり、六八年末に三大選挙が連続する。この一大選挙キャンペーンが、保革の対立構造を直接的に反映する政治抗争の場となったのである。

主席選挙を中心とするこれらの選挙には本土の保革両勢力が大々的に参入し、両陣営で本土との一体化が露わになった。また、沖縄自民党と本土自民党、人民党と本土共産党の関係が一層深まり、すでに六二年に日本社会党沖縄県本部となっていた社会党も含め、政党の同化も明確となっていた。そうした中にあって社大党のみが、革新の一角を担いつつも、独自の位置を保っていく。

革新三党は、三大選挙に向け「明るい沖縄をつくる会」（主席・立法院議員総選挙革新共闘会議、以下、革新共闘）を結成し、統一綱領として「安保反対・基地反対」を掲げた。これは、共闘の場であった復帰協の運動方針を生かすとともに、「安保廃棄・基地撤廃」という実現可能性に疑問の残る方針を嫌った屋良の意見を反映したものであった。これらの主張は、ともに基地及び安保への反対を基本姿勢としつつも、安保廃棄・基地撤去が即時無条件での実現を志向したのに対し、安保反対・基地反対は一定の猶予や条件の下に基地や安保を受容する、という大きな違いを抱えていた。ここからも分かるとおり、沖縄の革新勢力には、日米安保や米軍基地に関して、反対を基調としつつも即時の廃棄・撤去から段階的縮小まで、幅広い見解があった。それは保守側も同様であったといえる。特に段階的な状況改善を目指す姿勢は、保革両派に共通して見られた。しかし本土と一体化した保革対立構造の中で、そのようなニュアンスは周辺化され、対立が前面化された。自立経済を確立する前の復帰を時期尚早とする保守勢力の主張を革新側は現状維持・復帰反対論に等しいものとして排撃し、保守側は革新が勝利すればイモを食べハダシで歩く時代に戻るという「イモ・ハダシ論」によるネガティヴ・キャンペーンを展開した。

一一月選挙の結果、主席選では二三万七〇〇〇票あまりを獲得した屋良が西銘に約三万票の差で勝利し、立法院選挙では革新三党が得票率で保守勢力を約八％上回って有効票の過半を獲得した。また一二月の那覇市長選では、革新側の統一候補であった社大党の平良良松が沖縄自民党の古堅宗徳に大勝した。六八年末の沖縄においては、革新側を支持する人々が多数派であったといえるだろう。

ただし、保守勢力へも無視できない支持があったことも、忘れるべきではない。郡部への議席配分が厚かった立法院選挙では、沖縄自民党が一七議席を獲得したのに対し、社大党が八議席、人民党三議席、社会党二議席、無所属二議席と、保革の勝敗は逆転し、沖縄自民党が過半数を確保した。

そもそも、沖縄の人々の政治意識に本土的な保革対立構造が定着していたのか否か、この選挙結果から即断することは早計といえる。保革双方に幅広い意見が見られた中で、保革二極対立が鮮明だった三大選挙の結果を沖縄の民意を正しく反映したものと見なすことには疑問も残る。また加えて、初めて実現した主席選挙が保革の対立を一層激化・固定化させ、それが沖縄世論の分裂と見える結果をもたらしたとも考えられる。

革新内部の亀裂

革新共闘により主席に就任した屋良は、先述の統一綱領作成の経緯にも表れるとおり、従来の教職員会・復帰協の島ぐるみを目指す社会包括的スタンスを捨てず、穏健な政権運営を進めていく。本土復帰に向けても、日本政府と協調して作業を行った。こうした屋良の姿勢は、革新共闘主流派の方針と整合しない場面も目立つようになり、両者の間に亀裂が生じていく。

それが最初に露呈したのが、二・四ゼネストをめぐる問題であった(4)。六八年一一月の主席選挙直後、嘉手納基地を離陸したB－52が、核兵器貯蔵施設として知られていた嘉手納弾薬庫近くに墜落した。この事故により沖縄の人々の核に対する恐怖が顕在化し、大規模な抗議運動が展開された。一二月、教職員会や復帰協を含む革新系を中心として、一三九団体が「いのちを守る県民共闘会議」を組織し、翌六九年二月四日にゼネストを実施すべく準備を開始した。これに対し米国民政府は革新系組織の中核の一つであった全軍労の活動を制限すべく、六九年一月一一日に高等弁務官布令を発するが、これが却って革新勢力の強い反発を招いて布令撤回運動が展開される。その結果、米国民政府は一〇日余りで布令施行の無期限延期を余儀なくされた。こうした中、屋良主席は事態収拾を図る。屋良は、上京して沖縄に駐留する全てのB－52部隊の撤去に向けた対米交渉を日本政府に要請し、その場で手応えが得られたとして、一月三一日、「いのちを守る県民共闘会議」にゼネスト中止を要請する。これにより一部団体はストを取り止め、二・四ゼネストは直前で回避されて、部分的に実施されるにとどまった。屋良は、自身の出身組織である教職員会や、支持母体である革新共闘の方針に反して、社会包括的あるいは宥和的な姿勢で問題解決を図ったのである。結局、屋良の手応えに反して沖縄から駐留する全B－52部隊をすぐに撤去させることはできず、沖縄では主席が日本政府に騙されたのではないかとの見方が広がった。B－52部隊は翌七〇年一〇月に漸く一時撤退したものの、本土復帰後の七二年五月以降には、改めて沖縄に飛来するようになる。

一部が先鋭化して広がった革新勢力内部の亀裂は、その後も度々露わになった。六九年三月、復帰協は第一四回定期総会で屋良主席の穏健姿勢に反し、米軍基地反対・日米安保反対の従来方針からさらに踏み込んで、初めて基地撤去と安保廃棄の方針を決定する。ここに至って復帰協の革新姿勢が決定的に明確となった。この新方針に反対した穏健な同盟系労組は復帰協を脱退、翌年には沖縄県労働組合協議会（県労協）からも脱退し、労働の分裂に至る。また一一月、沖縄返還に向け佐藤首相がニクソン大統領との首脳会談のため訪米する際には、屋良主席及び社大党が首相に「即時無条件返還」を要求したのに対し、日米間で固まっていた「核抜き・本土並み」での沖縄返還、すなわち、核兵器は撤去されるものの米軍基地が残存する状態での返還に反対していた人民党及び社会党は、首相の訪米自体の阻止を主張した。

この佐藤－ニクソン会談において「核抜き・本土並み」返還が合意に至り、ついに沖縄が七二年に本土復帰することが正式に決定された。画期的な決定に対し、屋良主席は歓迎する姿勢を示そうとしたものの、支持団体は基地付き返還を強く非難した。

日本は沖縄返還に向け、返還協定の審議や法整備などの復帰をめぐる諸問題を処理するため沖縄の代表を国会に加える必要があるとの理由から、アメリカと調整のうえ、七〇年五月に「沖縄住民の国政参加特別措置法」を制定し、関連法を整備して同年一一月に沖縄で戦後初めての国政選挙を実施することとした。国政参加選挙と呼ばれる、沖縄全体を単一選挙区とし、衆議院五議席、参議院二議席[5]が割り当てられたこの選挙においても、保革対立の構造は明白であった。参議院では復帰協会長及び教職員会会長として革新共闘の統一候補となった喜屋武がトップ当選を果たしたのに対し、同年三月に沖縄自民党から自民党沖縄支部となっていた保守側の候補であった稲嶺一郎が二位で当選した。衆議院選挙においては、本土政党との系列化・同化が進んだ結果、野党統一候補は擁立されず、社大党から安里積千代、人民党から瀬長亀次郎、社会党から上原康助がそれぞれ立候補し、当選した。自民党は、西銘順治、国場幸昌、山川泰邦を擁立したが、山川が落選して二議席にとどまった[6]。六八年末の三大選挙に続き、再び革新側優位と捉えられる結果が示された。ただし衆院選においては、革新側三候補の合計得票数が二〇万四三〇七票であったのに対し、自民党三候補の合計得票数は一九万二三四一票であり、その差は一万一九六六票と、決して大きなものではなかった[7]。参議院選の一位と二位の得票差は一万八四一九票で、衆院選よりは差が開いたものの、やはり大差とはいえない状況であった。日本政府と協働して本土復帰を実現させた保守側にも一定の支持があったことが伺える。

さて、米軍は返還の決定以降、返還後に備えて合理化路線を進め、基地労働者を補償なしで大量に解雇し始めた。これに対し六八年頃から闘争路線を明確にし始めていた全軍労は解雇撤回闘争を開始し、復帰協は全軍労の闘争を全面的に支援する。しかしすでに本土復帰が決定して目標の核を失った復帰協の存在意義は大幅に低下し、その活動は衰退に向かう。またこれとともに、復帰協の中心となっていた教職員会の影響力も相対的に低下していく。その結果、闘争的な革新路線を採った全軍労が革新勢力内部での影響力を増し、基地返還運動の中心を担うようになるのである。基地労働者が雇用の維持を求めつつ基地返還を要求するという矛盾は、沖縄の歪んだ状況を映し出していたといえる。

革新勢力の闘争路線は、七一年に二度のゼネストを実現させる。日本政府に主導された安保・米軍基地を維持したままでの復帰に反対し、五月には復帰協が中心となって「沖縄返還協定粉砕」を掲げるゼネストを実施した。しかし翌六月には日米両政府が協定に正式調印する。一一月には協定の国会批准を阻止すべく、復帰協は再びゼネストを行い、デモ隊と警察隊が激しく衝突する事態を引き起こした。こうした激しい抗議運動にもかかわらず、七二年五月一五日の返還が決定するのである。

復帰がもたらす問題

六〇年代半ばより復帰が現実味を帯び始め、六九年の返還決定を経て、七二年の本土復帰へと至る過程では、積年の希望の実現が却って新たな問題をもたらすという状況も見られた。

まず、経済に関する本土との対立が具体的な問題として現れ始めた。沖縄では、経済的側面からもあるべき復帰を模索する中で、従来重視されていた自立経済建設と本土並み実現の必要性が改めて強調された。六五年八月の佐藤首相訪沖に際しても、琉球商工会議所会頭であった宮城仁四郎は、この点を強調して陳情し、そのための経済計画の策定と経済援助の拡充を求めている。翌年日本政府が設置した沖縄経済振興懇談会においても、宮城会頭は佐藤首相や三木武夫通産相らが出席する場で同様の主張を行っている。このような認識は、のちの屋良革新政府にも引き継がれた。七〇年九月、屋良の選挙公約であった「長期経済開発計画」が策定され、基地経済から自立経済へと移行するための自立的発展計画が示された。その根幹は、石油精製事業とアルミニウム精錬事業を中心とする重化学工業であった。工業育成による自立経済の建設は、当時の沖縄において保革の別なく支持されていた方針であったといえよう。

しかしながら、沖縄の一致した要求であった自立経済の建設は、本土との関係において困難に直面することになった。復帰／返還努力が進む中で、表面的には沖縄と本土の経済的つながりは強まり、本土から沖縄への経済援助も増額される。六七年には、本土からの援助額がアメリカ政府からの援助額を上回った。しかし、日本政府は沖縄側の自立経済建設の要望に表向き理解を示しながらも、復帰が本土経済に与える悪影響を防ぐことをより重視し、沖縄の努力を阻害することになる。六七年、アメリカ系石油会社四社が沖縄に進出するため琉球政府に外資導入を申請した際には、琉球政府が自立経済への材料として歓迎したのに対し、日本政府は本土の石油政策に沿って規制するよう琉球政府に求め、さらにアメリカ資本を直接的に牽制して単独での沖縄参入を阻み、逆に本土資本を中心とする合弁事業による石油備蓄基地を建設させた。また、七〇年二月にアメリカのアルミニウム企業が琉球政府に外資導入を申請した際には、日本政府と本土企業が猛反発し、琉球政府にアメリカ企業を拒絶して本土資本を導入するよう求めた。琉球政府はこれに抵抗したものの、本土側は企業連合による対抗参入を計画してアメリカ企業に進出を断念させた上、最終的に参入計画を撤回して、沖縄のアルミ産業導入を頓挫させた。このように、沖縄返還が近づくにつれ、経済面においては沖縄と本土の対立が表出し始めるのである。六七年頃から沖縄の保守勢力の中に強まっていく、本土復帰の前に自立経済を実現すべきとする「復帰尚早論」の背景には、こうした本土との確執が存在した。

革新側にも、新たな亀裂が生じ始める。いわゆる「反復帰論」の主張である。復帰運動を主導した革新勢力の主流派が、政府主導の「核抜き・本土並み」復帰は「あるべき復帰」ではないとしてこれに反対・抵抗する立場をとったのに対し、新川明らを中心とした反復帰論の主唱者たちは、そもそも「日本への復帰」という目標自体が誤りであるとし、従来の復帰運動全体を否定した(8)。反国家・反権力的な哲学に立脚して、日本と沖縄との一体性を前提とした民族主義、ナショナリスティックな感情論に立脚した復帰運動を根本から批判した反復帰論は、沖縄が採るべき具体的な政治構想を提示するものではなかったものの、在るべき沖縄の姿、あるいは革新の新たな在り方に関して、それまで見られなかった方向性を提示するものであったといえよう。しかしながら反復帰論は、イデオロギー色を強めていた革新勢力の多くから徹底的な批判を受けることになる。

第2節　分析

本節では、超党派の大衆運動であった「祖国復帰運動」が、復帰協内部の革新化によって島ぐるみの方針を捨て、革新性の強い「平和復帰運動」へと転換していった理由を確認し、そこで目標がどのように変容したのかを検討する。分析に入る前に、「平和復帰運動」という語について説明しておこう。前章では、日本復帰運動のうち、六〇年代に復帰協に主導された社会包括的運動を「祖国復帰運動」と呼称した。これに対して復帰協が革新傾向を強め安保廃棄・基地撤去を主張するに至った六〇年代終盤以降の復帰運動を、「平和復帰運動」と呼ぶこととする。平和復帰運動は、いうまでもなく革新運動であり、本土の革新勢力とも強い親和性をもつものであった。

日本復帰と「自立」の変容

六〇年代後半の復帰運動は、それ以前の社会包括的運動としての性格を失い、革新運動へと転換する。この変化は、運動を主導した復帰協の革新化によってもたらされた。

改めて確認しておくと、復帰協の加盟政党であった社会党、人民党、社大党の野党三党が六一年の那覇市長選を一つの契機として革新ブロックを形成するに至って、六〇年代初頭には政党レベルにおける復帰協の革新化が明確になっていた。にもかかわらず六〇年代前半を通して復帰協が社会包括的運動を継続し得たのは、その中核であった教職員会などが方針を守り続けたからであった。特に教職員会の幹部は、六〇年代前半を通して島ぐるみ運動の可能性を模索し続けており、六五年の佐藤訪沖に際しても革新政党とは一線を画する対応をした。

しかし教職員会においても、六〇年代前半には若手を中心として革新化傾向がすでに現れ始めていた。そうした中で佐藤政権が沖縄返還に着手したことは、祖国復帰運動にとっては追い風とはならず、むしろその変質を促す契機となった。佐藤訪沖への態度に典型的に見られたように、沖縄の革新勢力は、日本復帰を求めながらも、自らの独立と安全保障のために沖縄を犠牲にしてきた日本政府、自民党政権に強い批判を向けていた。自民党政府が沖縄返還に取り組めば、政治的対立相手に復帰という運動目標を奪われ、復帰は祖国復帰運動が目指すものから変質しかねない。そこで焦点となったのは、米軍基地の扱いである。この時点では祖国復帰運動全体の目標としていまだ公式に掲げられてはいないものの、復帰協内の革新派は安保廃棄と基地撤去という、本土革新勢力の護憲平和主張と重なり合う目標をすでに抱いていた。ところが日本政府が主導する復帰では、基地が維持される恐れがある。いわば、日本政府の参入によって、日本復帰が望まない形に歪められる可能性が生じたのである。このような懸念が、運動が反基地の姿勢を明確化する一因となった。

教職員会が組織として革新野党三党への支持を打ち出した六五年一一月の第七回立法院選挙は、教職員会においても革新化傾向が表出し始める一つの契機であった。教職員会は、その後六六年の教公二法問題を通じて、それまで意識的に政治的イデオロギーを遮断してきた復帰運動に、自ら革新勢力的主張をもち込むようになった。復帰協の中核組織であった教職員会の姿勢変化が、全軍労の加盟により復帰協で労組の影響力が強まったことと併せて、島ぐるみ路線の放棄をもたらした。これにより、復帰運動は革新勢力の運動へと転換し、正面から安保廃棄・基地撤去を打ち出す「平和復帰運動」となっていったのである。

安保廃棄・基地撤去の新方針を初めて正式に採択した六九年の第一四回復帰協定期総会での言説に、革新イデオロギーを読み取ることは容易である(9)。「一九六九年度運動方針」において、国際情勢については、ヴェトナム戦争をアメリカによる侵略戦争として批判し、また資本主義諸国の経済的危機を念頭に、「資本主義国は相互の矛盾と対立をいっそう激化させ、一方社会主義国、被抑圧民族は平和と民主主義をまもるたたかいに大きく前進している」と論じる。また国内情勢に関しては、佐藤政権を「日・米安保体制の長期固定化を図り、日・米軍事同盟の侵略的性格の強化と軍国主義の復活を計っていることが明らか」と非難し、その沖縄政策は「核付き、自由使用を国民におしつけ沖縄の核基地と米軍の無期限統治を肯定しようとしている」と断じる。県内情勢については、前年に初の主席公選によって屋良主席が誕生したことで、「沖縄の民意は日・米両政府の政策とは全く逆であることがわかる」とし、アメリカはいまだ抑圧政策を続けていると非難する。また自立経済に向け屋良琉球政府が歓迎していた外資参入についても、「アメリカは軍事基地を維持するために、石油産業までも独占し米国の国策を遂行し沖縄を経済支配する意図であることは明らかである」として、反対している。そうした主張を重ねたうえで、「復帰運動の目標」として、「対日「平和」条約第三条の撤廃」、「日本国憲法の適用」、「米軍基地撤去」、「日米安保条約の廃棄」という四つの基本目標を示すのである。

以上のような抑圧的資本主義国対社会主義国・被抑圧民族、あるいは日米両政府対沖縄といった図式に濃厚に表れる革新イデオロギーは、六〇年代前半の復帰協が抑制して表出させなかったものであった。六〇年代初頭、島ぐるみを目指しイデオロギー性を排して始まった復帰協が、六〇年代末にはその方針を失い、イデオロギー的な革新組織となっていったことが分かる。

復帰運動にこうした革新化傾向をもたらした要因の一つが、日本本土との関係の深化であった。これは経済面では五〇年代から進み、沖縄の経済成長に大きく貢献した。また土地闘争を一つの契機に本土側の沖縄への関心も高まり、情報交流も拡大した。すでに見たとおり六一年に沖縄に那覇通信局を置いたNHKは、六四年九月にこれを那覇総局へと格上げし、沖縄テレビと琉球放送にテレビ番組の提供を開始した。こうして、本土の情報が沖縄でも入手しやすくなり、情報環境の拡充および本土との情報的一体化が進んでいく。

政党政治においても、すでに見たとおりサンフランシスコ講和以降本土との関係が強まり始め、特に五六年の那覇市長問題を転機として本土政党と沖縄政党の関係緊密化が進んだ。六〇年の立法院選挙や翌年の那覇市長選における沖縄政党と本土政党の協力関係は、そうした状況を端的に示すものであった。結果として、沖縄政党は本土政党との系列化・同化を進めていく。社会党は一九六二年、正式に日本社会党と合流して日本社会党沖縄県本部となり、沖縄自民党は七〇年三月に自由民主党沖縄支部となる。人民党も七三年一〇月には、正式に日本共産党に合流して日本共産党沖縄県委員会となる。またこうした傾向は政党だけでなく、様々な民間団体、運動団体にも見られた。若手を中心とする教職員会の革新化は、本土との交流や本土からの情報流入に促された面があったし、それは労組や学生運動団体においても同様であった。(10)

保革対立軸の変容：革新化と本土化

沖縄と本土の政治的関係深化が、沖縄の政治や社会運動に本土的文脈を移入して、保革対立構造の定着・強化をもたらすとともに、革新勢力の先鋭化・本土化を促した。

すでに見てきたとおり、戦後沖縄の保革対立軸は、そこに固有の状況を基に構成されたもので、その中心的争点はアメリカ統治及び米軍基地への態度にあった。根本的には日本復帰を求める点で保革は一致していたが、アメリカ統治と基地をある程度受け入れ、その条件の下でアメリカから好ましい条件を引き出して繁栄と経済的自立を目指そうとする保守に対し、アメリカ統治を正面から批判・拒否し、政治的自治の拡大や基地撤去を最重要・最優先の目標とする革新という対立構図が成立していた。これは、憲法九条と日米安保への態度を中心争点とする本土の保革対立軸と、部分的には重なりながらも、根本的には異なる対立軸を構成し、完全には合致しなかった。

沖縄と日本、二つの対立軸の差異は、保守側においては、経済の自立を目指す沖縄側と、本土経済を重視する日本側との対立として最も端的に現れ、沖縄の保守勢力、特に経済界において強く意識されたといえよう。日本側にとって、沖縄経済は当然本土の経済事情に従属すべきものであって、沖縄を優先させることはあり得なかった。そのような本土側の認識の下では、沖縄経済の自立が実現する見込みは小さかったといわざるを得ない。この沖縄と本土の間にある懸隔の結果、復帰が近づくにしたがって沖縄の保守勢力は「復帰尚早論」を主張するようになる。保守派は、かつて広く受け入れられていた日本復帰と沖縄の自立を同一視する認識を、経済的現実に基づいて否定せざるを得なかったといえよう。

他方、沖縄と本土の革新勢力の間にも、共同防衛地域問題に表れたように認識ギャップがあった。沖縄に基地負担を押し付けた日米安保に基づく平和を当然視しつつ九条の平和主義を擁護する本土革新勢力の欺瞞的ともいえる姿勢に沖縄との差異を見出すことができよう。沖縄の革新勢力にとって、日本復帰や安保廃棄・基地撤去は、アメリカの統治下から脱し、基地のない平和な沖縄の「自立」という究極的目標を実現するための手段ないし中間目標であった。これに対して本土革新勢力にとっては、沖縄返還／日本復帰は護憲平和と安保廃棄を実現するための手段であった。一見目標を共有していたように見える革新勢力でも、沖縄と本土の間には、少なくとも目的と手段の転倒というギャップがあったのである。

にもかかわらず沖縄の革新勢力は、このギャップを十分に意識せず、むしろ本土革新勢力との共通性を強調して、近づこうとしたといえる。戦後沖縄の状況を作り出し維持してきた責任は、本土の保守勢力・自民党政権のみに帰せられる一方、本土革新勢力の問題性が論じられることはほとんどなかった。確かに沖縄の革新勢力が憲法九条を基地撤去や日本復帰を実現する根拠とし、安保廃棄・基地撤去の「主張を同じくする」本土革新勢力との協力を目指すことは自然な成り行きといえた。しかしそれにより、両者の間にあったはずの差異が十分に意識されることなく見過ごされた。それは目的と手段の転倒であり、あるいは生活の中にあるアメリカ統治や米軍基地に抵抗することと、抽象的な平和主義の実現を求めることとの隔たりであったろう。しかしこの時点においては、そうした差異を探る試みはなされなかった。この差異認識の潜在化は、これまでにも見てきた日本認識の欠落に理由の一端を求めることができよう。この時期に至っても、日本認識の欠落は継続し、復帰運動に大きな影響を与えていたといえる。この点は後に改めて検討する。

また日本認識に関する問題とは別に、ヴェトナム戦争の影響も非常に大きかった。沖縄の米軍基地がヴェトナム戦争に利用されたことは、沖縄の人々に自らがこの新たな戦争の当事者となったと意識させ、封じ込めていた沖縄戦の記憶を甦らせずにはおかなかった。ヴェトナム戦争は、沖縄の人々が共有する忌まわしい記憶である沖縄戦と結びつくことにより、単なる戦争への忌避感のみならず、沖縄が戦争被害をヴェトナムにもたらしているという「加害者意識」をも、人々に抱かせた。こうしてヴェトナム反戦は、保革を超えて強い感情を呼び起こした。自らの意志に反して基地を置かれている沖縄の人々がヴェトナム戦争の被害に対して抱く「加害者意識」は、論理的には必ずしも当然のものではない。にもかかわらずそのような感情が人々の多くに共有されたことは、沖縄における戦争への忌避意識の高さと、沖縄戦に対する恐怖や憎悪の強さを示していよう。またヴェトナム戦争は、沖縄戦体験者による記憶の語りを活発化させ、アメリカ及び日本との関係を問い直す契機ともなった。その意味で、ヴェトナム戦争を一つの契機として、沖縄戦の集合的記憶が形作られていったといえよう。

ヴェトナム戦争を契機とした戦争を拒否する世論の高まりは、特に革新側の反基地、反アメリカの主張に勢いを与えた。その結果、沖縄の革新勢力は本土革新勢力との差異を意識することがないままに協力を深めた。

こうして、沖縄では保革対立軸をめぐって、保守が本土との差異を強く認識したのに対し、革新は本土に接近する形で差異を縮小させた。ここに沖縄の保革対立軸の変容を見ることができる。革新勢力の本土への接近はさらに一体化へと進み、最終的には同化に至る。

こうした変化によって、「島ぐるみ」という体制の下で沖縄の主体性を表出する機会は失われた。これは復帰運動についてのみならず、そのほかの争点についても同様であった。保革対立軸の拘束力が強まり保革の分断が深まったことで、あらゆる争点について島ぐるみを実現することは著しく困難になった。また島ぐるみに代わる新たな沖縄の存在様式は示されなかった。沖縄の主体性を表出する機会が失われたことで、その先にある沖縄の「自立」

への道も、また見出し難いものとなったといえよう。

自立追求としての復帰運動の終焉

沖縄革新勢力の本土化と、それを一因とする保革対立構造の定着・強化は、復帰運動に転換をもたらした。それは島ぐるみの運動方針と、日米安保と米軍基地に対する態度という、密接に関係する二つの側面で顕著であった。

保革の対立激化と自身の革新化によって、復帰協加盟組織の間ではもはや保守勢力との共闘はできないとの認識が優勢となり、島ぐるみ方針は支持を失っていく。屋良教職員会会長や喜屋武復帰協会長をはじめとする教職員会や復帰協の幹部の中には社会包括的な島ぐるみ方針を維持しようとする穏健派もいたものの、革新三党や教職員会、労組が革新化したことで、その影響力は減じられていく。ヴェトナム反戦は大衆レベルにおいてこうした傾向に拍車をかけた。島ぐるみ方針に固執しないなら、その条件であった安保と米軍基地への反対を明確化しないという戦略は意味を失い、反対意見が強まることは必然であった。

さらに、革新陣営は安保廃棄・基地撤去という本土革新イデオロギーを、日本復帰という旧来の主張よりも重視するようになっていく。すでに日米両政府が復帰／返還を主導している状況では、もはや復帰は運動の旗印たり得ない。革新運動としての「平和復帰運動」は、現実の復帰／返還を批判する論理を必要としており、安保廃棄・基地撤去という本土革新勢力の護憲平和主張がそれを提供したのである。これを受け入れることで本土化した沖縄革新勢力にとって、アメリカ統治と米軍基地問題という沖縄に固有の特殊事情についての関心は、相対的に重要性を減じざるを得なかった。

結果として、復帰運動においても、安保廃棄・基地撤去による憲法九条の平和主義実現という本土的な目標が重視されるようになった。六五年八月の佐藤訪沖に際して教職員会事務局長でもあった喜屋武復帰協会長から佐藤総理に提出された「沖縄の施政権返還に関する請願書」(11)は、安保廃棄に言及していない。他方復帰協主催の「佐藤総理に対する祖国復帰要求県民総決起大会」においては、日本政府への六項目の要求の最後で「安保条約を破棄し、アメリカのベトナム戦争を中止させよ」[12]としていた。同年の「復帰運動の具体的目標」は、従来どおり原水爆基地の撤去を挙げ、それと日本復帰の関係を初めて以下のように示した。講和条約「第三条の撤廃は祖国復帰であるから復帰運動の最終目標はこれだけにつきる。しかし基地と施政権はきり離せないとする米国の政策は排他的に沖縄基地を使用することにある。／したがって沖縄基地を弱体化させ、軍備全廃、完全軍縮の国際世論にそうて原水爆基地に反対することは、そのまま祖国復帰を促進することになる」[13]。復帰と原水爆基地撤去という二つの目標の関係について、復帰協内部に議論が生じたことが伺える。

六七年三月の第一二回定期総会においては、「復帰運動の目標」について従来主張してきた原水爆基地の「撤去」に加え、新たに米軍基地一般に対する「反対」を決議した。その上で、「原水爆基地撤去、軍事基地反対」の目標を掲げ、「アメリカの世界戦略は共産圏封じ込めにあり、沖縄基地は中国封じ込めを中心とした、アジアの民族独立斗争に対する侵略と攻撃の基地であり……」と論じる[14]。六八年三月の復帰協第一三回定期総会では、「核基地撤去、軍事基地反対」の目標について、前年まで言及していた復帰との関係を示さなくなる。そして六九年三月の復帰協第一四回定期総会においては、米軍基地全面撤去及び日米安保廃棄の方針を決定する。「軍事基地撤去」の目標を掲げ、米軍基地を「アジア諸国に対する侵略と攻撃の基地」と位置付けて、「アジアを分断し、アジア人民を殺戮し、県民の生命を危機におとし入れているアメリカの沖縄基地は、平和憲法を守り、佐藤自由民主党政府の反動政策を粉砕する立場からも撤去を要求して斗わねばならない」と論じた[15]。「祖国復帰運動」から「平和復帰運動」への転換は、六七年頃に本格化し、六九年には完了したといっていいだろう。

こうして「安保廃棄」と「基地撤去」が新たな目標として掲げられ、単に日本復帰が運動の目標ではないことが明確になる。復帰協は目標を安保廃棄・基地撤去を主張する「平和復帰」へ全面的に転換し、「祖国復帰運動」は「平和復帰運動」へと完全に変容する。アメリカ統治から脱却して沖縄の自立を実現するための日本復帰は、実現が近づくにつれて十分な目標ではないことが意識されるようになった。また運動の革新化、本土化が進むと安保廃棄・基地撤去という本土革新勢力と共通の目標が重要性を増し、今度はこの目標こそが沖縄の自立をもたらすものと位置付けられたのである。

日本復帰とイデオロギー対立

以上のように、復帰協は六〇年代中盤以降、佐藤内閣の沖縄返還への取り組みやヴェトナム戦争の影響なども受けながら、革新化傾向を強め、島ぐるみ体制の道を放棄した。これにより、沖縄を一つにまとめ得る目標であった日本復帰はその効力を失い、むしろ復帰の内実をめぐって沖縄を分断するようになっていった。それ以降の日本復帰は、安保・基地に対する態度を中心的争点とするイデオロギー対立の場へと変質していく。

しかし、日本復帰が実現に向かう中で、島ぐるみの可能性が失われて沖縄が分断と対立へと至ったことは、必ずしも不可避の帰結ではなかったように思われる。

日米両政府が進めた日本復帰／沖縄返還に対しては、革新勢力のみならず沖縄の保守勢力の中にも批判的意見があった。復帰が近づいても経済的には「本土並み」の実現は遠く、本土との経済格差は解消されそうにない。日本政府からの経済援助こそ増額されたものの、産業振興においては妨害ともいうべき扱いもあり、自立経済の建設は不十分と言わざるを得ない。そうした状況で復帰によって本土と経済的に一体化すれば、沖縄の産業は本土との競争で苦境に陥り、経済的自立は一層遠退きかねない。日本復帰が必ずしも沖縄に経済的自立や繁栄をもたらすとはいえなかった。保守派の一部が唱えた「復帰尚早論」の背景には、そうした経済的懸念があった。日本復帰が必ずしも沖縄の自立に繋がらないという現実を直視したのは、経済的側面から復帰の現実を捉えようとした保守勢力の方が、革新勢力よりも早かったかもしれない。

いずれにせよ、革新勢力と保守勢力はいずれも、現実の復帰に不満を抱えていたことは強調されてよい。そうした中にあって、屋良のような復帰協旧主流派をはじめとする人々が、復帰を最も好意的に受け止め、受け容れていた。しかし彼らでさえも、復帰を全面的に肯定していたわけではない。基地の存続などに不満は残るものの、アメリカの統治下におかれ続けるよりは日本に復帰した方がましだという、ある意味で消極的な肯定ともいえる態度が、その実態であった。復帰に対する沖縄の人々の感情は、期待と不満が入り混じる実に複雑なものであった。復帰直前の七二年五月初旬にNHKが行った「沖縄住民意識調査」では、復帰に「期待する」との回答が五一％であったのに対し、「期待しない」は四一％と、期待が上回りつつも不満も無視しえない広がりをみせていた。また、第II部の冒頭にも示した、復帰後の七三年に実施された沖縄住民に対するNHK世論調査では、復帰を肯定的に受け止める回答が三八％に留まったのに対し、否定的な回答が五三％に上った(16)。

この広く共有されていた復帰に対する不満は、復帰後のあるべき沖縄について、改めて島ぐるみの要求を日本やアメリカに示す出発点となり得たであろう。本土との経済格差の解消は沖縄の全政治勢力が共有する主張であった。また米軍基地負担の軽減も、多くの勢力が一致する要求となり得た。基地反対は沖縄における圧倒的多数意見であった。屋良に代表される社会包括を目指す人々は、革新派が主張する即時の安保廃棄・基地撤去は容易に実現できず、即時撤去ではなく段階的縮小が現実的と考えていた。実際六八年の主席選における屋良の選挙運動は、そうした判断から、日本復帰を遠ざける恐れがある革新色を抑制して進められた。革新派も、基地の即時全廃が見込めない場合には、段階的縮小を経て全廃を目指すこともできた。また保守派も基地がもたらす経済的な恩恵を重視したのであって、基地を無条件で受け入れる者は稀であり、漸進的な基地負担の軽減や基地削減を望む者は少なくなかった。経済的格差の解消や、基地負担の減少、基地の段階的縮小が、新たな島ぐるみの目標となりうる可能性は、少なくとも論理的には存在したはずである。

しかしながら、そうした島ぐるみ体制の可能性は、復帰が実現へと向かう六〇年代末には政治的に閉ざされていた。本土化の影響などにより固定化、深刻化した保革対立は、政治的妥協の余地を著しく狭めた。保守勢力は、イデオロギー的主張を押し出す革新側に反発と警戒を強め、革新勢力は復帰尚早論を唱える保守勢力をアメリカ統治の手先と断じた。また革新側には、安保廃棄と基地撤去を一体の目標と捉える傾向があり、段階的縮小論のような選択肢はあまり検討されなかった。この背後には、安保廃棄のような根本的変革が無ければ基地撤去も不可能であるという、本土革新勢力にもあった革命主義的な信念があったように思われる。そして何より、かつて島ぐるみを主導した社会包括派の影響力は、復帰協内でも衰退していた。主席就任後の屋良の施政に対し、その支持母体であったはずの革新側から度々強い批判が浴びせられたことは、この変化を物語る。六〇年代末以降の沖縄政治においては、保革を架橋する力をもった社会包括的な勢力は存在感を減じていた。かつて島ぐるみ運動を実現したリーダーシップは、沖縄政治の本土化によって失われたのである。

保革の対立構造が政党レヴェルを超えて浸透・確立し、「祖国復帰運動」が革新化して、両勢力の対立が激化していった六〇年代末に、沖縄が本来もちえたはずの可能性は捨象され、復帰運動の目標は幅広いニュアンスを含む「日本復帰」から、革新イデオロギー的な「平和復帰」へと縮減した。そうしたイデオロギー的態度の前では、保守派の「復帰尚早論」はもちろん、屋良主席らが維持しようとしたより穏健で現実的な方針も否定されざるを得なかった。

第3節　検討

前節では、六〇年代中盤以降に復帰協及び「祖国復帰運動」が革新化して「平和復帰運動」となる過程で、革新化が復帰運動に与えた影響と、それによる運動目標の変化について検討した。以下では、前節の議論をもとに「復帰運動は何を目指していたのか？」という問いに改めて答えた上で、復帰運動が最後まで解消できなかった難題、「日本認識」をめぐる問題について考察する。

問いへの答え

ここまでの議論を通じて、復帰運動の目標が六〇年代後半に転換したことを確認した。端的にいえば、六〇年代前半までの復帰運動は社会包摂的な方針によって「日本復帰」そのものを最大の目標としていたが、六〇年代終盤にはより革新的な「平和復帰」を目標とするようになったのである。

沖縄の復帰運動は、一貫してアメリカ統治からの脱却を目指してきたということができる。沖縄の人々の意思を無視したアメリカ統治からの解放こそが、復帰運動が何よりも求めたものであった。さらに、アメリカに限らず外部権力による沖縄支配は近世から続いてきた。外部権力は薩摩藩であり、大日本帝国であり、日本国政府でもあった。そうした統治からの解放は、復帰運動の究極的目標である沖縄の「自立」を意味していた。

ただし、その大目標は、現実の政治状況の中で直接的に表現されることなく、象徴的に別の目標に仮託されて表現された。日本復帰の主張には当初から「自立」とは矛盾する「日本との一体化」を求める傾向も併存し、それは解消されることなく潜在化したままであった。六〇年代前半までの運動目標であった日本復帰とは、そのような内実のものであったといえる。

第7～9章を通じて見てきたとおり、六〇年代初めまで、「日本復帰」の実現という目標は、基本的に沖縄の自立を阻むアメリカ統治からの脱却を実現するために掲げられたものであった。この目標に向け、屋良ら教職員会幹部は党派性を廃した社会包摂的な方針によって復帰協を主導し、超党派的運動方針による島ぐるみの祖国復帰運動を志向したのであった。

ところが六〇年代中盤以降、復帰運動の革新化と、本土保守政権の沖縄返還着手によって、この目標に変化が生じた。日米両政府が基地を残存させたまま施政権を返還しようとしたことに対し、教職員会などの復帰協加盟団体は、安保廃棄・基地撤去という従来以上に強硬な反米的主張を掲げて、本土革新勢力との共闘に重心を移す傾向が強まった。こうして復帰運動は革新化傾向を強め、革新運動として「本土化」していくことになった。その結果、安保廃棄・基地撤去という本土革新的な運動目標が、平和復帰として重視されるようになった。運動の目標が、社会包括的な日本復帰（ないし祖国復帰）から革新運動的な平和復帰へと転換したのである。

これにより復帰協を中心とする運動勢力と沖縄保守勢力や本土保守政権との間に復帰の内実をめぐる対立が生じて、島ぐるみ運動の可能性も日本政府との連携の可能性も閉ざされた。それまで沖縄の復帰運動を主導してきた社会包括的な方針は力を失った。沖縄に無視しえない形で存在したはずの非イデオロギー的な島ぐるみの可能性は政治的基盤を失い、これ以降長らく潜在化を余儀なくされることになる。

ではこの祖国復帰から平和復帰への転換は、沖縄の自立という究極的な目標を、異なる表現で再提示するものであったのか？　それとも目標自体の変質を示すものであったのか？　この点について考えるためには、次の論点の検討が必要であろう。

日本認識の問題

革新イデオロギーの濃厚な「平和復帰運動」は、決定的な内部矛盾を抱えていた。帰る先である日本は、アメリカによる沖縄統治を受け入れて日米安保によって基地使用を許し、沖縄の犠牲の下で自己の安全保障を確保してきた国家である。日本は、アメリカと同様に沖縄の受け容れがたい現状を作り出し維持してきたもう一つの外部主体といわざるを得ない。この不都合な事実は、日本復帰論が抱えた最大のアポリアであり、祖国復帰運動も平和復帰運動も当初からこの問題を抱え続けてきた。六〇年代末、運動が革新化したことによって、矛盾は深刻化したといえよう。

もちろん、運動内部でも日本国家の問題性は認識されていた。それは六五年の佐藤訪沖の際に復帰協執行委が策定した「佐藤総理訪沖対策要綱」にも示されている。「日本政府は沖縄県民を太平洋戦争における本土の防波堤とし、大きな犠牲を負わしながら戦後二十年の今日まで沖縄県民の意志を無視して米国軍事的植民地支配下に放置し、原水爆基地としてたえず戦争の恐怖の中にさらしてきた事に強い抗議をする」[17]。祖国復帰運動は、沖縄の現状を生み出したのは日本国家ではなく保守政権であるとの認識によって、この矛盾を回避しようとした。しかしこうした姿勢は、例えば日本国内において日米安保に対する支持が概して高かった事実、あるいは安保改定時に野党までもが沖縄を共同防衛地域から外すことに賛成した事実に照らせば、その妥当性に疑問が残るものであった。

しかし、佐藤内閣が沖縄返還に取り組み始めると、平和復帰を求める運動と、安保・基地を維持したまま返還を受け入れる保守政権の対立が顕在化した。保守政権という分かりやすい「敵」を得て、平和復帰を目指す革新的復帰運動は高揚した。この結果、本来復帰運動が抱えていた不十分な日本認識という問題が、自覚されづらくなったといえる。

この日本認識の不十分性が最も象徴的に表れるのが、沖縄と本土の革新勢力のギャップに対する無自覚である。すでに見たとおり、沖縄の革新勢力にとって、日本復帰や安保廃棄・基地撤去が沖縄の「自立」を実現するための手段であったのに対し、本土革新勢力にとって沖縄返還は護憲平和と安保廃棄を実現するための象徴的争点であった。このギャップは、例えば以下のような思考実験的な仮想の問いによって意識することができるだろう。仮に、沖縄の復帰運動が安保廃棄を主張せず、復帰と基地撤去のみに関心を集中していたら（それでも沖縄の人々の多くが満足する復帰、すなわち沖縄の「自立」はある程度実現し得ただろう）、本土革新勢力は共闘しただろうか？　あるいは、日本復帰を果たし米軍基地は撤去され日米安保は維持されているという状況になったとして、復帰運動に参画した沖縄の人々は安保廃棄を求める運動を継続するだろうか？　サンフランシスコ講和に向けて本土の米軍基地が大量に沖縄に移設されたように、沖縄の米軍基地を全て本土に移設するよう主張してはいけないのか？　しかしながら沖縄の革新勢力は、ギャップの意識化、あるいは日本認識の更新を行うことができなかった。

平和復帰運動が安保廃棄・基地撤去を主要な主張としたことは、日本復帰が「アメリカ統治からの脱却」から、「革新勢力の日本」への復帰へと、目的を転換したことを示すと考えられる。祖国復帰運動の革新化は、そもそもの目標を本土革新勢力の目的へ同化させたといえよう。日々の生活を脅かす米軍基地の撤去と日本復帰を主目標とする沖縄の復帰運動と、護憲平和の理念を実現するための安保廃棄を至上目的とする本土の革新勢力の間には、無視しえない相違が存在していた。しかし沖縄の復帰運動は、本土の革新勢力との差異を十分に意識することはなかった。

この差異に対する無自覚は、根本的には、これまでにも触れてきた日本認識の欠落を原因とするといえよう。アメリカ統治への反発に隠れ、日本に対する認識が十分に熟成されず、過度に理想化された日本像が流布して、本土とのギャップは軽視され、運動にとって不都合な可能性は意識されなかった。その結果、復帰勢力は憲法九条を絶対視して日米安保体制を否定する本土革新勢力の政治的イデオロギーを受け入れ、組織の性格と運動は変容していった。教職員会のほか、労組や学生団体といった沖縄の革新団体は本土の団体との関係を深める中で、それまでの自らの信条や運動を「誤り」として反省・否定し、本土のそれを「正しい」ものとして受け入れ、自らの信条や運動を「修正」していった。沖縄の事情に沿った沖縄的な革新運動が、本土左派とのイデオロギー的同化によって少なくとも部分的に否定されるようになったのである(18)。

教職員会についていえば、その典型例として日の丸掲揚運動や護国神社再建運動を挙げることができる。教職員会が、五〇年代前半から祖国復帰運動を進める中で、民族主義的主張に基づき、若年層の啓蒙のため「日の丸掲揚運動」を積極的に展開した結果、日の丸が復帰運動の象徴となった。例えば六一年には教職員会の呼びかけにより、元日から三日にかけて沖縄全土の家庭と学校で日の丸を掲げる運動が行われた。しかしその後本土の革新勢力との関係が深まるにつれ、そのイデオロギーを受容した教職員会は日の丸掲揚を好ましくないとし、十分な総括もないままに実施しなくなる。また教職員会は、戦傷病者戦没者遺族等援護法の沖縄への適用や対象拡大に向けた運動のために(19)、五〇年代終盤から沖縄県護国神社再建運動に関与し、屋良や喜屋武が沖縄県護国神社復興期成会の役職に就くなど、護国神社関連団体の役職に会員が名を連ねていた。しかし六〇年代後半に革新化が進むと、教職員会はこうした団体との関係を断っていく。

このように本土の革新イデオロギーが沖縄の運動に浸透すると、沖縄と本土の革新勢力にあった差異は捨象され、沖縄側が本土側に同化していった。この意味で、復帰運動の革新化は、沖縄革新勢力の「本土化」として起こったといえよう。従来別個に存在した沖縄と本土の保革対立軸が、少なくともその一方の端、革新側においては重なるようになった。沖縄政治においても、本土と同様の保革対立軸が部分的に成立したのである。この結果、復帰運動が当初もっていた固有の目標であった「自立」は後景化して重要性を減じ、代わりに本土革新勢力と共通の平和復帰がより重要な目標とされたといえる。

平和復帰運動は、結局「本土化」によって沖縄固有の文脈を失ったことの是非を問い直す契機をもたなかった。この問題を最も明確に認識し批判したのが、新川明、川満信一ら沖縄の革新派知識人による「反復帰論」であった。復帰運動は沖縄が求めていたはずの「自立」を実現するものではなく、むしろ日本への依存ないし従属をもたらした、との批判である。しかし、その批判が復帰運動の主流派に届くことはなく、むしろ反復帰論には激烈な批判が加えられた。保革のイデオロギー的対立の中で、沖縄が復帰運動を通して真に求めたものは何であったのか。その内実を問い直す機運が広がることはなかったのである。この問題の重要性が沖縄の人々に広く意識されるようになるのは、七二年の復帰後、「日本の中の沖縄」が抱える問題が意識され始め、改めて沖縄の在り方を問い直さざるを得なくなってからであった。

注

（1）本節の記述は、櫻澤誠『沖縄現代史——米国統治、本土復帰から「オール沖縄」まで』中央公論新社、二〇一五年、新崎盛暉『沖縄現代史　新版』岩波書店、二〇〇五年、佐道明広『沖縄現代政治史——「自立」をめぐる攻防』吉田書店、二〇一四年のほか、他の注に挙げた先行研究に依拠している。ただし煩雑を避けるため、各事実関係については直接引用を除き出典を明示していない。

（2）教公二法問題の経緯については、櫻澤誠「戦後沖縄における保革対立軸の成立と「島ぐるみ」運動――教公二法問題を中心に」『年報政治学』第六一巻二号、二〇一〇年、二五五―二七七頁を参照。

（3）一九六三年の改組までは全軍労連。

（4）本段落の二・四ゼネストに関する記述は基本的に、平良好利『戦後沖縄と米軍基地――「受容」と「拒絶」のはざまで　1945～1972年』法政大学出版局、二〇一二年、二五二―二五八頁。前掲櫻澤誠『沖縄現代史』一三八―一三九頁による。

（5）改選毎に一議席が割り振られ、二位当選者が三年後の改選対象者となり、一位当選者は六年の任期を得ることとなっていた。

（6）衆院選にはこのほか公明党が友利栄吉を擁立したものの、落選した。

（7）以上に示した国政参加選挙の結果につき、前掲櫻澤誠『沖縄現代史』一四一―一四二頁参照。

（8）新川明『反国家の兇区』現代評論社、一九七一年（『増補版』社会評論社、一九九六年）。小松寛『日本復帰と反復帰――戦後沖縄ナショナリズムの展開』早稲田大学出版部、二〇一五年。

（9）本段落で触れる復帰協第一四回定期総会の内容及び引用については、沖縄県祖国復帰闘争史編纂委員会編『沖縄県祖国復帰闘争史　資料編』沖縄時事出版、一九八二年、四六六―四六九頁による。

（10）沖縄の学生運動のこうした傾向については、芝田秀幹「「沖縄闘争」研究序説――一九六〇年～祖国復帰の「沖縄」を巡る学生運動」『沖縄法学』第四七号、二〇一九年、三一―八〇頁参照。

（11）「復帰関係資料　他」（読谷村教育委員会所蔵「沖縄戦後教育史・復帰関連資料」06132）。

（12）「復帰関係資料　他」（読谷村教育委員会所蔵「沖縄戦後教育史・復帰関連資料」04887）。

（13）前掲沖縄県祖国復帰闘争史編纂委員会編『沖縄県祖国復帰闘争史　資料編』二一二頁。

（14）同前、三三九頁。

（15）同前、四六九頁。

（16）この世論調査結果については、河野啓・小林利行「復帰四〇年の沖縄と安全保障――「沖縄県民調査」と「全国意識調査」から」『放送研究と調査』第六二巻七号、二〇一二年、三頁による。肯定的な回答は「よかった」と「まあよかった」の合計であり、否定的な回答は「非常に不満である」と「あまりよくなかった」の合計。

（17）前掲沖縄県祖国復帰闘争史編纂委員会編『沖縄県祖国復帰闘争史　資料編』二三一頁。

（18）例えば、一九六〇年代から復帰までの沖縄の学生運動についてその一面を詳述した芝田の研究は、このようなイデオロギー的同化の好例を示している。前掲芝田「「沖縄闘争」研究序説」。

(19)　戦傷病者戦没者遺族等援護法は、戦傷病者や戦没者遺族に年金や一時金を支給する法律で、一九五二年に本土で成立し、日米両政府の協議により五三年から沖縄住民にも適用されるようになった。同法及び恩給法の支給対象者は、厚生省の協力の下、靖国神社の祭神として祀られたため、同法に関する運動と沖縄県護国神社の再建が結びつくことになった。

第11章　沖縄にとっての日本復帰が示すもの

第II部の最後となる本章では、ここまでに行ってきた検討に加え、復帰後の状況にも簡単に触れながら、沖縄にとって日本復帰とは何だったのか、という問題について検討する。

復帰実現と本土化の完成

復帰が実現して共通の目標が消滅し、また社会包括的リーダーシップが影響力を失うと、沖縄の保革対立は強固となり妥協が困難な状況が固定化した。これにより沖縄は、九条と日米安保を中心的争点とする原理的保革対立が成立していた本土と、かなり似た政治構造をもつに至ったといえよう。この意味で、沖縄の日本復帰は、五〇年代から徐々に進展し、六〇年代中盤以降に明確になった政治的本土化を完成させたといえる。これ以降、沖縄と本土との目立った政治的相違は、基地問題を中心とする保革対立と、独自の地域政党である沖縄社会大衆党の存在のみとなったといえよう。

復帰後の沖縄における保革の中心争点は米軍基地への態度であり、補助金も含む基地関連収入に依存する経済構造への態度を副次的な争点とした。政治的にはアメリカ統治からの脱却が実現したものの、基地問題は残され、また日本政府との関係の中で「自立」をめぐる新たな問題も生じ始めた。経済面では、いまだ本土との格差は大きく、製造業の弱さから自立的経済構造を実現できていない中で、いかに経済振興と自立を目指すのかという問題が積み残されている。基地の即時撤去を求めるのか、それともある程度受け入れて基地収入や政府の沖縄振興策を得るのか。経済振興と自立のバランスをどう取るのか。日本復帰によって一層強固になった沖縄の保革対立は、積年の課題にも沿っていたといえる。

しかしながらこうした二項対立的な政治状況は、必ずしも人々の態度を反映したものとはいえないだろう。特に米軍基地に関しては、保革を問わず、撤廃を望みつつも即時の実現は難しいとの理解が六〇年代前半からある程度共有されていた。保革対立が定着した六〇年代後半に至ってもこうした傾向は消えず、単純に保革二元論で割り切れる状況ではなかった。基地が必ずしも決定的な対立争点になり切らない状況は、復帰後にも継続していたと見てよいだろう。基地問題という争点については、人々の意識においては保革の妥協の余地も消え去ってはいなかったものと思われる。

にもかかわらず、政治構造の本土化と社会包括的リーダーシップの消滅により、妥協の余地は著しく狭められた。基地の段階的撤去のような、潜在的合意可能性がある争点は、政党政治でも運動でも、顕在化されにくくなったのである。この意味でいえば、日本復帰＝本土化の完成は、沖縄における島ぐるみの可能性の縮減を意味していたということができよう。

沖縄は日本復帰を果たしたものの、その過程で社大党を除く各政治勢力が本土の系列と化し、保革対立構造を本土と共有したことによって、固有の政治的機会を日本政治へと注入し反映させる重要な可能性をつかみ損ねた。沖縄は、政治的に本土へ取り込まれて独自性を著しく減じ、「日本の一部」となった。日本復帰によってアメリカ統治から脱したものの、日本化によって「国際存在」沖縄が目指した自立的な存在様式としての「島ぐるみ」は有効性を失った。日本復帰は沖縄の自立に近づく道であったのか。この点については次項で検討する。

さて、妥協困難な保革対立構造は、その後の沖縄政治を長らく規定し、基本的には今日まで継続している。その克服には、大別して二つのシナリオを想定できるだろう。一つは、沖縄ないしは日本に大きな政治変動が生じ、対立構造自体が変化を被る場合である。もう一つは、対立軸を構成する争点をめぐる状況の変化などによって、人々の態度に大きな変化が生じる場合である。これらはいずれも、九〇年代以降にある程度現実化したといえる。

第一のシナリオに関していえば、日本政治では、八〇年代から憲法九条や日米安保の重要性が相対的に低下し、これに代わって主に経済政策や福祉国家政策、新自由主義をめぐる争点が重要性を増してきた。また九〇年代には、冷戦の終結を一つの契機に五五年体制の終焉とその後の度重なる政界再編という、大きな政治構造・政党システムの変化が生じた。これらの変化によって、日本政治における保革対立構造は五五年体制下から変化し、その規定力も減じたとされる。ただし、選挙制度改革による二大政党化や党執行部の優位化の影響もあり、現状においては保革対立的な政治構造の今後は不透明である。

こうした変化の影響は、沖縄の政治構造に対しては限定的なものに留まり、五五年体制的な保革対立構造が残存した。これは復帰以降も沖縄には政治的独自性が少なくとも潜在的には存在し続けていた表れといえる。その独自性が、保革の対立構造を維持する方向に働いたのである。沖縄の保革対立構造の中心争点をなす米軍基地が存在し続けている状況では、これは当然の結果というべきかもしれない。

第二のシナリオは、九五年の少女暴行事件を契機とする反基地世論の盛り上がりや、鳩山民主党政権下の普天間基地移設問題によって噴出した辺野古移設反対を中心とする反基地世論に、その実現の兆しを見出すことができよう。こうした出来事を通して世論が醸成された結果、二〇一四年には、保守政治家として長らく沖縄政治に携わり、普天間基地の辺野古移設を推進してきた翁長雄志那覇市長が、一転して辺野古移設阻止、県内移設反対を掲げて知事選に立候補し当選した。この選挙において翁長は、日本共産党、社会民主党、社大党といった革新政党の他、辺野古移設に反対する保守勢力の一部からも支持を受けた。このように、反基地世論を背景として、保革共闘体制が少なくとも部分的に成立したことは、六〇年代末以降続いてきた沖縄の保革対立構造の転換点となりうる、画期的な出来事であったといってよい。

翌年には辺野古移設反対派の団体を糾合して「辺野古新基地を造らせないオール沖縄会議」が結成された。このいわゆる「オール沖縄」は、二〇二〇年の県議会選挙でも最大勢力を維持して、翁長知事及び後任の玉城デニー知事を支え、活動を続けている。第二のシナリオは、九〇年代以降、実現の可能性を示した。ただし、近年は「オール沖縄」における保守勢力の存在感が低下し、革新勢力がその中心を占めて純化する傾向も見える。「オール沖縄」が、保革の対立を超え、島ぐるみを再び実現し得るのか、現状の見通しは明るいとはいえない。

日本復帰と沖縄の自立

結局のところ、日本復帰は沖縄の自立に繋がったといえるのだろうか？

沖縄の人々が「日本復帰」によって実現しようとしたのは、単に政治的に日本に帰属することではなかった。その主張は、多義性や矛盾をはらむ複雑なものであった。当初、「日本復帰」には、抑圧的な統治下にあって正面から反アメリカ統治を主張しづらい中、その目標を代替的に実現するものとして用いられた側面があった。その核心にあったのは、アメリカ統治からの脱却であり、押し付けられた基地の撤去であり、それらによって阻害された経済的自立の実現であった。日本復帰要求は、最も直接的にはアメリカ統治への抵抗であった。ただしそれは政治的帰属の問題のみに回収され得るものではなく、基地に象徴される戦後沖縄固有の社会条件に深く根差した問題とも分かち難く結びついた、幅広い意味での沖縄の自立を求めるものであったといえる。

アメリカ統治からの自立としての日本復帰は、沖縄外部の政治主体による政治的・経済的支配からの解放と言い換えることもできよう。実際、日本復帰は、時に第二次大戦後のアジア・アフリカにおける植民地独立運動や民族解放運動の文脈と関連付けて語られた。このような捉え方は、沖縄の自立を、アメリカ統治からの解放から、より広い地平へと拡張せずにはおかない。近世以降の琉球・沖縄史を考えれば、沖縄が解放されるべき対象には、アメリカのみならず、日本も含まれ得るはずである。この意味で、日本復帰は、ともすれば矛盾をはらむ側面をもつものであった。日本復帰を主張した人々が、このことを全く意識しなかったとは思われない。彼らは、その矛盾をある程度自覚しつつも、目前のアメリカ統治に抵抗するため、敢えてその矛盾を顕在化させず、便宜的・道具的に日本復帰を推し進めた面があっただろう。これが、日本復帰がはらむ複雑さのもう一つの側面である。

このように、日本復帰という主張は、多義性と矛盾をはらんで容易にその全貌を捉え切れない複雑なものであった。その複雑性ゆえに、多様な政治勢力を包摂し、共闘を可能とするシンボルとして機能し得たといえる。運動にとっては、その多義性を維持することが利益になった。

しかし他方で、その複雑さは問題も生んだ。例えば、日本復帰に賛同する人々の目標が一致していなければ、運動組織に亀裂を生みかねない。この差異を潜在化させ、顕在化した場合にはそれによって生じうる亀裂を修復するリーダーシップがなければ、組織は機能不全に陥り、分裂に向かわざるを得ない。復帰協の革新化は、こうした傾向をはらんでいた。あるいは、目標の相違や矛盾を放置すると、運動自体に奇妙な歪みが現れる。復帰運動が一貫して抱えた日本認識の欠落はその一例といえる。革新勢力が民族主義的主張を掲げて日本復帰を積極的に推進したのに対し、保守勢力がそれを批判して慎重な姿勢を示したことも挙げられよう。また、全軍労が、基地の即時全面撤去を主張しながら基地労働者の雇用維持を主張するといった、当事者も自覚していた矛盾にも、その影響を見出すことができよう。

日本復帰というシンボルの複雑性ゆえに、より切実な目標だったはずの沖縄の自立が、十分に意識化されず、明確なヴィジョンを伴わず曖昧なままに留まったのではないか。アメリカ統治、自治の不在、米軍基地の存在、日米安保体制、米軍基地の集中、貧弱な経済力、基地と援助に依存する経済、競争力のない製造業……。こうした諸問題は、相互に密接に関連しつつも、しかし別個のものであった。その全てを一時に解決できるような魔法の解は存在し得なかっただろう。そのような現実の中で、目指すべき沖縄の自立は、どの問題をどういう順序でどう解決することで実現されるのか？　そうした検討が十分に行われなかったといえないか。

復帰運動の過程で、本土化が進むにつれ、従来日本復帰が象徴してきた沖縄の自立という目標が後景化していった。沖縄固有の事情は脇におかれ、本土革新勢力と共通する安保廃棄・基地撤去の主張が優先されるようになった。アメリカのアジア戦略を支え、日本の平和を維持するために、膨大な米軍基地が沖縄に集中し、アメリカ統治が続いてきた。沖縄の人々の意思を無視したこの状況を解消することが、復帰運動が目指す沖縄の自立の重要な核であった。しかし、日本復帰が実現しても基地が無くならなかった時、復帰運動は残る基地問題に対応する術をもたず、安保廃棄・基地撤去を実現しない日本復帰に反対する、という態度しか取り得なかった。沖縄の自立という目標を後景化させた復帰運動は、復帰実現後に沖縄の自立を目指す活動を継続することができなかった。

保守勢力においても、状況は似通っていた。当初は自立経済の実現を目指しながら、基地依存や援助依存によっても一定の経済的繁栄が実現されるようになると、自立よりも繁栄を優先するようになり、外部依存を強めて自立を志向する取り組みは疎かにされた。本土との格差を理由とした「復帰尚早論」も、本土の援助を獲得するために利用された側面も目立つ。後の西銘保守県政に典型的に見られるように、「本土直結」を謳って外部からの資源の導入によって経済振興を図ることが、沖縄の保守勢力の標準的政策になっていく。本土の経済的圧力や市場競争の中で、沖縄経済の自立への道筋は見えない。

こうした問題は、沖縄の過去にのみ関わるものではない。上に示した諸問題は、アメリカ統治を除けば、今日の沖縄が直面する問題そのものといえよう。日本復帰を果たして五〇年を経た沖縄は、アメリカ統治下にあった頃と比べ、こうした問題にどれだけ有効に対処できるようになっているのか。復帰をめぐる沖縄の経験から引き出される示唆は、いまだに有効であろう。

第III部　米軍サイトと沖縄

中村研一

第12章　米軍サイト論

米軍基地とは何であるのか。「米軍基地」という言葉は、聞いた人の心に様々な感情のこだまを響かせる。「基地」と聞くと、「土地を返せ」と書いたプラカードを思い出す人がいる。戦争中行方知れずになり遺骨の見つからない祖父を想起する人がいる。または工事の発注元として記憶している人もいる。「軍用地」の地料で何を買おうかと計算する人もいる。それぞれの体験に応じて「アメリカ軍基地 U.S. military base」という言葉は、多義的な意味を投げかける。第12章ではその米軍基地を、先入観をすべて消去して、ゼロ地点から再検討する。

第1節　定義と順機能

検討の準備として鍵概念を定義し、用語を整理する。「米軍サイト U.S. military site」を「アメリカ合衆国の四つの軍種 military services、すなわち陸軍、海軍、空軍、海兵隊が使用する施設・区域」と定義する。四つの軍種（軍人、軍属そしてその家族を含む）はサイトの使用者と規定する。そしてサイト、基地 base、軍事インステレーションなど類似した概念の意味の相違を整理する。また米軍サイトの現況が、基地の伝統的な観念から大きく変動していることを述べる。そのうえで「サイトの順機能」を分類・例示する。

米軍サイトの定義

米軍サイトは「施設および区域」であり、(1)〜(7)の条件をみたすものと定義する。

(1) 使用権限　サイトは、アメリカ合衆国連邦政府が所有、貸借、または他の法的手段に基づき使用する「施設および区域」である。使用権限を得る手続きや、サイトの財政措置は国防総省が統括している。

(2) 使用者　サイトの使用者や管理責任者は四軍種、すなわちアメリカ陸軍、海軍、空軍、海兵隊である。宇宙軍、州兵、沿岸警備隊が使用するサイトの検討は省略する。

四軍種の間では、サイトの目的や特徴とサイトに対する考え方が有意に異なる。また、サイトを造成・管理する組織体も異なる。以下では、米軍サイトのうち、アメリカ本国以外、すなわちアメリカの海外領土、外国、外国の海外領土に置かれたサイトに焦点を当てる。

複数の軍種が共用するサイトも少なくないが、多くの場合一つの軍種が責任を負っている。たとえば嘉手納空軍基地はアメリカ空軍が管理するサイトである。これを「空軍サイト」と呼ぶ。ただし嘉手納空軍基地の区域内は、陸軍、海軍などの人員・施設・装備なども収容している。「空軍サイト」と呼ぶ際、空軍が主な使用者で管理責任者であることを意味し、空軍専用を意味するわけではない。

(3) 名称　米軍サイトには名称が付される。個々の米軍サイトには固有名がある。日本語では「○○基地」と呼ぶことが慣例であるが、米軍サイトの命名法はそれとは異なる。それぞれの機能・起源に応じ、多様な言葉で、しかも四軍種それぞれの伝統とニュアンスから命名される。アメリカ四軍種の巨大サイトの固有名を例示すると、陸軍では「フォート・レオナード・ウッド Fort Leonard Wood」、海軍では「パールハーバー海軍ステーション Naval Station Pearl Harbor」や「横須賀艦隊活動司令部 Commander Fleet Activities Yokosuka」、空軍では「嘉手納空軍基地 Kadena Air Base」、海兵隊では「海兵隊ベースキャンプ・ペンドルトン Base Camp Pendleton」など（レオナード・ウッド、ペンドルトンは有名な司令官の名）。日本に置かれた米軍サイトの名称例は「陸軍相模総合補給廠 Sagami General

Depot」、「海軍ホワイト・ビーチ White Beach」、「海兵隊キャンプ・コートニー Camp Courtney」など。「○○ Base」という名称はあるが、相対的に少ない。

⑷ 区域・施設　米軍サイトは「区域・施設」の属性として動かない。「区域」には地上の土地、沿海域、海域、空域を含む。その面積と住所が、例外を除き、公示されている。「沿海域 littorals」とは、海兵隊用語であり、外洋から海岸までの「海方向 seaward」と海から直接に支援・防衛できる「陸方向 landward」の二つを一体とした領域を指す。たとえば海兵隊金武レッド・ビーチ Kin Red Beach は海方向と陸方向をあわせた区域を構成する。

米軍サイトには、①建物棟群が建てられ、②施設群が設置され、③滑走路・パイプライン・給水管・送電線・柵などの細長い固定構築物が設置・敷設されている。それらは短期間のうちには移動・構築・改廃が困難である。また建物、施設、細長い固定構築物等の概数や資産価値は公表されている。

本章で引用するサイト面積、建物棟数、施設数、資産価値は、とくに断らない限りアメリカ国防総省の毎年公表する *Base Structure Report, 2018 baseline* に基づく。

サイトの概念には動くもの、たとえば戦力を含まない。嘉手納空軍基地には空軍第一八航空団 18th Wing の司令部が置かれ、航空機と人員が駐留しているが、それらは、サイトの使用者であり、嘉手納空軍基地というサイトの概念には含まれない。特定のサイトに配置された方面軍、師団などもサイトの使用者である。同様に横須賀艦隊活動司令部などを事実上の母港とする艦隊などは装備・兵器・兵員とともに動くことができる。これらはサイトの使用者であり、動かないサイトとは定義上区別する。

航空母艦などの艦船、大型輸送機など航空機には、地上サイトと同じ使用機能を持つものがある。それを「動くサイト」と呼んで地上の「動かないサイト」から区別する。そして「動くサイト」はサイトの概念には含めないこととする。含めない理由は第一に、「動くサイト」とは比喩的表現であり、仮にそれらをサイトに含めると、サイト概念の論理的一貫性が失われてしまうためである。また第二に便宜的理由がある。たとえば日本の領空にアメリカ軍の巨大輸送機が出入りするたび、また日本の領海に航空母艦に出入りするたびに、日本における米軍サイト数が増減するという分析上の不都合が生じる。

(5) コンパクト空間　サイトの施設および区域は原則として一つのコンパクトな空間を構成する。また一つの施設および区域と一つの名称が一対一に対応する。したがってサイトは一個、二個と数えることができる。ただし複数のサイトが隣接することはある。たとえば沖縄の海兵隊サイト「キャンプ・シュワブ Camp Schwab」と「キャンプ・ハンセン Camp Hansen」とは隣接し、合わせて一つの訓練場として使われる。サイトの一つである「貯油所 POL Depots」は、パイプラインでつながれた形状が複雑になり、単一のサイトとしては例外的にコンパクト空間をなしていないものがある。複数の燃料貯油所およびパイプライン網を一括して一つのサイトとみなす。

(6-1) 使用の順機能　サイトには使用者が期待する順機能がある。四つの軍種は個々のサイトを使用することにより効用が得られる。たとえば航空機の搭乗員は、航空サイトから離着陸という効用を、貯油サイトからは燃料の補給を、弾薬庫からは弾薬の補給を、病院からは病人の治療を期待できる。

(6-2) 使用の逆機能　サイトが使用機能を発揮するのに伴って、たとえば航空機の離着陸に伴う轟音など、「使用の逆機能」が生じ、周辺の市民社会などが被害や損害を受ける。

(7) プレゼンスの象徴作用　サイトは軍事プレゼンスを表示する。ある場所にサイトを置くこと、あるいはある場所に軍事インステレーション（次項で定義する）を構成することによって、関与を高め、態勢を強めたことを、メッセージとして伝達する。また、反対にサイトをある場所から撤退させ、または軍事インステレーションを解体することによって、関与を低め、態勢を弱めたことをメッセージとして伝達する。たとえば嘉手納空軍基地は、その存在と活動を展示することによって「アメリカ軍は撤退しません」というメッセージを、日本・中国・沖縄・台湾などの諸政府や人々に伝達する。

用語の整理

本章は、分析の基本単位として、基地ではなく、サイトを用いる。その理由の一つは、言葉の次元の問題である。日本語の基地もアメリカ語の base も日常用語として頻用される。しかし、日本語の基地と英語の base は意味合いが異なる。そこで日本語の基地と英語の military base, military site, military installation との対応関係を整理しておく。

ベース base とは、とくにアメリカ陸軍と空軍が、地上施設の一形態を指す語として用い、主に基点とする場、ないし根拠地を意味する。陸軍では、base の他に類似語としてフォート fort、キャンプ camp、バラック barrack などがあり、それぞれに施設の形態を指し、ニュアンスが異なる。

アメリカ空軍は主要な航空サイトを空軍基地 air base と呼ぶ。しかし同じ使用機能の航空サイトを、海軍や海兵隊では航空施設 air facility、航空ステーション air station などと呼ぶ。

またアメリカ海兵隊の場合には、ベースキャンプ base camp という語によってその主要サイトの一つを表現している。

陸軍、海軍、空軍、海兵隊に共通の用語としてはベース base よりもむしろ、サイト site およびインステレーション installation の語が用いられる。

英語の軍事インステレーション military installation は、司令官が任務命題を遂行するための一つまたは複数のサイトおよび戦力より構成される。たとえばグアム島におけるアメリカ空軍では、第一に、アンダーセン空軍基地司令官には任務命題 mission statement が与えられ、「西太平洋地域の空域と宇宙空間において利用・配備・収容する米合衆国の戦争能力を発揮するプラットフォーム lethal warfighting platform たること」を命令されている。第二に、この任務命題を遂行するために、アンダーセン空軍基地の司令官は、サイトとしては、「アンダーセン空軍基地」とともに、それに近接して存在し、別個の固有名をもつ複数のサイト群（アンダーセン行政区域、同石油精製貯蔵区域二カ所、同給水区域など）を一括して活用する。どのサイトを活用するかは、任務命題と状況に応じて異なる。第三に、アンダーセン空軍基地には、二〇〇六年四月以来空軍三六航空団などが集結する。ただし、サイト群の長（アンダーセン空軍基地の司令官）と動員される戦力の長（空軍三六航空団の司令官）は同一人物とはかぎらない。また集結する戦力は時と状況に応じて変化する。

日本語の日常用法では、たとえば「アンダーセン基地」「横須賀海軍基地」「沖縄海兵隊基地」という語がしばしば使われる。しかしこれらを固有名とするサイトは存在しない。この場合、「任務命題によって一括されたサイト群と集結する戦力」の総称、すなわち軍事インステレーションと解釈することが可能である。

日米安保条約にも日米地位協定にも「基地」の語はない。日米安保条約第六条は「アメリカ合衆国は、その陸軍、空軍及び海軍が日本国において施設及び区域を使用することを許される」と規定し、「施設及び区域 facilities and areas」を、国有地、公有地、私有地を問わず、アメリカ軍に使用させる（「提供」と称する）ことが安保体制の核心であることを表現している。この「施設及び区域」は米軍サイトの定義(1)(2)(4)と同じである。安保論議における「基地」はすべて「米軍サイト」と読み替えることができる。

アメリカ国防総省は、毎年 Base Structure Report（以下 *Base Structure Report 2018 baseline* を *BSR2018* と略記する）を公表し、アメリカ軍が使用するサイト、すなわち「施設および区域」を一覧表にし、その面積、建物棟数、資産価値などを公示している。それは防衛施設庁の米軍基地コード番号に基づく一覧表と、一部で異なるが、ほぼ一致している。他の資料と数値が異なることもあるが、以下、議論の一貫性のため、サイトの面積、建物棟数、資産価値はとくにことわらない限り、*BSR2018* による。

四つの変動トレンズ

「基地」に換えて、米軍サイトを分析の基本単位とする理由の一つは、伝統的な基地イメージ、陸軍でいえば砦《フォート》イメージ、海軍でいえば港《ポート》イメージから、サイトの形態や機能が多様に拡散したことによる。

まず日本語の基地の伝統的観念を確認する。『広辞苑』第六版によれば、基地とは「軍隊・探検隊などの行動の基点となる根拠地」である。[1] この基地の概念は三つの場を想定している。①軍隊、探検隊の本国である。軍隊・探検隊はそこから出発してきた。②基点となる場 base である。軍隊、探検隊はいまその根拠地にいる。③行動の目的地である。たとえば敵と戦う戦場、エベレストの頂上を目指して出発し、帰途には根拠地②を経由して、本国①に戻る。この語は、基点となる根拠地を指し、人やモノや情報が①⇕②⇕③と双方向に移動・輸送・連絡すると前提している。

次に英語の military installation 観を要約しよう。アメリカ統合参謀本部が編纂した *Dictionary of Military and Associated Terms*, 1979[2] によると「military installation」は、次の通り。

A　そこから作戦が企図され、あるいは作戦が支援される場所。作戦基地。

B　兵站《ロジスティックス》あるいは他の支援を提供する施設の存する区域あるいは場所。兵站基地。

ここでも三つの場が前提される。①後方の策源地である。③作戦軍が戦うべき場であり、兵站線が到達すべき場である。②の military installation は、①と③の連絡線上に置かれた作戦と兵站を企画・支援する場である。military installation には、A作戦基地（情報を集約して、戦術・戦略の決定・変更を行う）、そしてB兵站基地（軍需品を準備・貯蔵し、将兵を宿泊給養させ、傷病者を診療・後送する）の二つの任務が重なっている。そのうえで、military installation の一部分は安全のため砦として要塞化する、という考え方が含意されている。伝統的な基地観は、基地を置くことによって、将兵（傷病者を含む）や軍種品や軍事情報が①⇕②⇕③の双方向に輸送・移動が可能ないし容易になると前提している。

アメリカは大陸国であり、かつては陸軍が軍隊を代表していた。その基地イメージは、フレンチ・インディアン戦争以来砦《フォート》を原型とし、南北戦争をへて一般化した。主な陸軍サイトが現在でも「○○砦《フォート》」という名称をもっているのは、歴史的な事情を物語る。さらに戦線が膠着して長期の消耗戦となった「第一次大戦までは、軍の補給能力が戦争の勝敗を決する主要要因と考えられた[3]」ために、兵站線による①⇕②⇕③の双方向の輸送・移動を重視して、この基地イメージが強化された。現在でも陸上戦闘が消耗戦となった場合には、有効な考え方である。

しかしながら、この陸軍発の伝統的な基地観は、一九三〇〜六〇年以降、根本的に変動し、今日では相対化された。そして、多元的なイメージ群に拡散していく。基地観の変動は四つのトレンドとして表現される。

第一の変動トレンドは、「動くサイト」の登場である。陸軍発の砦《フォート》を原型とする地上サイトは動かない。ところが各軍種は、陸軍自身も含め、それぞれの主力兵器として、「動くサイト」を次々創り出した。「動くサイト」は攻撃目標に接近し、敵が攻撃可能な範囲から退避できる。海軍は、洋上を長期間にわたり遊弋する航空母艦や強襲揚陸艦などを開発・建艦し、それを「洋上を動く基地」と呼ぶ。また海中で長期間潜航し、水中でミサイルを発射可能な巨大潜水艦を建造し、それを「海中の基地」などと形容する。さらに陸・空軍は、長時間にわたり（空中給油機などの助けを借りて）航続可能な巨大な爆撃機や輸送機を「空の砦」、空中航空管制機を「空飛ぶ管制塔」などと呼ぶ。それらは作戦と兵站を企画・支援し、地上サイトの一部を不要にした。

もちろん「動く基地」、「空の砦」といっても、それは比喩的表現である。航空母艦も巨大潜水艦も巨大輸送機も、完全に陸と無関係であることはできない。たとえば航空母艦も帰港する「母港」ないし「事実上の母港」が必要である。「遊弋するサイト」を点検・修繕するための艦船修理廠をもったサイトが不可欠であり、状況認識 situation awareness（敵・味方の存在と自分との間の位置関係を認識すること）を伝達する、たとえば横須賀艦隊活動司令部などが不可欠である。また空母艦載機を修理し、燃料・弾薬を補給する航空サイト、たとえば厚木海軍航空施設 Naval Air Facility Atsugi などが必要である。同様に「飛翔するサイト」であるC130輸送機にとっても、離発着する航空サイトが不可欠である。「動くサイト」を支援し、補完するサイト・システムが陸上に不可欠なのである。これら動くサイトにとって不可欠な地上サイトを以下、メタ・サイトと呼ぶことにする。「動くサイト」によって地上サイトの一部は不要になったが、それとともにサイトにはメタ・サイトという新たな類型が生じることとなった（アメリカ海軍の「動くサイト」とメタ・サイトについては横須賀を例として第14章第1節で述べる）。

第二の変動トレンドは、航空機とミサイルなど飛翔体の発達と、電子電波技術の革新によって、状況認識の対象範囲が飛躍的に拡大したことである。それを航空サイトによって例示しよう。

航空機が発達し、とくに一九三〇年代後半以降には長距離爆撃機が配備された。航空機は空軍のみならず、陸、海、海兵隊にとっても主力兵器となった。そしてすべての軍種は航空機関連のサイトを最も重視し、一九三九〜四五年に爆発的な勢いで航空サイトを造成した。その結果、サイトの主役は、砦・要塞から航空サイトに移った。

航空サイトには長大な滑走路・広い駐機場・照明、機材の修理、貯蔵施設を含む地上施設があり、離着陸の航空経路を設定する。それだけでなく、航空サイトが機能するために航空機に位置情報を伝達する三次元的な認識圏を設定することが重要になる。レーダーや偵察衛星が発達していない時代には、哨戒機や索敵機が定期的に哨戒線上を飛行し、パイロットが肉眼で視認することによって、認識圏を確立していた。レーダーや衛星の発達した時代では、航空管制官が、空域電波圏内に入った航空機や他の航空サイトと交信して、それぞれの位置関係を伝達する。また早期警戒態勢をとるために、防空識別圏を設定して、敵性機などの目標を発見・識別する。航空サイトの設定した認識圏は「空域電波圏」と表現することができる。地上の航空サイトは、滑走路などの二次元的な区域を占めるが、その存在理由は三次元的な空域電波圏を構成する点にある。技術の発達により一つの空域電波圏が広くなるのに応じて、不可欠な航空サイトの数も少なくできる。

この空域電波圏は、航空基地内の航空管制塔とその電子装置のみに支えられているわけではない。航空サイトの外に位置する電波通信システム、すなわち空中航空管制機、通信衛星、偵察衛星、レーダーサイトなどに支えられている。これらを電波通信サイト群と呼ぶ。これは、航空サイトをサイトとして機能させる意味からメタ・サイト機能をもつ。

電波通信システムのなかには通信衛星や空中航空管制機など長時間空中にとどまるものも多いが、しかし完全に地上と無関係に機能することはできない。地上レーダーサイト、巨大アンテナ、通信中継局が必要である。地上に固定されたメタ・サイトもあれば、地上を移動する「動くメタ・サイト」もある。他方で空中航空管制機や偵察衛星などは「空や宇宙のメタ・サイト」である。その結果、新たなサイトの類型が生じることになる。

軍隊は、第二次大戦前後より、軍事技術の革新を目的として、恒常的に実験し、演習・訓練のために研究開発施設と広大な空間をもつに到った。このための施設・区域は軍隊に不可欠であるが、それらと伝統的な砦《フォート》を典型とする基地イメージとは、全くかけ離れている。第三の変動トレンドは、核兵器やミサイルなどの技術開発のために、従来のサイトとはまったくスケールの異なる三次元空間の実験場・演習場、訓練場がつぎつぎ造成されたことである。

全ての米軍サイトを通じて最も広いのは、陸軍ホワイトサンズミサイル実験場 White Sands Missile Range（ニューメキシコ州）である。最初の核実験や陸軍V2ロケットの実験を行って、メガロマニアな破壊力を世界に開示した。ホワイトサンズミサイル実験場は、東京、神奈川、千葉、埼玉の一都三県の合計より広く、沖縄島一二個分に相当する。サイト（「区域」）の観念をはるかに超えて、国家の規模に達する。

たとえばエドワーズ空軍基地 Edwards Air Force Base（カリフォルニア州、三〇万七五一七エーカー。以下、一貫性の観点からエーカー単位で表記する。一エーカーは約四〇四七平方メートルで、バスケットコート約一〇面分、サッカーピッチの約半分。なお沖縄島はほぼ三〇万エーカーである）は、航空機の発着する飛行場であるが、同時に飛翔体の研究開発とテストを行う代表的な実験サイトでもあり、その面積は、単独のサイトで嘉手納空軍基地の六三倍、東京都二三区の二倍で、沖縄島の全面積を超える。

アメリカ本国以外のサイトと対比しよう。マーシャル諸島の陸軍クェゼリン環礁 Garrison Kwajalein Atoll には、ロナルド・レーガン弾道ミサイル防衛実験場 Ronald Reagan Ballistic Missile Defense Test Site がある。計一一施設が置かれ、施設面積の合計は一三六一エーカーに過ぎない。ということは、ミサイルも迎撃ミサイルも、サイトの区域を超えて飛び出し、サイト外の海上に落下することを意味する。この例のように、実験・演習・訓練の影響の及ぶ範囲は、「基地」がイメージさせる二次元「区域」をはるかに超え出て、周囲に逆機能をもたらす。ムルロワ環礁における水爆実験の放射性降下物が、設定された「立ち入り禁止区域」を超えた広い空間に及んだことはよく知られている。

第四の変動トレンドは、軍事サイトの脆弱化である。伝統的な基地イメージは、砦と要塞網であり、それは、敵軍の進攻を食い止める防衛が目的であった。たとえば一七世紀フランスの「戦争科学」の創始者セバスチャン・ヴォーバンは、築城術の大家であり、東部国境に城郭網を築いたが、その目標の一つは、城壁内を守り、また要塞群を点線でつないだ内側を安全にすることであった。

しかるに、一九三〇年代後半以降、戦力の主力は航空機となり、軍事サイトの主役は航空サイトになった。また、一九五〇年代には核兵器とミサイルが配備された。三次元空間を高速で飛翔する航空機・核ミサイルの攻撃力・破壊力は圧倒的に増大した。敵と味方が航空機とミサイルで攻撃しあえば、双方ともに損失を被る。そうなると伝統的な基地観が前提する①作戦軍の場と②根拠地の場の区別には意味がなくなる。その一方、サイトとして区切られた二次元空間は、固定されて動けず、しかも航空機やミサイルからの三次元的攻撃を防御する手段は非常に限られている。その結果、基地＝サイトは、要塞化した砦であっても攻撃を受けて破壊され、たとえ防空システムを備えた航空サイトであっても完全には防御できなくなった。ましてや電波通信サイトや研究開発サイトは非常に脆弱になった。サイトの内側や、サイト群をつないだネットワークの内側を安全にすることはできなくなったのである。

これら四つのトレンズが重なりあって、大陸国の陸軍に起源をもつ伝統的な基地観は大きく修正された。砦という基地の原型が含意していた「内部空間を、あるいは周辺住民を防衛する」という概念は無意味になってしまった。

表 12–1　サイト作用の対象集団

事実機能	作用の種類	対象集団
使用の順機能	サイト活動の事実機能	四軍種の軍人・軍属・家族
使用の逆機能	サイト活動に伴う副作用	サイトの周辺住民・所在地自治体
攻撃・防御	サイト＋戦力の組合せ作用	戦闘の相手側である敵の軍隊ないし国家
象徴作用		
抑止	プレゼンスの象徴作用	敵あるいは仮想敵の指導者・軍人
安心供与	同上	同盟国の指導者・国民

出典：筆者作成。

「沖縄にサイトを置く理由は、沖縄島民の生命を守るためである」という正当化は説得力が失われてしまった。それに替えて「基地＝軍事プレゼンスが相手方の攻撃を思いとどまらせる」という抑止の考え方が採用されることになる。これはアメリカに限らず、他の国も同様である。

この事情は沖縄ではより顕著である。なぜなら沖縄の米軍サイトの大部分は、陸軍基地ではないからである。現在沖縄島とその周辺諸島に置かれた二大サイト群は、一つは嘉手納空軍基地であり、もう一つは海兵隊のベース・キャンプ・スメドレー・D・バトラーの管理下にある（キャンプ富士を除く）一四のサイトである。航空サイトも海兵隊のベースキャンプも伝統的な要塞型サイトではない。さらに沖縄にも陸軍サイトは存在するが、こちらも、伝統的な要塞型のサイトではない。したがって、陸軍発の伝統的な基地観に基づいた「基地」ではなく、四軍種の造成する異なったタイプを並列的に表現する「サイト」の方が、分析の基本概念として適切であろう。

サイト使用の順機能

サイトには事実機能と象徴作用がある。それは表12-1のように図式化できる。ここではサイトごとに規定されるサイトの順機能（表12-1の一段目）について述べる（逆機能は第3節、象徴作用は第4節で述べる）。

この使用の順機能が想定するサイトの使用者は、アメリカ四軍種の軍人・軍属（かれらの任務にともなう兵器・装置を含む）および、その家族などである。サイト使

図12–1　サイト使用の順機能

利用者（T時点の効用と能力）　→　サイト　→　利用者（T+1時点の効用と能力）

（維持・回復・向上）

インプット　　スループット　　アウトプット

用の順機能とは、使用者の効用を実現することであり、使用者に対するサイトの存在理由である。サイトという場は、そこに属する将兵や軍属には職場であり、職員・家族には生活の場である。サイトを利用する過程は、図12–1のように図式化できる。すなわち、①インプット：軍人・軍属・家族などを、T時点で、兵器・装備などとともにサイトに迎え入れ、②スループット：使用者がサイトの場において、使用の順機能によって効用や性能を高め、③アウトプット：Tプラス1時点でサイトから送り出す、という一連の過程としてモデル化できる。

使用の順機能は、サイトごとに多くの種類がある。たとえば航空機は、飛行場サイトに着陸し、燃料や弾薬の補給を受け、再度飛行場サイトから離陸する。飛行場、弾薬庫、貯油施設は別個のサイトであり、航空機にそれぞれ異なる使用の順機能を果たしている。使用者である航空機は、飛行場サイトの滑走路と駐機場を用いて離発着し、液体供給サイトである貯油施設から給油され、固体供給サイト・弾薬庫から爆弾などを供給される。

サイトは、地上の安定した状態において長期間にわたり使用の順機能を供給する。これらは陸上から切り離すのが困難な機能である。別の表現を使うと、動き回る戦闘軍（たとえば陸軍師団・空軍航空団・海兵遠征ユニットなど）にとって、携帯することが不可能ないし困難な機能である。

使用者の側からのサイトの機能を見てみよう。戦場で負傷した軍人は、応急措置では不十分な場合、地上サイトの一つである病院に後送され、治療を受ける（なお病院船［「動くサイト」である」に後送される場合もある）。また、弾薬やミサイルを打ちつくした航空機は、地上サイトに戻って弾薬庫から補給を受ける。故障し傷ついた装備は修理廠で修理される。与えられた作戦命令が戦況からずれてしまった部隊の参謀は、司令部に戻って戦域全体の状況を確認する。

同僚を戦場で失った元兵士は、墓地や戦争記念碑を訪れて、戦友の記憶を想起して追悼する。

試みに使用の順機能を一七に類別しよう。

①要塞・シェルター：空爆や砲撃に耐える要塞や核シェルターなど。
②駐留サイト：陸上部隊を駐留させる空間。
③離着陸サイト：航空機の発着用滑走路・ヘリパッド・駐機場・航空管制所など。
④港湾サイト：艦船を停泊・着岸させる空間。艦船の活動を司令する。
⑤流体供給サイト：流体を供給・貯蔵する空間。貯油所・精油所・給水所・浄水場・パイプラインなど。
⑥発送電サイト：発電所、送電所、送電線網。
⑦物品貯蔵サイト：固体物品（核物質を含む）を供給・貯蔵する空間。格納庫、弾薬庫、倉庫など。
⑧生産修理サイト：兵器・装備を生産・整備・修理する兵器廠・修理工場・ドライドックなど。
⑨実験サイト：研究所・空爆実験場・ミサイル実験場・核実験場など。
⑩訓練サイト：訓練所・実弾射爆場・演習場など。
⑪学校：四軍種には多種多様な学校・研修所がある。
⑫ミサイルサイト：地対空ミサイルやミサイル対抗ミサイル等の発射台など。
⑬通信サイト：送受信装置、情報処理機、巨大アンテナ、レーダー、通信線網など。
⑭行政サイト：司令部棟、庶務・会計・施設の管理棟、募集・広報のオフィスなど。
⑮生活サイト：軍人・軍属とその家族などの住居区、街区。
⑯福利厚生施設：病院、娯楽施設・球戯場、ゴルフ場など。
⑰追悼サイト：墓地、戦争記念碑、ミュージアムなどが軍種、軍団ごとにある。

一つのサイトは①〜⑰のうちの一つないし複数の使用機能を負う。広い空間（排他的な空域・海域を含む）をもつのは主に②③④⑦⑧⑨⑩⑪⑫である。

トリイ・ステーションと奥間リクリエーション・アネックス

サイト使用の順機能についていくつかの例を示すこととする。

米軍サイトには、一方で、軍事的目的に特化し、市民社会の生活からかけ離れたサイトがある。軍隊に特有の兵器廠や、テロ対策用の訓練場、ミサイルや核兵器の実験場や、たとえば二重の鉄柵に囲まれた通信傍受等のための巨大アンテナのある通信サイトがそれにあたる。いかめしく警備された空間であり、軍事化された軍用サイトである。

陸軍トリイ・ステーションは日本最古の米軍サイトである（固有名はたびたび変更され、二〇一四年三月以降、陸軍沖縄駐屯地 Army Garrison Okinawa が公式名称であるが、日本側の呼称は「トリイ・ステーション」のままである）。トリイ・ステーションには、多様な使用の順機能が集約されている。他のサイトの返還にともなって、ここに集約された機能も多い。沖縄県知事公室基地対策課によって順機能を整理する。[4] 第一に、トリイ・ステーションは通信サイトである。二重フェンスに囲まれた区域があり、そこに巨大な通信アンテナやレーダードームが設置され、第七八通信大隊の一部が駐留する。

第二に、訓練サイトがある。第一特殊部隊群第一大隊（グリーンベレー）が駐留している。沖縄県知事公室基地対策課によると、フィリピンから移駐したものであり、統合参謀本部の直接指揮を受ける。トリイ・ステーションの沿海域ではヘリコプターからの吊り下げ訓練などが目撃されている。ただしトリイ・ステーションには移動用航空機はない。そのため嘉手納空軍の空軍第三五三特殊部隊によって移動する。訓練は海兵隊サイトであるキャンプ・ハンセンとキャンプ・シュワブの「訓練地区」を合わせた「中部訓練場」などで行われているが、訓練実態は不明。

第三に、行政サイトがある。第一〇地域支援群司令官が米陸軍沖縄基地管理本部の長としての責任を負っている。第四に、戦争の記憶を想起させる追悼サイトでもある。トリイ・ステーションは、アメリカ軍が一九四五年四月一日、沖縄島に最初に上陸した地点にある。正門ゲートに立つ赤い鳥居は「トリイ」の名の由来であり、沖縄戦の記憶を喚起させるように、米軍の上陸地点の読谷村・渡具知海岸の方を向いて立つ。このサイトの北にはかつて読谷補助飛行場があったが、二〇〇五年に返還されて今はない。

陸軍トリイ・ステーションは五〇五エーカーである[5]。日本人の広さ感覚では広いが、使用するアメリカ軍からは狭いとみなされ、アメリカ本国の巨大陸軍サイトと比べると極小である。だが、サイトが置かれた読谷村の総面積の五％を占める。

他方の極において、市民社会と全く変わらない類型の米軍サイトがある。軍人・軍属とその家族のための小学校、住居区、レストハウス、海水浴場などのレクリエーション施設、病院、墓地の区域がそれにあたる。また軍の管理棟や広報センターは、一般行政と同じ類のオフィスである。各軍種のミュージアムなどは多様な史料を揃え、充実した展示を行っている。これらは四軍の工兵部隊によって設計され、他の巨大公的施設の場合とほぼ類似した官僚政治過程を経て、造成され、管理される。

沖縄島北部国頭村の赤丸岬に、アメリカ空軍奥間リクリエーション・アネックス Okuma Recreation Annex がある。*BSR2018* によると、レストハウスなど四一棟の建物、ゴルフ場、海水浴場と軽飛行機用滑走路（使用されてない）等がある。サイトのリクリエーションという使用機能は、近辺の海岸線一帯に数多いポスト・コロニアルな民間リゾート施設と変わらない。奥間リクリエーション・アネックス（一三五エーカー）は、アメリカ軍の感覚からは狭い部類の生活サイトである。ただしその面積はユニバーサル・スタジオ・ジャパン（大阪）とほぼ同じである。日本人の感覚では広い。地元の国頭村は、リゾート地となることを見込んで、このサイトの返還を求めている。この生活サイトの使用機能は市民社会と同じであるがゆえに、この土地を、アメリカ軍が使用するのか、それとも自治体が都市計画して市民社会が使用するのか、というゼロサム的な対立関係が顕在化している。

陸軍トリイ・ステーションのような軍事特化型から、空軍奥間レクリエーション・アネックスのような市民社会型へ転換したサイトもある。海軍池子住宅地区（神奈川県七一四エーカー）である。かつては池子弾薬庫であった。アメリカ海軍が旧日本海軍横須賀軍港とともに接収した。同弾薬庫は、一九四七年一一月に大爆発を起こした。六名の日本人が重軽傷を負い、約一〇〇ヘクタールの山林が消失し、周辺住民約一〇〇〇人が避難した大規模事故であった。そして林博史によると、一九五六〜五七年には、核兵器を扱う資格を持つ将校（二名）がいる施設であった。極東軍司令官に対して核兵器の受領、補完、追跡の責任を負っていた「核兵器施設」であった[6]。現在は池子住宅地区であり、*BSR2018*によると一五四棟の建物が立つ[7]。その使用の順機能は艦隊乗組員の家族のための生活サイトである。逗子市と横浜市にまたがる住宅地区は、逗子市の面積の一六%に相当する。民間不動産会社が開発したその周辺の住宅団地と使用の順機能は変わらない。不動産会社には垂涎の的であろう。逗子市民や環境保護団体から返還を求められている。同じ場にありながら、使用の順機能を変えた軍事サイトがあることを、池子のサイトは示している。

第2節　サイトの全体像と沖縄

サイトを造成・管理する主体は工兵部隊であり、陸軍系（陸軍と空軍）では主に陸軍工兵軍団が担い、また海軍系（海軍と海兵隊）では海軍建設大隊が担当する。四軍種の間ではサイトの意味づけが異なる。どこにどのような主要サイトをもっているか、とくに海外のどの国・地域に重点的にサイトを置いているか、各軍種のサイトはどこに置かれているのかを検討する。そして、軍事サイトを恒久化する過程を、試論的にモデル化する。

空軍と海兵隊

アメリカ陸軍、海軍、空軍、海兵隊は、それぞれ作戦上の独立性が高く、組織上の特徴も異なる。四軍の最高位の軍人は統合参謀本部のメンバーであり、統合参謀本部を通じて大統領、国家安全保障会議にアドバイスする。各軍種は巨大組織で、アメリカ最大級の行政単位であり、アメリカ本国内外にサイトを造成・維持・管理している。陸軍と海軍は、歴史的によく知られているが、空軍と海兵隊は二〇世紀なかば以降に独立した新興の軍種であり、その地位を確立する過程で沖縄に組織のショーケースとなるサイトを確保した。

航空兵力が主戦力となった第二次大戦期には、航空戦力のための空軍サイト、長大な滑走路と航空管制システム等からなる航空基地が最優先で大量造成された。陸軍に属する航空戦力は、一九二六年以降陸軍航空軍団であったが、一九四一～四二年の再編により、陸軍地上軍に従属しない作戦指揮権を確立して陸軍航空軍となった。さらに一九四七年九月に空軍は陸軍から独立した軍種となり、沖縄の嘉手納空軍基地は、ラムステイン空軍基地 Ramstein Air Base（ドイツ）と並ぶ二大航空サイトとして発展した。

海兵隊 Marine Corps はアメリカ史上長く海軍の一部であった。そして、第二次大戦直後の軍事再編過程では、大統領など指導者たちから「海兵隊解隊」を公言されるなど、組織的危機に直面した。ところが、朝鮮戦争が勃発すると海兵隊擁護論が高まり、一九五二年六月、アメリカ連邦議会が立法して、海兵隊は平時兵力として三個海兵師団・三個海兵航空団を維持することを保証した。そして、海兵隊総司令官 Commandant of the Marine Corps は必要に応じて、統合参謀本部に出席できるようになった。この独立した地位確立の過程で、海兵隊は海外ではじめて、沖縄島に第三海兵遠征軍のベースキャンプ・スメドレー・D・バトラーの過半を置き、また岩国には第一航空海兵団の司令部を置くことができた。海兵隊は沖縄と岩国に、平時に保証された三番目の師団と航空団の中核のサイト群を確保したのである。

陸軍工兵軍団と海軍建設大隊

現在「技術者《エンジニア》」という語は、市民生活を構成する専門職種の総称であるが、その名称は軍人の兵科である工兵engineerから派生した。工兵の活動が歴史的に先に生まれて社会的地位を確立し、その二世紀後に土木技師civil engineerや機械技師mechanical engineerなどが専門家集団の地位を上昇させたのである。工兵の地位は、欧米社会のなかで高かった。たとえば一七世紀フランスの「戦争科学」の創始者ヴォーバンは、工兵将校としてルイ一四世に仕えた築城術の大家であり、フランスの東部国境に城郭網を築き、併せて民生用の港湾や運河などを整備したのである。またアメリカ社会における工兵の威信も高く、ドワイト・アイゼンハワーら著名な将軍を輩出した陸軍士官学校ウエストポイントの「一九一五年卒業組」も席次一位〜一九位までは軍歴を工兵から出発させている。

四つの軍種には、それぞれ工兵の部隊がある。とくに陸軍と海軍の工兵部隊は重要で大規模である。米軍サイトの造成・管理は、陸軍系（陸・空）では主に陸軍工兵軍団が、海軍系（海・海兵隊）では主に海軍建設大隊が担う。新興軍種の空軍では、陸軍工兵軍団が航空基地を造成するが、自前の部隊として「プライム基地工兵緊急部隊」や「レッド・ホース」と略称される部隊がある。また、海兵隊では海軍建設大隊に頼るほか、「戦闘工兵軍特殊職（ＭＯＳ）１３７１」という海兵隊員のカテゴリーがある。現在、日本には陸軍工兵軍団日本地区司令部がキャンプ座間に置かれ、司令官がいる。沖縄には、海軍機動建設大隊が海軍キャンプ・シールズCamp Shields（沖縄市）に駐留している。

一八〇二年にアメリカ軍の陸軍工兵軍団Army Corps of Engineersは、戦闘軍団から独立した軍団として常置された。アメリカ近代史で工兵軍団が果たした役割は大きく、海岸部に要塞を築き、灯台を建てるだけでなく、アパラチア山脈以西の河川管理、運河掘削、道路・鉄道建設などを担った。またニューディール期にはダム・発電所建設などを行った。いずれも大統領が工兵軍団に要請した結果であった。主に民生インフラを構築してきた工兵軍団は、大規模化し、専門能力の評価が高く、政府内での財政上の影響力が強かった。

陸軍工兵軍団は、アメリカが第二次大戦に参戦する直前の一九四〇～四一年に、軍事サイトの造成など軍事的任務が大きく拡大し、その範囲は、後方支援と兵器開発全般に及んだ。たとえば一九四二年九月、「マンハッタン工兵管区司令官」という名の職位を与えられたレスリー・グローヴス准将が原爆開発の計画責任者として指揮したことは広く知られる。陸軍参謀総長ジョージ・マーシャルは、サイト造成の任務を順次陸軍工兵軍団に集中させ、まず、一九四〇年九月、北米大陸から英領植民地を経て英国本土に到る航空基地網の建設を命じた。工兵軍団の最初の大仕事は、大西洋を横断する米英間の空輸ルートとなる航空サイト網の構築であった。以後、工兵軍団は、本国以外の陸軍サイトの造成に従事する。そして、一九四〇年一一月にはすべての航空基地の造成権限が工兵軍団に移った（太平洋の島嶼など海軍系の航空サイトの造成は海軍建設大隊と競合する）。さらに一九四一年一二月のアメリカ参戦以降、陸軍工兵軍団の権限は拡張され、サイトを造成する区域の不動産の使用権原を取得する業務と、サイトの管理改修を担当するようになった(8)。

陸軍工兵軍団はサイト造成の「基地計画」を立て、「基地開発 base development」を実施し、サイト網を構築する。サイトの開発者《デベロッパー》である。陸軍工兵軍団はほぼすべての後方支援に関与し、併せて工兵軍団は戦争を遂行する戦闘工兵としての役割を担った。広大な用地に巨大サイト群を造成する計画を「基地計画」、その執行過程を「基地開発 base development」と呼ぶ。その活動の意味合いは、自治体が「地域計画」、「地域開発」を行い、また、不動産会社や鉱山会社が契約 contract に基づき「地域開発」を実施するのとほぼ同じである。

工兵軍人はほとんどが将校である。民間企業が工事などを受注し、民間人を雇用ないし徴発する。戦時においては、受注した企業の社員が軍属として戦場に赴く。軍団の要員構成上は軍属の比率が高い。もちろん後方支援や米軍サイトの造成労務には、戦闘部隊が動員される。また工兵のうち戦闘工兵 combat engineer は、戦場では前線の戦闘部隊と肩を並べる。

海軍には海軍建設大隊 US Navy Construction Battalions がある。その頭文字から「シービー（海の蜂）」と呼ばれる。

A・N・オルセンによると、当初は軍事組織の外に置かれていたが、第二次大戦の開戦とともに、戦場で軍人の身分を持たないで活動することの国際法上の是非が議論された。捕虜になったとき、ゲリラないしスパイとみなされて、法的保護を受けられない事態が生じたのである。[9] その結果、一九四二年三月には建設大隊（「シービー」）構成員を一括して海軍軍人の身分とすることとなった。第二次大戦中は二五万九〇〇〇（定員は三二万）の要員を擁し、アメリカ内外で約一五〇個大隊が活動していた。[10]

海軍建設大隊は、海軍・海兵隊のためのサイトの造成と管理を使命とする。比喩的に表現すると、陸軍工兵軍団はゼネコン、海軍建設大隊はマリコンである。ただし海軍建設大隊の隊員をサイトの構築に特化した技術者集団とみることはできない。第二次大戦中は大学工学部の卒業者に限らず、多様な職種のたたき上げの技能集団、たとえば渡り職人たちが入隊した。そのため平均年齢が高く、入隊以前の収入が高い人々であった。そしてアメリカ軍のなかで最も早くアフリカ系アメリカ人を隊員として受け入れた組織の一つである。

海軍建設大隊の一部は、技師の役割に止まらず戦闘工兵《コンバット・エンジニア》となった。たとえば島嶼戦争ではまっさきに敵前上陸を敢行する上陸設定隊 shore party の任務を、海兵隊員と肩を並べて果たした。軍事史家ゴードン・ロットマンは「海軍が海兵隊になした最大の貢献は海軍建設大隊の創設であった」[11]と述べている。若く血気盛んな海兵隊員と父親の世代に近い老練な海軍建設大隊員とが一つの戦闘単位に統合されて分業的に協働し、相互の組織的革新をもたらした。また、海軍建設大隊は海底の爆破作業、海中の障害物除去、海底パイプラインの設置などに取り組んできた。戦争の遂行のために不可欠ではあるが、危険で困難な課題を状況即応的な工夫によって切り抜ける点に特徴がある。「シービー（海の蜂）」と自分たちを呼ぶ時には、「不可能を可能にする仕事師」というプライドが込められている。陸軍工兵軍団が、平時にも戦時にも国家的要請に応えてきた正統的な組織であるのに対して、海軍建設大隊は現代の技術戦争が生んだ異能の技術集団と表現できる。

米国本国のサイトと外国のサイト

米軍サイトを *Base Structure Report 2018 baseline*（*BSR2018* と記す）にリストアップされた一覧表の数値と名称に基づき略述する（*BSR2018* は全サイトを網羅しているわけではない）。米軍サイトは総計二六九〇万エーカーである（二〇一七年九月現在。以下同様）。二六九〇万エーカーとは日本の国土全体の二九％に相当する。これでも二〇一〇年代半ばまでに大幅に縮小された数値である。*BSR2018* はアメリカ軍を「連邦政府の大不動産保有者の一つであり、世界に広がる不動産を管理する[12]」と表現している。米軍サイトは、アメリカ本国とアメリカ海外領土に、面積にして九八％強があり、その数はアメリカ本国とアメリカ海外領土に四一八六（州兵サイト、沿岸警備隊サイトを除く）である。

本国における軍種別の面積比は、陸軍五一％、空軍三二％、海軍八％、海兵隊九％となっている。「サイト使用者」としての位置は、陸軍系（陸・空）が八三％を占めて圧倒的に高い。海軍系（海・海兵隊）が使用する面積は一七％に過ぎない。海軍は空母など「動くサイト」に大きく依拠しており、陸軍系と海軍系とでは地上サイトの存在理由が異なるためである。

アメリカ軍は、日本など数多くの外国のほか、たとえばイギリス領植民地やオランダ領植民地などにサイトを置いている。アメリカが外国および外国の海外領土で使用するサイトは、総面積二六九〇万エーカーの二％未満であり、サイト数は五一四である[13]。一サイト当りの面積は、本国外では本国よりも圧倒的に狭いが、それでも四軍種のほかには、本国外にこれほど多くの施設をもつアメリカの行政体は、国務省以外には考えられない。また、海外でこれほど広い面積を使用する組織体は、巨大石油会社など鉱山企業以外に考えにくい。*BSR2018* にはサイトごとに「資産価値 plant replacement value」という指標が数値化されている[14]。資産価値とは「サイトの構築物を現在構築するとした場合の想定費用」と定義されている（土地の価格、勤務する将

資産価値（百万ドル）
38,191
17,658
17,024
14,659
14,525
13,935
12,620
12,310

表12–2　主要米軍サイトの資産価値

資産順位	管理者	名称	場所	建物棟数	面積（エーカー）
1	陸軍	フォート・レオナード・ウッド	ミズーリ州	2,423	67,437
2	海軍	パールハーバー海軍ステーション	ハワイ州	1,279	6,178
3	陸軍	フォート・ブラッグ注1	ノースカロライナ州	5,731	163,535
4	陸軍	フォート・フッド注2	テキサス州	5,312	212,512
5	陸軍	フォート・ルイス	ワシントン州	5,664	86,213
6	海兵隊	ベースキャンプ・ペンドルトン	カリフォルニア州	5,166	123,732
7	空軍	ラムステイン空軍基地	ドイツ	742	3,094
8	空軍	嘉手納空軍基地	日本沖縄	2,082	4,904

注1：2023年6月フォート・リバティに改名。
注2：2023年5月フォート・カヴァゾスに改名。
出典：*BSR2018*より筆者作成。

兵・軍属等の人件費、兵器・装備の調達費、研究開発費などはどれも含まない）。サイトには①建物群、②施設群、および③滑走路・パイプライン・給水管・送電線などの細長い固定的構築物が造られ、その建設・修繕・更新などには莫大な費用がかかる。アメリカ軍の工兵部隊は、技術志向であり、工学主義的な実用主義に貫かれている。その工兵部隊が設計・施工し、あるいは民間企業が受注して施工した工事と資源調達の費用を現在の時点で見積りし直した累計が資産価値である。米軍サイトの価値的側面を、外形標準的に示した指標の一つである。各軍種にとって「高い資産価値のサイト」とは、「機能集中と新規設備投資を重ね、使用機能を改善するため多くの手が入ったサイト」を指す。この指標に、行政体の長である四軍種の指導者たち、国防総省の文官たち、それに財政当局は、重要な意味を感じる。表12–2にはすべての米軍サイトを通じて、資産価値の高い八サイトを一覧表にした。いずれもアメリカ軍を何らかの意味で代表する有名サイトである。

上位六番までのサイトはアメリカ本国にある。うち四つは陸軍サイトで、アメリカ大陸史を象徴する代表的陸軍サイトであり、歴史は古く、面積は広大である。フォート・フッド Fort Hood（二〇二三年以降 Fort Cavazos）やフォート・ブラッグ Fort Bragg（二〇二三年以降 Fort Liberty）は、沖縄島の面積の半分以上である。そして一つのサイトに非常に多様な機能が内包されている。資産価値の一位のフォート・レオナード・ウッドには、陸軍のある。
特殊作戦司令部等がある。フォート・ブラッグには米陸軍司令部、第一八空挺軍団、第八二空挺師団、市並みに複合された総合施設である。フォート・ルイス Fort Lewis には建物が五六六四棟もあって、中都市並みの収容能力がある。

表12-2で二位のパールハーバー海軍ステーションは太平洋の中央にあり、「アメリカの海・太平洋」を代表する。また、太平洋戦争において日本軍の攻撃を受け、歴史的な物語性を色濃く帯び、再度の攻撃に備えて入念に要塞化された。なお「アメリカの海・大西洋」を代表する海軍拠点はノーフォーク（ヴァージニア州）であるが、湾の地形上複数のサイトに分かれるため、表12-2には現れない。同様に「アメリカの海・インド洋」を代表するのがディエゴガルシア施設である。

アメリカ空軍を代表するサイトは外国に置かれている。ドイツ・ラムステインと日本・嘉手納の二つの空軍基地が、アメリカ空軍の全サイトを通じて資産価値が最大である。陸海軍などを合わせて資産価値第七位と第八位である。この二つの空軍基地は、本国から遠くに置かれた極めて資産価値の高い「ショーケース」なのである。

嘉手納空軍基地の資産価値を実感するために民間施設と比べると、海上埋め立て空港で高額で知られた関西国際空港の総建設費（一九九四年に開港。第一事業期で一兆五〇〇〇億円）に準じる。

六位の海兵隊ベースキャンプ・ペンドルトン（カリフォルニア州）は、第一海兵遠征軍が拠点とする訓練と駐留のサイトで、アメリカ太平洋岸を代表する。海兵隊の大西洋岸を代表するサイトは第二海兵遠征軍ベースキャンプ・ルジューン Base Camp Lejeune（ノースカロライナ州）であるが、資産価値がやや小さく、表12-2には現れない。海兵隊の遠征軍はペンドルトンとルジューンを基点として世界の海と沿海域を巡回する。また海兵隊にとっては、海兵航空団の固定翼機と回転翼機のための航空ステーションが重要である。海外において最も資産価値の高い海兵隊サイトは、第一海兵航空団のほぼ半分の航空機が配置された海兵隊岩国航空ステーション（七二億三三〇〇万ド

表12-3　米軍サイト数（四軍種）

	陸軍	海軍	空軍	海兵隊	合計
①米国本土	1,565	785	1,535	190	4,075
②アメリカの海外領土	40	62	9	0	111
③外国＋④外国の海外領土	202	123	166	23	514
合計	1,807	970	1,710	213	4,700
②＋③＋④の比率	13.4	19.1	10.2	10.8	13.3

出典：*BSR2018, DOD-18* より筆者作成。公表された他資料と，数値の異同がある。

ル）である（沖縄の海兵隊サイトについては後述）。

アメリカ四軍種にとってサイトは、文字通りの資産である。各軍種は、戦略、兵器開発、予算に関して、互いに競合する。そして、どのような地点にどれほど重要なサイトを持つかは、四軍種が戦闘軍としての使命を正当化し、要員数、上級ポスト数、予算査定の計数上の基礎となるなど、組織維持にかかわる存在根拠となってきた。

米軍サイトはどこにあるか

米軍サイトはどこにあるのか。*BSR2018* では、①本国、②その海外領土（アメリカ合衆国五〇州以外の自治領、自由連合、準州など）、③外国（アメリカ以外の国家）、④外国の海外領土に分類されている。*BSR2018* に基づき、二〇一七年九月時点の米軍基地の全体像を概観する。既述したようにサイトの面積を指標とすると、アメリカ海軍と海兵隊は、陸軍や空軍よりも圧倒的に少なく、また海外のサイトの面積は全体の二％未満に過ぎない。ところがサイト数というもう一つの指標を見ると別の像がえられる。表12-3では、米軍サイト数を四軍種別に整理した。海軍のサイト数に注目しよう。本国において海軍のサイト数は陸軍・空軍の半数である。ところが本国以外（アメリカの海外領土、外国、外国の海外領土）では、海軍のサイト数は、陸軍と空軍の数に近づく。太平洋、インド洋、地中海などそれぞれの海域に、アメリカ海軍を代表する重要サイト群がある。

表12-3のとおり、本国以外の米軍サイト数の合計は六二五である（②＋③＋④）。八つのアメリカの海外領土と、四八カ国のアメリカ以外の主権国家やその海外領土に

資産価値（百万ドル）
2,620
2,310（嘉手納弾薬庫を含まず）
0,208（周辺の米海軍のサイトを含まず）
8,633（6 サイト合計は 8,968）
8,253（三沢海軍航空施設を含まず）
7,233
6,833
6,601（15 サイト合計は 10,626）
5,579（ソウル市の北から南に移動）
5,280（同名の空軍施設を含まず）
4,768（佐世保湾の対岸に位置し，海外唯一のエアクッション型揚陸艇基地）
4,676（2023 年宇宙軍に移管）
4,600（1903 年キューバより租借）
4,462（英領チャゴス諸島より租借）
3,530
3,205（同名の空軍施設を含まず）
2,888
2,822
2,753（ミサイルを迎撃するミサイルの実験場，主な 7 施設の合計 3,701）
2,723
2,636
2,482（トルコ内で最もシリアに近い）
2,468

ある。以後、②（アメリカの海外領土）＋③（外国）＋④（外国の海外領土）を、本国以外の米軍サイト数と表記する。

ただし*BSR2018*は、米軍サイトをすべて網羅した資料ではない。デヴィッド・ヴァインが指摘するように、二〇一七年九月時点でアメリカ地上軍が駐留していたシリア、イラク、アフガニスタン、ソマリア、ニジェール、チュニジアなどは、*BSR2018*には記載がなく、それら中東やアフリカの国々にある米軍サイトを含めると、八〇〇程度であるとヴァインは推定している[15]。東アジアとヨーロッパに関しては*BSR2018*とヴァインのデータの間に大きな異同はない。

ロシア、フランス、イギリスが本国以外に置くサイトは一〇～二〇と推定される。中国は南沙諸島とジブチなどの数カ所である。すなわち、諸国が本国以外に置いた全軍事サイトのうち、九〇～九五％が米軍サイトなのである。アメリカは他国を圧倒するサイト超大国なのである。

アメリカ本国以外の重要サイト

つぎにアメリカ本国以外で重要な米軍サイトがどこにあるかを一覧しよう。

表12–4　アメリカ本国以外の米軍サイトの資産価値

資産順位	管理者	名称	場所
1	空軍	ラムステイン空軍基地	ドイツ
2	空軍	嘉手納空軍基地	日本・沖縄
3	海軍	横須賀艦隊活動司令部	日本
4	空軍	アンダーセン空軍基地	グアム
5	空軍	三沢空軍基地	日本
6	海兵隊	岩国航空ステーション	日本
7	空軍	横田空軍基地	日本
8	海軍	グアム海軍基地	グアム
9	陸軍	キャンプ・ハンフリーズ	韓国
10	海兵隊	キャンプ・フォスター	日本・沖縄
11	海軍	横瀬貯油所	日本
12	空軍	トゥーレ空軍基地	グリーンランド
13	海軍	グアンタナモ湾海軍ステーション	キューバ
14	海軍	ディエゴガルシア海軍支援施設	英領
15	空軍	オサン空軍基地	韓国
16	海兵隊	キャンプ・キンザー	日本・沖縄
17	空軍	RAF レイクンヒース空軍基地	イギリス
18	海軍	厚木海軍航空施設	日本
19	陸軍	クェゼリン環礁	マーシャル諸島
20	海兵隊	キャンプ・ハンセン	日本・沖縄
21	陸軍	グラーフェンボア・東キャンプ	ドイツ
22	空軍	インジルリク空軍基地	トルコ
23	陸軍	キャンプ座間	日本

出典：*BSR2018* より筆者作成。

表12–4に、米国本国以外にある米軍サイト六二五のうち資産価値の大きい順に二三サイトを選び出した。それぞれが本国外におけるアメリカ軍のプレゼンスを象徴し、関与と態勢を表している。表12–4の一〜三位のそれぞれの資産価値は既述の通り関西国際空港の総建設費とほぼ同水準にある。アメリカ軍の調達する兵器は超高価であるが、サイトの建設費にも莫大な金が投じられている。表12–4は、アメリカ軍という行政体の海外資産のリストとも表現できる。表12–4の順位は時系列的にみて、軍事情勢や外国為替市場の動向によって変化する。ただし、この四半世紀、ラムステインと嘉手納と横須賀の資産価値はつねに最上級である。

表12–4で数が多いのは航空サイトである。空軍サイトが九サイト、海兵

隊の航空サイトを含めると計一〇サイトがある。アメリカ本国では「アメリカ軍」を代表するのは陸軍サイトであるが、表12-4には陸軍サイトは九位のキャンプ・ハンフリーズまで登場しない。アメリカ本国以外で「アメリカ基地」を代表するのは、航空サイトである。一九三〇年代後半以降、航空戦力が重視されたことの反映である。

日本には二〇一七年九月末時点で、資産価値の高い米軍サイトが多い。表12-4の通り、重要な本国以外の米軍サイトの上位二〇までに注目すると、一〇までが日本に置かれている。そのうち四つが航空サイトであり、嘉手納、横田、三沢の三空軍基地と、海兵隊岩国航空ステーションである。

基地超大国アメリカにとって日本とは、土地と労務を提供し、サイトに絶えず改善を施す経済技術基盤を意味している。

日本における米軍サイトのうち、とくに空軍の嘉手納空軍基地と海軍艦隊の事実上の母港である横須賀艦隊活動司令部の資産価値が格段に高い。沖縄には、最大級の嘉手納空軍基地のほか、表12-4の上位二〇にキャンプ・フォスター（キャンプ瑞慶覧）、キャンプ・キンザー（牧港補給地区）、キャンプ・ハンセンの三つの海兵隊サイトが入っている。軍内では少数派であった海兵隊が一九五〇年代なかばに初めて海外に獲得した重要サイトが、岩国航空ステーションとキャンプ・ハンセンであった。またキャンプ・フォスターとキャンプ・キンザーは、それまで沖縄の代表的な陸軍サイトであったが、施政権返還後の一九七〇年代なかばに海兵隊に移管された。日米安保条約とは、サイトの観点からいうと、日本列島と南西諸島に、最大級の資産価値を持つ一〇の航空サイトと海軍系サイトを配置することを指す。それらを基点として航空団と海軍艦隊と海兵隊遠征隊が、韓国、オーストラリア、ミクロネシアなどアジア・太平洋諸国・地域との海の同盟ネットワークを巡回している。

ドイツには表12-4で第一位のラムステイン空軍基地があり、NATO加盟諸国の陸空軍を結ぶ役割を果たしている。ドイツはサイト数を指標とすると日本とほぼ同数であるが、資産価値を指標とすると表12-4の上位二三のうちドイツには二つしかない。またドイツに一一九ある米軍サイトの資産価値の合計は、日本にある一二〇のサイトの合計の二分の一である（*BSR2018* から筆者が算出した）。陸軍サイトは一般に資産価値が小さく、ドイツの米軍サイトの多くが陸軍サイトであるためである。

表 12–5　国・地域別の米軍サイト数

	陸軍	海軍	空軍	海兵隊	合計
日本	15	46	37	22	120
ドイツ	90	0	29	0	119
韓国	60	7	12	1	80
グアム	4	48	0	0	52
イタリア	12	18	14	0	44
プエルトリコ	19	9	6	0	34
イギリス	0	0	25	0	25
(沖縄県)	(3)	(7)	(7)	(15)	(32)
本国以外の総計	242	185	175	23	625

注：日，独，韓の数値は，*BSR2018* の 7 頁の記述「ドイツ（194），日本（121），韓国（83）」と食い違う。不一致の理由は不明。
出典：*BSR2018* の一覧表から筆者作成。グアムには 2020 年 10 月 1 日に海兵隊サイトが開設されたが，時期的な一貫性からここには含めていない。沖縄県のサイト数は日本の内数。沖縄県総務部知事公室基地対策課編『沖縄の米軍基地』2018 年 12 月による。

国・地域別の米軍サイト数

表12–5には、*BSR2018* の一覧表に記載された米軍サイトの数（本国以外）を国・地域別に示した。一位の日本が一二〇、二位のドイツが一一九である。この二カ国の米軍サイト数は他より圧倒的に多い。第三位が韓国の八〇、四位がグアムの五二であり、イタリアが四四、プエルトリコが三四、イギリスが二五と続く。その合計は、*BSR2018* に記載のある本国以外の米軍サイト数の七六％、ヴァインの推計数の五九％を占める。国別の空軍サイトの数は、日本・ドイツ・韓国のカバーする空域の広さにほぼ比例している。日本におけるサイトは、海軍と海兵隊が多い一方、陸軍が少ない。かつて日本にあった陸軍サイトの多くが撤退したのである。とくに海兵隊サイトは、本国以外に置かれた二四中二三が日本に集中している。

日本と比べてドイツと韓国には陸軍サイトが多い。本国以外の米陸軍サイト二四二のうち四分の三がドイツと韓国にある。その一方、海軍サイトはほとんどない。海兵隊サイトは韓国の一つのみ。

沖縄県には、日本の米軍サイト数の二七％がある。沖縄県のサイト数はグアムよりは少ないが、プエルトリコとほぼ同じである。巨大空軍サイトである嘉手納空軍基地がある他、日本に置かれた主な海兵隊サイト一五のうち一三までが沖縄に集中している。他方で、資産価値の高い海軍サイトや陸軍サイトはない。沖縄の特徴は、嘉手納空軍基地と海兵隊サイトの組み合わせにある。

アメリカとイギリスのサイト比較

米軍サイトのネットワークは、①数の多さと形態の多様さ、②グローバルな広がり、③合計した面積の広さ、④基地として維持された期間の長さなどから、世界史上稀な構造体といえる。

これと類似するのは、過去の海洋帝国である。近代のスペイン、ポルトガルなどの海洋帝国は、海外に軍事拠点のネットワークを築いた。とくに英米の海軍艦隊の活動と港湾サイトのネットワークは極めて似ている。また、サイトを配置する場所は異なるが、航空サイトのネットワークについてもイギリス海洋帝国と類似性がある。アメリカの政治学者チャルマーズ・ジョンソンはアメリカを「基地帝国 empire」と呼ぶ[16]。ただしアメリカとイギリスとのサイト・ネットワークの間には、多くの共通点とともに二つの重要な相異点がある。

第一は、アメリカ本国のサイト数が実に四〇〇〇を超え、総数の八七％を占めていることである。サイト面積は九八％以上が本国にある。本国が本国以外のサイト数を圧倒していることは、移動性の高い海軍、空軍でも、多くの地上部隊を抱える陸軍・海兵隊も同じである。アメリカのサイト・システムは四軍を通じて「本国が主、海外が従」なのである。この「本国が主、海外が従」のサイト・システムは、一九世紀のイギリス帝国の「本国が従、海外が主」のサイト・システムと対照的である。

イギリス帝国は、一九世紀にほぼ一貫して、「ヨーロッパの平和、植民地の戦争」の中にあり、海外に軍の主力を配置してきた。ところが二〇世紀になると、ヨーロッパの戦争に直面した。そして第二次大戦後、海外から軍事サイトを撤退させると、それにともないイギリスの軍事的覇権は凋落に向かった。

地図 12–1　沖縄県の基地の現状

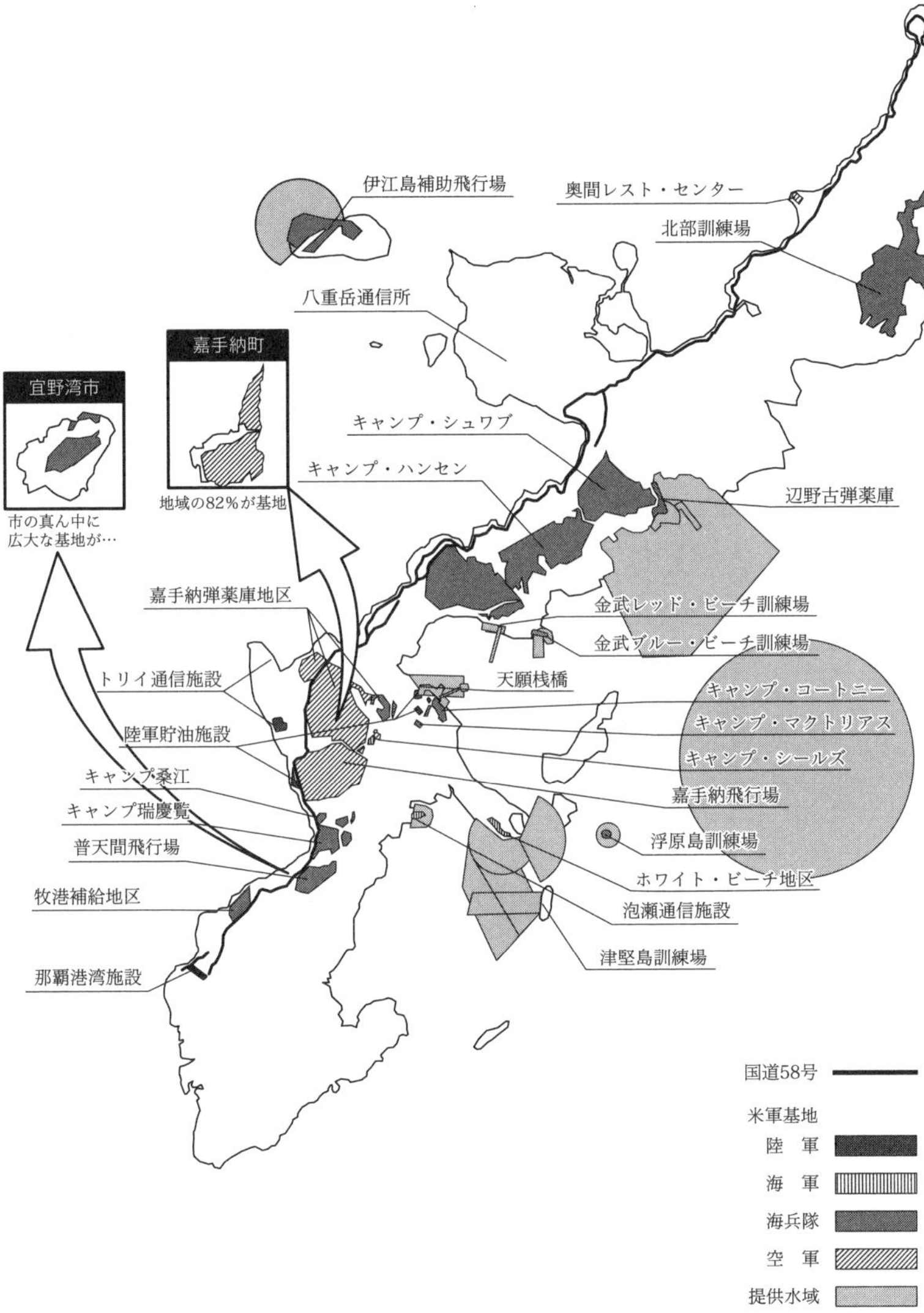

出典：沖縄県知事公室基地対策課『沖縄の米軍基地』2018 年 12 月，扉裏。

　ではアメリカの「本国が主、海外が従」のサイト・システムは、どう運用されてきたのか。アメリカの二〇世紀史は、巨視的にみると戦時と平時を峻別する傾向がある。本国の圧倒的なサイト面積・数から、アメリカの四軍種は兵力は戦時には本国から海外に向かって移動し、平時になると海外から本国に撤退することが分かる。戦時には陸上兵力を本国サイトから海外に駐留させ、平時になるとその幾分かの兵力を残して大部分を撤退させる。「本国が主、海外が従」のサイト・システムは、海外派兵とその撤退という兵力の移動を繰り返すことで運用されてきた。地上兵力である陸軍と海兵隊の師団は、戦時と平時の間で、波を描いて増減し、紛争の緊張と緩和のたびごとに移動する。戦時・緊張時には本国で動員・編制してそこから海外へと兵力を移動させ、平時・緊張緩和時には兵力を動員解除して本国に撤退させる。二度の世界大戦はもちろん、朝鮮戦争やアフガニスタン戦争が始まると、本国において大量の兵士をまず国内サイトで編制して、それらを奔流のように戦地や紛争地に向けて送り出して軍事占領する。そして戦争が終わって平時に戻ると、津波の潮が引くように急速に本国へと戻っていく。英米間のシステムに相異をもたらした一つの要因は、二〇世紀を通して通信技術と航空機などの輸送力などが飛躍的に発達した事実がある。一九世紀のイギリス帝国では、本国と植民地の間で、通信や移動をするには数週間、場合によっては月単位の時間が必要であった。第二次大戦期以降のアメリカでは、情報・兵力・物資が、大量、迅速かつ定常的に諸サイト間を移動する。

　では本国以外のサイト数もこれに連動した増減の波動を描くのであろうか。

　日本におけるアメリカ陸軍の増減を見てみよう。日本本土には第二次大戦直後、約四〇万人のアメリカ陸軍が進駐し、各地の旧日本陸軍のサイトを接収した。しかし占領の開始とほぼ同時に、アメリカ本国への撤退もはじまった。日本本土のアメリカ軍兵員は一〇万人強に減り、陸軍が駐留するサイトの数も減る。ところが朝鮮戦争が発生すると、韓国に大軍が派遣され、日本本土と沖縄の多くの地点が後方支援のサイトとなる。この二重の波の後、一九五〇年代後半以降、陸軍のサイト数は減少する（占領期に接収したかなりの数の陸軍サイトが自衛隊のサイトと入れ替わる）。二〇一七年九月末現在、アメリカ軍の陸軍サイトは日本に一五あるが、その面積の合計も資産価値の合計も嘉手納空軍基地の約三分の二に止まる。

陸軍サイトに限れば沖縄でも類似した波を描き、減少した。太平洋戦争末期の沖縄戦では、アメリカ軍地上部隊は文字通り沖縄島と伊江島を埋め尽くした。しかし、日本の降伏とともに、部隊の移駐と撤退が相次ぎ、沖縄は「忘れられた島」になる。朝鮮戦争下では再び沖縄のサイトが活用されたが、休戦後の東アジアから地上部隊の撤退過程においては、一九五六〜六二年に海兵隊訓練サイトが北部に造成され、またそれまで陸軍が管理していた中南部のサイトもまた海兵隊サイトに入れ替わる（第14章第3節参照）。陸軍が沖縄で管理するサイトは現在、貯油施設（うるま市の天願桟橋）と嘉手納・普天間の両飛行場などとをつなぐパイプラインと貯油用タンクファーム、那覇港湾（岸壁、船舶修理場、倉庫）、およびトリイ・ステーションが残るのみである。これらは面積が狭く、インフラの機能のいくつかに特化したサイトであり、かつて沖縄にいた膨大な陸軍兵力の残像を想起させるにとどまる（空軍サイト数も嘉手納空軍基地、横田空軍基地、三沢空軍基地などに機能集中することによって、減少トレンドとなる）。

植民地の最小化

第二次世界大戦後のアメリカとイギリス海洋帝国の第二の相異点を概説しよう。

イギリスの場合は軍事サイトを含む領域一帯を植民地として支配した。イギリス帝国は、海外に軍事拠点とくに港湾拠点を数多く築き、それらを戦略植民地とした（今でもジブラルタルを領有している）。その一方でインド亜大陸ではムンバイなど港湾だけでなく、インド全域の領土と人口を植民地として支配した。

アメリカの場合はサイトの区域に限って、アメリカ軍が使用して施設を構築し、その周囲の領域については植民地支配をできる限り回避している。いいかえれば、アメリカの海外のサイトでは、サイトの空間のみ占拠・使用し、サイト外の領域と人口を植民統治しないことを原則とする。この特徴は、イギリス帝国と対比して、「最小限植民地」と表現できる。

アメリカが植民地を最小化するのは、第一次大戦後にアメリカ合衆国が掲げた「植民地主義反対」の外交原則に基づく。米英の共同宣言である大西洋憲章も領土拡張の否認を掲げた。ただし、この外交原則には、地理的歴史的な限定が必要である。まず地理的には、カリブ海海域・中米などを例外とする。この地域でアメリカは第二次大戦後も、帝国主義的な内政干渉を繰り返してきた。また歴史的には第一次大戦末までは、アメリカ合衆国政府は砲艦外交を行った。そして一八九八年の米西戦争の結果、旧スペイン領のフィリピン、グアム、プエルトリコなどを植民地にし、キューバを保護国にした。この時期のアメリカは、日本と同様、遅れてきた植民地帝国であった。そのアメリカが民族自決と領土拡張の否認を掲げたわけである。この外交原則は、本国以外に米軍サイトを置こうとする時、自身にはね返り、海外にサイトを新たに造成すること、維持することを制約する。アメリカが海外にサイトを造成する際、その周辺をまるごと自国領土（植民地）にしてしまっては、この外交原則と矛盾してしまう。植民地にしたうえで、そこに米軍サイトを造成することは「禁じ手」になったため、本国外に造成した米軍サイトを維持するために、軍用地の領域を最小に限定した。その空間内に限れば、イギリスの戦略植民地と変わるところがない。ただし、サイトの外の空間では、アメリカは統治を最小化しようとしてきた。その周辺を含めて実効支配する際には、国連信託統治など何らかの国際法的手続きを形式的に活用した。いずれもアメリカ政府の外交原則と整合性をもたせる必要性から生じた、サイト管理上の制約であった。

暫定的サイトから恒久化されたサイトへ

表12－4や表12－5の米軍サイトは、暫定的なサイトではなく、恒久化されたサイトである。恒久化されたサイトは、地球上に万遍なく配置されているわけではない。ある場所では密度が高く、他の場所では密度が低い。それはなぜか。

一般論として、アメリカ軍の戦略的必要性の高い場所、低い場所があり、それに応じてサイト密度の高い場所、低い場所がある、と仮説を立てることは可能である。たしかに戦時に戦場に造られた暫定サイトについては、軍の戦略上の必要性が重要な決定要因である。しかしながら「暫定サイトを恒久化する」決定は、このように一面的には説明できない。なぜならその決定は、戦時ではなく平時に行われ、場所も戦場ではなくワシントンにおいてなされる。決定に際し考慮される要因も、軍事的必要性だけでなく、大部分の部隊が撤退するなかで、より大局的な判断に基づき、どのサイトを残しやすいか、残すならばどこが財政上および外交上のコストが低いか、が重要になるからである。

「恒久化」されていないサイトとは、必要に応じて造られた暫定サイトである。ただちに撤去の可能なテント張りやバラック、物資集積倉庫などがその典型である。たとえば沖縄戦のさ中に、沖縄島のいたるところに造成された米軍サイトは、建物も港湾施設も、その時点では暫定サイトであって、「恒久化」されてはいない。

大統領や統合参謀本部議長などアメリカ合衆国の指導者が、海外の「サイトを恒久化する」と決定するにあたって、二つの障害が立ちはだかる。

第一の障害は、戦時から平時への移行にともなって、軍事費と軍組織を縮小することである。第二次大戦でも朝鮮戦争でも、大きな戦争では多くの暫定サイトがつくられる。戦闘が終息すると、戦時中に肥大化した軍隊の組織・兵器・サイトの削減が大統領の課題の一つとなる。また大統領から軍備縮小に取り組むために任命された国防長官にとっては中心課題となる。「マイナス・サム」となる軍事財源のもとで、どの軍種のどの組織・兵器・サイトを縮小し、どれを残し拡充するかを決定しなければならない。したがって大統領と国防長官にとっては軍隊の縮小・拡充を包括的に正当化する軍事再編計画が不可避となる。また、縮小する軍種と現状維持ないし拡充する軍種の間では対立が不可避的に生じる。

第二の障害は、海外の「サイトを中長期的に維持する」ことは、アメリカ合衆国が掲げる「領土拡張の否認」の外交原則と矛盾する。外国に米軍サイトを置いて、それを恒久化することは、外国の主権の侵犯につながり、「植民地主義ではないか」と内外から非難・批判を受ける。

そのため、たとえば沖縄のような本国外においてサイトを恒久化する過程には、三つの次元が並行する。第一の次元は、大統領による最高の意思決定である。海外の「すでに暫定的にサイトとして使用している区域」および「サイトとして使用していない区域」を「中長期的に軍事拠点にする」と国家安全保障会議が決定して、それを大統領が承認し、「ここは重要な米軍サイトを置く場所として指定されました」と大統領指令を発する。第14章2節でダグラス・マッカーサーとジョージ・ケナンの一九四八年三月の会談を取り上げるが、沖縄の「基地恒久化」に関して大統領指令を出すうえで、最も重要な局面であった。

第二の次元とは、海外サイトの使用者である四軍種間の軍官僚政治である。第一の次元の決定と並行し、アメリカ軍が統合参謀本部の会議で決定する。どこに恒久化したサイトを置くべきか、どこに高い優先順位を与えるか、四軍種の間で主張が異なる。たとえば沖縄をサイト造成の場として空軍は重視するが、海軍は重視しない。また軍種間の要求が競合し、ワシントンの方針と極東軍司令部の方針が衝突することもある。一九五三年七月の朝鮮戦争休戦協定の締結時、韓国と日本本土に陸軍は八個師団を、海兵隊は二個師団を駐留させていた。この計一〇個師団もの大量の地上軍を、いかに短期間のうちに本国などへ撤退させるかを決定しなければならなかった。このタイミングでアメリカ地上軍を駐留させ訓練・演習を実施できる空間としてにわかに沖縄が係争点となった。そして、陸軍と海兵隊のいずれが沖縄に恒久サイトを持つべきかについて、陸軍を支持する極東軍と海兵隊を支持する国防長官が争った。アイゼンハワー大統領とアーサー・ラドフォード統合参謀本部議長は、主に陸軍を軍備縮小の対象としていた。また彼らは東アジア・太平洋と島嶼防衛には海兵隊の柔軟性が不可欠であると判断して、海兵隊を優先し、第三海兵遠征軍の訓練サイトを沖縄に配置したのである（第14章3節参照）。

第一の次元の国家安全保障会議の決定には、外交当局である国務省が関与する。また軍官僚政治上の決定であっても、たとえば沖縄のサイト恒久化について大使館・領事館が関与することがある。国務省とその出先機関は、いかにすれば「領土拡張の否認」の原則に反しない形でサイト恒久化を正当化できるか、サイトの受入国からサイトの使用権を得られそうか、サイト造成に対する住民たちの反発をかわせるか、などの視点から議論に参加する。ただし軍事サイトは、軍種にとって資産であり、予算分配と司令官以下のポストの根拠であり、軍人・軍属と家族の生活空間である。特定サイトが恒久化されるか否かは、組織の存在理由と既得権にかかわる死活的な争点である。それに対比すると、国務省の軍事サイトに関する関与は死活性が低く、第二義的に止まる。

「基地の恒久化」に関する第三の次元に財政政治がある。財政緊縮を主導するのは一般に財務長官である。第一、第二の次元の決定を前提として、予算要求が始まる。サイトの恒久化を望む部局が、土地使用の権限関係と施設プランを提示し、「基地開発計画」をそえて財政支出を要求する。たとえば滑走路の拡張工事、仮設的施設を長期間維持できる鉄筋コンクリートのビルディング群にする、という小額のものから、何年次にも及ぶ広域的な「基地開発計画」まで、国防総省と財政当局に売り込む。何段階かの検討過程と国防総省内の予算査定を経て、連邦議会の予算案作成・審議が並行して行われる。その結果、計画は予算を得て執行につながるか、あるいは財政の裏付けが得られず、「絵にかいた餅」で終わる。予算が認められると、計画が執行過程に入り、施設を拡張・改修し、サイトの「資産価値」が上昇する。「予算獲得可能性《アフォダビリティ》」がサイト計画を実施する大前提である。

この三つの次元はいずれも、アメリカ議会で議題となる。連邦議会は四軍種の責任者に質問し、調査し、法案を提案・審議する。たとえば、一九五六年六月の「プライス勧告」は、アメリカ下院軍事委員会特別分科会が沖縄に派遣した調査団（メルヴィン・プライス団長）の軍用地に関する報告書である。また文民である大統領にも国防長官にも、安全保障を担当する補佐官やアドヴァイザーがいる。場合によっては、争点と敵対関係が広がり、決定に参加するステイク・ホールダーの範囲が拡大して、議論百出になる。いわゆる「ワシントン政治」である。このように「サイトの恒久化」には、狭義の軍事的必要とは独立した諸要因が作用する。そしてワシントンにおいて、大統領と国防長官と四軍を中心に、国務省と大統領側近と財政当局と議会を巻き込んだ政治過程によって決定される。

米軍サイトの恒久化は、全くの白紙のうえに成されるのではない。海外におけるサイトの造成は、一方で大統領や国防長官や統合参謀本部議長などが誰であったか、というリーダーシップによる面がある。ただし他方で、その時の軍官僚政治、財政政治、議会立法の帰結にも左右される。この四軍種間の官僚政治と財政政治と議会の立法は、その結果の一つ一つが既成事実として積み重なる。複雑で後戻りできないインクリメンタルな過程であり、経路依存的な決定である。前段階までに下されてきた決定や手続きの束があり、積み上げられた資産価値がある。そこに追加的に決定がなされ、財政が投下される。したがってサイトの寿命と資産価値との間には正の相関がある。あるサイトが「恒久化された」と政治的意思決定がなされると、それを軍は改修・構築・拡張を重ねて、他のサイトから機能を移転・集中するなどにより、サイトの資産価値を高めていく。また、反対の因果関係も成り立つ。資産価値の高いサイトは過去の経緯が関係者に知れ渡り、各軍種にとって組織的利益が高いことを表す関心の収斂点となる。そのため、軍はそのサイトの維持・価値付与に努めることになる。

ブレークスルーの権力行使

アメリカ合衆国は、第二次大戦期以降、海外に数多くの軍事サイトを造った。その過程は、サイトの区域とその周辺に価値を剝奪される者、苦痛を受ける者を創出する過程でもあった。たとえば、核兵器施設やミサイル貯蔵庫が置かれるならば、その周辺住民や関連自治体は災禍に巻き込まれる危険性が増加する。米軍サイトは、それを受け入れる側にとっていやなものである。一般的に、外国政府も、あるいはアメリカの海外領土の政府も、自らの領域内に米軍サイトを置くことに抵抗する。できることなら米軍サイトを拒否したい一般的な理由を例示する。

(1)　米軍サイト内の兵員の活動や兵器・装置の性能を、サイトを受け入れた政府や自治体等は統御することも監視することも困難である。サイトの区域の主権を事実上放棄することになる。

(2) 米軍サイトを通じて、アメリカ合衆国ないしその軍組織が、受入国政府や海外領土の政府の政治軍事政策に影響ないし干渉する可能性が生じる。

(3) 米軍サイトが第三国に対する作戦や兵站その他に使用され、第三国から攻撃目標とされる可能性があり、受入国や海外領土の意思とはかかわりなく、アメリカの戦争に巻き込まれる危険が生じる。

(4) 周辺に騒音や事故や有害物質の流出や刑事事件など米軍サイトから派生する問題がある。たとえば航空基地や訓練サイトは、使用の逆機能により、周辺に迷惑を及ぼす施設である。

米軍サイトに対して「基地反対」「基地撤去」の運動は不可避的に生じる。本国外における米軍サイトの造成過程には、経路依存的な過程のどこかで、こうした抵抗・反発を排して行ったブレークスルーの権力行使が含まれている。ただしアメリカ合衆国の外交原則からいって、あからさまな植民地主義であってはならず、しかも、サイトの造成に抵抗の低い時期・場所でなければならない。こうした仮説に基づいて、米軍サイトがどこに置かれたのかを説明することを試みる。

アメリカ合衆国以外の主権国家や領域、あるいはアメリカの海外領土に、米軍サイトを置いた歴史的経緯はどのようなものか。表12-5から米軍サイトが置かれた歴史的起源を調べていくと、アメリカが多くのサイトを置く国・地域から三つの類型が取り出せる。

第一の類型は、危機に直面して戦略上の判断に基づき、アメリカに救援を求め、アメリカ軍を自国に駐留させた事例である。たとえば一九九〇～九一年の湾岸戦争期におけるクウェートやサウジアラビアがそれに当てはまる。より強力な敵との戦争に直面し、亡国の危機に立たされて、アメリカ合衆国に軍事的救援を求めて、米軍サイトを自領域内に置いたというケースである。表12-5の朝鮮戦争期の韓国（三位）と第二次大戦期のイギリス（七位）が、それに類似した事例である。しかし、それらは米軍サイトが置かれた歴史的経緯の一部に止まる。

さらに、米軍サイトが誕生する過程には二つの権力的ブレークスルーが発見できる。

アメリカと全面戦争を戦って敗れた国々に米軍サイトが造られ、長く維持されている。それを第二の類型とみなすことができる。

対米戦争の敗戦

第二次大戦の敗戦以前、日独伊三国は主権国家であり、帝国であった。日本軍は旅順、トラック（チューク）環礁など国外に軍事サイトをつくってはいた。しかし日本の国内に外国軍の恒久化したサイトを置かせることはなかった。外国軍を国内に常駐させないのは、近代史における大国の要件であった。日独伊に多数の米軍サイトが置かれ、その状態が長く維持されているのは、第二次大戦後に特有の近代史のアノマリーなのである。

なお戦後期には、アメリカだけでなく、ソ連も東ドイツなど外国に軍事サイトを置いた。航空機戦争の時代に、自国の国境線に防衛サイトを置いても空からの攻撃から防衛できない。そのため国境よりはるかに前進した位置に防衛網を置いた。外国に置いた軍事サイトは、その国を統制し従属させる手段にもなった。これらは冷戦期に米ソを「超大国」と呼んだ理由の一つであった（大国は中小国の主権を侵害するが、超大国とは大国の軍事主権を恒常的に侵害する）。ソ連が東ヨーロッパ諸国に置いたサイトの大部分は、冷戦終結後になくなった。その一方で日独伊に置かれた米軍サイトのかなりの部分は、今日まで生き残っている。第二次世界大戦の敗北国である日独伊三国には、戦後八〇年近くたった今日まで米軍サイトが集中している。表12-5の日本、ドイツ、イタリアの三国にある米軍サイトの合計は二八三である。イタリアには表12-5には現れるほどの資産価値の高いサイトではないが、ナポリ、シグネッラ、アヴィアーノなどに重要な米軍サイトがある。この三国で、*BSR2018* に記載のある本国以外の米軍サイト数の四五％、ヴァインの推計数の三五％を占める。近年では、アメリカ軍の進攻を受けたイラクやアフガニスタンにも米軍サイトが置かれた（ただし *BSR2018* には記載がない）。現在まで存続している日独伊の米軍サイトは、第二次世界大戦期のアメリカ軍に対して敗戦したこと、その後に軍事占領されたことを歴史的起源としている。日独伊がアメリカに対して軍事主権を実質的に放棄したことによって維持されている。

敗戦した国家・地域にサイトを置いたブレークスルーの場所は、さらに二つに下位区分できる。第一の下位区分は、アメリカと地上戦を戦って占領された場所を起源とする。日本について例示すると、陸軍トリイ・ステーションや嘉手納空軍基地がその例である。米軍サイトの土地を私有していた北谷村・読谷村の人々は、戦場とその後の収容所を体験をした。そしてようやく故郷に戻ってみたら、住居も畑も米軍サイトに変貌していた。陸上戦の敗戦に基づくサイトを「敗戦国プラス戦場体験」サイトと類型化する。

第二の下位区分は、日独伊三国が降伏した後、その軍事拠点がアメリカ軍に接収されて武装解除された区域である。日本本土では一九四五年八月三〇日にアメリカ海軍に接収された横須賀艦隊活動司令部、厚木海軍航空施設などがその例である。これを「敗戦国マイナス戦場体験」サイトと類型化する。

同じ米軍サイトの周辺住民でありながら、横須賀市民と厚木市民の体験は「敗戦国マイナス戦場体験」であり、北谷村・読谷村の人々の体験からは大きく隔たっている。また、サイトとされた土地の所有形態も、トリイ・ステーションや嘉手納は主に私有地であり、横須賀や厚木は国有地である。

ポスト植民地

米軍サイトの置かれた場には、第三の類型がある。それは次の三条件が重なった場に米軍サイトが多いことである。

(1) 島嶼である。

(2) 米軍サイトが造成された時の国際法的ステイタスは独立国家ではなく、植民地ないしそれに準じる場であった。

(3) 島嶼の島民たちはアメリカの政策決定の周辺に置かれ、大きな影響を及ぼせない。

この三つの重なった場は「ポスト植民地的中間状態」と表現でき、アメリカ政府がブレークスルーの権力行使をしてサイトを置いた場であった。

表12-3から、島嶼に実に多くの米軍サイトが置かれていることに気付く。表12-3の②には合計一一一のサイト

が記載されている。これは八つの島嶼群、米領サモア、グアム、マーシャル諸島、北マリアナ諸島、プエルトリコ、米領ヴァージン諸島、ジョンストン環礁、ウェーク島に置かれた米軍サイトの合計である。多くの島嶼に航空基地が置かれ、一一一サイトのうち六二を海軍が管理する。うち太平洋上のグアムは表12-5の四位（五二サイト）であり、カリブ海のプエルトリコは六位（三四サイト）である。なお日本の内数である沖縄県は八位（三二サイト）に相当する。沖縄島はアメリカ軍の視点からはミクロネシア島嶼群から伸びる島嶼連鎖上に、また硫黄島は北マリアナ諸島の島嶼連鎖上に、位置づけられている。

これらの島嶼に多くの米軍サイトが造られ、維持されてきた。島嶼は、サイトを造るのに好都合な要因が多い。①陸続きの空間に比べ、つくったサイトの防衛が容易である。②住民は多くない。裏返すなら、島民の人口が多く、私有地が多いことは米軍サイト造成の障害となることがある。③一般に後発発展途上地域であることが多い。そのため経済援助や基地開発の経済効果が米軍サイトを受け入れる誘因になりやすい。

沖縄をグアム島と対比しよう。グアム島はマリアナ諸島の最南端にある同諸島内最大の島である。面積は五四九平方キロメートルで、沖縄島の四五％にあたる。一方で、その人口は約一五万四〇〇〇（二〇二〇年の米国島嶼地域国勢調査）であり、その四五％がチャモロ系先住民。他にフィリピン、米国本土、中国、日本（主に沖縄）からの移住者とその子孫である。人口密度は明らかに沖縄島に比べてグアム島の方が低い。現在、グアムの面積の約三分の一を米軍サイトが占める。グアム島には、*BSR2018*によると米軍サイトが五二あり、沖縄県の三二より多い。アンダーセン空軍基地、グアム海軍基地 Naval Base Guam など重要拠点のほか、沖縄に駐留する第三海兵遠征軍司令部と海兵隊員約六〇〇〇人が移動して二〇二〇年一〇月にはベースキャンプ・ブラズ Base Camp Blaz が開設された。沖縄とグアムには資産価値の高い空軍基地と海兵隊サイトがともにあり、同じ島嶼連鎖のなかに位置づけられている。

これらの島嶼は、一九世紀末まで諸列強の植民地であった。グアムやプエルトリコはスペイン植民地であったが、一八九八年の米西戦争でアメリカが奪取した。北マリアナ諸島（サイパン、テニアンがある）やマーシャル諸島やミクロネシア連邦は、一九世紀末にドイツ領となり、それを第一次大戦期に日本が実効支配をはじめ、一九一四〜一九四四年には国際連盟委任統治地域「南洋群島」となった。さらに一九四四年夏には日米間の戦場となり、アメリカが奪取した。以後アメリカの海外領土とされた。沖縄を含む北緯三〇度以南の南西諸島は、伊豆諸島、南方諸島、小笠原諸島、硫黄群島、および大東群島、沖ノ鳥島などとともに一九四六年一月二九日ダグラス・マッカーサー連合国軍総司令官指令SCAPIN-677によって、「日本の範囲」から除かれ、日本政府は「政治上、行政上の権力を行使することは総て停止する」ように指令された。そこにサイトを置いても「植民地主義である」という批判を受けにくい。

一九五〇年代後半からアジア・アフリカで旧植民地の独立が相次いだが、島嶼はその流れから取り残された。一九七〇年代以降になって、南太平洋やカリブ海の島嶼が独立してミニ国家をつくる動きが進んだが、多くの島嶼が植民地に準じた国際法的地位（国連用語では「非自治地域」）のまま残された。

米軍サイトが造られるブレークスルーの過程で、アメリカの植民地主義が直截に露呈していた類型がある。一つ目の例は、キューバ島の南西部にあるグアンタナモ湾海軍ステーションである。一九〇三年、アメリカはキューバ憲法にプラット修正条項を付して、アメリカの内政干渉権と軍事基地保有権を認めさせた。そして、「保護国」とし、何の遠慮もなくグアンタナモ湾海軍ステーションを置いて維持してきた。この海軍サイトは、じつにキューバ革命とキューバ危機を生き抜き、一二〇年も存続して、現在は9・11事件の計画首謀者らを収監している。

もう一つの例が、ディエゴガルシア海軍支援施設である。イギリスの海外領土であるインド洋の島嶼を「租借」して全島を米軍サイトにした場である。これをヴァインの研究(17)によって概説しよう。ディエゴガルシア島は、イギリスの海外領土で、インド洋上の小島嶼であり、西アジア・中東への戦略的要衝に位置する。同島はチャゴス諸島に属し、チャゴス諸島はイギリス領モーリシャス植民地（ナポレオン戦争後にイギリスがフランスから獲得した）の一部であった。イギリスは植民地独立の機運が高まる一九六五年、まずモーリシャス植民地からディエゴガルシア島を含む「インド洋植民地」なるものを切り離した。ついで一九六六年末、米英間で、アメリカ軍が同島を使用する協定を結んだ。モーリシャスが独立に向かう最終局面で、アメリカがイギリスから、ディエゴガルシア島を米軍サイト用に「租借」したのであった。英米はディエゴガルシア島民（チャゴス人）の島外移住を企図し、イギリスは一九七一～七三年に島民を強制退去させた。米軍サイトの構築には、島嶼空間が必要なのであって、そこに島民がいては邪魔なのであった。それに対して一九六八年に独立したモーリシャスは、イギリスに同島の返還を要求し、国際司法裁判所に提訴し、同裁判所は二〇一九年、「インド洋植民地」の切り離しは違法であり、イギリス政府には速やかに終える義務があると勧告した。イギリス在住の島民たちはイギリスの裁判所に島への帰還を求めて提訴するなど帰還運動を行っている。

アメリカ軍は一九七〇年代以降、ディエゴガルシア島に多様な施設を構築した。兵器や装備の事前配備施設となり、一九九八年イラク空爆、二〇〇一年アフガニスタン空爆、〇三年イラク戦争などで米軍爆撃機の出撃基地となった。この二例は植民地主義的サイトと下位類型化できる。

アメリカは、グアム、プエルトリコ、北マリアナ諸島など、かつて列強の植民地であった島嶼をアメリカの海外領土とし、そこに米軍サイトを維持している。ただしその一方で、それらの島嶼の法的ステイタスは現在では「自治領」「準州」などとなり、植民地ではない。その政治体制を例示する。

グアムはアメリカ領土で、知事を選出するが、大統領選挙の投票資格はなく、米下院に準議員格の代表を派遣する。北マリアナ諸島はサイパン島、テニアン島、ロタ島など一四の島からなり、総面積四七五平方キロメートル、人口約四万七〇〇〇（二〇二〇年調査）である。一九一四年日本が占領し、一九二〇年には委任統治領とする。しかし四四年米国が占領し、四七年に信託統治領とする。一九七五年には住民投票で米国自治領（The Commonwealth of Northern Mariana Islands）への移行を決定。一九八〇年に信託統治領の終了を宣言した。一九八六年、アメリカ合衆国が市民権の付与を宣言。憲法、知事と二院制議会がある。

これら海外領土の人権や土地所有権は基本的に守られており、サイトの造成に関する政策決定は中間的である。一方の極には、ディエゴガルシア島の例が示すように島民の意志が全く無視されて、強制退去させられた。植民地主義の極である。それに対し米領サモア、グアム、北マリアナ諸島、プエルトリコ、米領ヴァージン諸島、ジョンストン環礁、ウェーク島などでは、島民が強制退去させられることはなかった。これらの島嶼における米軍サイトに関する政治決定は、あからさまに植民地主義的ではない。かといって、ここでは米国本国のように、選挙や住民投票によって軍事サイトの現状を変更することは困難である。ただし島民には基地の新設や、核実験場にすることなどに反対し、異議申し立てをする権利は保障されている。

最も自由度の高いパラオ共和国（在パラオ日本大使館によると四八八平方キロメートル、約一万八〇〇〇人）は、一九八一年、核の貯蔵や核持ち込みを禁止する非核条項を含む憲法を公布し、その後繰り返し「非核条項を凍結する」か否かが住民投票の争点となった。一九九三年にアメリカとの自由連合盟約《コンパクト》を住民投票で承認し、その翌年、独立を達成した。

①島嶼であり、②元植民地であり、③島民が米軍サイトの決定上周辺化されている、の三条件が重なると、米国の海外領土であろうと独立国家であろうと、島民はサイトに影響を与えにくい。この意味から、①〜③をみたす「ポスト植民地的中間状態」の場ではアメリカ軍やアメリカ合衆国政府が軍事サイトを維持する政治コストは低い。

沖縄

米軍サイトを置く権力行使のブレークスルーポイントとして、対米戦争の敗戦とポスト植民地的中間状態を類型として取り出した。この米軍サイトの二つの権力的起源を二本の基準軸として、本国以外の米軍サイトを類型化しよう。図12-2は第一の〈敗戦体験〉を縦軸とし、第二の〈ポスト植民地〉を横軸としている。敗戦体験軸のプラス－マイナス、ポスト植民地軸のプラス－マイナスによって、米軍サイトを図12-2のようにⅠ象限からⅣ象限まで

図 12-2　米軍サイトの権力的起源

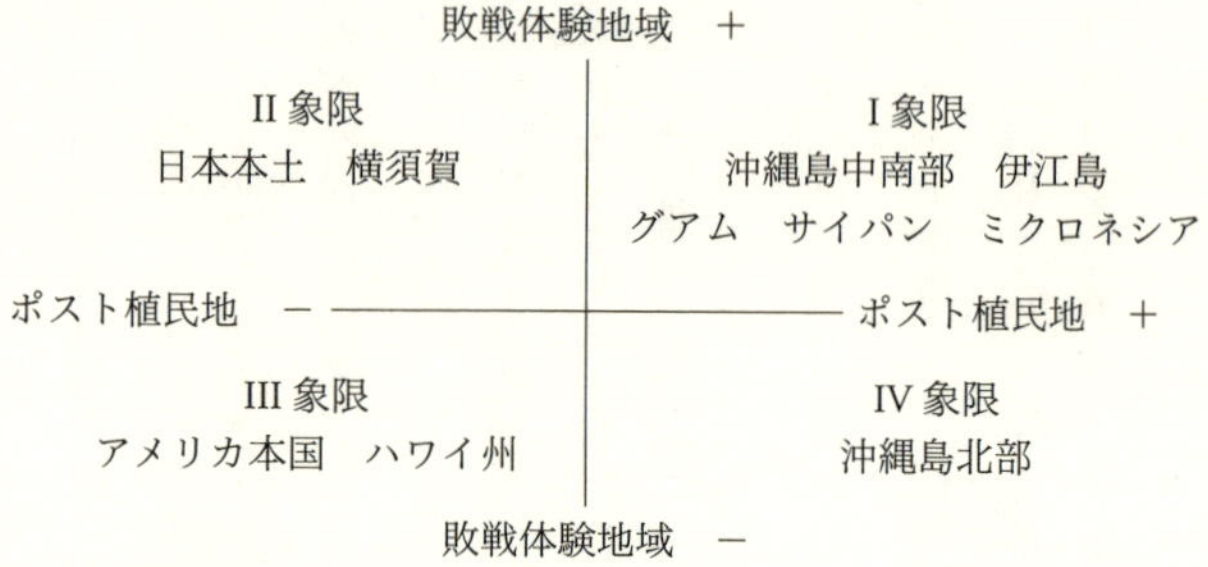

四つに類型化できる。すると沖縄島は、Ⅰ象限とⅣ象限の二つに地域区分される。

沖縄島中南部と伊江島は〈敗戦体験軸〉と〈ポスト植民地軸〉の二つにプラスである。そこは太平洋戦争末期の一九四五年三月二四日～六月二三日に戦場となり、島民が数多く犠牲になった。アメリカ軍は、沖縄島中南部と伊江島の面積を二分し、東シナ海側は陸軍管理区域としてサイト造成を主に陸軍工兵軍団が担当し、太平洋側は海軍管理区域としてサイト造成を海軍建設大隊が担当した。そして、陸海軍は各区域を占拠し、そのなかに多数の航空基地等の造成を計画・施工していった。サイトが造られた土地の大部分は島民の私有地であった。このとき造成された飛行場滑走路などを起源として、今日の沖縄中南部には嘉手納空軍基地、海兵隊普天間航空ステーションなどがあり、伊江島には海兵隊補助飛行場がある。また戦場で造られた滑走路・物資集積所などがその後に航空サイト以外に形態を変えて発展したものも少なくない。これらの米軍サイトは、〈沖縄戦の敗戦体験〉という権力的ブレークスルーによるものである。

沖縄は一九四五～七二年は〈ポスト植民地軸〉にプラスであった。この間、沖縄は日本本土から切り離されて、アメリカ軍に実効支配された。その時期の国際法的ステイタスは、グアムやサイパンなどアメリカの海外領土のそれに類比されながら、しかし未決定状態のまま推移した。沖縄戦期につくられた陸・海軍の管理区域内から島民は排除されて難民化し、沖縄島北部の東海岸沿いなどの収容所に入れられた。これは、サイトの造成の障害にならないよう、島民をその所有地であるサイト予定地から切り離す意味をもった。移動の自由の明らかな否定であった。軍用地の範囲が確定した後、人々は収容所からかつての住居に帰ることを許されたが、戻ってみると、自分の所有地が軍用地に囲い込まれていることを発見して驚く島民も少なくなかった。土地所有権が否定された措置であった。

一九四六年一月二九日のSCAPIN-677から一九七二年五月一五日の本土復帰までの間、島民が居住を許された軍政府管理区域は、米国人が統治し、島民の権利は非常に制限された。しかし、その統治を植民地支配と断じることは極端にすぎる。アメリカ軍が島から島民を追い出していない点で、グアンタナモ湾海軍ステーションやディエゴガルシア海軍支援施設とは異なっているからである。硫黄島では施政権返還後も、島民と遺族は、戦没者慰霊祭を除いて帰還が許されていない。米軍の沖縄統治は、アメリカの海外領土のそれに近く、ポスト植民地的中間状態であった。

たとえば軍政府管理地区の統治者は、島民の人権を最低限守ろうとした。軍政府管理区域に設けられた収容所は、サイト造成する土地から島民を隔離する目的があったが、同時に戦争難民化した島民の生存を支える場でもあった。また私有地をサイト造成のために強制収用したが、その所有者には所有権を認めて、軍用地料を払おうとした。さらにアメリカ政府が基地を恒久化する決定も、「基地開発」によって戦禍で疲弊しきった島民に雇用機会などを与えるケインズ主義的な意図があった。軍もアメリカ政府も、統治の政治コストを抑えるべく最低限の妥協はしたのである。またアイゼンハワー大統領は、日米講和条約後も沖縄と小笠原を日本本土から切り離し続けたが、一九五三年一二月に奄美群島を日本に返還した。普天間飛行場を海兵隊サイトにしたが、一九五九年に与那原航空ステーションは返還した。いずれも、ポスト植民地的中間状態であったことを表す。一貫して沖縄は「ポスト植民地」の三条件にほぼ当てはまったのである。

沖縄島北部には、キャンプ・ゴンサルベスCamp Gonsalves（北部訓練場）、キャンプ・ハンセン、キャンプ・シュワブ、金武レッド・ビーチ、金武ブルー・ビーチKin Blue Beachなどの海兵隊の訓練サイトがある。これらは一九五六〜六二年、かつて無数の収容所があった軍政府管理地区の周辺につくられた。海兵隊サイトは〈ポスト植民地〉という権力的ブレークスルーによって造成された。沖縄北部では沖縄戦の戦闘は小規模で短期間で終わった。したがって沖縄島北部は〈敗戦体験〉軸ではマイナスであり、〈ポスト植民地〉軸のみがプラスのIV象限に位置づけられる。

同様にグアム、サイパン、テニアンも、沖縄島中南部と同じI象限にあり、そこに造られる米軍サイトも、敗戦プレートとポスト植民地プレートが重なる上に乗っている。

本章冒頭に「アメリカ軍基地」「US military base」という言葉は、聞いた人の心に、様々な感情のこだまを響かせる、と述べた。同じような米軍サイトが造成されても、住民の受けた権力的衝撃は、図12-2の象限ごとに異なる。北谷町民（I象限）と横須賀市民（II象限）の間でも、宜野湾市民（I象限）とハワイ・パールハーバー市民（III象限）の間でも異なる。また、ポスト植民地的中間状態で米軍サイトが造られた金武町民と、島から植民地主義的に追い出されて異国に住むディエゴガルシア島民との間でも、米軍サイトは極端に異なる形で意味付けられている。

第3節　逆機能とサイトの狭さ

沖縄の米軍サイトの周囲には市民社会がある。島民が生活し、米軍サイトと交渉する自治体政府がある。サイトの利用者である軍人・軍属たちは戦争を前提として生きるが、サイトの隣人たちは平和を原則とする市民社会に生きる。米軍サイトと周囲の市民社会とは、互いに空間を共有するが、違う前提のもとに生きる。私もいくつかのサイトの隣人であった。

サイトと市民社会が相互に悪影響や負の作用を及ぼさなければ無害な隣人である。ただし、サイトから負の作用が外に飛び出して、市民社会の生活を脅かすことがある。ときには市民社会に深刻な衝撃を与え、そのたびに「基地を撤去せよ」という主張が湧き上がる。これをサイトの逆機能と呼ぶ。三節ではサイトの逆機能を類型別に検討する。

表12-6　サイトの事実機能（対象集団別）

		作用の種類	対象集団
I	使用の逆機能	サイトの使用機能に比例して増減	サイトの周辺住民・所在地自治体
II	同上	サイトの存在から派生する問題	同上
III	使用の順機能	サイト活動の事実機能	軍人・軍属とその家族
IV	同上	サイトの存在から派生する利得	軍用地料の受給者

サイトの逆機能

サイトの逆機能は、二つに大別できる。第一は狭義の逆機能であり、サイトの使用機能に随伴して生じ、使用頻度の増大に比例して逆機能も増大する（表12-6のI）。第二は、サイトの存在から生じる問題ではあるが、その量はサイトの順機能とは比例してないものがある（表12-6のII）。

沖縄県知事公室基地対策課は、「基地から派生する問題」を列記している。[18] 類別すると、①有害油脂や放射性物質の濾出、土壌汚染、土壌流出などの環境悪化、②軍人・軍属による公務外の刑事犯罪、重大な交通事故、③ヘリコプターの墜落事故、④実弾演習による山林火災や被弾事故、⑤航空機の爆音や砲弾演習の轟音などに区分できる。いずれも深刻な問題である。①②はサイトの存在から派生する問題（表12-6のII）であり、③はサイトの順機能の機能不全によって生じ、④⑤はサイトの使用頻度の増大に比例して生じる問題（表12-6のI）であると類別できるであろう。まず、サイトの存在から派生する問題を検討する。それらが、サイト内部社会とサイト外の市民社会に共通する課題を突きつけているか、それとも米軍サイトに固有な問題であって、市民社会とは異質な課題であるのかを基準軸にして、問題群を類別することとしたい。

有害物のサイト外流出

第一の問題類型は、米軍サイトから有害物や放射性物質などが流出して外部環境を悪化させる危険性である。[19] 近年、有機フッ素化合物（ＰＦＯＳ、ＰＦＯＡなど）による土壌汚染や水質汚濁が各地（横田空軍基地周辺を含む）で確認された。有機フッ素化合物の対策は市民社会と米軍サイトの共通の課題であり、在日米軍には「日本環境管理基準 Japan Environmental Governing Standards」による対処が定められている。

米軍サイトが使用・貯蔵する可能性の高い有害物質に、生物兵器・化学兵器・放射性兵器・核兵器の関連物質と爆発物がある。軍事技術の発展とともに、こうした物質の実験が行われ、それらを使用した演習、訓練が米軍サイトで実施されてきた。有害物質を安全に管理・貯蔵し、サイト内外に流出させないことは、極めて重要なサイト管理上の至上命令である。

過去にも生物・化学・放射性物質と核兵器とその派生物が、米軍サイトの区域外、立ち入り禁止区域外に流出したケースがある。典型的には核実験である。その最初の被爆者は実験に参加したアメリカ軍兵士たちであった。また、沖縄毒ガス事件（一九六九年七月八日）では米陸軍二六七化学中隊の二三名と民間雇傭者一名が、致死性化学剤ＧＢ（サリン）に触れて中毒症状に陥り、うち四名が入院した[20]。このように、サイトの使用者が、サイト外の市民社会よりも先に汚染や環境被害を受けた場合が少なくない。兵器や軍事用の有害物質や爆発物が万一サイト外に流出し、あるいは意図的に持ち出された場合、想定される被害の深刻さと影響範囲の広さは計り知れない。たとえばアメリカの炭疽菌事件 anthrax attacks では二〇〇一年一〇月以降、新聞社、テレビ局、上院議員事務所などに炭疽菌入りの封書が郵送され、多くの郵便局、政府や企業の郵便仕分け施設、さらに米下院など公共空間から炭疽菌が検出され、死者五名と多数の発症者を出した。炭疽菌株の種類および微粒子に加工する技術などから、生物兵器を研究する米軍の研究サイトや軍事産業の関係者が捜査対象となった。アメリカ社会に大きな心理的動揺をもたらしたが、現在まで犯人は検挙されていない。軍事サイトには、厳しい物品管理と安全確保の義務が課せられる。

神奈川県逗子市の池子弾薬庫が一九四七年に大爆発を起こしたことは第1節で述べた。同様に民間企業が大火災を起こし、施設外に被害を及ぼすケースも、一九八四年一二月のボパール化学工場事故（インド）、一九八六年一一月のバーゼルの化学薬品倉庫火災（スイス）など枚挙にいとまがない。これらをＣＢＲＮＥ災害（化学、生物、放射性物質・核・爆発物の英語頭文字をとったもの）と呼ぶ。これを防止し、その被害を最小限とするのは、軍事サイトと市民社会の共通の義務であり、ともに管理責任を果たすことがサイトの利用者にもサイトの隣人にも共通の利益となる。

刑事犯罪

第二の問題類型は、サイト使用者たちによる刑事犯罪である。沖縄における軍人・軍属の凶悪犯罪は、以下の三件が記憶に新しい。①一九九五年九月四日、金武町で三人の米兵（キャンプ・ハンセン所属海兵隊員二人、海軍軍人一人）が小学生の少女（一二歳）を拉致監禁・強姦致傷、②二〇〇八年二月一〇日、沖縄市でキャンプ・コートニー所属海兵隊員が少女（一四歳）を虐待的な性的接触、③二〇一六年四月二八日、うるま市で軍属（民間会社の契約社員コントラクター。元海兵隊員。与那原町在住）が女性（二〇歳）を強姦殺人した事件である。いずれも島民に衝撃を与え、反基地感情を高めた。

事件後の経緯を確認しておく。①の一九九五年事件は、犯罪被疑者に逮捕状が出ても日本の警察が起訴前には身柄を拘束して取り調べることができない、という日米地位協定第一七条5(C)の運用を改善する契機となった。実行犯三人には、那覇地裁より懲役六年六カ月から七年の実刑判決が下った。刑期満了した三人は帰国し、非名誉除隊（Other Than Honorable discharge）となった。さらに事件から一一年後の二〇〇六年八月二〇日、実行犯の一人ケンドリック・リディットはジョージア州でケネソー州立大学三年の女子学生を殺害後、自殺した[21]。②の二〇〇八年事件では被害者が告訴を取り下げた。そのため、那覇地検は被疑者を不起訴処分として釈放した。しかし米軍は独自に捜査を継続し、同年五月の軍法会議は「虐待的な性的接触 abusive sexual contact」の罪で禁固四年を言い渡した。実行犯は不名誉除隊（Dishonorable discharge）処分を受けた。

③の二〇一六年事件については、事件の翌月に来日したオバマ大統領が「心からの哀悼と深い遺憾の意」を表明

した。そして、翌年一月に日米政府は、日米地位協定における「軍属」の範囲を明確化する「地位協定の軍属に関する補足協定」を締結した。実行犯は二〇一七年末に那覇地裁（裁判員裁判）で無期懲役を言い渡され、翌年一〇月に刑が確定し、日本で服役中である。二〇一八年七月一二日、日米両政府は被害者遺族に見舞金を支払った。

三件の事件で実行犯たちは逮捕され、うち二件については日本の裁判で裁かれた。また一件では被害者が告訴を取り下げたが、アメリカは軍法会議によって加害者を裁いた。実行犯に対して日本法による制裁と軍法会議による制裁は実行された。かつ罰に処された事実が知れ渡ったため、かつて一部に抱かれていた「米軍人・軍属はたとえ罪を犯しても処罰を免れる」というイメージは、アメリカ軍人・軍属の間でほぼ払拭された。

米軍人・軍属による三事件をまとめて取り上げたため、沖縄の米軍サイトは、あたかも「凶悪犯罪の巣」であるかのような印象を与えたかもしれないが、それは誤解である。確認のため二〇一二〜二〇二一年の一〇年間の沖縄県警による犯罪統計を見ておく。沖縄県の米軍人・米軍属とその家族が殺人犯で検挙された件数は一件（二〇一六年事件）のみである。同期間の沖縄における殺人犯の総検挙件数は一四五件である。軍人・軍属とその家族が凶悪犯（殺人、強盗、放火、強制性交等）で検挙された件数は一四件である。凶悪犯の総検挙数件数は一〇三八件である。また同県のあらゆるカテゴリーの犯罪の検挙件（人）数を指標とした単位人口当たりの軍人・軍属とその家族の犯罪発生率は、全体の犯罪発生率と比較して有意に低い[22]。沖縄の市民社会を源とする犯罪の発生率は決して低くはない。

二〇一六年事件の被害者遺族は「今なお、米兵や軍属による事件事故が相次いでいます。それは沖縄に米軍基地があるゆえに起こることです[23]」と述べたがその通りである。と同時に、沖縄県では殺人やその他の犯罪が、そこに米軍サイトがあろうがなかろうが、米軍サイトのない島々でも生じている。ここで米軍サイトを源とする犯罪と沖縄県の市民社会を源とする犯罪を対比した意味は、いずれの犯罪発生率が高いかを比較するためではない。米軍サイトも沖縄県の市民社会もともに犯罪を生む事実を示すことを目的としている。殺人は、人間の最も深い罪悪である。強盗、放火、強制性交等は、被害者の人権の重大な侵害であり、すべての犯罪はなすべきでない罪悪である。

加害者が米軍属であろうが、本土や海外からの旅行者であろうが、沖縄島民であろうが、なしてはならないことが被害者になされてしまった点は同じである。とすると、それらの予防と抑制は、米軍の憲兵隊などと沖縄県警などとが連繫して取り組むべき共通課題である。なによりそうすることが正義に半歩でも一歩でも近づく道ではないか。

ヘリコプター墜落事故

第三の問題類型は航空機などの墜落事故である。航空サイトがあれば軍用機が離発着し、軍用機は時に墜落したり、ものを落下させ、それが人を殺傷することがある。航空機事故の頻度は決して低くない。その典型例が、普天間航空ステーションのヘリコプター墜落事故である。

二〇〇四年八月一三日、海兵隊のヘリコプターCH53Dが、沖縄国際大学の本館に墜落し、炎上した。同大学のほか、民家二九戸、車両三三台が物的損傷を受けた。また海兵隊員三名が負傷し、うち一名は一時重体になった[24]。翌年二月、日米合同調査委員会事故分科会は報告書で、「事故の原因は、操縦操作を後部ローターに伝える機構の一部に、ボルトを固定するためのコッター・ピン（くさび）が正しく装着されていなかったことによるもの」とした。そして「マニュアル上の整備・検査手順に従うことを徹底」するよう勧告した[25]。

米軍のヘリコプターは飛行するたびに整備し、また定期的に本格的に整備される。ヘリコプターに搭乗するクルーチーフは離陸前に異常はないかを確認する安全責任者である。三重のチェック体制がとられている[26]。これがサイトの順機能を支えている、はずである。

ところが二〇一七年一〇月一一日、海兵隊のCH53Eヘリコプターが飛行中に火災を起こし、東村高江の牧草地に不時着し、炎上した。さらに重大なことに同年一二月一三日、海兵隊の同型のヘリコプターが、右側の窓（重さ七・七キロ）を普天間第二小学校校庭に落下させた。「三重のチェック体制」をすり抜けて、二カ月間に二度も事故が起きた。この校庭は、後述するようにフェンス越しに海兵隊普天間航空ステーションに近接しており、しかも、同ステーションの「マスター・プラン」によれば安全確保のための「クリア・ゾーン」にある。すなわち、本来普天間第二小学校校庭その他の施設や住居が、本来ならばあってはならない区域にあった。

墜落事故により沖縄国際大学のキャンパスは一定期間事実上占領され学生・職員は使えなくなった[27]。普天間第二小学校の生徒たちに危険が及んだ。しかしそれだけではない。海兵隊は隊員が負傷し、複数機のヘリコプターを失った。機体の安全点検という「三重のチェック体制」が機能していなかった。問題の原因はサイトの機能不全・機能障害にある。この事故という類型の問題は、サイト使用の順機能を破壊・阻害し、同時にサイトの逆機能となっている。

サイト管理者には改善すべき責任があり、改善すると、サイトの利用者である海兵隊にも、隣人である普天間第二小学校の生徒にも利益がある。環境汚染、軍人・軍属とその家族の犯罪、それにヘリコプター墜落事故の問題類型は、容易ではないにしても改善・解決の道は存在する。そうすることが、サイトの使用者にもサイトの隣人の市民社会にも効用を与える。

なにもない空間の効用

第四の類型として、航空機の爆音や砲弾演習の轟音、実弾演習による山林火災や被弾事故がある。この問題類型では、サイト使用の順機能とサイトの逆機能とがゼロサム関係になる。たとえば嘉手納空軍基地や普天間航空ステーションで、その使用の順機能を高めるため、航空機の離着陸の頻度が高まればそれだけ轟音・爆音の発生回数は多くなる。またキャンプ・ハンセンやキャンプ・シュワブで実戦さながらに演習を行えば、それだけサイト利用者の錬度は高まるが、サイトの外部に実弾が飛び出す危険性も増えることとなる。つまり、サイト使用の順機能によって、サイトの逆機能が高進しかねないのである。

この類型の問題にはサイトの広さと、その周囲に広がる市民社会との距離という基本的な変数が関係している。

サイトが広く、市民社会と遠く離れていれば、たとえ「基地から派生する問題」が存在しても、リスクは分散し、損傷の規模は限定される。

筆者は、かつて立川基地をはじめて見たとき、「なにもない空間の広さ」に驚かされた。横須賀艦隊活動司令部を見たときも同様であった。そのうえでなおアメリカ本国の米軍サイトの「なにもない空間の途方もない広さ」には言葉を失った。全米軍サイトで最も広いのは、陸軍ホワイトサンズミサイル実験場の三五四万エーカーであり、一都三県（東京、神奈川、千葉、埼玉）より広いことは既述した。海兵隊トゥエンティナインパームズ空・陸戦闘センター Air Ground Combat Center Twentynine Palms（カリフォルニア州・六三万五八一一エーカー）は、沖縄島の二倍以上、東京都二三区の四倍以上である。いずれも日本人の広さ感覚とはかけ離れている。

アメリカの歴史は、北米大陸を東から西に向かうフロンティアとともに移動をしてきた。それは「なにもない広大な空間」を求めた人間の営みであった。その一つの帰結が、アパラチア山脈以西の広大な軍事サイトであり、アメリカ軍が使用する二六九〇万エーカー（一〇万八八六四平方キロメートル）の連邦所有地なのである。見渡すかぎり広がるサイト空間のなかに軍の施設・建物がポツン、ポツンと点在する。さらにサイトの周囲にも、ほとんどなにもない空間が広がる。

本国の米軍サイトをモデル化してみよう。まずサイトの内部空間が広大であって、施設や建物の密度は低く、さらにその周囲にも、ほぼなにもない空間が広がっている。たとえば広大な「ペンドルトン基地（海兵隊ベースキャンプ）から一番近い（オーシャンサイド市の）住宅地は三マイル（五キロ）離れている(28)」。米軍サイトと市民社会とが遠く離れているのは普通のこととなっている。

「最も広い」とは対極の「最も狭い」部類の米軍サイトを *Base Structure Report, 2018 baseline* の四〇〇〇を超える一覧表から探すことにしよう。海軍・軍用犬墓地である（三一エーカー）。

アメリカ軍が日本軍からグアム島を奪回した一九四四年七月の島嶼戦争では、第三海兵師団に所属する六〇頭の軍用犬（海兵隊の階級をもっていた）が、ハンドラーとともに五五〇回のパトロールを行い、草むらに潜む日本兵や地雷の発見などに活躍した。軍用犬墓地は当初アサン海岸近くに建てられたが、半世紀後に同じグアム島のアプラ湾を見下ろす丘に移された。サイトの開発に奔走した元米兵の犬を愛する心が感じられる。広大な公園型のサイトの中央にポツンと碑がある。作戦中に戦死した二五頭の犬の名が刻まれている。碑の上にドーベルマン種の犬クルツの像がある(29)。海軍・軍用犬墓地は「最も狭い」部類といっても、その三一エーカーは、東京ドーム三個分、東京・青山霊園の半分に当たる。二五頭の軍用犬のために、これほど広い面積を費やしたアメリカ軍人の広さ感覚には驚かされる。周囲の市民社会には、公園型墓地の広い空間は、プラスに作用する。「なにもない広い空間」はサイトと市民社会の間の緩衝地帯なのであり、この空間が、サイトの逆機能、とりわけ騒音と轟音を緩和ないし消去している。

広くない海兵隊の訓練サイト

沖縄島の海兵隊サイトのうち一番広いのは、海兵隊キャンプ・ハンセン（一万二〇三七エーカー）である。それに隣接して海兵隊キャンプ・シュワブ（五三九七エーカー）がある。二キャンプは「訓練地区」と「兵舎地区」に区分されている。さらにキャンプ・シュワブの北側の大浦湾沿いの小高い海岸台地に海兵隊辺野古弾薬庫がある。この三つは、海兵隊の沖縄における中核となる訓練地域である。しかしその使用機能に充分な広さとはいえない。

キャンプ・ハンセンの「兵舎地区」には第三一海兵遠征部隊などが駐留するほか、下士官養成学校、診療所、郵便局、運動場、ボーリング場、各クラブなど多様な施設がある。キャンプ・シュワブの「兵舎地区」には一部部隊が駐留する。

キャンプ・ハンセンとキャンプ・シュワブの訓練場は合わせて「中部訓練地域」と呼ばれている。ここでは迫撃砲、機関銃などの実射訓練を行い、レンジ着弾地区がある。また、海兵隊も陸軍も「コンバットタウン」（都市型戦闘訓練施設）を設け、実戦さながらの訓練をしている。不発弾処理場などもある。ただし、沖縄で一番広いといっても、十分な広さとはいえない。沖縄の訓練場は狭くて制約が多く、海兵遠征隊MEUの重要な任務の一つである「人質奪還の訓練さえ十分に行えない」とする海兵隊員の指摘がある。[30]

ジャーナリストの松岡哲平は、アメリカ国立公文書館で史料「大規模演習 RLT LEX58 Delta 報告書」（同演習は一九五七年一〇月に実施された）を発掘した。これは第三海兵師団が、沖縄島を戦場と仮定して上陸作戦を行う大規模演習であり、仮想敵も米軍も戦術核を用いて攻撃しあうものと想定されていた。この史料には、訓練場としての沖縄が次のように記されている。

沖縄は狭く、このような大規模演習を行うには不向きである。海岸が少なく、住民の農地などがあって運用上の制限が多いため、本物の戦闘状況を想定して部隊の能力を評価することが難しかった。[31]

この沖縄最大の訓練区域には名護市、金武町、宜野座村、恩納村がある。人口密度は高くないが、それでも砲弾の破片などがサイト外に飛び出して、民家の屋根や駐車場に落下する事故が発生している。また、実弾射撃による原野火災もたびたび発生している。一〇〇ヘクタール以上を消失した大規模な山林火災は計八回起き、そのうち六回は実弾射撃訓練に基づく。[32]「サイトから派生する問題」が一定部分市民社会に及んでいる。もし周辺自治体の人口密度が高ければ、サイトの逆機能も深刻化したことであろう。

沖縄最大の訓練区域である「中部訓練地域」は、アメリカ本国の訓練サイトと比較して、広くはない。海兵隊員たちは、アメリカ本国の超広大な射撃場や巨大サイト、すなわち上空の飛行機の窓から見下ろしても、しばらくの時間飛ばないと端から端までを見渡せないほど広いサイトで演習してきた。たとえば、海兵隊のベースキャンプ・ペンドルトン（表12-2参照）はキャンプ・ハンセンの一〇倍である。演習場や訓練場が広ければ、砲弾の破片等がサイトから飛び出す危険も減る。

アメリカ本国型の巨大サイトは、第一に、周囲に隣人のほとんどいない広大な空間に取り囲まれ、第二に、ほぼなにもない広大なサイトの区域のなかに、航空基地の場合、滑走路、駐機場、管制塔など諸施設がポツンポツンと置かれ、第三に、単体包括型であって、諸施設が一つのサイトに内包されているため、将兵や兵器類が施設から他の施設に移動する際に、いったんサイトを出る必要がない。また市民社会から遠く離れているため、航空機の爆音も砲撃の轟音も隣人には聞こえない。広大な空間が軍事化されてサイトと市民社会を切り離して、両者の棲み分けを可能にしている。またサイトの内部のなにもない広大な空間は、航空機の爆音やサイト外に実弾が飛び出るなどの逆機能を避ける目的がある。

面積（エーカー）	資産価値（百万ドル）
3,094	12,620
4,904	12,310
6,077	1,532
16,117	8,633
1,965	317
3,864	8,253
5,615	10,465（米国本国で資産価値最大）
38,866	9,225
13,455	8,207
24,919	7,457
307,517	7,310
22,504	2,441（地球規模戦闘軍団司令部）

狭い嘉手納空軍基地

嘉手納空軍基地は、通称「安保の見える丘」（「安保の丘」ともいう）からほぼ見渡せる。「なんとも広い」というのが観光客の第一印象である。並行する二本の滑走路三六八九メートルから戦闘爆撃機が二機同時に離陸する様に、人々は息をのみ、歓声を上げる。たしかに全面積は四九〇四エーカーで、沖縄島の面積の一・六％を占めている。東京国際空港の一・三倍の面積である。たしかに観光客にとっては、東京ディズニーランドと東京ディズニーシーを合わせた面積の約二〇倍なのである。しかし、この航空基地を「とても広い」と感じるのは、米軍サイトの常識に反している。嘉手納に駐留

表12–7　空軍基地（資産価値上位9）

資産価値の順位	名称	場所	建物数
海外			
1	ラムステイン空軍基地	ドイツ	742
2	嘉手納空軍基地	沖縄県	2,082
参考	嘉手納弾薬庫地区		416
5	アンダーセン空軍基地	グアム	1,382
参考	同空軍基地に附属する4サイト合計		27
6	三沢空軍基地	青森県	795
米国本国			
3	マイノット空軍基地	ノースダコタ州	286
4	アーノルド空軍基地	テネシー州	328
7	エルメンドルフ空軍基地	アラスカ州	392
8	アイエルソン空軍基地	アラスカ州北極	530
9	エドワーズ空軍基地	カリフォルニア州	723
参考	バークスデール空軍基地	ルイジアナ州	853

出典：*BSR2018*より筆者作成。サイトの面積数値は発表資料ごとにばらつきがある。以下は一貫性のため*BSR2018*による

したことのあるアメリカ軍人は、ほぼおしなべて「嘉手納は手狭である」と感じている。嘉手納は、多種多様な機能が収容されていて、施設・建物が立て込んでおり、なにより「なにもない広大な空間」がない。

航空サイトは、滑走路、駐機場、管制塔などの諸機能が単一のサイトのなかに備わっている。そこから空間的に切り離されているものは、弾薬庫、通信所、射爆場等にほぼ限られる。したがってアメリカ内外の空軍基地を、サイト単位で比較する合理性がある。

表12–7を参照されたい。本国の航空サイトははるかに広い。嘉手納空軍基地の面積は、アメリカ本国の巨大航空基地に比べると非常に狭い。エドワーズ空軍基地（航空機や飛翔体の実験サイトでもある）の六〇分の一以下であり、表12–7のアーノルド、アイエルソン、バークスデールの三空軍基地の四分の一以下である。そして本国外のラムステインや三沢と比べると、嘉手納はやや広いが、建物棟数が二・五倍以上である。アンダーセン空軍基地に比べると、嘉手納空軍基地の面積は三分の一であり、建物棟数は一・五倍である。

この点を考慮しながら、嘉手納空軍基地に建物や施設がどれだけ詰まっているかを、同基地のＨＰや『沖縄の米軍基

地』(平成三〇年一二月、沖縄県知事公室基地対策課)などに拠りながら要約する。

(1)嘉手納空軍基地は三地区に分かれる。第一地区には二本の三六八九メートルの滑走路と駐機場、整備場、格納庫、航空管制施設などがある。航空機が内外から飛来し、戦闘機、空中輸送機、特殊作戦機、対潜哨戒機など九種、計約一〇〇機弱が常駐する。

主な戦力として、空軍第一八航空団 18th Wing の司令部(司令官は空軍准将)が置かれる。同航空団は太平洋空軍第五空軍 Fifth Air Force(司令部は横田空軍基地)の傘下で、最大かつ主要な航空団である。また空軍第三五三特殊作戦コマンドのうち、第一特殊作戦飛行隊と第三二〇特殊戦術中隊が置かれる(空軍第三五三特殊作戦コマンドのもう一つの中隊と整備軍は横田空軍基地に置かれる)。

(2)第一地区には他軍種の施設もある。海軍の嘉手納艦隊活動司令部の一部があり、海軍機用の駐機場もある。さらに、嘉手納空軍基地に近いトリイ・ステーションの陸軍第一特殊部隊群第一大隊(グリーンベレー)を空輸する任務を負っている。加えて海兵隊の航空機群は、嘉手納基地に飛来して弾薬・ミサイルの供給を受ける。

(3)第二地区には行政サイトと生活サイトがある。オフィスがあり、住宅、学校、図書館、野球場、ゴルフ場、映画館、スーパーマーケットなどがある。

(4)第三地区は国道58号を越えた海岸一帯であり、嘉手納マリーナ地区と呼ばれる。リクリエーション施設がある。(3)(4)の建物の機能は、市民社会のオフィス、住宅、倉庫、リクリエーション施設と変わらない。

(5)資産価値は、全空軍基地を通じて第二位、全米軍を通じて第八位であり、施設や建物に巨額が投下されてきた。一九四五年四月の造成以来、頻繁に改修、拡張され、使用機能が改善されてきた。滑走路は徐々に長大になり、離着陸可能な航空機の種類は増加し、一九六七年のヴェトナム戦争中に、全長二六八九メートルの滑走路二本が完成した。改修拡張のたびに給油能力や弾薬類の装填能力を高め、機体の整備や安全点検の能力が効率化された。その結果、航空機の単位時間あたりの出撃可能回数が増えた。多様な航空機群に対して、幅広い標準行動シナリオを提供し、単位時間あたりに総合的に実施できるようになった。それを通じて使用の順機能の統合された総和を高め、作戦や兵站のポテンシャルを高めてきた。

(6) 建物は二〇八二棟（*BSR2018* の数値）あり、米軍空軍基地のなかで飛びぬけて多い。その数は米国本国で最多のバークスデール空軍基地（地球規模戦闘軍団司令部がある）八五三棟の約二・五倍、パールハーバー海軍施設の一二七九棟の約一・五倍であり、アメリカ本国にある巨大陸軍基地並みである。サイトに所属する軍人・軍属・家族等の人数は公表されていない。基地従業員は二六〇九名である[33]。建物棟数は、人の活動の多様性と収容可能数の上限を表す外形標準的な指標である。このサイトに関連する人口（軍人・軍属・家族や基地従業員と関係業者など）の収容能力と活動のポテンシャルを示す。狭義の軍事機能のみならず、街の機能、居住機能を合わせ持つ総合型サイトである。

(7) 使命に関しては、歴代の基地司令官たちが、地理的位置が「前方基地 advanced base」であることを特に強調し、アメリカ本国から敵地へと向かう連絡線上にあり、台湾やインドシナ、朝鮮半島など潜在的な戦場や紛争地点に近いことを特記する。嘉手納は、敵の直ぐ目の前に位置するという象徴的な展示作用をもっている。

(8) 嘉手納弾薬庫地区が北側に隣接し、六〇七七エーカー（嘉手納空軍基地の一・五倍）の森林に四一六棟の建物があり（*BSR2018* の数値）、弾薬庫地区には弾薬砲弾、ミサイルなどを貯蔵し、嘉手納空軍基地に供給する（燃料を貯蔵・供給するのは陸軍貯油施設という別のサイト）。大半の建物はコンクリート・鉄扉付の厳重に監視・警備された貯蔵庫で、形状から「イグルー」（エスキモー住居の意）と俗称される。ここには現在第一八航空団第一八整備群第一八爆薬中隊が置かれ、弾薬などの貯蔵・管理・整備を行い、太平洋地域の諸部隊に供給している。一九四五年四月、沖縄島に上陸したアメリカ軍は、嘉手納弾薬庫、比謝川サイト、波平弾薬庫、読谷合同廃弾処理場などを建設した。そして一九七二年に九施設を統合して嘉手納弾薬庫地区とした。我部政明の発掘した史料「米空軍第三一三航空師団年次報告書」の一九五七年度版には、本土やグアムから実際の核兵器を搬出入する演習や、その核兵器を

「イグルー」で管理する演習の記述がある。(34)

(9)サイトの周辺を見る。西側面はほぼ海岸線であり、市民社会に接していない。北側の半分は嘉手納町、南側面は北谷町、東側面は沖縄市である。基地面積を除いた一平方キロメートル当たりの人口密度は、嘉手納町五〇〇〇人、北谷町四二〇〇人、沖縄市四二〇〇人と比較的高く、生活空間がサイトに分断され、道路は迂回を余儀なくされ、交通は渋滞する。

嘉手納空軍基地は機能の密度が高く、多種多様な建物群・施設群があり、それらが狭い空間に封じ込められていて、「なにもない広大な空間」がない。またこの最大級の航空基地は、海面に臨む西側面を除いて、嘉手納弾薬庫地区と市民社会に取り囲まれている。市民社会に航空機の爆音等の被害を及ぼし、第一～四次の「嘉手納基地爆音訴訟」を周辺住民が提訴した。第四次の原告が三万五五六六名（二〇二二年一月二八日の提訴時）であることは被害の広がりを示す。第三次までは、損害賠償請求は認められたが、飛行差し止め請求は退けられた。

最も狭い普天間航空ステーション

嘉数高台公園から眺望すると、普天間航空ステーションの逆機能は一目瞭然である。アメリカ本国型の軍事サイトは、①サイト自体は広く、なにもない空間に施設がポツン、ポツンと置かれ、②サイトの周囲は平原や海などにもない空間に取り巻かれ、また市民社会と遠く離れているとモデル化できるが、海兵隊普天間航空ステーションはその対極であり、その事実は沖縄国際大学へのヘリコプター墜落事故によって、日米世論に知れ渡った。同航空ステーションのＨＰ、沖縄県知事公室基地対策課編『沖縄の米軍基地』（平成三〇年一二月）、宜野湾市基地政策部基地渉外課編『普天間飛行場の危険性』（二〇一二年三月）等に拠りながら、五点だけ要約する。

(1)普天間航空ステーション（一一七七エーカー）に滑走路約二七〇〇メートルと駐機場、格納庫、通信施設、修理施設、部品倉庫、部隊事務所、消防署、クラブ、バー、診療所などがある。飛行場司令部、第一海兵航空団第三六海兵航空群が駐留する。二〇一八年時点で五八機が配備され、主なものはヘリコプターやオスプレイなど回転翼機である（航空給油機はその後岩国に移駐した）。狭い空間に総合的に諸施設を整備しているのである。

⑵ 宜野湾市の人口密集地域に取り囲まれている。一九・八平方キロメートルの市内にはキャンプ・フォスター普天間ハウジング一・六平方キロメートルなどがあり、米軍サイトを除いた面積は一二・九平方キロメートルである。サイト面積を除いた宜野湾市の人口密度は約七〇〇〇人弱（一平方キロメートル当たり）であり、那覇市や名古屋市の人口密度に準じる。その中央部分に南北に細長い普天間航空ステーションが位置している。サイトのフェンスの向こう側には、一般住居と公共施設・学校（沖縄国際大学、普天間第二小学校を含む）等が密集して取り巻いている。普天間サイトと宜野湾市の市民社会間に「なにもない空間」はなく、あるのはフェンスのみである。市民社会と軍事が、ぴっしりと肩を並べて活動し、そのため市民社会は基地から派生する問題のただ中にある。

⑶ 普天間航空ステーションは海抜九五メートルの高台にあり、滑走路は海岸線と平行に少し離れている。回転翼機の場周経路、固定翼機の進入経路はすべて海上に開けていない。宜野湾市基地渉外課の目視調査によると、回転翼機はフェンス越しに広がる住宅地のすぐ上を場周し、固定翼機も住宅地の上空を飛行経路とする。[35] 回転翼機の場周経路下の騒音被害は、同等以下の広さの民間飛行場（おもに固定翼機が離着陸する）とは、質的に異なる。

⑷ 米海軍省が一九九二年六月に作成した「普天間航空ステーション・マスタープラン」には、滑走路の両端に「クリアゾーン」（土地利用禁止区域。「障害物を排除して離着陸の安全を確保するエリア」）が設定されていた。ところが「クリアゾーン」の域内には、普天間第二小学校（その校庭にヘリコプターがドアを落下させた）ほか保育所、児童センター、医院など一八施設と住宅等八〇〇棟がある。[36] サイトの逆機能を緩和する「なにもない空間」どころか、航空機の安全な離着陸に不可欠な「クリアゾーン」さえない。

⑸ 普天間航空ステーションは狭いサイトである。といっても、日本人の広さ感覚からすれば広い。伊丹空港や

表 12-8　海兵隊の航空ステーション一覧

名称	場所	建物棟数	面積（エーカー）	資産価値
1　ミラマー航空ステーション	カリフォルニア州	726	22,879	3,693
2　チェリーポイント航空ステーション	ノースカロライナ州	1,343	15,364	4,395
3　岩国航空ステーション	日本	600	7,111	7,233
4　ビューフォート航空ステーション	サウスカロライナ州	399	6,336	1,374
5　ユマ航空ステーション	アリゾナ州	630	4,734	2,146
6　カネオヘ湾航空ステーション	ハワイ州	2,221	2,955	8,133
7　普天間航空ステーション	日本　沖縄	275	1,177	1,686
参考　伊江島補助飛行場	日本　沖縄	18	1,981	95

出典：*BSR2018* より筆者作成。

福岡空港よりは広く、那覇空港とほぼ同じである。しかし、同じ機能が備わっている海兵隊の主な航空ステーションの中では最も狭い。

表12-8には、海兵隊の七つの航空ステーションを広さの順に並べた。そのなかで普天間航空ステーションが最も狭く、建物棟数も圧倒的に少ない。その狭い空間に、海兵隊が航空ステーション Air Station と位置づける機能が詰め込まれている。参考までに伊江島補助飛行場 Auxiliary Airfield も掲げた。補助飛行場に付与された使用機能は、普天間など航空ステーションよりはるかに低いが、しかし普天間の面積は伊江島の五九%しかない。普天間の面積は伊江島の使用機能と逆転現象が起きるほど狭い。

普天間航空ステーションは使用機能を一挙に縮小しないかぎり、一刻も早く撤去しなければならない。

第4節　抑止とプレゼンス

抑止

抑止とは、戦力の暴力性能を敵に向かって発揮することではない。自分には高い暴力性能があるという事実を他者に伝達する象徴作用を手段として、現状変更する行動を思いとどまらせることを指す。米軍のプレゼンスをメッセージとして送るのはその一例である。また嘉手納空軍基地の暴力性能を演習などで誇示することは、非言語的なメッセージであり、象徴作用である。

ただし象徴作用だけでは事実機能をもたない。抑止がやぶれたとき、すなわち、抑止しようとした相手方が現状変更する軍事行動に出たとき、それまで存在を誇示していた者はもう一つの手段である暴力性能を発揮すべきか否かの選択の前に立たされる[37]。

抑止一般は広く見られる行為であり、たとえば交番の配置やパトカーの巡回などは、警察官の存在を象徴的に展示して、防犯に役立てている。ただし、パトカーはスピード違反者を追跡でき、交番の警官は犯罪者を取り押さえられる。つまり力を手段として使うことが可能である。しかし核兵器を防衛の手段として使うことはほぼ不可能である。先制核攻撃の破壊力は飛躍的に高まり、しかも不意打ちできるため、防衛側が有効に応戦する準備時間は短くなった。その核兵器を防衛に使用すると、たとえ破壊力の相対的に小さな戦術核兵器であっても、自国や同盟国に甚大な被害を出す。その結果、核兵器の配備を「戦力の誇示と威嚇によって敵の攻撃を抑止する」と正当化するようになった。

表12-9に防衛と抑止の概念の相異を図式化した。

嘉手納空軍基地のような重要サイトはその存在によって三つの異なる集団にメッセージを送っている。象徴作用を送る第一の対象は仮想敵の指導者・軍隊である。サイトはそれらに次のメッセージを送る。①攻撃を受けた場合、報復する決意は固い。②報復する際、暴力性能のポテンシャル（可能性の上限）が高い。③演習・訓練など戦闘の準備に怠りない。

①〜③によって、対象を恐怖させ、その攻撃的な行動を思いとどまらせようとする。あるいは①〜③を実施するポテンシャルはあるが、暴力行使の準備を差し控え、また準備の程度を下げたことを対象に示して、安心を供与しようとする。

象徴作用を送る第二の対象は同盟国の指導者・軍隊である。サイトはそれらに①〜③を示して安心を供与し、協力的な行動を調達しようとする。あるいは①〜③を実施するポテンシャルはあるが、その一部を準備しないと伝え、

表 12–9　サイトの作用と対象集団

狙い	手段	対象集団
防衛	サイト・戦力の暴力性能	敵の軍隊
抑止 安心供与 不安醸成	軍事プレゼンスの象徴作用	敵国の指導者・軍人 同盟国の指導者・国民 周辺住民・世論

出典：筆者作成。

またはサイトの撤去を示唆して、対象を恐怖させ、その非協力的行動を思いとどまらせようとする。

第三の対象集団は、周辺住民ないし世論である。周辺住民・世論は、象徴作用を送られるわけではない。たまたま暴力を誇示する意図を聞いてしまい、恐ろしいことが起きていることに不安を感じる。そして、暴力行使をしないように対立しあう当事者に訴える。

この三つの対象集団の反応の組み合わせが、抑止論のメッセージが説得性をもつか、説得的でないかを決定する。

核の貯蔵

アメリカ政府とアメリカ軍は、特定の場所の核兵器の有無について「確認も否定もしない」（「有るのかないのかわからない」状態にすることが望ましい）とする原則に基づいている。そこで沖縄に核を置く意味を明確にした資料を四つだけ引用する。

第一は、一九六九年一一月一九日の沖縄返還交渉の初日のリチャード・ニクソン大統領の発言である。彼は「現存の核兵器貯蔵庫である沖縄の嘉手納、那覇、辺野古、ナイキ・ハーキュリーズ基地をいつでも使用できるように維持し、重要な緊急事態の際に活用することが必要となる」と述べた。それに対し、佐藤栄作首相は「大統領が上に述べた重要な緊急事態に際し、……遅滞なくこれらの必要を満たすだろう」と答えている。(38)「嘉手納」とは、嘉手納空軍基地とその北側に隣接する空軍嘉手納弾薬庫地区を、「辺野古」は海兵隊辺野古弾薬庫を、「那覇」とは陸軍那覇港湾地区を指す。アメリカの現職大統領が、これらとナイキ・ハーキュリーズ基地は「現存の核兵器貯蔵庫」である、と日本の首相に明言した。「嘉手納」と「辺野古」は貯蔵サイトとしては現在も一九六九年とほぼ同じ姿を維持している。

第二は、林博史の作成した表「極東軍　核兵器施設 1956–1957」[39]である。「核兵器施設 nuclear weapon account」とは、「核兵器を扱う資格を持つ将校がいる施設のことであり、極東軍司令官に対して核兵器の受領、保管、追跡の責任を負う」施設である。この表によると、嘉手納に六名の責任者が配置されていた。他の施設よりも責任者が格段に多く、「受領、保管、追跡」する核兵器数の多いことが推定できる。

第三は、我部政明の発掘した史料「米空軍第三一三航空師団年次報告書」の一九五七年度版である。それは、グアムから日本本土へ実際に核物質を搬出入する演習の報告書であり、嘉手納の弾薬庫地区の「イグルー」で核物質・核弾頭を保管し、それを移動させる装置（「バード・ケージ」と呼ばれる）によって嘉手納空軍基地で輸送機に積み込み、板付、横田、三沢の三空軍基地に一時間半で輸送したという[40]。

第四は、松岡哲平のポール・カーペンターへのインタビューである。カーペンターは、「アメリカ本土で核融合〔「融合」とは核融合を指すのでなく、核弾頭に装着する直前に、複数の種類の核物質を混ぜ合わせる操作手順を指す〕と核兵器の組み立て技術について二年間の訓練を受け、一九歳の時に沖縄の第七戦術貯蔵中隊に配属とな（り）……一九六三年に空軍を除隊した」元アメリカ兵である[41]。

これらから一九五〇年代なかばには核物質・核弾頭が沖縄に貯蔵されていたことは明白である。平時には核物質、核弾頭、弾体は、潜水艦発射型核ミサイルを例外として、別々に保管されていた。

① バード・ケージ　核物質を保管・輸送するための装置。外枠と内部の円筒型カプセルよりなる。核物質は特殊素材でできた円筒型カプセルが納められ、「融合」の操作手順が定められている。外枠は、高さ五〇センチの直方体の金属枠。外枠の形状が鳥かごに似ているため「バード・ケージ」と呼ばれる。平時には弾薬庫に保管され、必要になるとバード・ケージをまるごと航空機に積み移動した。

② イグルー　嘉手納弾薬庫地区に数百あるコンクリート製の弾薬類の貯蔵庫。その形状から「イグルー」（エ

スキモー住居の意）と呼ばれる。無数のイグルーのうち、核貯蔵用のイグルーは他のイグルーから明確に区別され、高いフェンスが三重に張り巡らされ、監視塔と照明塔があり、鉄扉が備えられていた。

③　核弾頭　平時では多くの場合、弾頭に核物質は入っていない（潜水艦発射型核ミサイルの弾頭には常時核物質が入っている）。緊急時に、核物質をバード・ケージごと移動し、内部の円筒型カプセルを取り出して弾頭に装塡する。

④　弾体　弾頭の運搬手段。爆撃機は航空基地に、核りゅう弾砲は地上に、地上ミサイルは発射台に、海上発射ミサイルは艦船内の発射台に設置される。その弾体に③の核弾頭を装着する。

ニクソン大統領と佐藤首相が合意した「重要な緊急時」は、次の三つの工程を並行して進める。第一に、①バード・ケージの内部の円筒型カプセルに核物質を納める。第二に、バード・ケージ群を、④の弾体の置かれた場所へ輸送する。第三に、①の円筒型カプセルを弾頭に装塡し、弾頭を弾体に装着する。沖縄の「核抜き本土並み」とは、一方で、沖縄は平時における核物質などの保管場所とはしないが、その他方で、「重要な緊急事態」においては、アメリカ政府・アメリカ軍は沖縄に核物質、核弾頭などを貯蔵し、または移送の中継所として使用する権利を認めた日米首脳の合意であった。ただし、どのような時が、ニクソン大統領と佐藤首相が合意した「重要な緊急時」であるのかは知りえない。どのサイトに、どの貯蔵庫（イグルー）に、核物質および核物質保管枠（バード・ケージ）などが搬入されているかは知りえない。

核の脅し

一九四五年に核時代が到来したが、アメリカのみが核兵器を持つ状態はすぐに終わり、一九四九年にソ連が、一九六四年に中国が核兵器を保有した。核保有国の弾薬庫には、大量の核兵器（核物質、弾頭、運搬手段）が付け加わった。一方では、先制核攻撃の精度と破壊力は飛躍的に高まった。他方、弾薬庫に貯蔵された核物質、核弾頭、運搬手段を防衛することは、非常に困難になった。核兵器を敵の攻撃から守り、奪取されることを阻止する手段は、次に述べる四点以外、非常に限られている。①貯蔵場所を秘匿する。②核物質、核弾頭、運搬手段をたえず移動させる。③貯蔵場所の防護壁を非常に厚くするか、地下深くに置く。④ミサイル攻撃を迎撃するミサイル網を張る。核兵器の大きすぎる破壊力と核兵器貯蔵サイトの弱すぎる防衛力の間で、パラドックスは一層深まった。嘉手納空軍基地も嘉手納弾薬庫もほぼ防衛不能であった。核物質や弾頭を管理する弾薬庫、および核弾頭の運搬手段である航空機の発進基地やミサイル発射台の存在を「防衛のために」といって、正当化することは説得力がなくなった。

では「何のために核兵器を貯蔵・配備・保有する」と正当化できるのか。具体的には、たとえば嘉手納航空基地と嘉手納弾薬庫地区を置く理由をどう正当化するのか、防衛不能だと承知のうえで、最も重要な空軍基地と弾薬庫を仮想敵の「前方」に維持し、それに途方もない資金を投ずることを、どのように正当化するか。それに答えるのは非常に難しい。

「攻撃のために」というのはどうか。嘉手納の核を含む暴力性能をポテンシャルの上限まで使って先制核攻撃をすれば、世界は潰滅してしまったであろう。返還前の沖縄には一〇〇〇発を超える核弾頭があった。「攻撃のため」ということは、人類を破滅させる狂気の沙汰である。

では、「核攻撃するぞ」と脅すことはどういう行為であったろうか。その際嘉手納にどういう意味があったのか。朝鮮戦争期の事例を示す。朝鮮戦争に中国人民義勇軍が参戦すると、ダグラス・マッカーサーやマシュー・リッジウェイは、核兵器を使う作戦を立てた。マッカーサーの計画はよく知られている。ブルース・カミングスの研究によると、マッカーサーは核兵器二六発を最高司令官として使用する裁量を要求したが、一九五一年四月一一日にトルーマン大統領によって解任された。その後、マッカーサーの後任になったリッジウェイ最高司令官も、マッカーサーよりも多い三八発の原爆を使用する裁量を要求し、却下されている。敵と陸上戦闘をし、敵に戦略爆撃をする、それで降伏しないなら核兵器を使って勝つ、というのは当時のアメリカの最高位の司令官たちにとって、自然に頭に浮かぶ作戦であった。

核兵器に関する作戦のうち統合参謀本部（同議長はオマール・ブラドリー）が提案し、大統領が承認した計画があった。ブルース・カミングスの研究を参照しよう。トルーマン大統領は一九五一年四月六日、原子力委員会が管轄していた核物質をアメリカ空軍の管轄に移す計画を承認した。

G・ディーン（Gordon Dean）原子力委員会委員長は、九発のマークIV核カプセルを、原爆運搬に指定されていた空軍の第九爆撃部隊に移す手はずを開始した。第九爆撃部隊はグアムに配置されたが、……九発のマークIVは四月一一日（ダグラス・マッカーサーの解任された日）以降も依然として空軍の管轄下にあった。しかし、第九爆撃部隊はグアムに留め置かれたままで、沖縄の嘉手納空軍基地の原爆搭載施設に移されることはなかった。……一九五一年秋、アメリカはハドソン・ハーバー作戦を実施したが、それは、戦場で原爆を使用する能力を確立する計画で、……B-29爆撃機が一九五一年九月と一〇月に沖縄から運ばれて、原爆投下のシミュレーション飛行のため北朝鮮上空に送り込まれ、「ダミー」の原爆や重量級のTNT爆弾を投下した。(42)

カミングスは、核カプセルが原子力委員会から空軍に移管され、核攻撃の「手はず」は整えたことを示した。空軍はバード・ケージをグアムのアンダーセン空軍基地に移動させた。しかしその移動は、嘉手納空軍基地の手前で止まった。嘉手納空軍基地へ核は移動することなく、嘉手納から発進したB29は「ダミー」の原爆（核カプセルを装填していない弾頭など）を北朝鮮や中国に投下したのである。これは核攻撃を準備する行為である。

では嘉手納はどういう意味をもったのか。「嘉手納空軍基地」とは、核攻撃の最終的な「手はず」を象徴していた。核物質がグアムで止まったか、嘉手納まで運ばれたのかは、統合参謀本部のメンバーと当事者の部隊以外は、知りえない。その状況で「嘉手納から攻撃する」と脅された相手方にとって、投下されたのが「ダミー」の原爆であったとしても、恐怖の極みである。核兵器によって脅された対象にとっては、自分も核武装しようとする誘因となる。

相互確証破壊

防衛が不可能に近づき、核の脅しが相手方の核開発を誘発するようになった結果、一九六〇年前後から「核戦力の誇示と威嚇」による核抑止論が強調されるようになった。核抑止論は、核兵器を攻撃には使用できず、かといって核軍縮してそれを棄てることもできないが、なお核兵器を保有し続けることを正当化するための言説体系である。最も多く論じられる核抑止論は「相互確証破壊」である。アメリカ政府も担当の空軍司令官も空軍基地を「抑止」によって正当化しているため、以下では、もっとも典型的な核抑止論である相互確証破壊に基づき論を進める。この言説体系は、次の四つの条件に基づき「抑止が成立する」ものと主張する。①防衛不能性の認識：先制核攻撃に対して防衛が不可能であると認識する。②報復能力の残存：先制核攻撃を受けたにもかかわらず、それを受けた側に核報復能力が必ず残る、と判断する。③報復の意志：先制核攻撃を受けたら、必ず核報復するという意志を示す。④コミュニケーションの正確さ：①②③の条件を、攻撃してくる可能性のある潜在的な敵との間で正確にコミュニケーションする。

筆者は相互確証破壊による抑止を信じてはいない。①〜④の条件を満たしてもなお、核戦争を戦って勝とうとする者が現れる可能性はある。たとえ共だおれになるとわかっていても、核使用する者が現れる可能性はたえずある。反対に、①〜④を満たしていなくても、核保有国が核攻撃を行わなかった歴史的事例は数しれない。にもかかわらず、アメリカ軍の司令官たちは、この核抑止論の言説を用いている。そこで以下、この①〜④を嘉手納空軍基地に関して検討する。

相互確証破壊は、全核戦力を前提にして論じられる。ここで検討する嘉手納空軍基地は、無数のサイト群の一つであって、アメリカ合衆国の全核サイトではない。また嘉手納空軍基地はサイトであって司令官の動員できる戦力と合わさってはじめて攻撃・防御の機能を発揮する。この二点を前提とし、①〜④に相当する条件が、嘉手納空軍基地に関して、どこまで成立するかを検討する。

第一は防衛不能性の認識である。航空基地は、太平洋戦争時の通常兵器による攻撃ですら、防衛は困難であった（第13章参照）。まして航空機やミサイルを運搬手段とする核攻撃を防衛することは非常に困難である。嘉手納空軍基地のように敵地に近ければ、それだけ敵からの不意打ち的な先制攻撃による打撃は大きい。嘉手納空軍基地については、核抑止論における①防衛不能性の前提が成り立つ。

第二は報復能力の残存である。嘉手納空軍基地と嘉手納弾薬庫地区を一括して嘉手納と呼び、それが大規模な空爆・ミサイル攻撃を受けたと仮定しよう。対象を嘉手納に限定すると、その攻撃（報復）能力はどれだけ残るであろうか。一般的な結論は不確定要素が多すぎて、答えは得られない。

そこで、キューバ危機を事例として考えよう。この危機は全地球的な核危機であり、ニクソン大統領と佐藤首相が合意した「重要な緊急時」に相当し、沖縄でも核戦争を準備した。一九六二年一〇月二二日、全アメリカ軍の戦争即応態勢（defense readiness condition.「デフコン」と略称される。平時はデフコン5である）がデフコン3に引き上げられた。沖縄のアメリカ軍もデフコン3の対応をとった。アメリカ空軍第四九八戦術ミサイル群は、一九六一年に沖縄の四カ所に設けられた核ミサイル発射サイトの運用部隊である。彼らはデフコン3に伴い、すべてのメースBを「発射可能状態」に移行させた。メースBはマーク28核弾頭を装着する地対地ミサイルで、一九六一年に沖縄の四カ所の発射サイトに各八基、合計三二基が配備されていた。さらに一〇月二六日にはデフコンは2に引き上げられた。作業を担当した元隊員は、核戦争が開始されて世界が終末を迎える恐怖心から「私を含め、同僚たちの何人かが泣いていた」と回想している。デフコン2のような「重要な緊急時」では、戦闘機・爆撃機は、核兵器の搭載機であればもちろんのこと、核搭載機でなくてもできるかぎり急いで離陸して空に退避する。このとき第四九八戦術ミサイル群の別の元隊員は、「戦闘機や輸送機が、核爆弾を搭載して滑走路で待機していたのです。……沖縄から本土に核爆弾を輸送するために、輸送機が、嘉手納基地で常にスタンバイしているというのは、それ以前から聞いてしっていました」と証言している[43]。

核物質（核弾頭に充填する）を、嘉手納空軍基地から日本本土の板付、横田、三沢の三空軍基地まで輸送する作戦は「ハイギア作戦」と呼ばれ、繰り返し訓練が行われていた。さらに崔丕によると、アメリカ統合参謀本部は一九六二年三月二三日、核兵器運搬の航空機を嘉手納と本土の三飛行場の間で定期的に巡航させるハイギア作戦について日本政府から承認を得る方法を国務省と協議していた[44]。即応態勢がデフコン2となり危機が高まった段階で、ハイギア作戦に基づき、輸送機が三飛行場に向けて離陸したことも間違いない。なお嘉手納から韓国のクンサン空軍基地にバード・ケージを輸送したという第七戦術貯蔵中隊元兵士の証言も記録されている[45]。

キューバ危機では沖縄島は先制攻撃を受けなかった。そのため、ハイギア機もミサイル発射サイトも嘉手納の数多くの航空機・核弾頭もそのまま残った。ただし先制攻撃を受けた後、核兵器がどれだけ残るかは、状況によって異なる。航空機群が核物質を積み込めるか、積み込んだ航空機が空に退避できるかは、先制攻撃を受けるまで退避時間にどれだけの余裕があるかによって決まる。また弾薬庫に保管されたミサイルや核弾頭が、攻撃を受けた後にどれだけ残存するかは、格納庫の強度と先制攻撃の命中精度との相関で決まる。嘉手納が攻撃を受けて潰滅し、報復能力が失われる可能性はある。

ただし、核の貯蔵庫は嘉手納ばかりでなく、各地に散在している。また、上空には航空機が、海上には艦船が、海底には潜水艦が核を搭載して（報復能力をもって）存在し続ける。これらを含めて総合的に考えると、②の報復能力は残ると判断できる。

第三は報復意志の有無である。嘉手納が攻撃を受けた場合、アメリカが報復攻撃をするかどうかは、時の政権が決定する。そこで前例と対比しよう。

アメリカ合衆国は、かつて海軍サイトのパールハーバーを日本から攻撃された。これが引き金となって、日本が降伏するまで太平洋戦争を戦った。嘉手納はアメリカ軍の代表的サイトである点で、パールハーバーに匹敵する。また9・11事件でワールド・トレード・センターが攻撃されて倒壊したとき、アメリカはイラク戦争とアフガニスタン戦争を戦った。嘉手納の資産価値は、ニューヨークのワン・ワールド・トレード・センター（9・11事件のグラウンド・ゼロに二〇一四年に完成した超高層ビル）の総建築費三九億ドルの三倍以上である。加えて仮に嘉手納が攻撃されれば、パールハーバーやワールド・トレード・センターと同様に、軍人ばかりでなく、その家族や周辺住民にも、多大な死者が出ると推定される。

核保有国の指導者がこれらの過去の事例を勘案すれば、嘉手納に対する核先制攻撃は、アメリカが大規模な報復攻撃を行う引き金になると推論できる。核抑止論における③の報復の意志の条件が満たされる可能性は高い。

コミュニケーションの出発点

相互確証破壊の成否の鍵は、④のコミュニケーションの正確さにある。これは非常に難しい。「抑止が成り立った」のか、それとも「抑止が破れたか」を区分するものは、抑止ということがらの本質上、事実機能ではない。先制核攻撃の能力を持つ主体の意志に影響を及ぼした諸々の象徴作用が抑止の成否を決める。その象徴作用には人を錯誤や誤解に陥らせる多くの要因がある。

相互確証破壊が成立する前提条件は、敵味方の双方がヴァーチャルに先制攻撃と報復攻撃をシミュレーションをすることである。そのうえで、第一に敵味方の双方ともに全面崩壊に至るというシナリオを共有でき、第二に共滅を避けたいと考えてその引き金となる行動を双方が自制するというコミュニケーションができることが必要条件となる。いいかえれば共滅を避けたいという意図をもち、共滅をもたらす行動を自制している事実を、それに反して認知ないし解釈されることのないようコミュニケーションして、はじめて信頼醸成と安心供与の相互作用に向かうことが可能になる。このコミュニケーションの条件は容易には成立しない。

コミュニケーションをする出発点として、誤解や錯誤の余地のない確固とした事実が必要となるが、そうした事実はまれである。そのなかで敵が明らかに認識できる場（「前方」）に最大級のサイトを置くことは、「プレゼンスpresence」と表現され、コミュニケーションの出発点とみなされている。

核兵器体系は、「動く核物質・弾頭」と「動かないサイト」に大別できる。抑止を機能させる象徴過程において、「動かないもの」は「動くもの」よりも確実なメッセージとなる。「動くもの」は、現在どこにあるか、戦力が全体でどれほどあるかは確認できない。嘉手納の滑走路を「安保の見える丘」から見下ろす人々は、二本の滑走路から戦闘爆撃機が同時に離陸する様に息をのみ、歓声を上げる。しかし、そこで見るのは動くもののごく一部にすぎない。作戦機はたえずどこか空を飛び回っているし、艦船は洋上や海中をたえず動いている。また嘉手納空軍基地はハブ空港の役割を負い、内外から多数の航空機が離着陸する。今嘉手納のサイト内に何機が駐機しているかを確認しても意味はほとんどない。同様に「在日米軍の戦力」を数える意味もほぼない。たえず動き回る兵員・兵器が、たまたま日本の領空・領海に入ればその数は増え、出ればその数は減る。正確にコミュニケーションできるものは「動かないもの」である。

またサイト、戦力、兵器は「見せるもの」と「見せないもの」に大別できるが、そのなかでは「見せないもの」が多い。多くのサイトは非公開であって、人々の目から遮蔽されている。

たとえば核物質はどこに貯蔵されているかは、アメリカ政府の「確認も否定もしない」原則のもとでは知りえない。眼前を飛ぶ航空機には、はたして核兵器が搭載されているのか否かは開示されない。さらに、どういう危機状態ならば核兵器がどこに搬入されるのかは知りえない。

そのなかで「動かないもの」かつ「見えるもの」は、非常に限定されている。これが正確なコミュニケーションを出発させる収斂点であり、潜在的な敵に送ることのできる確実なメッセージである。

嘉手納空軍基地は、「動かないサイト」である。一九四五年からの歴史とともに、滑走路の長大さ、積み上げられた資産価値の高さ、建物棟数の多さは、敵味方を問わず公然の事実として知れ渡っている。嘉手納空軍基地というアメリカ軍の「プレゼンス」は、潜在的な敵に心理的圧力をかけるため、より近い場に置いて見せつけることを目的とする。その意味合いは二重である。第一の意味あいは、アメリカ軍の動かなさのシンボルであり、「ここに戦力を置き、退かない」という意図を伝えるメッセージである。そして、何事もなかったように嘉手納上空を飛ぶアメリカ軍機を見せつけ、昨日と同じ日が今日も続いている、という現状維持の安心感を、見る人々に供与している。

嘉手納空軍基地の航空機の活動を観察する人々は、訓練の一部を見せられている。演習・訓練とは、戦争をコピーした模擬戦闘を断片化したうえで、反復可能な行為連鎖に置き換えたものである。訓練によって意図の真正性を表出できるとは限らない。訓練者は、暴力性能を向上させようと試みているのであるが、それがくり返される行為であるため、訓練は儀式化しうるからである。

しかし軍機の訓練は、曲芸飛行のようなスポーツとして解釈されることはない。訓練するパイロットも、訓練を見る者も、訓練の意味あいが核戦争と完全に無関係になることはない。敵の眼前に配置された嘉手納空軍基地の第二の意味合いは、核攻撃への最終的な「手はず」を象徴している。その場で繰り返される訓練は「核戦争する意図」のアウラをまとう。核攻撃の最終的な「手はず」の場で訓練するアメリカ軍機には「攻撃されれば核戦争を戦う」という意図の真正性を伝えるメッセージ機能がある。

以上に述べたメッセージが正確に伝わったとしても、それ以外のコミュニケーションが正確である保証はなく、それだけで抑止を成立させるわけではない。

核兵器の登場以降、防衛は非常に困難になってしまった。それでなお、今日まで、嘉手納空軍基地と嘉手納弾薬庫地区は、巨大な資産価値を積み上げて維持されている。この嘉手納の維持は、相互確証破壊を一例とする核抑止論により正当化されているが、そうする理由は核抑止論以外に意味ある正当化の言説がないからである。「はたして核抑止が効くのか、効かないのか」と一般論として問われることがあるが、この問いは、個別のケースごとに複雑な権力の相互関係とコミュニケーションの帰結としてのみ答えることができる。核抑止が効くか否かは、抑止概念の本来的な性格から、一般論として「イエスかノーか」の二分法では答えられないのである。

注

（1）「基地」『広辞苑』第六版、岩波書店、二〇〇八年。
（2）Joint Chief of Staff ed., *Dictionary of Military and Associated Terms*, 1979.
（3）近藤新治「軍事基地」『平凡社大百科事典4』平凡社、一九八四年、一〇四八頁。
（4）沖縄県総務部知事公室基地対策課編『沖縄の米軍基地』二〇一八年一二月、二八八頁以下参照。
（5）*BSR2018* の数値による。沖縄県知事公室基地対策課の数値とは異なるが、以下面積、建物棟数、資産価値の数値は、議論の一貫性のため、とくに断らない限り *BSR2018* に基づく。
（6）林博史『暴力と差別としての米軍基地』かもがわ出版、二〇一四年、一一七頁、表2-3の注。
（7）逗子市役所HPの数値とは異なるが、議論の一貫性のため、以下建物棟数の数値は *BSR2018* の数値によることとする。
（8）Karl C. Dot, *The Corps of Engineeris: The War Against Japan*, Washington D.C., United States Army Center of Military History, 1987.
（9）A. N. Olsen, *The King Bee: A Biography of Admiral Ben Moreell*, Neval Institute Press, 2011.
（10）Seabee History: Formation of the Seabees and World War II. http://www.history.navy.mil/research/library/online-reading-room/title-list-alphabetically/h/history-of Seabees/ww2.html（二〇二四年六月二三日閲覧）
（11）Gordon L. Rottman, *U.S. Marine Corps World War II Order of Battle: Ground and Air Units in the Pacific War, 1939–1945*, Westport, CT: Greenwood Press, 2001, p. 31.
（12）*BSR2018*, p. 2.
（13）*BSR2018*, p. 7, Fig. 1 and p. 15, Fig. 5.

(14) *BSR2018*, pp. 5–6.

(15) David Vine, *Base Nation: How U.S. Bases Abroad Harm America and the World*, Metropolitan Books, 2015.

(16) チャルマーズ・ジョンソン著、村上和久訳『アメリカ帝国の悲劇』文藝春秋、二〇〇四年。

(17) David Vine, *Island of Shame: The Secret History of the Military Base on Diago Garcia*, Princeton University Press, 2010.

(18) 前掲沖縄県総務部知事公室基地対策課編『沖縄の米軍基地』。

(19) 世一良幸『米軍基地と環境問題』幻冬舎ルネッサンス新書、二〇一〇年。

(20) ハワード・L・ローゼンバーグ著、中尾ハジメ・アイリーン・スミス訳『アトミック・ソルジャー』社会思想社、一九八二年、愛知揆一外務大臣の一九六九年七月二三日の第六一国会衆議院外務委員会の発言（同議事録第三三号、一〇—一一頁）。

(21) David Allen, "Former Marine who sparked Okinawa furor is dead in suspected murder-suicide," *Stars and Stripes*, August 25, 2006. 実行犯の一人ロドリコ・ハープの証言がジャン・ユンカーマンの映画『沖縄うりずんの雨』二〇一五年の第三部にある。

(22) 沖縄県警察本部刑事部刑事企画課『令和3年犯罪統計書』。なお軍人・軍属・家族の犯罪について認知件数の統計が公表されていない。その解釈についての論争は布施裕仁『日米密約裁かれない米兵犯罪』岩波新書、二〇一〇年を参照されたい。

(23) 琉球朝日放送「Qプラスリポート　女性暴行殺害事件から一年　遺族手記公表」https://www.qab.co.jp/news/2017042890037.html（二〇二三年三月一四日閲覧）。

(24) 宜野湾市基地政策部基地渉外課編『普天間飛行場の危険性』二〇一二年三月。

(25) 前掲沖縄県総務部知事公室基地対策課編『沖縄の米軍基地』六五頁。

(26) 前掲ＮＨＫ沖縄放送局編『〝隣人〟の素顔』一三〇—一三四頁。

(27) 黒澤亜里子編『沖国大がアメリカに占領された日』青土社、二〇〇五年。

(28) ジム・ウッド・オーシャンサイド市長の発言。普久原朝亮「普天間飛行場早期返還に向けた宜野湾市の取り組み」https://www.jichiro.gr.jp/jichiken_kako/report/rep_aichi33/10/1002_yre/index.htm（二〇二三年四月一〇日閲覧）。

(29) "War Dog Memorial Tells little-known Tale," *Stars and Stripes*, September 22, 2008.

(30) 屋良朝博「ポスト冷戦と在沖海兵隊」『沖縄と海兵隊』旬報社、二〇一六年、一二二—一二三頁に引用された海兵隊大尉の言葉。順機能が制約されている。

(31) 松岡哲平『沖縄と核』新潮社、二〇一九年、八九頁、九二—九三頁に引用。

(32) 前掲沖縄県総務部知事公室基地対策課編『沖縄の米軍基地』六三頁、二〇四—二一四頁。

（33）同前、二五五頁。
（34）琉球大学島嶼地域科学研究所「核兵器運用部隊の活動記録を含む米空軍第３１３航空師団の年次報告書について」http://riis.skr.u-ryukyu.ac.jp/resources/diplomatic-docs-collection/us_gov-docs/hist_313th_air-div/commentary（二〇二四年六月二三日閲覧）
（35）前掲宜野湾市基地政策部基地渉外課編『普天間飛行場の危険性』九頁。
（36）同前、七頁。
（37）詳細は中村研一『ことばと暴力』北海道大学出版会、二〇一七年、一六一—二〇五頁参照。
（38）『読売新聞』二〇〇九年一二月二二日に掲載された「合意議事録」。
（39）前掲林『暴力と差別としての米軍基地』一一七頁、表2-3。
（40）前掲琉球大学島嶼地域科学研究所「核兵器運用部隊の活動記録を含む米空軍第３１３航空師団の年次報告書について」。
（41）前掲松岡『沖縄と核』一三〇頁。
（42）ブルース・カミングス「北朝鮮の核破壊を企てる」菅英輝・初瀬龍平編著『アメリカの核ガバナンス』晃洋書房、二〇一七年、九〇—九一頁。
（43）前掲松岡『沖縄と核』二七八頁、二八三—二八五頁に引用。
（44）崔丕「中国の核兵器開発の道程と日米の反応」菅英輝・初瀬龍平編著『アメリカの核ガバナンス』晃洋書房、二〇一七年、一四九頁。
（45）前掲松岡『沖縄と核』二八七—二九〇頁。

第13章　島嶼の航空サイト

軍事サイトの代表格は多種多様な航空サイトである。那覇空港から沖縄島の西海岸を北上すると、海兵隊普天間航空ステーション、嘉手納空軍基地があり、海を越えた先に海兵隊伊江島補助飛行場がある。その間隔は短く、航空サイトが過剰にあるという印象を受ける。しかも米軍サイトと人口密度が非常に高い中南部の市民社会がフェンスで区切られただけで、たがいを挟むように配置されている。一方で市民社会を分断し、他方でサイト間の移動を不便にしている。万一ここが再び戦場になれば、軍民入り乱れての阿鼻叫喚の巷と化しかねない。

一九三〇年代末以降、日本もアメリカも航空サイトをミクロネシア、南西諸島等を含めた太平洋の島嶼に大量に造成した。その一つが、日本陸軍の造成した沖縄中《なか》飛行場であり、それをアメリカ軍が確保・制圧し、さらに滑走路も面積も大きく拡張して今日の嘉手納空軍基地となった。航空サイトは使用者を日本軍からアメリカ軍へ変えながら、沖縄島など島嶼に巨大な刻印を残している。

航空サイトには攻撃を引き寄せやすく、損害を被りやすいという脆弱性があった。日米戦争の大部分は太平洋の島嶼で戦われ、各島に日米両軍は航空サイトを造成し、争奪しあった。そこで本章では、第1節で航空サイトが脆弱であることによって防衛の観念がどう転換したかを検討し、第2節では日米戦争における島嶼サイトの戦略的意味づけについて、井上成美とアール・エリスの二人の戦略を対比し、第3節ではガダルカナル島の戦いにおける海兵隊と海軍建設大隊の活動を例示し、第4節ではなぜ沖縄の航空サイトがメガロマニアックになったのかを分析する。

第1節　航空戦力の攻撃力と航空サイトの脆弱性

軍隊の主任務は、攻撃と防御である。その任務に応じ、司令官は戦力の第一要素である部隊・兵器を動員し、第二要素である軍事サイトを造成・使用する。部隊・兵器はサイト群を使用し、サイトは作戦や兵站の基点となる。航空機時代の到来によって戦争の性格は大きく変わり、第一の要素である航空戦力の攻撃力は飛躍的に増大し、その半面で第二の要素である航空サイトは固有の脆弱性をもつに至った。

戦争の工学化

航空機時代の戦争は、諸次元にわたって工学化した。

第一に、三次元を高速で長距離を飛ぶ航空機・ミサイルが主戦力となった結果、作戦と兵站は、三次元空間で展開するようになった。航空機と陸軍・海軍・工兵隊の在来戦力が組み合わさって戦略と戦術が革新され、攻撃の破壊力は高まり、時間あたりの攻撃回数など作戦の効率も高まった。

ジュリオ・ドゥーエ、ウィリアム・ミッチェルなど戦略爆撃の提唱者たちは、航空機が敵国の経済中心部を空爆することによって、陸上部隊が敵地を占領しないでも、敵国の戦争継続能力を破壊でき、抗戦意志を破砕できると信じた。(1)

また、航空戦力間の戦闘では、機先を制した側が短期間のうちに相手側を圧倒して徹底破壊することが可能になった。たとえば小沢治三郎（日本海軍最後の連合艦隊司令長官）は「最初の五分で戦闘は決まる」(2)と考えていた。航空戦力間の戦いはクラウゼヴィッツの「絶対戦争」の概念に近づいた。

第二に、作戦と兵站が費用対効果の方程式によって表されるようになった。たとえば戦略爆撃が敵の経済システムに与える打撃効果を最大化し、攻撃機のうち帰還できない確率（「消耗率」）を最小化するような思考様式である。効用を最大化しコストを最小化する計量合理主義的な思考様式が戦略家の共通の信念となった。

第三に、人間の機械化が進んだ。兵器と装備が大型の機械となるのにともない、将兵は技師となった。あるいは、人間が兵器・装置の一部となったと表現することもできる。たとえば速度、上昇力、急降下力、航続距離、旋回性能、装備された機銃、防弾板など航空機体の基本性能とその上限は、機械が規定している（艦船、戦車なども同様）。その機能が十全に発揮できるか否かは、技師の整備能力と飛行パイロットの熟練度や正確性に依存する。パイロットの養成には幾多の専門教育課程と長期の実地訓練を要した。ただし同じ機械化でも、アメリカでは人間の活動を機械によって代替する戦争の脱人間化に向かった。一方の日本では、太平洋戦争末期「特攻」という自爆攻撃が実施され、パイロットは地対艦ミサイルの誘導装置のごとく非人間化された。

航空基地の脆弱性

第四に、戦力の第二要素であるサイトも工学的作業場と化する。たとえば航空基地の主な地上要員（洋上の「動くサイト」である航空母艦の要員も同様）は、①離発着用の滑走路・駐機場の整備改修、②管制・通信機能の設置・運営、③航空機の点検・整備・修理、④弾薬やミサイルの貯蔵・点検・供給、⑤貯油所の設営と給油の実施、⑥気象観測所の運営などを行う。多種多様な航空機材と膨大な部品が次々に生み出され、それを地上（ないし艦上）で支援する標準工程は部署ごとに異なり、それぞれに操作する機器や装置も異なる。①〜⑥の標準工程の各々に専門の技師・作業員が必須であり、どれ一つを欠いても航空機は機能を発揮できない。

そして航空機時代の戦争は防衛の観念を変えた。なによりも航空サイト自体が破壊を被りやすく、敵の攻撃を誘発しやすいという二重の意味から脆弱《ヴァルナラブル》になった。

第一に、航空サイトは、空から攻撃される。三次元の空域を防御するには、①接近する飛翔体をいち早く発見し、

②数多くの飛翔体のなかから敵性機（敵の可能性のある航空機）を識別し、③自軍の航空機に敵性機との位置関係を伝達し、④自軍の航空機が迎撃して敵性機の活動を抑制しなければならない。制空の優位 air superiority、制空の優越 air supremacy などの考え方が登場した。

一九三〇年代末～一九四五年には、電子技術も、レーダーサイトや電子通信機器なども、発展途上であった。電子的な手段によって航空機・艦船と航空サイトの位置関係を知る防空識別圏は、十全な形では設定できなかった。レーダーは導入されてはいたが、信頼性は高くなかった。またレーダーから得られた情報をパイロットや航空管制官などが広く共有することも困難であった。敵性機と艦船の発見・識別は基本的には視認によった。夜間の空襲は、視認されにくい点で意味をもっていた。敵の暗号通信を解読できた場合を例外として、上空で待ち伏せして迎撃することはほとんどできず、防御側が有効に応戦する時間的余裕は短かった。

第二に、航空基地は脆弱である。滑走路・駐機場は長大であり、秘匿飛行場を除けば丸見えであり、隠すことはほぼ不可能であった。航空基地に必須の貯油所、弾薬庫などは火災を起こしやすい。航空基地の要員の大多数は専門技師であり、戦闘員ではない。航空機は地上では防御には役立たず、容易に破壊された。航空基地は陸上・海上（滑走路の適地は通常海に開けた海岸線近くである）から砲撃される危険性があった。したがって航空サイトの防御手段は、①自軍機をスクランブルさせて迎撃する、②防御する二次元空間をできるだけ狭く限定して高射砲などの防空網を密度高く配置する、③自軍の航空機を離陸させて空に退避させる、に限られた。

航空サイトを十全に防御することは不可能であった。

パラドックス：航空戦力の攻撃力と航空基地の脆弱さ

航空機は最も強力な攻撃兵器であるが、航空サイトは最も防御困難である。この両面を一つのシステムとしてとらえると、攻撃力の高さと防御力の低さという組合せはパラドックスである。このパラドックスはセバスチャン・

ヴォーバン以来の「サイトネットワークが国土を安全にする」という伝統的な国土防衛観を無効にする。[3]日米戦争は地球で最も広大無辺な太平洋で主に戦われた。航空戦力による三次元的な攻撃が、果てしない空間のどこを経由して襲来するか全く予測不能である。砦をつないだ線の内側は安全であるとする伝統的な防衛観は、地下の防空壕やトンネル網に立てこもることを例外にして、無効になった。航空機戦争の時代には「航空基地や潜水艦基地群をネットワークでつないでもその内側は安全ではない」のである。これにともない防衛観念は根本的な転換をとげた。

では航空サイトを防御する課題はどう表現できるのか。航空サイトが攻撃を受けて損害を被ることは不可避なので、目標は第一にサイトを空間的に最小限にすることに置かれる。対空砲火網などを用いて、防御すべき空間をできるだけ狭くし、とくに航空サイトに限定して守るのである。うらがえせば、航空サイトの対空砲火網は、国土国民を直接守ることはなく、航空サイトを最優先に守るためのものである。

第二の目標はたとえ損害を被っても、その被害を限定し、航空サイトの使用機能をできるだけ短期間のうちに回復することである。航空サイトは敵の攻撃を招きよせる可能性が高いが、たとえ破壊されても機能喪失の時間を短くして回復することが至上命令となる。この二点は伝統的な防御観と決定的に異なる。

この二つの目標が達成されると、敵との間の制空を均等化 air parity し、制空の優位に導き、制空の優越 air supremacy を獲得する前提ができあがる。制空権は、制海権の掌握や陸上戦闘の優位などその他の条件とあわせ、国民の防衛に資する可能性が生じることとなる。制空が改善できないと、敵の空襲や攻撃に成すすべがなくなり、国民や周辺住民を守ることはできない。それは「(日本)軍は国民を守らない」という軍隊観を日本人、とくに沖縄の島民に抱かせる数多くの要因の一つとなった。

長距離爆撃の航空サイト

航空サイトの多くは海岸近く、とくに島嶼に置かれた。日本海軍の航空基地の初期の例とその背景となった考え方を示す。

日本海軍では、山本五十六が戸塚道太郎らと「航空主兵論」を唱え、井上成美が「海軍の空軍化」を訴えた。いずれもそれまで海軍が重視してきた戦艦などよりも航空機の優位を主張した。この背景には、航続距離の長い爆撃機が開発され、配備されたことがある。一九三六年、日本海軍は九六式陸上攻撃機（九六陸攻）を制式採用した。これは陸上サイトから発進する爆撃機で、哨戒用としての航続距離は四五〇〇キロに達し、爆弾を搭載して片道一〇〇〇キロを超えて爆撃し、発進した基地に帰投できた。この九六陸攻について、山本五十六は戸塚道太郎に「陸奥や長門（日本海軍の主力戦艦）をはるかに凌駕する」[4]と述べた。しかも、一機分の費用が艦船一隻に比べ桁違いに安かった。同時期アメリカ陸軍は長距離爆撃機「B17」を制式採用している。日本は九六陸攻を、アメリカはB17を配備し、航空兵力の他の全ての兵力に対する優位が日米ともに現実のものとなった。

最初に長距離爆撃を作戦として採用したのは日本海軍である。一九三七年八月の第二次上海事変では「渡洋爆撃」を行った。防空体制を備えた敵地に対する初の体系的な戦略爆撃であった。はじめは中国沿岸部の大都市群を攻撃し、最終的には重慶の中華民国政府を継続的に爆撃した（〜一九四三年八月）。ただし、この作戦は国民党政府の抗戦意志を破砕することはなかった。「渡洋爆撃」には、長大な滑走路等を備えた航空サイトが必要となった。そのための航空サイトが長崎県大村、韓国済州島、台湾松山などに造成された。国民党政府が内陸部に移れば、それだけ航空サイトも標的に近づく必要が生じたため、その適地として島嶼が選ばれた。たとえば中国珠江河口部の三竈島を海軍陸戦隊が占領して、航空サイトを造成した。しかし島の治安を安定させられない。三竈島は日本海軍が島民を虐殺した事件で知られる[5]。

島嶼の航空サイト

日米戦争は、太平洋の島嶼戦争の連鎖と見なすことができる。その最後の戦いの場が硫黄島と沖縄島であった。これらの島嶼には日米戦争の開始直前から航空サイトが大量に造成された。それらの島嶼連鎖は軍人指導者たちの鍵概念となるので、地図13-1で確認しておく。

太平洋の西側には、南西諸島からバタン諸島、バブヤン諸島、ルソン島、サマール島、レイテ島を経て、パラオ諸島に到る「一つ目の島嶼連鎖 island chains」がある。その二〇〇〇キロ余東には、伊豆諸島、硫黄島など小笠原諸島に連なり、その先のサイパン島、テニアン島、グアム島を経てパラオ諸島へと南下する「もう一つの島嶼連鎖」がある。この二つの島嶼連鎖を合わせるとフィリピン海をぐるりと取り囲む「U字型の島嶼連鎖」となる。「U」の字の二つの頂点は激戦地、硫黄島と沖縄島であり、「U」の字の底点はパラオ諸島である（一九二二年より日本政府が「南洋庁」を置いた）。

「U字型の島嶼連鎖」のさらに東には、北から南に向かってマーシャル諸島、カロリン諸島（トラック環礁には第四艦隊の根拠地であった）、パプアニューギニアの東に位置する島嶼群（ニューブリテン島にはラバウル航空基地があった）、そしてその南西にソロモン諸島（激戦地ガダルカナル島があった）がある。南西太平洋に広がる「ミクロネシアの島嶼星雲 island cloud」である。マリアナ諸島など「もう一つの島嶼連鎖」を縦軸にして、パラオ、カロリン諸島、マーシャル諸島に至る「島嶼星雲」を横軸にして、二つを重ねると「L字型の島嶼星雲」を発見できる。その海域だけでアメリカ合衆国の全国土面積に相当する。

なおマーシャル諸島の北西三六〇〇キロにはアメリカ領のハワイ諸島がある。ハワイと「L字型の島嶼星雲」の間には日米の激戦地ウェーク島、ミッドウェー島がある。

二一世紀の日本人の目からは、南西諸島は日本の領土であり、グアム島はアメリカ領であって国境に区切られた無関係な空間に見える。しかしアメリカ軍人にとっては、「U字型島嶼連鎖」（南西諸島や小笠原諸島を含む）も「L

地図 13-1　マッカーサーの U 字型島嶼連鎖

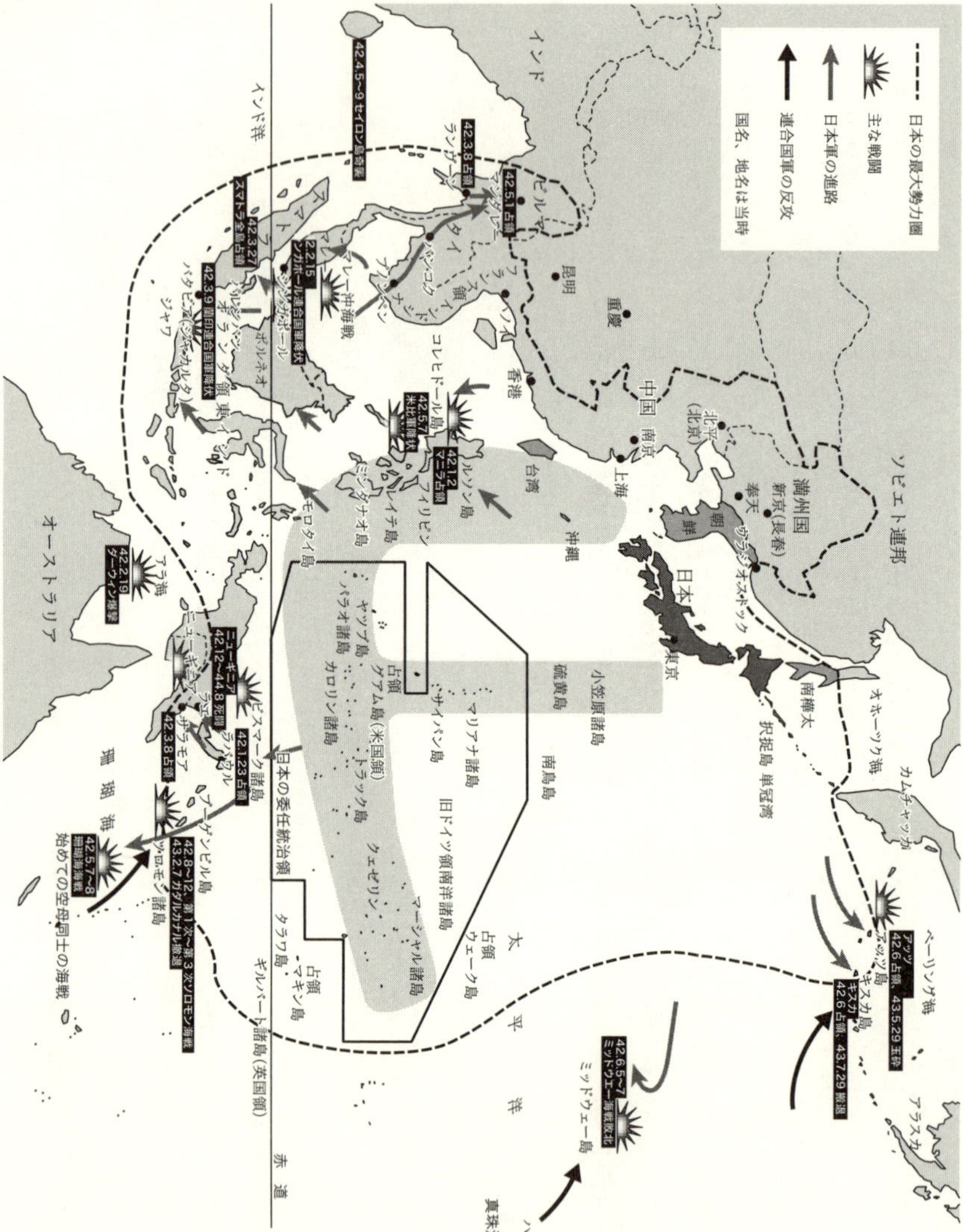

出典：『週刊 20 世紀　1942』朝日新聞社，2000 年，5 頁。

字型島嶼星雲」も、日本軍から戦い獲った空間であり、米軍兵士が数多く死傷した島々であった。(6) これはアメリカ軍が軍事サイトを置くための第一のブレークスルー要因となった。また戦後、ミクロネシアは南西諸島や小笠原諸島とほぼ同じ運命を辿り、類似した国際的ステイタスにあった。ミクロネシアも(一九四五～一九七〇年代なかば)、琉球列島も(一九四五～一九七二年)、小笠原諸島も(一九四五～一九六八年)、アメリカ統治下にあった事実は、一九四五年以降、これら島嶼群にアメリカ軍が重要なサイト群を置くための第二のブレークスルー要因となった。米軍サイトが維持され、そして第14章を先取りすると、ダグラス・マッカーサーは「U字型島嶼連鎖」を東アジア安全保障の鍵概念とした。

これら数多くの島嶼戦争を二一世紀の日本人は遺族以外は忘却し、多数の死者たち――日米双方の兵士と島民――の声に、耳を澄まそうとはしない。

太平洋の島嶼には、植民地化の波が最も遅れて到達した。グアム島は、マリアナ諸島南端に位置し、赤道以北のミクロネシア最大の島である。一五二一年にマゼランが「発見」し、一六六八年にスペインが植民地化を進めた。一八九八年の米西戦争の結果、フィリピンとともにアメリカ領となり、アメリカ軍はグアム島を対日戦争の戦略的拠点とした。「オレンジ計画」など対日戦争の計画文書には、グアム島の名が頻出する。アメリカ西海岸からハワイ、グアムをへて、フィリピンに至る航路は、ハワイなどの米国領土から、日本が実効支配していた「赤道以北ミクロネシア」によって遮られていた。赤道以北ミクロネシアは、一九世紀末、ドイツが植民地にし、それを第一次大戦の開始早々、日本海軍が奪取・占領し、一九一四～四四年の間実効支配した。ともに日本の統治下にあった南西諸島と赤道以北ミクロネシアの間の人の移動は活発であり、多くの人びとが移住した。こうしてアメリカ領グアムは、日本が実効支配するミクロネシア島嶼のなかで、孤立した点になってしまった。

日本は、一九二〇年一二月に「太平洋赤道以北ノ旧独逸属地ニ関スル委任統治条項」を国際連盟理事会と結んだ。この委任統治条項は、日本にとって「赤道以北ミクロネシア」を支配する国際法的な根拠となった。しかし、「赤道以北ミクロネシア」は、国際法上は「植民地」ではなく、ポスト植民地主義的な中間状態にあり、日本がそこに軍事サイトを設けることを禁じていた。そのため日本の海軍は日米開戦が近づく時期まではそこに軍事サイトを公然と造成することをさけた(7)。

ただし日本人は、当時これらの島を「南洋群島」と呼び、台湾に次ぐ二番目の事実上の「海の植民地」と見なした。一九二一年、国策会社「南洋興発」が活動を開始し、一九二二年より日本政府は「南洋庁」をパラオ諸島のコロールに置いた。この南洋群島に、海軍は来るべき日米戦争の観点から組織的関心をもち、南洋庁・南洋興発と密接な関係を築いた。そして一九三〇年代末に数多くの島嶼に航空サイトや港湾サイトの造成を開始した。庄司潤一郎による要約を抜き書きする。

一九三九年一一月、南洋群島を防衛するために第四艦隊が新編され、翌四〇年一一月には聯合艦隊に編入され、海軍陸戦隊から構成される根拠地隊が置かれ、〔ミクロネシアの島々に〕初めて軍隊が駐留した。一九四〇年一二月、第四艦隊の下に、南洋群島の施設建設を担当する第四海軍建築部がトラックに設置され、軍事基地の設営を担当することになった。

一九三九年からは、南洋群島は工事の全盛期を迎え、労務者は一万人を超え、軍関係者の悩みは、軍事機密の保持であったと言われる。……その結果、航空基地は、開戦時には、南洋群島全体で陸上基地九か所、水上基地九か所の計一八か所（サイパン、パガン、パラオ、トラック（竹島・夏島）、クェゼリンなど）がほぼ整備されていた（付帯工事は継続中のものを含む）。未完成は、トラック（春島）、ミレなどであった。海軍の判断によれば、「（開戦時、）航空基地は兵力展開に支障のない程度に整備完了」していたのであった(8)。

一九四一年一二月に日本は真珠湾やグアムなどを攻撃して太平洋戦争を始め、日米両軍は「赤道以北ミクロネシア」を超えた広い南西太平洋の島嶼に軍事サイトを築いた。

第2節　島嶼サイトの戦略構想——井上成美とアール・エリス

島嶼戦争においてサイトを重視した日米の構想、すなわち日本海軍の井上成美による「新軍備計画論」とアメリカ海兵隊のアール・エリスによる「作戦計画712ミクロネシア前方基地作戦」を対比して検討する。

井上成美の「新軍備計画論[9]」

日本海軍の主流が対アメリカ戦争で構想したのは、いわゆる「漸減邀撃戦略」である。西太平洋に海軍戦力を配置することにより、アメリカの空母機動部隊の戦力を漸減させ、最終的には撃退するという構想である。海上自衛隊の理論的指導者・香田洋二は、漸減邀撃戦略を「潜水艦と大型飛行艇の偵察による敵艦隊の位置と進撃方向の把握、引き続く潜水艦と陸上攻撃機による追加反復魚雷攻撃、その後の米艦隊の日本近海への接近後の巡洋艦・駆逐艦部隊による夜間魚雷攻撃、そして日米戦争の最終決着を目指した戦艦の主砲攻撃による敵艦隊の撃滅、という一連の戦闘の累積効果を期待したものでした[10]」と要約している。「漸減邀撃戦略」は日本海海戦勝利に範をとって、最終的に「艦隊決戦」で勝利する戦略であり、航空機時代に適応しておらず、また、敵艦隊を迎え撃つという点では空も海底も含めた広大無辺な太平洋という戦域に適さない戦略であった。

井上成美（一八八九—一九七五）は、昭和期日本海軍の最も合理的な理論家で、海軍省軍務局長（一九三七年一〇月～三九年一〇月）、海軍航空本部長（四〇年一〇月～四一年八月）、第四艦隊司令長官（四一年八月～四二年一〇月）、海軍次官（四四年八月～四五年五月）などを務めた。対米開戦に反対したこと、とくに軍務局長の時に三国同盟に反対し、海軍次官期には終戦工作を行ったことで知られている。井上は日米開戦の直前の一九四一年一月、海軍航空本部長として「新軍備計画論」を及川古志郎海相に提出している。この計画は、海軍軍令部の旧態依然とした軍備要求に対して、思考の転換を促すための対抗的構想として書かれたものであり、彼の防衛構想が結晶化している。

井上の日米間の戦争に対する基本認識は「新軍備計画論」の「二　日米戦争の形態」の冒頭に記されている。第一に、米国と日本の経済力の格差は大きく、日本が米国と同じ種類の艦船の建造競争をしても勝ち目はない。第二に、米国領土は広大であり、それを占領することも、首都ワシントンを攻略することも、米国の作戦軍を殲滅することもできない。その一方で、米国は日本全土を占領することも、首都を攻略することも、日本の作戦軍を殲滅することも可能である。第三に、米国は地形と国力の特性から日本が海上封鎖を試みても無効である。その一方、米国が日本を海上封鎖することは技術的に不可能ではなく、海上交通路を制圧して物資欠乏に導く可能性は大きい。要するに日本が勝利する条件はない。

では井上は、勝つ条件を欠く対米戦争をどう戦うべきだと考えたのであろうか。彼は、日米戦争において米国が「吾の弱点を突くの公算多く」と判断していた。艦隊決戦主義に基づいて各種艦船を量的に充実させても、競争に勝てるわけではなく、日本の弱点もカバーできない。日本軍にはなにより「弱点の手当て」をする戦力とサイトが必要であり、それを目標に井上は「戦略的守勢」の軍備計画として定式化した。すなわち、軍備拡張の重点を「海軍の空軍化」による航空戦力の充実、および潜水艦の充実、それに海上交通の維持のための戦力に絞った。「新軍備計画論」の「三、帝国の海軍軍備整備の要点」は、第一に「航空兵力の（米軍に対する）優大」を目指し、第二に「潜水艦勢力の（米軍に対する）優大」を目指し、第三に海上交通線の維持のため、「コンボイ用軽水上艦艇、及び相当有力なる機動水上兵力」に優先順位を置くべきと説いている。

そして井上は軍事戦略のもう一つの構成要素である軍事サイトに注目し、そのネットワークを、太平洋の島嶼に張り巡らせる構想を提唱している。「新軍備計画論」が書かれた一九四一年一月には実際に日本海軍は「U字型島嶼連鎖」や「L字型島嶼星雲」に航空基地を建設しており、さらにそれらの外側の島嶼にも航空サイトや港湾サイトを無数に設け、航空戦力と潜水艦の作戦を支えるサイト・ネットワークを形成しようとした。そのためには日本が実効支配する島嶼にサイトを造成するとともに、グアムをはじめ米国領の島嶼を奪取すべきであり、したがって日米戦争の焦点は、島嶼の争奪戦となると予想している。

この井上の「新軍備計画論」は、持久戦・消耗戦の構想である。対米戦争は日本が勝利できる条件がなく、敗北の条件が揃っている以上、井上は、「海上交通線の確保」、「戦略防禦」の戦力増強、そして太平洋島嶼の基地ネットワークなどを活用して、「(日本を）不敗の地に置く」ことを目指した。広大な太平洋において、空から航空戦力を、また海底から潜水艦を機動的に繰り出して素早く退く、そしてそれらの活動を支えるため多数の島嶼に航空サイトと港湾サイトのネットワークを築く構想である。「新軍備計画論」の「二、日米戦争の形態」の末尾において井上は、「日米戦争は持久戦の性質を帯び、吾にも新しき手なく、彼にも新しき手なく、平凡なる経過を辿るべし」と戦局を展望している。アメリカ軍を手詰まり状態に陥らせることを目標としていたのである。「不敗の地に置く」とは、言いかえれば、勝ちがない以上、採りうる次善の策は相手を手詰まりに追い込む千日手戦略である、と表現できる。この戦略の目的は、米軍の海・空勢力の進攻を、できる限り長い期間、少なくとも日本軍が消耗戦に耐えられる間は防ぎとめようとする構想であった。

島嶼防衛の空白

井上は戦後の一九五七年一〇月に「思い出の記　続編」を書き、そこで「新軍備計画論の内容の要点次の通り」として、九点を箇条書きにしている。そして「この意見〔「新軍備計画論」〕が少しは、その後の軍備方針に加えられた様だった。……予言、警告も残らず実戦が証明（日本の敗ける方に）したのは恐ろしくもあり悲しくもあり」と慨嘆した。この箇条書きのうち、航空サイトに関連する四点を抜き書きする。

三、陸上航空基地は絶対沈まない航空母艦である。航空母艦は運動力を有するから使用上便利ではあるが、極めて脆弱である。故に海軍航空兵力の主力は基地航空兵力であるべきである。

四、対米戦に於いては陸上基地は国防兵力の主力であって、太平洋に散在する島々は天与の宝で非常に大切なものである。

五、対米戦では之等基地争奪戦が必ず主作戦になることを断言する。換言すれば上陸作戦並びにその防御戦が主作戦になる。

六、右の意味から基地の戦力の持続が何より大切なる故、何をさておいても、基地の要塞化を急速に実施すべきである。

右の三〜六は、島嶼戦争の要点を井上がもっぱら記憶に基づき一九五七年の時点から回想したものであり、そこには歴史の後知恵も含まれている。一九四一年「新軍備計画論」と一九五七年「思い出の記　続編」の間には、趣旨の上で共通点もあるが、語彙にも内容にも相当大きなずれがある。一七年を隔てた二つの文書を対比して、両者の共通点を見ると、「思い出の記　続編」の三、四は「新軍備計画論」の内容と合致する。三において井上は、航空母艦が「極めて脆弱である」と述べている。たしかに「新軍備計画論」の全体的な狙いは、「航空母艦と艦載機」だけでは脆弱性が高いことから、「地上航空基地と地上基地から発進する攻撃機」を備える必要があり、そのため太平洋上のとくにミクロネシア（「南洋群島」）の島嶼に多数の航空基地を置くことを提唱し、ミクロネシアにおける航空サイトのネットワークが、アメリカ艦隊の進攻を止めるために最も利用価値の高い島嶼群（「天与の宝」）であると観念し、また、アメリカがサイトを置く島嶼の攻略を主張し、太平洋の島嶼に航空基地のネットワークを築くよう提唱したのである。「海軍航空兵力の主力は基地航空兵力であるべきである」という三の記述が「新軍備計画論」（「海軍の空軍化」）の核心であった。

五の「対米戦では之等基地争奪戦が必ず主作戦になる……。上陸作戦が主作戦となる」という点は「新軍備計画論」と合致しているが、他方「その防御戦が主作戦になる」という点は強調されていない。たしかに「新軍備計画論」三（六）では「西太平洋に在る米国の領土を攻略する事は対米戦の主要作戦なり。故に海軍としても此の作戦の重要性に鑑み、本作戦実施に最適応せる兵力（艦型及数、航空機の機種及数）を研究・整備する事肝要なり」と強調していたが、ここで井上が「海軍としても」と述べているのは、上陸作戦の演習や上陸用舟艇の開発などを日露戦争前から主に陸軍が担ってきたが、海軍も独自に「研究・整備」すべきである、という意味である。ただし、実際に「研究・整備」の成果がでるのは同計画の提言から三年後となり、遅きに失した。一九五七年の回想には「〔一九四一年〕八月初めに、私は四艦隊に転出し、自分で主張した南洋島嶼防衛の責任を負わされた。行って見て、何も出来ておらず、又、開戦になっても何もやって貰えず、誠に驚きもし、又苦労もした」と書いている。

井上が、一九五七年の「思い出の記　続編」では特記していながら、一九四一年の「新軍備計画論」では強調していない、あるいは全く言及していなかった点がある。その重要性を、井上は一九四一年一月時点では気づいていなかった可能性が高い。

「新軍備計画論」三（五）の末尾には「〔敵基地の攻略作戦は〕通商線保護の見地よりするも、帝国本土防衛上の要求よりするも、艦隊撃滅を目的とする旧来の艦隊決戦に代わるべき重要さを持つに至れる主作戦とも見るを得べき〔であり〕……実に敵航空基地の奪取、及吾に之が利用は、旧思想の敵船艦の撃沈にも匹敵するもの」と記述していた。とすれば同様にアメリカ軍が日本軍の「航空基地の奪取、及利用」することに価値があることは、井上にとって自明であった。

しかし、第一に、一九五七年の回想には「その防御戦が主作戦になる」と書いているのに、その点は、一九四一年の「新軍備計画論」では強調していない。また回想では「基地の戦力の持続が何より大切なるが故、何をさておいても、基地の要塞化を急速に実施すべきである」と特記しているが、「新軍備計画論」では、島嶼の航空サイトの脆弱性についても、「基地の要塞化」の必要性についても言及していない。両者の相違は、何を意味しているのであろうか。

歴史の後知恵から島嶼戦争を顧みると、日本海軍がアメリカ軍に対して有効な防御戦を展開できたのは、ギルバート諸島のタラワ島の戦いがほぼ唯一であり、それ以外はアメリカ軍の速やかな進攻を許している。ペリリュー島、硫黄島、沖縄島などでは日本軍が要塞化を進めて、進攻したアメリカ軍に多数の死傷者が出たが、それらはいずれも陸軍が主導した。海軍陸戦隊の果たした役割は二義的であった。香田洋二は次のように述べている。

日本海軍は……諸島の防備に関する関心はほとんどなかったと言えます。その結果、〔水陸〕両用作戦に関する研究も遅れ、その装備および戦術とも極めて不十分な状況で太平洋戦争に突入しました。……長期の消耗戦となったガダルカナル島／ソロモン諸島の戦いにおいて初めて島嶼戦争の本質を理解した日本海軍は、急遽島嶼作戦用の装備と戦術の開発に着手しました。しかし……その成果を得た時点は聯合艦隊の作戦能力が激減した昭和十九年中期となり、本来の島嶼作戦を実施する時機は既に失っていたのです。(11)

井上成美を含む日本海軍は一九四一年初頭、島嶼に守備隊を置き、航空基地を造成すれば、アメリカ軍の島嶼攻略作戦を撃退できると考えていた。日本軍の航空基地がアメリカ軍に奪取されて攻撃に使われると損失は二重になるが、その防御を軽視していた。日本の防衛構想の欠如と、次項以降で見るアメリカ軍の島嶼サイトの確保と制圧の作戦とは、太平洋の島嶼戦争の勝敗を分ける一つの無視しえない要因となった。そして今日に至るまで、硫黄島からグアム、パラオ諸島をへて琉球諸島に至る島嶼には、アメリカ軍のサイト・ネットワークが置かれているのである。

アール・エリスの「作戦計画712ミクロネシア前方基地作戦」

第一次大戦前にアメリカ海軍の理論家アルフレッド・セイヤー・マハンは、グアムを「太平洋のジブラルタル」にしようと主張し[12]、日米開戦に備えてグアムに強固な要塞を築くことを提唱した。しかし、彼の後輩にあたるアメリカ軍の戦略家たちは、日米開戦後にフィリピンやグアム島に戦力を急派する短期決戦を避け、これらをとりあえず放棄する計画を立てた。太平洋に広がる多数の島のうち、まず要所となる島を日本軍から確保して制圧し、その後次の要所となる島を飛び石状に確保して制圧し、順次日本に接近していく遅行漸進戦略をとった。

アメリカの島嶼作戦計画の先駆者の一人が海兵隊の伝説的な戦略家アール・ハンコック・エリス（一八八〇―一九二三）である。一九〇〇年に海兵隊に入隊して、一九〇二年にフィリピンに派遣され、一九〇八年にジョン・A・ルジューン（後の海兵隊総司令官 Commandant of the Marine Corps）から注目された。一九一三年には海軍士官学校の講師となり、プエルトリコのクエブラ Culebra 海岸での上陸演習の計画立案に参画した。一九二〇年、海兵隊の情報部門（作戦訓練課）の長となり、水陸両用作戦を研究し、一九二一年に対日戦争戦略「作戦計画712ミクロネシア前方基地作戦」（以後「作戦計画712」と略称）を書いた。一九二三年、日本軍の情報を収集する旅行中に訪れたパラオで死んだ。

エリスとその後継者たちは、日本軍がミクロネシアの島嶼にサイトを造成し、守備部隊を置くと考えた。そして日本がアメリカに戦争を仕掛け、開戦当初にフィリピンもグアムも日本軍に占領されると予測した。この前提をもとに、エリスらは、日本軍が占拠する島嶼への上陸作戦によって、劣勢を優勢に逆転する計画を構想した。実際に日米戦争を戦ったエリスの後継者たちは、第一に日本軍が占拠し、航空サイトなどを置いた島嶼に進攻して、その航空基地を確保し、第二にいったん確保した航空基地を制圧する（日本軍に再奪取されない）ため、サイトの周囲に狭く限定して防備網を築き、第三に、たとえ航空サイトが攻撃されて、その一部が破壊され機能不全に陥っても、短期間のうちに修繕・改修して機能を回復する計画を立てた。

作戦計画712

エリスは、「作戦計画712」のなかで、マーシャル諸島、カロライン諸島、パラオなどミクロネシアを広大な「島嶼星雲」と位置づけた。そして、「前方基地 advanced base」、「水陸両用作戦 amphibious campaign」などを鍵概念として、島嶼を空・海・陸から三次元的に攻撃し、太平洋を西にむかって進攻しようと計画した。

「前方基地」とは、無数に散在する島々を一つひとつ前進していく構想における最前線の基地で、敵の軍事的脅威下に置かれる海兵隊サイトである。そこに「前方基地戦力 advanced base force」が置かれ、次の島嶼を確保・制圧した段階で前方基地は前方基地戦力とともに、次の島に移動する。広大な海洋を立体と見立て、その頂上に向かって、島から島へと、梯子段を登るように掌握する構想であった。

日本海軍は、海に囲まれた島は防衛が容易であり、敵が海岸に上陸作戦を展開しても失敗する確率が高いと判断し、島の防衛に関心をもたなかった。しかしエリスは、上陸作戦によって島の確保《シージャー》は可能であると考えた。エリスの「作戦計画712」は、井上の「新軍備計画論」に二〇年先んじ、またいったん確保した島嶼サイトを日本軍に奪回されないための制圧《リダクション》について考察している点でも優っている。(13)

エリスは、クエブラ海岸で初めて、海上艦船と上陸部隊とが緊密に協働する「水陸両用作戦」の演習を実施した。水陸両用作戦とは、沖合の輸送船団から、敵の守備部隊が待ち受ける海岸を海兵隊が強襲し、それと並行して重装備・重兵器・重機群を揚陸し、海岸部に橋頭堡を築いて、敵の反撃から上陸した戦力を守備する作戦である。

水陸両用作戦を図式的に要約する。まず航空機が敵の飛行場などを攻撃して、敵の制空権を無効にする。また、空母機動部隊などが周辺の海域から敵の艦船を排除する。次いでアメリカ艦船が艦砲射撃を行い、海岸部における敵の攻撃能力を極小化する。その上で海兵隊と海軍建設大隊が上陸して海岸部に橋頭堡を設定する。上陸した部隊は、後続部隊と建設用の重機や戦車などの重兵器を揚陸するための浮橋を設営する。上陸部隊は、沖合の艦船に敵の位置情報を知らせて攻撃し、また上空の航空部隊で近接航空支援をして敵の守備隊を攻撃する。そして、橋頭堡の区域を拡大し、飛行場への道路を造成し、短期間で飛行場を奪取する。奪取した飛行場を敵の奪回作戦から防御し、滑走路を改修して自軍機が利用できるようにして制空の優位を握る。

エリスの作戦計画は、ジョン・ルジューン海兵隊総司令官に承認された。アメリカ軍は、対日戦争計画である「オレンジ計画」を立案しては改定し続けていた。第一次大戦直後から、エリスの作戦構想は、「オレンジ計画」の骨格をなすようになる。

エリスは、アメリカの海軍・海兵隊のイマジネーションを喚起し続けた。彼の死から二〇余年後、チェスター・ニミッツが研究し、リッチモンド・ターナーら海軍指揮官とアレクサンダー・ヴァンデグリフトら海兵隊指揮官が実戦で試すなど、改善と革新を重ねた。島嶼連鎖という戦域と水陸両用作戦、そして海兵隊・海軍建設大隊は一体のものと把握されるに到った。

第3節　ガダルカナルの戦い

島嶼戦争の第一フェーズで日本軍は、アメリカ軍が占拠している島嶼に上陸作戦を実施した。パールハーバー攻撃によって優勢になった日本海軍は、航空基地のネットワークを「赤道以北ミクロネシア」の外側に拡大しようとした。たとえばパールハーバー直後、井上成美司令長官の指揮する第四艦隊はウェーク島に上陸を試みた。ところが第一次上陸作戦は駆逐艦二隻を失うなど失敗に終わった。そのため第二次上陸作戦ではパールハーバー攻撃に参加した空母二隻の支援をえて、激戦を経て占領した。また日本海軍は、一九四二年六月にミッドウェー島へ上陸作戦を敢行したが、海戦で大敗したため撤退し、太平洋戦争の転換点になった。ウェークの第一次上陸作戦とミッドウェーの戦いで、日本軍は情報力の低さ、上陸作戦の準備不足と研究の欠如を露呈させた。

島嶼戦争の第二フェーズでは、アメリカ軍が日本軍の占拠する島嶼に反転攻勢に出た。日本海軍は一九四二年七月にガダルカナル島を占拠し、航空サイト（日本は「ルンガ飛行場」、アメリカは「ヘンダーソン航空ステーション」と呼ぶ。以後「ガ島航空基地」と略記する）が完成目前であった。日本海軍は、ミクロネシアに展開した航空基地網をさらに赤道の南へ、そして東へと拡張しようとしていたのである。指揮したのは第四艦隊司令長官井上成美であった。そのガダルカナル島に、アメリカ軍は一九四二年八月七日に上陸し、日本軍がほぼ造成し終えた航空基地を奪取した。この作戦を指揮したのは中央太平洋軍総司令官兼太平洋艦隊司令長官チェスター・ニミッツと南太平洋方面司令官ロバート・ゴームレーであった。日本軍は、数次にわたり大規模な陸上戦力をガダルカナル島に輸送したが、ガ島航空基地を機能停止させることに失敗した。また地上部隊の輸送の都度、日本海軍の連合艦隊は、アメリカ空母機動部隊に接近する機会があったが、その殲滅にも失敗した。この戦いは、総計で八カ月（一九四二年七月～一九四三年二月）にわたって続いた。そしてミッドウェーに次ぐ太平洋戦争の第二の転換点となり、その後の帰趨を決定づけた。これらについてはすでに周到な分析がなされている。[14]以下では、もっぱらアメリカ軍のガ島航空基地の確保と防衛に焦点をあてる。

周辺サイトのなかのガダルカナル島

ガダルカナル島は、日本軍の島嶼サイト・ネットワークの南東の端に位置していた。東京から約五〇〇〇キロ、海軍根拠地のトラック環礁から約二〇〇〇キロ、直近のラバウル航空基地から約一〇〇〇キロ離れていた。この島への補給に不可欠な兵站線は息を呑むほど長い（兵站線が長いのはアメリカも同様）。

ガダルカナルの北西約一〇〇〇キロに日本軍はラバウル航空基地を置いていた。ラバウル航空基地は、その南西に位置するマッカーサー指揮下のニューギニア・ポートモレスビーの航空基地などと対峙していた。一九四二年五月の珊瑚海海戦で、井上成美が総指揮する南洋部隊は、ポートモレスビー奪取に失敗し、小型空母一隻を失った（米側は大型空母一隻を失った）。東郷平八郎を尊敬する井上は、東郷に「「お前は戦が下手だなぁ」と云はれている様な気持す」と回顧している。[15] ポートモレスビーの奪取に失敗したため、ラバウルに航空基地を置いた日本軍は、ポートモレスビーとガダルカナルの二正面作戦を強いられることとなる。

井上の第四艦隊はガダルカナル島に一九四二年七月一日以降、第一一および第一三飛行場設営隊を上陸させ、一四日から造成を開始した。八月一五日に軍用飛行場は完成予定であった。

これに対してアメリカ軍は、南東二方向から航空基地ネットワークを構築し、ラバウルとガダルカナル島に接近していた。オーストラリアにあったダグラス・マッカーサー南西太平洋軍総司令官は、南から反転攻勢するため、アメリカとオーストラリアの陸軍工兵部隊を、オーストラリア北端のヨーク岬（ニューギニアのポートモレスビーの対岸）の航空基地の造成に投じ、ポートモレスビー航空基地の拡張・改修にアメリカ陸軍工兵部隊を投入した。さらに参謀本部から命令を受ける形で、七月なかばにはニューギニア島の東端ミルン湾に航空基地の造成を開始した。[16]

東方面ではアーネスト・キング海軍作戦部長が、アメリカ海軍建設大隊（以下CBと略称）を次々に南太平洋の島嶼に投入していた。一九四二年三月より第一CBがバヌアツのエファテ島（オーストラリアのブリスベーンから一九〇〇キロ）でサイト開発を開始した。五月よりサモア（第二CB）、フィジー（第三CB）、ニューカレドニア（ヌーメア航空基地、ブリスベーンから一三〇〇キロ）・ジョンストン島（第五CB）で、航空ステーションなどが順次完成した。こうして、アメリカとオーストラリア・ニュージーランドとの輸送ルートがほぼ完成した。またエファテ島（ガ島航空基地の南東一二〇〇キロ）には第一CBが病院を建設（六〇〇床）し、直前に迫ったガダルカナルの戦いの負傷兵の後送に備えた。[17]

一九四二年七月二日、アメリカ軍は、チェスター・ニミッツ中央太平洋軍総司令官にソロモン諸島（ガダルカナル島はその一部）の攻撃を命じ、ダグラス・マッカーサー南西太平洋軍総司令官にニューギニア方向からニミッツのソロモン諸島攻撃を支援するよう命じた。

ニミッツ指揮下のアメリカ海軍太平洋艦隊は、かねてより日本軍が造成していたツラギ島と二つの小島（ガダルカナル島の北に近接する）の基地に注目しており、攻撃を準備していた。その偵察の過程で、ガ島航空基地の造成に気づいたのである。ニミッツは、ツラギとともに、ガダルカナル島を主たる攻撃目標に定めた。

一九四二年七月八日より、アメリカ軍の第六CB一〇〇〇名が森林に覆われたエスピリトゥ・サント島（エファテ島よりもガダルカナル島に近い）に航空基地の造成を始めた。七月二八〜二九日に完成するや、戦闘機とB17爆撃機が到着した。(18) エスピリトゥ・サント島はこの日、アメリカ軍の最前方基地としての態勢を整えたのである。航空基地の造成を始めてから航空戦隊が到着するまで二一日であった。アメリカ軍がガダルカナル島上陸作戦を実施するわずか一〇日前のことである。

航空サイトの造成速度

一九四二年夏、日米間で航空サイトを造成する競争が行われていた。日本軍の飛行場設営部隊がガダルカナル島に到着したのは、第六CBがエスピリトゥ・サント島（ガ島航空基地の南東九〇〇キロ）に到着するよりも二日早かった。ところが、日本軍の最前方基地となるはずのガ島航空基地は、エスピリトゥ・サント島にアメリカ軍の航空戦隊が到着した七月二八日になっても完成していない。ガダルカナル島がアメリカ軍から攻撃を受けた八月七日になっても、日本軍は航空隊を配備できていなかった。

エスピリトゥ・サント島に航空戦力を配備して前方基地としたことによってアメリカ軍は、ラバウル（ガ島航空基地の北西一〇〇〇キロ）に航空基地をもつ日本軍と、ガダルカナル島をめぐり制空の均等化を達成した。七月二八日、アメリカ軍はフィジーのコロ島沖でガダルカナル上陸部隊を支援する空母機動部隊の演習を行った。

その一〇日後の八月七日未明、アレクサンダー・ヴァンデグリフトを司令官とする第一海兵師団一万九〇〇〇人（増援される第七海兵連隊を含む数値）は、リッチモンド・ターナー海軍少将が指揮する船団によってガダルカナル島に上陸し、日本軍を飛行場（海岸から約二キロでルンガ川東岸にあった）から一掃した。このとき日本の飛行場設営隊はすでに第一期工事を完成させていたが、航空機は配備されていなかった。
飛行場を造成する速度はアメリカの方が速かった。理由は日米間の工兵部隊のマンパワーの量的な差ではない。日本側はガ島航空基地の造成のために飛行場設営隊（通常の一隊の編制は一三五〇～一五〇〇名）を二隊も投入していた。他方、アメリカ海軍建設大隊ＣＢは通常の一〇〇〇名で編制され、エスピリトゥ・サント島に投入された第六ＣＢは一〇〇〇人であり、日本側の半数以下という計算になる。ＣＢには、大工など多種多様な職種が含まれ、それらを一セットとして揃えて大隊を編制していた。[19]アメリカの方が労働生産性が有意に高かった、と推定される。
アメリカのサイト造成が速いのは、科学技術の優位（いわゆる「ハイテク力」）によるのではない。アメリカ工兵隊はハイテクであろうがローテクであろうが、実用主義的な標準行動の組合せによって造成工程を組織化した。たとえば滑走路の造成に関しては、マーストン・マットの開発・利用が重要である。マーストン・マット Marston Mat は陸軍工兵軍団研究所が開発し、カーネギー・イリノイ鉄鋼会社が製造した孔あきの鉄鋼製枠組みで、典型的なマットの規格は三メートル×三八センチ、重さは三〇キロで、二人で持ち運べた。各マットにはリングとフックが付いていて、隣接するマットと縦横に固定できる。平面に敷きつめると臨時の滑走路になる。一五〇〇メートル×六〇メートル滑走路であれば、工兵が少人数でも二日間で並べられる。その上に土ないしサンゴ粉をかけて完成である。なお孔（典型規格では八七の孔がある）をあけるのは排水と軽量化のためである。[20]
造成作業に重機を活用したのは日米共通である。ただしアメリカ軍は、敵前での強襲揚陸をする場合にも、沖合の輸送船からブルドーザー、クレーン、キャタピラ型整地機、ダンプカーなどより多くの重機を海岸部に陸揚げして、機材や材料をただちに活用し、移動させるため道路を舗装する作業工程をシステム化していた。

アレクサンダー・ヴァンデグリフトの戦略

ガダルカナル島に上陸した第一海兵師団長アレクサンダー・ヴァンデグリフトは、一九三三年、クワンティコの海兵隊学校で水陸両用上陸作戦のマニュアル作成に参画していた。その九年後の一九四二年八月七日、ヴァンデグリフトが指揮する第一海兵師団はガダルカナル島の上陸作戦を成功させ、日本軍を不意打ちして、ほとんど無血状態で一掃し、完成直前の航空基地を確保した。効率的なサイト奪取であった(21)。

ヴァンデグリフトは当然日本軍が航空基地の奪回を試みると予想していた。そして上陸二日後の八月九日までに、できるだけ狭い空間を最大密度で防御する効率重視の守備網を構築した。森林に覆われたガダルカナル島の面積は沖縄島の四・四倍もある。ヴァンデグリフトは、航空基地の周囲に限定して防衛態勢をとり、それ以外の空間を守ろうとは全くしていない。戦闘工兵部隊は、基地を取り囲む東西四キロ×南北七キロと非常に狭い防備網を形成した。守備する空間を最小限にし、海岸には火砲を向け、外郭にはタコツボ群を構築して歩兵を配置し、さらに滑走路南側には砲兵を配置し、防空砲火網を高密度に張った。高い鉄条網を、基地の周囲にグルリと張り巡らした。制空の優位を維持するため、サイトの使用機能の維持に特化した防備網である。

ヴァンデグリフトが、防御範囲を拡大したのは、ガ島航空基地を西側から砲撃できる高地（マタニカウ川高地）に日本軍が砲撃拠点を築こうとしたときだけであった。黒島亀人連合艦隊先任参謀は、東京からラバウルにおもむく大本営陸軍部研究班長小沼治夫に、「我が大規模の輸送及び敵の増援阻止の前提をなすものはルンガ飛行場に対する砲撃なり。陸軍は是非これを実行せられたし(22)」と要望したという。ガ島航空基地が機能し続ける限り、アメリカ軍は制空の優位を握り、日本軍は大規模輸送ができず、その一方でアメリカ軍の増援が可能になっている。航空基地の使用機能を止めるために砲撃が不可欠である、と黒島は主張した。ヴァンデグリフトにしてみたら、もし「マタニカウ川高地」を日本軍が占拠して砲撃拠点を築き、そこからガ島航空基地が砲撃されれば、航空機は離着陸できなくなり、制空の優位を失ったことであろう。この危機に直面したからこそ、ヴァンデグリフトは、一〇月八日、自ら指揮して防備範囲を「マタニカウ川高地」に拡大し、防御網を築き、攻め寄せた日本軍を撃退している。

黒島の要望した「我が大規模の輸送」は小規模かつ不完全なものに終わった。また、「敵の増援阻止」も失敗した。それと正反対にヴァンデグリフトは九月一八日には第七海兵連隊の増援を受けた。ハワイからガ島を視察したニミッツは、戦況と補給状況に危機感を抱き、南太平洋方面司令官をゴームレーからウイリアム・ハルゼーに交代させ、さらにワシントンを動かし、その結果、ヴァンデグリフトは、さらに一〇月一三日には陸軍第一六四連隊の増援などを受けることができ、持久戦を優位にすすめた。

サイト使用機能の回復能力

ガ島航空基地は、機能を喪失したことがあった。一〇月一三日夜、日本艦船から砲撃を受けて、多数の航空機と貯油施設が破壊される大損害を受けたのである。しかしながらその四八時間を除くと、ガ島航空基地は航空機を離着陸させ、制空権はアメリカ軍が握っていた。この他にも爆撃や攻撃を被り、破壊されたことはあったものの、翌日には何事もなかったように上空を飛ぶアメリカ軍機を日本兵は見上げることとなった。ガ島航空基地の機能回復力が高かったのである。

八月二〇日、ポール・ブランドン第六海軍建設大隊司令官と、航空機約三〇機がガ島航空基地に到着した。ヴァンデグリフトとブランドンは折衝の末、第六CBの約三分の一のみをガ島航空基地に受け入れることとした。決して多い人数ではない。九月一日にガダルカナルに到着したCBの三五七名は、滑走路・駐機場の排水設備を整え日本軍が落とした爆弾、砲弾などを取り除き、マーストンマットを地面に敷きつめ、表面を全天候型に改修し、主要滑走路をB17が離着陸できるように拡張し、小型航空機用にもう二本の滑走路をつくった。

ヴァンデグリフトがガダルカナルに受け入れる第六CBを三五七名に限ったのは、食糧補給が不足ぎみで要員が増えれば食糧事情が逼迫すると懸念したためであった。また彼は、第六CBの残りの三分の二の受け入れよりも、第七海兵連隊の増援（九月一八日到着した）を優先した。第六CBの最重要任務は、日本軍の爆撃や砲撃によって破壊された滑走路の穴を埋め戻す作業であった。これは時間との競争であった。日本軍に攻撃される前に、アメリカ軍機は離陸して空中に退避する。その航空機が燃料を使い切る前に、滑走路の修復を完了し、航空機の離着陸を可能にすることが至上命令であった。ポール・ブランドン第六CB司令官は「一〇〇人のCBがいれば、五〇〇ポンド爆弾が滑走路に開けた穴を四〇分で修復できた[23]」と語っている。上空を旋回して破壊された滑走路の修復を待つ航空機も多かったという。かりに三五七名のCBが三本の滑走路に分かれて作業するなら、いずれも四〇分以内に修復されることとなる。この速やかな回復作業によって、ガ島航空基地の使用機能は、一九四二年一〇月一三日夜からの四八時間を除いて、一貫して維持された。なお第六CBの総員一〇〇〇名がガダルカナル島にそろうのは、陸軍一六四連隊をガ島に揚陸した一〇月一三日と推定される。

ガダルカナルの戦いは、日本軍にもアメリカ軍にも長期の消耗戦となった。日本軍は、数次にわたる陸上戦力の大規模輸送を試みたが、いずれもアメリカ軍の空と海からの妨害にあって、部分的で不完全なものに終わった。日本軍は、ガダルカナル島へ送り込む兵士数を増やしたが、補給と後方支援の態勢が整わなかった。持続的な戦闘能力を持たない兵士を増やしても、飢餓とマラリア等による死者と病人を増やすだけであった。制海権は日本側がやや優勢のままソロモン海戦が生じたが、日本側は米機動部隊に打撃を与えても殲滅することに失敗したし、日本の艦船もアメリカ艦船と同じ程度の打撃を受けた[24]。ガダルカナル後、日本の連合艦隊はマリアナ沖海戦まで温存され、艦隊決戦を回避することとなる。

井上成美は航空基地を造成して敵を手詰りに追い込もうとしたが、アメリカ軍はそれを奪取して制空の優位を維持し続けた。主導権を失って悪循環に陥ったのは日本軍の方であった。長期戦による日本の航空戦力の消耗は著しく、最も希少性が高いベテラン・パイロット八五〇名を失った（日米開戦時の航空母艦艦載機の全数に相当する）。また、井上が選んだ戦場が長い兵站線を必要とする遠隔地であったため、日本軍は大量の輸送船を失うこととなった。

一九四二年一〇月二二日、井上成美は第四艦隊司令長官から海軍兵学校長に転出し、一九四四年八月には海軍次官に任命されて終戦工作を行った。大将となった最後の海軍軍人である。同年一二月九日、アレクサンダー・ヴァンデグリフトはガダルカナル島守備を第一四軍に引き継ぎ、一九四四年一月第一八代海兵隊総司令官となり、さらに連邦議会の決議によって大将に昇進した。

マリアナの戦い

一九四三年九月三〇日、大本営は御前会議を開き「絶対国防圏」を決定した。マリアナ諸島周辺まで防衛線を後退させ、アメリカ軍の進攻に対処しようとした。

海軍は、航空母艦とベテラン・パイロットの過半を失っていた。そこで一九四三年七月、第一航空艦隊を地上航空基地と新人パイロットによって再建した。その機体数はそろっていたが、パイロットの多くが練習航空機隊教程修了程度の新人であった。一九四四年二月二〇日、テニアン島に司令部を開設した。ところが二月二三日、待ち受けていた米機動部隊艦載機に攻撃され、大打撃を受けてしまう。以後、海軍は戦力をマリアナに逐次投入しては、機体もパイロットも失い続けた。

六月一九日、マリアナ沖海戦で日本の空母九隻の連合艦隊が、アメリカの空母一五隻の五八任務部隊に決戦を挑んだ。絶後の大規模海戦であった。この海戦で日本海軍の空母機動部隊は壊滅的打撃を受け、それ以降制空権と制海権を米軍が完全に掌握する。島の上の日本守備軍は、制空権だけでなく制海権もない状態で戦うこととなる。

陸軍は孤島に大軍を配備することを避けるそれまでの方針を転換し、一九四四年二月一五日にマリアナ守備のため第三一軍を編制し、そして同年三月二二日沖縄島など南西諸島の守備に第三二軍を編制した。

大本営の陸軍参謀たちは、マリアナ防衛を楽観視していた。三二軍の高級参謀に任命された八原博通に向かって、参謀本部作戦課長の服部卓四郎らは、次のような驚くべき認識を述べたという。

マリアナ諸島の防衛は、今や難攻不落になり、我々はこれを東条ラインと呼称している。したがって、南西諸島には、多くの地上兵軍に力を必要としない。万が一マリアナ線が突破されても、……南西諸島に多数の飛行場を造っておけば、これを基盤とする航空部隊の活用で十分防衛できる。そして、南方資源地帯との連絡は、海上交通が困難になっても、この点綴する飛行場群によるグライダーの利用が可能である。[25]

マリアナ守備第三一軍は、八万人の陸上部隊を一〇以上の島嶼に配置した。そして、それぞれの島の守備隊は「玉砕」し、司令官たちは自決し、島民たちの間に多大の犠牲を生み出した。

工兵軍団のサイト造成

アメリカ軍工兵部隊の活動が拡大したことが、マリアナの戦いから見てとれる。

第一は地図の準備である。マリアナ諸島を航空写真によって地勢を観察し、ハワイに設けられた地図作成大隊が地図を作成し、それに基づき、陸軍工兵軍団や海軍建設大隊は、飛行場や港湾などの適地を選び、そして攻撃線と兵站線とする道路計画を作成する。[26]

ガダルカナルの上陸作戦では海兵隊が先行して上陸し、海軍建設大隊（CB）は遅れて上陸した。第二にマリアナの戦いでは、海兵隊とCBがグループを組み同時に上陸する上陸設定隊 shore party が編制された。[27] 上陸設定隊とは、敵が海浜や岸壁に築いた障害物を除去・破壊し、また海岸から海に向けて浮き橋をセットして、後続して上陸する要員や兵器・装備類の陸揚げの準備をする部隊である。守備隊との戦闘は海兵隊の任務であり、揚陸設備の設定の作業はCBの任務であった。

第三に、サイパン島では、日本軍の造った飛行場を確保すると直ちに、陸軍工兵部隊が滑走路の改修を開始した。そして二日後、使用可能になった飛行場に別の飛行場大隊が到着し滑走路を長距離爆撃機B29が離着陸できるように拡張する作業を開始した。[28] 複数の滑走路を備えた複数の航空基地が造成され、航空機による移動、輸送、攻撃が可能になった。上陸作戦の開始からほぼ二カ月でB29が日本本土を攻撃できるようになった。

マリアナ諸島陸軍駐屯司令官になったサンダーフォード・ジャーマン少将は「第一の使命は、長距離爆撃計画を出来るだけ速やかに推し進めることであった。我々がやらなければならないことは三つ。なにより、「空の巨大砦」〔B29戦略爆撃機を指す〕の滑走路を造成すること。そのため第二に、航空機滑走路を造成する装備や機材を陸揚げするための船着き場をつくること。そして第三に、船着き場から飛行場予定地までの道路をつくって、そこまで重機や建設資材を運ぶこと。それ以外はすべて優先順位が低かった」と語った。完成したサイパンのサイト群は「陸軍工兵軍団の夢の書物から抜け出たようなもの」と評されている。(29)

「絶対国防圏」とは、ここが崩壊すると、日本本土と南方の重要資源地との間の輸送ルートが安全でなくなり、両者を架橋する南西諸島周辺の海空域が分断されて戦争が続けられなくなることを意味した。マリアナ諸島を制圧したアメリカ軍は日本本土への爆撃が可能になった。四四年一〇月一〇日には沖縄島を空爆し、四五年三月と五月には東京大空襲を行う。四五年八月にはテニアン島の飛行場から、広島・長崎に原爆を搭載した爆撃機が発進することになる。しかしこの戦況でも、日本は降伏しない。では「絶対国防圏」の破れた日本にどのような防衛構想があったのか。

第4節　沖縄戦のメガロマニアズム

一九四四年六月二九日、沖縄守備三二軍に編制された独立混成第四四旅団は、本土から沖縄への移送中に、輸送船ごと徳之島沖でアメリカ潜水艦に撃沈された。虎の子旅団の約四〇〇〇人中、生存者は数百名である。南西諸島周辺の海域でも日本は制海権を失い、日本本土と沖縄間の海上輸送が危険になった。

一〇月三日、ニミッツ中央太平洋軍総司令官に「琉球攻略」の一般命令が下された。ニミッツは一〇月五日に指揮下の部隊に「一九四五年三月一日に琉球の数カ所を占領することを企図する」と命令した（実際の作戦開始は一カ月弱遅れる）。

一〇月一〇日、アメリカ軍は沖縄島を空爆し、那覇市は全焼した。死傷者は島民五〇〇人、将兵二〇〇人、軍事物資の損害が甚大であった。沖縄の防空体制は有効でなく、夕刻、首里の丘に立った三二軍高級参謀の八原博通は「遠く北〔読谷〕、中〔嘉手納〕飛行場方面も業火焔々として天を焦がしている。……友軍機が、一機も出撃しなかったのではない。わずかに中飛行場に配置されていた戦闘機一中隊が、敵第一波の来襲を知るや敢然と出撃した。が機先を制せられた上多勢に無勢で知る人もないうちに悲壮な最期を遂げたのである」と述べている。(30)とくに大量造成した航空基地群（後述）は同日の第一波でも、第三〜五波でも集中的に攻撃された。飛行場の滑走路と石油貯蔵施設は爆撃に脆弱であり、守るのが困難であることを三二軍に思い知らせた。翌一〇月一一日以降、アメリカ軍は沖縄島以外の南西諸島の航空基地を順次攻撃した。これらは偵察をかねていた。アメリカ軍は沖縄上陸作戦以前に航空写真を撮って地図を作り、航空基地を造るのに適した場所を詳細に検討している（今日、沖縄の旧日本軍の飛行場を知る資料は、アメリカ軍の撮影した航空写真である）。そして、この空爆はアメリカ軍が沖縄を次の標的にしていることを沖縄守備軍に感じさせた。

一〇月一一日、第二航空艦隊は台湾航空作戦の作戦要領を発令し、翌一二日以降海軍が「台湾沖航空戦」を戦った。一〇月一九日に大本営は「空母一一隻など撃沈」との「大戦果」を発表した。虚報であった。しかしそれを信じた日本陸軍は、フィリピン方面軍がルソン島決戦を企図・準備していたのを覆して、アメリカの大軍が結集するレイテ島での決戦を企図し、同島に大軍を送った。海軍はレイテ沖海戦に残存するすべての艦船を投入した。その結果保有していた空母はすべて沈んだ。レイテ決戦は四四年一二月中に日本軍の敗北が明らかになる。

航空基地の大量造成

戦争末期、日本軍は日本全土、とくに南西諸島に軍用飛行場を造った。日米開戦の前後に軍用飛行場が不可欠であったことは理解できる。だが、制海権も制空権も失った時点で、守備が困難な飛行場を造ったのは、なぜであろうか。

どれだけの軍用飛行場がいつ造られたのかは、史料が欠けていて、正確な数は分からない。試みに完成された軍用飛行場のみを拾い上げてみる。一九四五年八月の敗戦時点、日本国内（南西諸島、樺太南部、南千島を含む）では計二五八カ所が確認できる（数え方次第で数は増える。この数は最低限であり、計画したが放棄されたもの、着工したが完成しなかったもの、確認不能な「秘密飛行場」は含まない）。二五八カ所は、二〇二〇年末時点の日本国内の空港数九七（「空港をつくりすぎ」と評されている）の二・七倍である。しかも飛行場は隣り合うように造られている。内陸よりも沿岸部に多く、地域的にも米軍の上陸が予想された南西諸島、九州、関東圏に偏っている。二五八もの軍用飛行場の大量造成は、歴史的なアナロジーでいえば、幕末期に「黒船の来襲」に怯えて造られた無数の砲台に類似する。「本土決戦」の準備のために造成されたのである。

海軍の飛行場は、対米開戦時（一九四一年一二月）には日本国内六〇カ所および植民地・海外占領地域二九カ所であった。それが三年九カ月後の敗戦時には日本国内一四四カ所および植民地・海外占領地域一一九カ所にまで増えている。植民地・海外占領地域で九〇カ所も増えたのは、戦域が広大なため必要であったと考えられよう。しかし、日本国内では、すでに開戦時に飛行場網が整備されていた。にもかかわらず、海軍は八四カ所も飛行場を増やした。

陸軍は、敗色濃厚になった一九四四年以降、新たな飛行場を突貫工事で造成している。敗戦時の陸軍の日本国内における飛行場は一一四カ所である。とくに一九四四年後半以降、南西諸島と九州沿岸部で顕著に増える。敗戦時に九州には陸海軍合わせて六一カ所も飛行場があり、また南西諸島に計二〇カ所が計画され、うち一七カ所が完成した。沖縄島と伊江島に限ると、二つの島に合わせて八カ所もあった。この驚くべき数の軍用飛行場は、どのようにアメリカ軍を迎え撃とうとするのか。

「特攻」のメガロマニア

一九四四年一〇月二一～二六日、フィリピンにおいて大西瀧治郎海軍第一航空艦隊長官が、「神風特別攻撃隊」を組織化し、アメリカ艦船に体当たりの自爆攻撃をし、陸軍でも富永恭次第四航空軍司令官が同様の航空特攻を組織的に実施した。沖縄戦では、宇垣纏海軍第五航空艦隊司令長官らが菊水作戦を、陸軍では菅原道大第六航空軍司令官が航空特攻を組織的に実施した。また黒島亀人軍令部第二部長の主導のもとに、技術将校と軍事産業が多様な「特殊兵器」を開発・生産した。「特殊兵器」などと婉曲表現されたが、簡単に言えば爆弾を装着した航空機・飛翔体やモーターボート・舟艇であり、それに「誘導装置としての人間」を配した兵器である。また発進サイトの大部分は航空基地や港湾サイトで、今日のミサイル発射サイトに相当する。これらは「カミカゼ」として知れ渡り、爾来今日まで、日本の軍事思想の代名詞となって世界各地の自爆攻撃にインスピレーションを与えている(31)。

日本軍の幹部たちは、上陸しようと島に接近したアメリカ艦船を「特攻」で洋上撃破し、沖合から海岸に上陸する途上と上陸直後のもっとも無防備なアメリカ軍を、「特攻」と陸上部隊で挟撃して殲滅しよう、と目論んだ。

軍用飛行場数の急増は、この「特攻」の発進基地を多数化するものと正当化された。大本営には明確な防衛構想はなかった。新しい空母の建造は長い時間がかかり、熟練したパイロットの養成も間に合わない。次世代の航空機の開発・生産を待ってはいられない。戦力の欠如をどう補うかは別にして、航空基地の造成は大本営が命令すればできる作業であった。短期訓練しか受けていない急増パイロットたちが通常の航空戦を挑んでも、ただ撃墜されるだけであった。最初に「特攻」攻撃を組織化した大西瀧治郎は、その未熟練パイロットたちも、旧世代の航空機に魚雷や爆弾を積んで敵艦に体当たりする自爆攻撃であれば存在価値を発揮できる（死に花を咲かせられる）と考えた。「特攻」は実施するとパイロットと機体を失い、それが尽きると継続できなくなる。彼は一九四五年五月の沖縄戦ックに膨らみ、その妄想が航空基地や港湾基地の造成を急がせたのである。

のさなかに海軍軍令部次長になり、「なお二千万ほど戦死するほどの一戦を試みよう」と本土決戦を主張した。[32] この「二千万」は絶望のメガロマニアを感じさせる。戦局が絶望的であるがゆえに、「救世主」の数もメガロマニア

沖縄航空基地の大量造成

沖縄島の面積一二〇七平方キロメートルは、日本の総面積の三〇〇分の一で、日本で島と呼ばれるもののうち最大である。日米が戦った他の島嶼と比べてみると、面積は中程度である。グアム島の二倍、サイパン島の一〇倍弱、テニアン島の一二倍である。二つか三つの航空基地の争奪によって勝敗が決まる、という狭さではない。だがレイテ島の六分の一、ガダルカナル島の四・四分の一であり、北部山岳地帯に立て籠る以外長期戦を展開できる縦深性をもたない。大本営と日本陸軍は、沖縄戦にどのような防衛構想をもっていたのか。

一九四四年三月二二日、南西諸島守備第三二軍が編制された。それ以前の沖縄には陣地も要塞も兵舎もなく、作戦も立案されていなかった。何もない沖縄に到着した三二軍部隊の任務は、作戦立案でも陣地構築でもなく、飛行場造成の労務であった。二人の三二軍参謀が、大本営の批判を含む回想録を残している。

三二軍の高級参謀・八原博通は陸軍大学校「恩賜の軍刀」組の合理主義者であり、一九三〇年代に二年二カ月アメリカに派遣されて、その軍事能力の高さを熟知していた。彼は「〔三二〕軍の具体的任務は、南西諸島全域に亘《わた》り、多数の飛行場を急ぎ完成することであった」と失望を表現している。[33] これは「十号作戦」と称する航空作戦の準備であった。航空参謀の神直道は、これを次のように要約する。

1　九州―南西諸島―台湾を航空作戦の根拠地として東面する作戦を準備する〔東面とは対米戦闘を意味する〕。

2　南西諸島および台湾東岸の各航空基地の整備強化、航空機使用可能の適地を基地として新設する。

3　地上兵団は航空基地を掩護し、かつ航空戦力を発揮せしむるを目途として増備する。[34]

大本営は航空基地を多数造成することが「航空戦力を発揮せしむる」と期待していた。三二軍の初代参謀長の北川潔水少将は元職が陸軍航空士官学校生徒隊長であった。また大本営は作戦課航空主任や航空本部幹部らを沖縄に赴かせ、三二軍の飛行場づくりを督励した。ついには、三二軍の初代航空参謀に「飛行場建設の名人」と評された釜井耕輝を配置（一九四四年九月～四五年二月）した。大本営は「飛行場造成の優先」を現地軍に厳命したが、「そこには守勢に立った場合、いくばくの地上兵力をもって、いかにしてこれを確保するかの顧慮に欠けていた[35]」。

造成すべき飛行場も多く、収用すべき私有地も広かった。造成作業に必要な重機類はそろっていなかった。二つの秘密飛行場の造成を除き、作業はほとんどが手作業で、滑走路表面用の砕石はモッコで運び、整地も人海戦術であった。沖縄住民は女子挺身隊を含め造成作業に誠心誠意尽力した。

一九四四年九～一〇月には、それぞれの造成現場に三二軍の戦闘部隊が師団、旅団、連隊単位で張り付けられ、土木作業にあたった。その間沖縄守備軍は、作戦準備も陣地構築もすべて放棄し、飛行場の造成工事に専念した。

伊江島二二・八平方キロメートルには滑走路三本の大飛行場が計画された。工兵一個連隊が派遣され、国場組が施工を請け負った。だが規模が大きすぎ、作業が進まない。そこで一九四四年九月、混成四四旅団のすべてと、沖縄に到着した戦闘部隊の中核・第九師団・敦賀一九連隊三〇〇〇が造成に動員され、手作業、モッコ担ぎを担った[36]。

宮古島では第二八師団が四四年九～一〇月の一カ月間、地上戦準備を完全に放棄して、飛行場の突貫工事を行った。それを見た八原は「約一万の兵がラッパの号令で作業する光景は壮観であり、……原始的器材をもって懸命の努力を試みるさまは、涙ぐましいものがあった」と慨嘆している[37]。

こうした沖縄県民と沖縄守備三二軍将兵の涙と汗の結晶が表13-1の2～9に示される。これらの飛行場は過密である。狭い宮古島と石垣島に、それぞれ直径一〇キロ圏に三つも飛行場を造っている。沖縄中南部の直径二〇キ

表 13–1　陸海軍飛行場計画一覧（南西諸島）

名称（通称）	完成時期	備考
陸軍		
1　徳之島（浅間）	1944 年 6 月	徳之島（南）は放棄された。
2　伊江島	1944 年 10 月以降	「東洋一」と言われた大飛行場。うち伊江島（東）の滑走路造成は放棄された。一部を米海兵隊が滑走路の形状を変えて伊江島補助飛行場として使用している。
3　沖縄北（読谷）	1944 年 10 月	広さ 73 万坪。司令部レベルの通信施設を備える。特攻作戦では海軍と共用（主として陸軍，従として海軍）後に米海兵隊の読谷補助飛行場となった（2002 年完全返還された）。
4　沖縄中（嘉手納）	1944 年 10 月	沖縄北の補助飛行場として造成。後に米空軍嘉手納飛行場になった。
5　沖縄東（西原）		着工後陸軍が計画を放棄。米海軍与那原航空ステーションとなった（1959 年返還された）。
6　沖縄南（仲西・城間）	1944 年 9 月	小型機用飛行場として造成。1978 年海兵隊移管後キャンプ・キンザー（牧港補給地区）となる。
7　首里秘密飛行場		1944 年に計画された。完成したか否かは不明。
8　宮古中	1944 年 10 月以降	
9　宮古西	1944 年 10 月以降	当初予定された宮古東は放棄。
10　石垣東	1944 年 8 月	
海軍		
1　種子島	1942 年 8 月	不時着陸場。
2　喜界島	1933 年	不時着陸場。戦中は中継飛行場。
3　古仁屋（奄美・須手）	1941 年前半	海軍航空隊古仁屋基地。戦中は機能強化された。
4　東大東島	1934 年	大戦中に機能強化。
5　小禄（沖縄・那覇）	1933 年	1943 年海軍航空隊小禄基地となり，南西諸島方面航空本部が置かれた。司令部レベルの通信施設を備える。
6　佐敷（沖縄・馬天）	不明	「水上機基地」として使用された。完成年も場所も不明。
7　糸満（沖縄・豊見城市与根）	1944 年	小禄の補助の秘密飛行場として着工。未完成。
8　宮古	1943 年 6 月	
9　石垣（第一石垣）	1933 年	海軍石垣島北飛行場
10　第二石垣	1944 年 9 月	海軍石垣島南飛行場

出典：八原博通『沖縄決戦——高級参謀の手記』読売新聞，1972 年，23 頁などを参照し，一部修正した。

ロ圏には六カ所計画して五カ所を完成し、伊江島に「東洋一」を称する大飛行場を造った。

何を守れなかったのか

航空サイトをいかに多数造成しても、島も島民も守れない。高級参謀の八原博通は、次のように述べている。

太平洋の作戦指導の要領は、航空優先主義に最も忠実であった。南西諸島防衛の作戦構想樹立の基礎も、またこの範疇を逸脱するものではなかった。ただ日を追って、日米両軍の航空戦力の格差が増大するに従い、希望と現実のギャップに対する認識の差が空軍と地上軍の間に生じ、ために多くのトラブルが惹起するに至ったのである。(38)

敗勢を実感した八原は、航空作戦とは「特攻」という異常な作戦しかないことを理解した。しかし急遽二〇カ所も造られた軍用飛行場は、対空砲陣地が不十分であって防御が極めて困難であり、そこから発進する航空機のパイロットは制空権の回復には役立たない。「特攻」の破壊力の高さと、航空サイトを防御する手段のなさというパラドックスが一段と深化した。

では八原と陸軍沖縄守備三二軍は何をどう守ろうとしたのか。守るべきは、文化と人口の中心の那覇と首里であることは疑いなかった。しかしアメリカ軍の進攻に対して、制海権と制空権を失った状態で、陸上軍が沖縄中南部を守る手段はほとんどなく、補給や増援を受ける見通しもなかった。水際防衛が無効なのは数々の島嶼戦争で証明されていた。なによりも沖縄中南部にはアメリカ軍が上陸作戦を実施できる長い海岸線が三つ以上あった。海岸線に守備隊を張り付けて米上陸部隊を迎え撃っても、島嶼守備軍の惨敗の連鎖が示すように、「玉砕」するしかなかった。また沖縄中南部には、ゲリラ戦で抵抗する山岳森林地帯もなく、撤退戦を行うための縦深性を欠いていた。

唯一有効な防御とは、岩山をくり抜いて築いた地下壕の要塞群に籠り、敵にそれを一つ一つ潰すことを強要する戦術であった。地中深くの洞窟陣地に退避すれば、たとえアメリカ軍が制海権・制空権を握り、空から爆撃されても、海から砲撃されても、破壊されることはない。

沖縄守備軍は、首里城の地下深くに壕を構築して、そこに軍司令部を置いた。その北側に地下壕の防衛線を張り、そこまでアメリカ軍を進攻させて接触戦闘に持ち込めば、敵に出血を強いることができる、と考えた。三二軍の参謀長・長勇と高級参謀・八原博通は「シェルター」と「接近戦闘」による防衛を構想した。八原にとってなしうることは、大勢の挽回でも、起死回生の打撃を与えて「一撃講和」することでもなかった。アメリカの「進攻に伴うコスト」を大きく加重することによって、アメリカが進攻する速度を落とし、できれば進攻を続ける意志を挫こうとした。それが長勇と八原博通にとっての沖縄防衛であった。

ただし、この「シェルター」と「接近戦闘」は、戦闘を長期化させ人的犠牲を累積する。もしもアメリカがたとえ死傷者を多く出しても、進攻をする意志を放棄しなければ、また、もしも東京の裕仁天皇と大本営が、「一撃講和」や「ロシアの仲介」などに希望を託して、降伏を決断しなければ、戦闘は引き延ばされ、敵にも味方にも、島民にも、死傷者を増やし続けることになる。

すなわち「シェルター」と「接近戦闘」という戦術は、二つのものを守らないと前提していた。

第一に住民・島民を守らない。人口の密集地域で大軍が「接近戦闘」するならば、住民が巻き込まれて犠牲になるのは自明であった。日本軍がシェルターに籠ることは、軍人の身はある期間は守っても、日米の激戦の間に挟まれて逃げまどう島民を守ることにはならない。多くの島民たちが「ガマ（壕）」という天然シェルターに退避し、自分で身を守ろうとした。

第二に三二軍は、一九四四年一二月以降、首里司令部から遠い三つの航空サイトを事実上放棄した。航空サイトはたとえ一つだけであっても防衛が困難である。しかるに沖縄島や伊江島など南西諸島に二〇カ所の航空サイトを

地図 13–2　第九師団抽出による沖縄軍の移動配備図

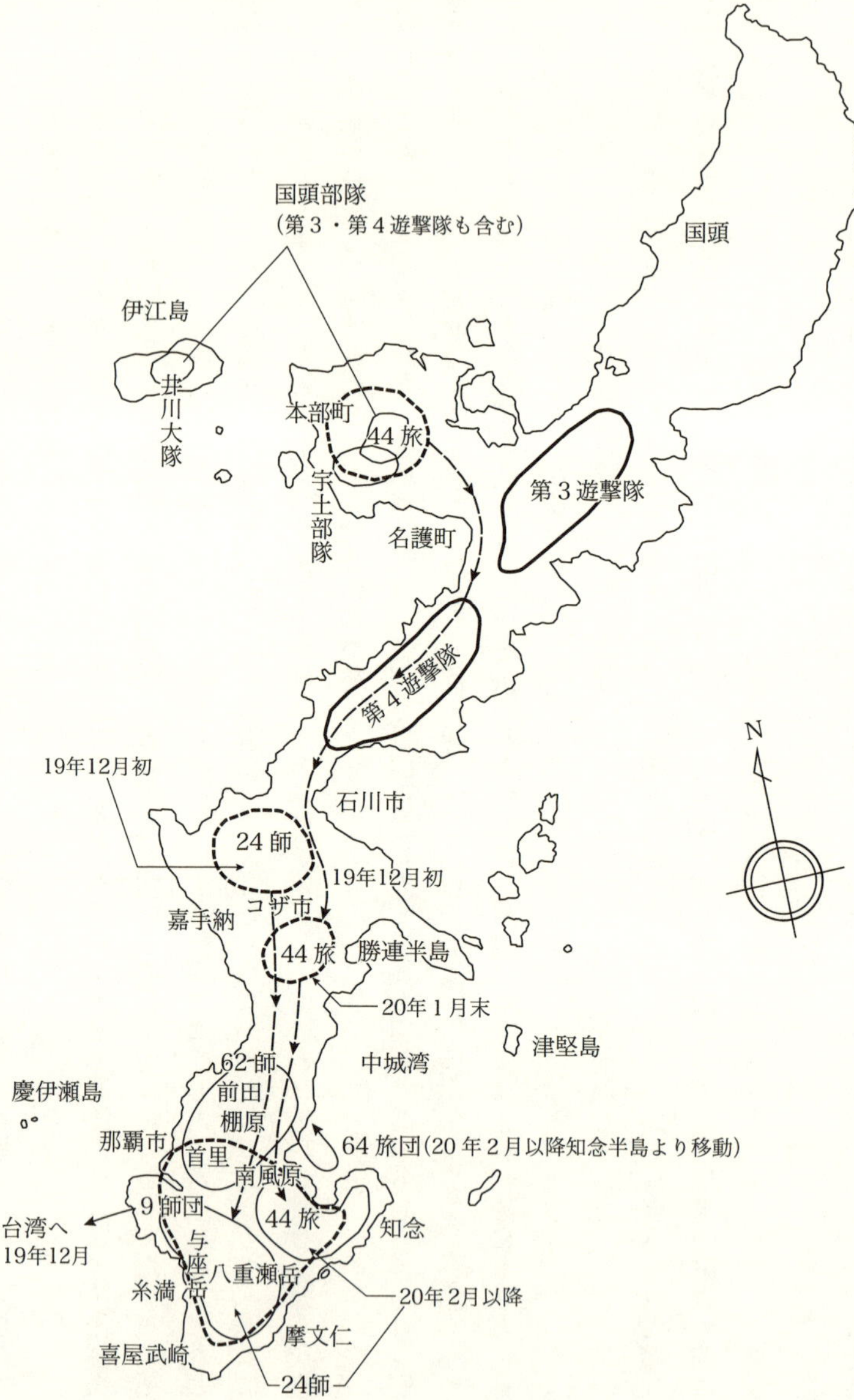

出典：八原博通『沖縄決戦――高級参謀の手記』読売新聞，1972 年，71 頁。

造成したのであるから、その困難は加速度的に高まる。

三二軍は当初、三個師団と一独立混成旅団によって編制されていた。そして首里の司令部から離れた三つの航空基地、すなわち伊江島飛行場および沖縄北（読谷）と沖縄中（嘉手納）を守備する態勢をとり、三基地の周辺に砲撃陣地と防衛陣地を築いた。航空サイトを守るための配置であった。飛行場の奪取を目指すアメリカ軍と、三基地のそれぞれで決戦する布陣をしいたのである。ところが遠方の航空サイトを守備不能にする事態が生じた。沖縄戦の四カ月前の一九四四年一二月、三二軍は主力の第九師団を台湾方面軍に抽出させられてしまった。台湾方面軍は沖縄守備三二軍の上位組織であり、予見力を欠いた大本営も台湾方面軍の要求に応じた。台湾に移った第九師団の約二万人の将兵は幸運であった。台湾で全く戦わないまま日本降伏の日を迎えることができ、無事全員が日本に送還されたからである。[39]一方の三二軍には悪夢であった。決戦は目前（三カ月強）に迫っていた。すでに航空基地を守る陣地を構築して戦闘配置を確定した時点で、主力の一個師団を抜かれたのである。三二軍は、陸軍二個師団と一独立混成旅団、および海軍陸戦隊が沖縄戦を戦うことになってしまった。三二軍は、やむなく防衛線を首里の北方に後退させた。そして、縮小した戦線に部隊を再配備し、陣地を再構築した。その結果、遠方の伊江島、および沖縄北と沖縄中の三つの航空基地は、防衛線の外側に取り残された。そして少数の飛行場守備部隊を置くにとどめた。[40]

その上で驚くべき裏切りが生じた。沖縄守備第三二軍と島民が多数の飛行場を造成したのは、そこに防衛の航空戦力である「特攻」機が配備されると期待したためであった。実際、海軍で「特攻」の主体として一九四五年二月に新編された第五航空艦隊の参謀長・横井俊之は、八原に向かってこう語っていた。

沖縄島の各飛行場に、飛行機の分散、秘匿、掩護の諸施設を急速に徹底強化し、さらに秘密飛行場をも新設し、もって特攻機五百機を張りつける。敵艦隊および輸送船団が上陸のため近接した好機に、この張りつけ特攻機の全力を挙げて突撃させる。[41]

ところが驚くべきことに、沖縄と伊江島の航空サイトには、「張りつけ特攻」機は配備されなかった。日本軍の航空戦力に懐疑を抱き続けてきた八原はここに及んで次のように書く。

特攻機が沖縄に到着するのは四月より五月にかかるというのだ。敵の沖縄進攻の時期は、上下一致して三月末ないし四月上旬と判断している。これでは理屈に合わず、間に合わぬ。……私はこのとき全身感電したような衝撃を受けた。張りつけ特攻機案は絵に描いた餅に過ぎぬ、現実に合わぬ空論だ。特攻機の来着が時機を失するとせば、東洋一を誇る伊江島の飛行場も、北、中飛行場も、日本空軍にとってはもはや無用、否有害な長物だ。私は……これら飛行場を直ちに大規模徹底的に破壊するよう……中央に意見具申した。中央から直ちに伊江島飛行場破壊許可の電報がきた。しかし北、中飛行場は、依然そのままにしておくようにとのことである。[42]

一九四五年三月二三日早朝、アメリカ機動部隊近接の報が入り、アメリカ軍機が「首里上空に乱舞している。……アメリカ機の来襲は終日続いた。延べ数千機数百機、かつてない激烈さである」と八原は記録した。[43] 空における沖縄戦の開始である。

三月二四日朝、八原のもとに「知念半島沖に、敵艦隊を発見す」との報告が入った。[44] 航空参謀の神直道は「夜明けと共に眼前に出現していたのは米軍の艦艇群である。よくもまあこんな近くまでと思われる沖合を微航しながら、八時二十五分艦砲射撃を開始した」と書いている。[45]

三月二六日、「一両日来、首里山上から望見するに、アメリカ空軍の慶良間群島攻撃が激烈を極めている。……果然アメリカ軍は二十六日早朝から同群島に上陸を始めた。……無電は各隊軌を一にして悲痛な言葉のみで綴られている」。[46]

アメリカ軍は沖縄島への上陸作戦を四月一日に開始した。ところが、アメリカ軍の大艦隊が沖縄に近接しても、上陸作戦の開始前後の絶好機にも、「特攻」機は沖縄の上空にも海上にも到着しない。「菊水」作戦は、四月六日まで発動されない。かつて大本営参謀を務めたことのある神直道は「航空部隊の出撃が何故遅れているのか全然分からなかった。……島嶼にいる幾万の軍隊も住民も、航空部隊が何時総攻撃をやってくれるのだろうと心待ちに待っていた」と書いている。[47] そして「沖縄作戦における敗戦の第一歩は、航空第一撃の懈怠にある。……〔空からの沖縄攻撃が始まってから〕二週間、航空作戦は行使されなかった。これは地上作戦の攻防の問題より、ケタはづれに大きな懈怠であり怠慢である」と断じている。[48]

沖縄島に八カ所作った航空基地は、防御に全く無意味であった。そればかりかアメリカ軍を利して、その攻勢に弾みをつけた。一九四五年四月一日、アメリカ軍は読谷海岸・嘉手納海岸から上陸し、沖縄中と沖縄北の二つの飛行場を日本軍からの抵抗を一切受けることなく占拠した。これが「中央部〔裕仁天皇を含む〕を始めとする関係各軍の幕僚を、爆発的な怒りに駆り立てたのであろう。「『第三二軍は、北、中飛行場方面に直ちに突撃せよ』という半命令的な訓電、要請が相次いで殺到した」。[49]

絶望的な戦況において、日本の最高指導者は、なお「航空機信仰」を非合理に奉じていた。そして攻撃のタイミングを逸し、その後になって、現地軍に「飛行場への突撃」決戦を求める「半命令」を下したのである。神直道航空参謀は、沖縄の航空サイトに心からの愛着をもっていた。しかし沖縄中飛行場を奪回せよという大本営の命令を「長遠の距離を行軍前進しての嘉手納攻勢は不可能である。それを強うる者は図上戦術だけを身につけ、戦いを知らざる者のたわ言である」と評した。[50]

八原は、天皇と大本営、そして彼らの命令の無意味さを知って動転する台湾方面軍や、その非合理さを知ってなお受け入れようとする長勇参謀長を、次のように評した。

上は大本営より下は第一線の重要な地位を占める人々の多くが、用兵作戦の本質的知識と能力に欠けている。

……現在の戦況において、攻勢を要望する大本営や方面軍のばかさ加減は何事であるか。……沖縄戦は、航空兵力で決着をつけるという謬見の虜になっているのだ。……航空作戦の失敗を第三十二軍のせいにするものである。

従来の太平洋の戦いでは一生懸命に多数の飛行場を造ったが、わが方がこれを使用するに先立ってアメリカ軍に占領される場合が多い。まるで敵に献上するために、地上部隊は汗水垂らして飛行場造りをやった感が深い。しかも一度敵に占領されると、今度は敵に使用されぬために、わが地上軍は奪還攻撃を強行し、多大の犠牲をはらい、玉砕する始末であった。(51)

神も八原も、それぞれに沖縄を防御しようと試み、三二軍兵士も「特攻」パイロットも、命を棄てて、何かを守ろうとはした。しかし、防衛の構想そのものが妄想であり、そのための条件も欠けていた。そして八〇余日間、累々たる犠牲を積み上げて、一九四五年六月二三日、三二軍司令官牛島満と参謀長・長勇が摩文仁の洞窟で自決し、沖縄における日本軍の組織的戦闘が終わった。

一九七六年、沖縄県庁は沖縄戦の総死者数二三万七三一八人と公表した。沖縄県の一九四四年二月の人口は四九万一九一二人であった。死者のうち、日本軍九万四一三六人とアメリカ軍一万二五二〇人は特定できる。しかし、住民の死者数九万四四〇〇人は概数である。(52)米軍の上陸に備え住民は移動し、しかも上陸後はさらに移動を余儀なくされ、また行政機構が消滅したことから、死亡時期と場所の特定できた住民は約八万二〇〇〇人に止まる。三二軍司令部が南部撤退を決めた後、最後の一カ月に約四万六〇〇〇人が死んでいる。(53)その大部分は、戦闘に巻き込まれた人である。ただし、戦闘終結後、ガマなどに隠れて生き延びた住民たちも、アメリカ兵の前に出ることを恐れて、集団自決が、たとえば読谷村のチビチリガマ、慶良間島の北山、渡嘉敷島で生じた。死者の多くが一八歳未満であった。

また、久米島では、日本が降伏した後、日本軍兵士が島民を、「敵に通じた者」、「スパイ」として殺害（処刑）する事件が起きた。[54] さらに、石垣島では海軍警備隊が「米軍捕虜惨殺事件」を起こしている。いずれも、日米が激戦した場から離れた島で生じた。現在でも、非戦闘員たちが犠牲になった理由について激しく争われているが、しかし日本軍が住民を守らなかった事実は疑いがない。[55]

沖縄戦をへて裕仁天皇と大本営は「一撃講和」の方針を転換し、ようやく八月一五日に降伏する。「本土決戦」はなかったため、沖縄戦は最後の日米間の陸上戦闘となった。そして、三年に及ぶ数々の島嶼戦争は、沖縄戦をもって完結した。裕仁天皇は東条英機や山本五十六を従えた「軍服の大元帥」から、一九四五年後半、自由主義者に囲まれた「平和主義的な象徴天皇」へと変貌をとげる。

沖縄上陸作戦のメガロマニアズム：第二次大戦で最大の建設事業

一九四四年一〇月初め、アメリカの統合参謀本部からチェスター・W・ニミッツ太平洋艦隊司令長官兼太平洋中央軍総司令官に「南西諸島――九州南端から台湾北部までの諸島――の一または数カ所を占領せよ」という命令が発せられた。そして、ニミッツのパールハーバーにおける幕僚たちが作戦計画（アイスバーグ作戦）を立案し、那覇空爆の二週間後の一九四四年一〇月二五日、各部隊の指揮官に配布した。開始予定日は一九四五年三月一日であった（実際には前述のように約一カ月遅れて始まる）。

アメリカ軍にとって沖縄戦は二重の意味で史上最大規模の作戦であった。第一に、沖縄島とその周辺海域にかつてない軍事力を集中した。上陸部隊だけで一八万二〇〇〇人である。沖縄戦としばしば対比されるノルマンディー上陸作戦（「史上最大の作戦」と俗称される）の第一日目の上陸部隊数は一〇万七〇〇〇人であった。沖縄には空母合計四〇隻以上を含む戦闘艦船は三一八隻、補助艦船一一三九隻（上陸用舟艇を除く）が集結した。ヨーロッパ戦域の戦闘はほぼ終わっていたため、大量の部隊・艦船を沖縄戦に結集できたのである。[56]

第二に、沖縄におけるサイト造成などは、「第二次大戦でヨーロッパと太平洋の両戦域のなかで最大の建設事業」であった[57]。陸軍工兵軍団と海軍建設大隊を合わせ、上陸作戦当初は一万六〇〇〇人であった。そしてアメリカ軍支配地域が広がるとともに、工兵部隊に引き渡される地域が増え、工兵部隊の総員は九万五〇〇〇人に達した。那覇市の総人口は七万（一九四〇年）であったことと対比されたい。一〇万弱の建設要員がブルドーザーなど建設土木機材をもって戦い、膨大な開発計画にしたがって沖縄島を造成していった。沖縄史上で最大の改造が一挙に行われたのである。

サイパン島の上陸作戦において、アメリカ軍の陸軍系（空軍を含む）と海軍系（海兵隊を含む）の摩擦は大きかった。戦いの優先目標と戦闘哲学にずれがあり、上陸部隊司令官ホーランド・スミスが、指揮下の陸軍二七歩兵師団の進攻速度が遅すぎるとして同師団長ラルフ・スミスを解任するほどの対立にまで発展した。工兵部隊でも、陸軍系と海軍系は組織体質も、仕事の流儀も、得意分野も異なった。いつまでに、どこに、どのような航空基地を造るべきかをめぐって対立と競合が生じた。ニミッツは陸軍と海軍の融和を求め、サイパン島では陸軍が、テニアン島では海軍が、そして、グアム島では双方が分業してサイト群造成の主たる責任を負うようにした。

沖縄戦の規模はそれまでの一つ一つの島嶼戦争よりも大きく、組織の自重に耐えかねて崩壊することを避けるため、前職で海軍人事を統括していたニミッツは、大規模作戦にふさわしいトップ人事を行った。ガダルカナルでもサイパンでも上陸軍司令官は海兵隊から選ばれていたが、ニミッツはタスク・フォースではなく第一〇軍として編制し、司令官にサイモン・B・バックナー陸軍少将を選び、感情を露わにする海兵隊の猛将ホーランド・スミスを司令官にすることを避けた。バックナーは、それまで太平洋の島嶼戦争に参加したことはなく、前職（初代アラスカ防衛司令官）在任中、広大なアラスカにサイト網を築いていた。彼は日本守備隊の組織的抵抗が終わる直前の六月一八日、前線視察中に戦死する（牛島満三二軍司令官と長勇参謀長が自決したのは六月二三日）。

海軍のサイト造成責任者にはアンドリュー・ビセットを海軍建設軍団司令官に選んだ。ビセットはかつてアナポリス建設に参加した長老格であり、島嶼戦争ではハルゼー提督と組んで、ソロモン諸島やビスマルク諸島のサイト造成を行っていた。そのビセットが、一九四五年九月まで、沖縄サイト造成の全体を指揮した。彼の工兵部隊は、陸軍工兵軍団第一旅団を中核の一つにしていたが、同旅団の多くは一九四四年一二月までイギリスに駐留し、ノルマンディー上陸作戦前後のサイト造成を体験していた。ビセットは、総員を一一の連隊と四つの旅団に編制して指揮した。必要なサイトは膨大であった。

バックナーのアラスカ時代からの部下であった陸軍工兵軍団ジョージ・ノルド准将が、四四年一〇月なかばから準備作業を始めた。初期の計画では、①滑走路と駐機場は、B29用六カ所、重爆撃機用六カ所、中爆撃機用二カ所、戦闘機用二カ所、②一八〇万バレルのガソリン貯蔵所、③六〇〇万平方フィートの倉庫、④計一万二五〇〇床の病院群、⑤三七万五〇〇〇人用の宿泊所、⑥七〇〇マイルの道路、⑦大規模港湾施設（那覇港）、⑧伊江島の施設開発をする予定であった。(58) 計画が進むにつれて、①の滑走路・駐機場一六カ所から、四五年八月には二四カ所へ増えている。

アメリカ軍のサイト造成には五つの目的があった。

第一に、日本の沖縄守備軍（兵力約一〇万）を打ち破らねばならなかった。日本軍の五倍以上（上陸軍と海域の艦船の要員数）の五四万八〇〇〇人が戦闘終結までに動員された。この数は、兵隊を含めない沖縄県民約四〇万（一九四〇年）より多く、一九四五年八月以降に日本本土を占領した当初の米軍兵員四〇万よりも多かった。「史上最大の攻撃軍(59)」の作戦と兵站のために、非常に多くのサイトが必要であった。

第二に、沖縄上陸と同時に、多様な種類の航空基地・滑走路に着手した。日本の守備軍を攻撃するアメリカ軍機の接近航空支援のための短い滑走路、宮古島や喜界島、九州や台湾を攻撃するための中距離用滑走路、東京・大阪などに向かって重爆撃するための滑走路、B29で戦略爆撃するための長大な滑走路を造った。

第三に、アメリカ軍は上陸部隊と洋上艦隊との間で、移動・輸送・通信を行ったが、それは海路と空路によった。

地図 13–3　陸軍，海軍，軍政府の管轄地域

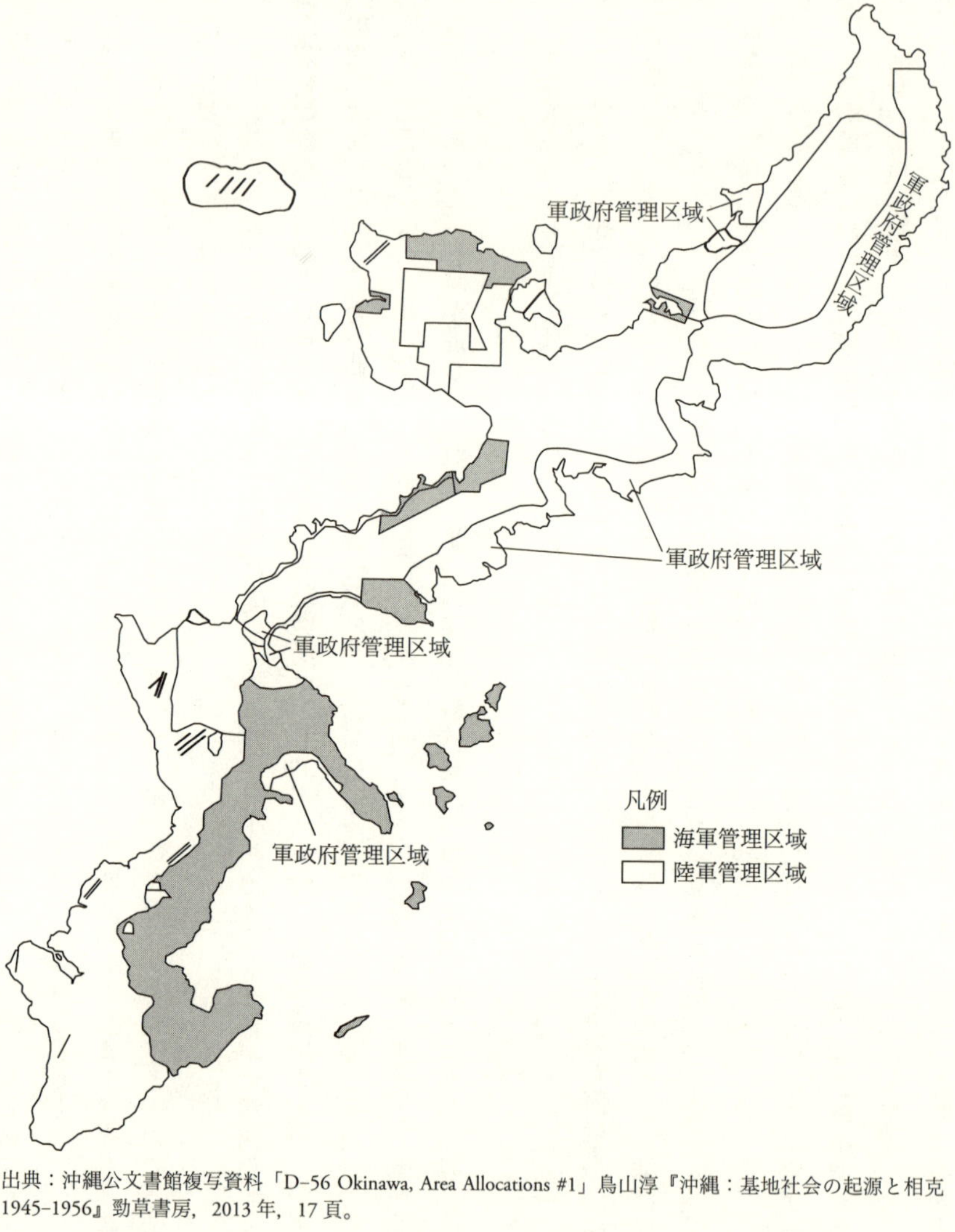

出典：沖縄公文書館複写資料「D–56 Okinawa, Area Allocations #1」鳥山淳『沖縄：基地社会の起源と相克 1945–1956』勁草書房，2013 年，17 頁。

沖縄の海岸線には無数の桟橋や陸揚げ場、物資集積場、貯蔵庫などを造り、陸上の飛行場適地には滑走路と駐機場を造った。

第四に、アメリカ軍にとって沖縄島は、きたるべき九州や関東への上陸作戦を実施する準備拠点であった。そのため、物資・兵器・兵員を集積するサイトを造った。

第五に、沖縄島民を収容する収容所が必要であった。

鳥山淳の発掘した資料によると、[60] アメリカ軍は事前に沖縄島を、①陸軍管理区域（陸・空軍のサイトを造る区域）と②海軍管理区域（海軍と海兵隊のサイトを造る区域）と③軍政府管理区域（島民を収容する収容所を造る区域）にほぼ三分した。いずれも膨大な面積である。この区分は、主たるサイト造成の責任を陸軍工兵軍団と海軍建設大隊の間で地域的に分担した意味をもつ。沖縄島中南部は飛行場に適しており、日本軍の造成した多くの軍用飛行場があった。この中南部の細長い面積を縦にほぼ二分し、①沖縄中南部の西半分を陸軍管理区域にし、②東半分を海軍管理地域とした。もちろん陸軍工兵軍団・海軍建設大隊で専門上の分業があり、陸軍工兵軍団は平地に主に航空基地を、海軍建設大隊は海岸線に主に桟橋など港湾施設を造った。海軍建設大隊はいくつかの航空基地も管理区域に造った。陸軍系と海軍系が、地域と専門ですみ分け、沖縄のサイト造成を分業したことが分かる。軍政府管理区域は主に沖縄島北部東海岸沿いが割り当てられ、戦場難民となった島民、そしてサイト造成期間にその周辺から島民を排除しておくための収容所が造成された。北部では、陸軍が本部半島を管理区域とし、海軍は五つの海岸一帯を海軍管理区域とした。この沖縄島の三分割は、その後の米軍サイトのあり方に長い影を落とす。

日本軍飛行場とアメリカ軍飛行場

広いとはいえない沖縄島と伊江島に膨大な数の航空基地をつくることは可能か。沖縄上陸作戦に先立って工兵部隊は滑走路を何本造成できるかを計算した。当初は、沖縄島と伊江島だけでは不十分であると判断していた。林博

表 13–2　日本軍飛行場とアメリカ軍基地の対照表

日本軍飛行場	アメリカ軍
陸軍伊江島	海兵隊伊江島補助飛行場
陸軍沖縄北（読谷）	海兵隊読谷補助飛行場
陸軍沖縄中（嘉手納）	嘉手納空軍基地
陸軍沖縄東（西原）	海軍与那原航空ステーション
陸軍沖縄南（仲西・城間）	海兵隊キャンプ・キンザー（牧港補給地区）
海軍小禄基地	海軍那覇航空ステーション
海軍糸満基地	場所の一致は不明確である。ほぼ海軍テラ飛行場周辺
海軍馬天水上機基地	場所は不明確である。ほぼ海軍ホワイト・ビーチの一帯と推定される。

出典：筆者作成。

史の研究によれば、「四月十九日の偵察によって、沖縄本島に滑走路一八本と伊江島に四本が可能であると判断し、予定していた他の島々の占領計画をキャンセルした。アイスバーグ作戦の第三段階において、宮古島、喜界島などが攻略対象とされていたが、すべてキャンセルまたは無期限に延期された[61]」。つくらなければならない滑走路の数が先にあったのだが、そのすべてを沖縄島と伊江島に造成できた。

日本軍が造成した軍用飛行場とアメリカ軍の滑走路はかなりの程度重なりあう。林博史はアメリカ陸軍工兵部隊が一九四五年八月四日に滑走路の造成計画を記した地図を発掘した[62]。計画された滑走路の本数は驚くほど多い。一九四五年四月一日に沖縄島に上陸したアメリカ軍は、八月四日までに沖縄島中南部と伊江島で滑走路二二本の造成に着手し、さらにもう二本の滑走路の候補地を決めていた。この滑走路の大量造成計画が、後の沖縄米軍サイトの核になった。合計二四本の滑走路は、日本軍が沖縄と伊江島に造成を計画した八つの軍用飛行場の大半を含んでいる（表13–1参照。複数の滑走路を有する飛行場もある）。

日本陸軍の軍用飛行場をアメリカ軍が奪取して滑走路を造成したことは明瞭である。たとえば嘉手納空軍基地は次のような過程を経た。

(1) 日本軍の飛行場造成：日本軍は南西諸島に二〇カ所程度の飛行場の造成を計画し、うち沖縄中南部と伊江島では八カ所の飛行場を完成した。その一つが陸軍沖縄中《なか》飛行場で一九四四年一〇月に完成した。大本営は、沖縄守備軍の意向に反して、アメリカ軍の上陸直前まで、沖縄中飛行場の破壊を許可しなかった。

(2) アメリカ軍の飛行場の奪取・再建：アメリカ軍は、沖縄上陸作戦を開始した一九四五年四月一日、沖縄中飛行場を占拠した。日本軍が破壊していた滑走路を六日で再建して、日本軍への攻撃と日本本土の爆撃に使用し始めた。沖縄と伊江島の多くの飛行場を日本軍から奪取したほか、新たに造成・計画した飛行場も多かった。

(3) アメリカ軍による機能集中：戦後、嘉手納空軍基地に他の基地の機能を集中し、面積を拡張した。グアムや嘉手納などの日本軍基地はアメリカ軍が拡張と改修を重ね、航空戦力の攻撃力を誇示した。沖縄中飛行場の面積は、現在の嘉手納空軍基地よりはるかに小さく、四四分の一であった。

同様に、日本陸軍の伊江島飛行場は、改修を重ねて今日、海兵隊伊江島補助飛行場となっている。伊江島は沖縄島本部半島の北西九キロ沖に位置する。面積二二・八平方キロメートルであり、現在の人口は約四三〇〇人である。島の南の海岸は砂浜であり、北の海岸は高さ六〇メートルの断崖絶壁が連なる。日本陸軍は伊江島を飛行場の最適地とみなし、太平洋戦争末期、「東洋一」と称した飛行場を造った。これを沖縄戦のさなかにアメリカ軍が奪取して使用し始め、一九五三年には三一三航空師団（嘉手納空軍基地に配置された）の小型戦闘爆撃機が模擬の核爆弾を投下する訓練場となった。[63] 一九八九年に、空軍から海兵隊に管理が移管された。アメリカ海兵隊の伊江島補助飛行場は、島の総面積の三五％を占めている。

その一方で日本海軍の飛行場とアメリカ軍が造成した滑走路では、那覇を除き対応関係を明らかにできなかった。表13-2は日本軍の飛行場と米軍サイトの対照表である。[64]

太平洋戦争末期にアメリカ軍が造成した滑走路では、航空基地とは別の使用目的のサイトに発展したものもある。たとえばキャンプ・キンザー（牧港補給地区）には現在アメリカ海兵隊の第三海兵兵站軍司令部などが置かれている。沖縄戦の際、ここにはアメリカ軍の航空機用滑走路があり、その一帯が物資集積所となった。戦後は、倉庫群、工場群、兵舎が建設され兵站補給部隊が配備されるなど、曲折を経て今日の姿になった。

沖縄の中南部にある米軍サイト群は、嘉手納弾薬庫地区、普天間航空ステーション、キャンプ・フォスター（キャンプ瑞慶覧）など、その起源を沖縄戦とその直後に設けられた飛行場および港近くの物資集積所などに起源をもっている。今日の民間空港である那覇空港も、返還前はアメリカ海軍航空ステーションであった。西原町と中城村にまたがってアメリカ海軍与那原航空ステーションがあったが、一九五九年に返還された。北谷町北前のハンビー飛行場は返還後、商業施設ハンビー・タウンなどに再開発された。嘉手納の北隣には読谷補助飛行場があったが、二〇〇五年に返還された。これらが返還される前は、アメリカ軍の航空サイトは現在より過密であった。

沖縄の航空サイト群の過剰さとその地理配置《トポロジー》とは、第二次大戦中の日本軍とアメリカ軍の二つのメガロマニアックなサイトの重ねあわせに起源をもっている。

島民は沖縄戦で、自らを守るものの不在（何も自分たちを守らない）を思い知らされた。歴史遺産を含め建造物は焼失し廃墟となった。島民の生活基盤であった農地も宅地も「軍用地」の候補地に囲い込まれた。北谷のサトウキビ畑は嘉手納空軍基地に姿を変えた。嘉手納空軍基地のほぼ九〇％は私有地であった。サイト造成は地形そのものを変えた。長期間の収容所生活のあと、ようやく帰郷できた島民は、「全く違う世界になってしまった」と感じたことであろう。建物も光景も地形も変わり果て、かつての故郷的 heimlich な景観は、非故郷的 unheimlich な異界に変貌していた。[65] そして地理的には同じ住所に戻っても、失われた故郷には戻れないという意味から、この体験は、メタ・ディアスポラと表現できる。本書第I部との関連でいえば、米軍サイトの遍在のなかで、失って取り戻すことができない島の歴史が、芸能という表現様式に形を変えて発明されていくのは自然なことであった。

注

（1） David MacIsaac, "Voices from the Central Blue," in Peter Pareto, ed., *Maker of Modern Strategy*, Princeton University Press, 1984, pp. 624–647.

（2） 海軍軍人・中沢佑による小沢の戦争哲学評。防衛庁防衛研修所戦史室編『戦史叢書12　マリアナ沖海戦 付図付表』朝雲新聞社、一九六八年、三九〇頁に引用。

（3）Henry Guerlac, "Vauban: The Impact of Science on War," in Peter Pareto, ed., *Maker of Modern Strategy*, Princeton University Press, 1984, pp. 64–90.

（4）小野塚知二「戦間期航空機産業の技術的背景と地政学的背景」横井勝彦編著『航空機産業と航空戦力の世界的転回』日本経済評論社、二〇一六年、二〇八頁に引用。

（5）蒲豊彦・浦島悦子・和仁廉夫『三竈島事件――日中戦争下の虐殺と沖縄移民』現代書館、二〇一八年。

（6）植物学者ユージン・スレッジの海兵隊時代の回顧『ペリリュー・沖縄戦記』伊藤真・曽田和子訳、講談社学術文庫、二〇〇八年は、アメリカで広く知られている。

（7）等松春夫「国際関係を最も反映した植民地――南洋群島の主権と国際的管理の変遷」浅野豊美編集代表『南洋群島と帝国・国際秩序』中京大学社会科学研究所、二〇〇七年、二〇―五六頁。

（8）庄司潤一郎「日本の南進と南洋興発――中国の太平洋進出への示唆」防衛省防衛研究所『ＮＩＤＳコメンタリー』第一一三号、二〇二〇年三月二四日、三―四頁。

（9）井上成美伝記刊行会編集・発行『井上成美』一九八二年、資一二五―一三二頁に海軍航空本部長「新軍備改革論」が資料一の7、その一、その二として、井上成美「思い出の記　続編」「海軍航空本部長時代」が資三五―三八頁に収録されている。田嶋信雄教授に「思い出の記　続編」の読み方につきご教示を受けたことに感謝する。

（10）香田洋二「島嶼防衛・島嶼進攻作戦と海軍戦略――太平洋戦争における日本の経験から」『平成二五年度　戦争史研究国際フォーラム報告書』防衛省防衛研究所、二〇一四年、二四頁。

（11）同前、二五頁。

（12）マハンがそう主張したが同僚に無視されたことは、エドワード・ミラー著、沢田博訳『オレンジ計画』新潮社、一九九四年、七三―七八頁。

（13）Dirk A. Ballendorf, *Earl Hancock Ellis*, Annapolis, U.S. Naval Institute Press, 1996.

（14）防衛庁防衛研修所戦史室編『戦史叢書　南東方面海軍作戦2』朝雲新聞社、一九七五年、戸部良一ほか『失敗の本質』中公文庫、一九九一年、齋藤達志「ガダルカナル島をめぐる攻防――戦力の集中という視点から」『平成二五年度　戦争史研究国際フォーラム報告書』二〇一四年、八七―一一三頁。

（15）前掲井上成美伝記刊行会編集・発行『井上成美』三三四頁。

(16) Karl C. Dot, *The Corps of Engineers: The War Against Japan*, Washington D.C., United States Army Center of Military History, 1987, p. 552.
(17) *Seabee History: Formation of the Seabees and World War II*, http://www.history.navy.mil//research/library/online-reading-room/title-list-alphabetically/h/history-of Seabees/ww2.html（二〇二二年二月一〇日閲覧）
(18) Glenn Barnett, "The U.S. Navy's Seabees: Bulldozing a Road to Victory", *WW II Quarterly* 9-3, spring 2018, pp. 30–41.
(19) Barnett, op. cit., "The U.S. Navy's Seabees: Bulldozing a Road to Victory."
(20) Roger Mola, "These Portable Runways Helped Win the War in the Pacific," *Smithsonian Magazine*, April 29, 2014.
(21) Allan Reed Millett & Jack Shulimson eds, *Commandants of the Marine Corps*, Naval Institute Press, 2004, pp. 282–310.
(22) 前掲齋藤「ガダルカナル島をめぐる攻防」九六頁に引用。
(23) Barnett, op. cit., "The U.S. Navy's Seabees: Bulldozing a Road to Victory" に引用。
(24) 破壊された空母を修理する速度も、アメリカ軍の方が速かったことは、前掲齋藤「ガダルカナル島をめぐる攻防」が指摘している。
(25) 八原博通『沖縄決戦――高級参謀の手記』読売新聞社、一九七二年、一八頁。大本営に対する全面的批判の書。
(26) Dot, op. cit., *The Corps of Engineers: The War Against Japan*.
(27) Barnett, op. cit., "The U.S. Navy's Seabees: Bulldozing a Road to Victory."
(28) Dot, op. cit., *The Corps of Engineers: The War Against Japan*, p. 498.
(29) Clinton Green, "Our B–29 Base: An Epic Job," *New York Times Magazine*, December 10, 1944, p. 8.
(30) 前掲八原『沖縄決戦』五七頁。
(31) Diego Gambetta, ed., *Making Sense of Suicide Missions*, Oxford University Press, 2005.
(32) 草柳大蔵『特攻の思想――大西瀧治郎伝』グラフ社、二〇〇六年、三〇二頁。
(33) 前掲八原『沖縄決戦』一七頁。
(34) 神直道『沖縄かくて壊滅す』原書房、一九六七年、一二頁。大本営の戦術的誤りを批判する。
(35) 前掲八原『沖縄決戦』二三頁。
(36) 蕪城直勝「幸運の武兵団第九師団（沖縄、台湾）」『労苦体験記　軍人軍属短期在職者が語り継ぐ労苦（兵士編）』第四巻、平和祈念展示資料館（年代不明）。
(37) 前掲八原『沖縄決戦』五一頁。

(38) 同前、一九頁。
(39) 前掲蕪城「幸運の武兵団第九師団（沖縄、台湾）」。
(40) 前掲神『沖縄かくて潰滅す』二四、二七、二八頁の図参照。
(41) 前掲八原『沖縄決戦』一〇四頁。
(42) 同前、一〇四―一〇五頁。
(43) 同前、一三五―一三六頁。
(44) 同前、一三七頁。
(45) 前掲神『沖縄かくて潰滅す』六四頁。
(46) 前掲八原『沖縄決戦』一四四頁。
(47) 前掲神『沖縄かくて潰滅す』一〇六―一〇七頁。
(48) 同前、一〇四頁。
(49) 前掲八原『沖縄決戦』一六五頁。
(50) 前掲神『沖縄かくて潰滅す』八五頁。
(51) 前掲八原『沖縄決戦』一六九頁、二三一―二四頁。
(52) 沖縄県援護課、一九七六年三月発表による。
(53) 「ＮＨＫスペシャル沖縄〝出口なき〟戦場〜最後の一か月で何が〜」二〇二〇年八月二日放送。
(54) 元久米島守備隊長の「厳然たる措置をとらなければ、アメリカ軍にやられるより先に、島民にやられてしまう」という言葉が残されている。大田昌秀編著『写真記録　これが沖縄戦だ』琉球新報社、一九七七年、二三五頁に引用。
(55) 同前、二三―三三、二二四―二二七、二三〇―二三五頁を参照。
(56) ビーニス・M・フランク著、加登川幸太郎訳『沖縄――陸・海・空の血戦』サンケイ新聞社出版局、一九七一年、三五―三六頁。
(57) “Vice Adm. Andrew Bisset Dies: Led Construction in Pacific,” *New York Times*, Jan. 25, 1976.
(58) USAFPOA, Participation in Okinawa Pos. I, 77. EHD Files, Dot, p. 645 に引用。
(59) 前掲フランク『沖縄』三五―三六頁。
(60) 鳥山淳『沖縄――基地社会の起源と相克　１９４５-１９５６』勁草書房、二〇一三年、一七頁。
(61) 林博史『暴力と差別としての米軍基地』かもがわ出版、二〇一四年、七八頁。

(62) 同前、八〇―八一頁。
(63) 松岡哲平『沖縄と核』新潮社、二〇一九年、二九―三〇頁。
(64) 前掲林『暴力と差別としての米軍基地』七八―八五頁。
(65) ジクムント・フロイト「不気味なもの」藤野寛訳『フロイト全集17』岩波書店、二〇〇六年、一―五二頁。

第14章　軍人リーダーシップ

沖縄は、アメリカ海兵隊のサイトが集中する世界に類例のない島である。ただし海兵隊は陸軍、空軍、海軍に比べて格段に規模が小さく、しかも第二次大戦後五年間の軍事再編期には存在理由を問われ、軍事サイトに関する決定に参画できなかった。そもそも一九五四年以前はアメリカ本国以外に固有の恒久サイトを持っていなかった。その海兵隊が、なぜ一九五四年にサイトを沖縄と岩国に確保することができたのであろうか。

この問いは三つに分解できる。第一は、米軍サイトの撤退・縮小という一般的趨勢の中で、例外的になぜ沖縄では米軍サイトは存続し拡大したのか、である。「なぜ沖縄が？」と表現できる。第二は、一般的趨勢とともに沖縄の海軍サイトや陸軍サイトは撤退・縮小に向かったのに、なぜ少数派の海兵隊が主要サイトを確保できたのか、である。「なぜ海兵隊が？」と表現できる。第三は、日本における陸・海・空軍の米軍サイトは、一九四五年の日米戦の戦場ならびに米軍占領に起源をもつが（嘉手納空軍基地、海軍横須賀艦隊活動司令部、陸軍キャンプ座間など）、沖縄の海兵隊サイトが一九五四年の首都ワシントンの政治決定に起源をもつのはなぜか、である。「なぜ一九五四年のワシントンなのか？」と表現できる。この三点では、いずれもアノマリーが一般的趨勢に抗する形で生じている。アノマリーには特別な要因ないし誰かの意志があったことを推定させる。そこであらかじめ、一九四五〜一九五四年のアメリカ軍を争点とした一般的趨勢と、三つの疑問に対する仮説的前提を要約しておく。

アメリカ軍は第二次大戦を戦い、その五年後に朝鮮戦争を戦った。この二つの戦争でアメリカ軍の兵員・兵器・サイトは拡大し、戦後に財政を圧迫するこれらをいかに削減するかが課題となった。戦闘の終結とともに、まずは海外にあった兵員を動員解除して本国に撤退させる衝撃波が生じ、時期的にやや遅れて膨大な額に達した軍事費を減らすため、戦力と兵器体系を総量として縮小させる波が生じた。さらに、それに海外の米軍サイトを整理・縮小する圧力が加わった。したがって一般的な趨勢に従えば、沖縄でも米軍サイトが縮小に向かうはずであった。

第一の「なぜ沖縄が？」については、軍備縮小の趨勢に抗して誰かが歯止めをかけ、何らかの理由で沖縄（とU字型島嶼連鎖）を、軍事サイトを置く空間と位置付けたのではないか、と仮説前提することができる。

同じ軍備縮小の政治過程といっても、太平洋戦争後の波と朝鮮戦争休戦後の波では性格が異なっていた。なにより終わり方が対照的であり、日米戦争では核投下を含む敵軍の殲滅と日本の無条件降伏によって終わり、朝鮮戦争では限定戦争が軍事的手詰まりに陥り、現状を維持したまま休戦協定が結ばれた。また国際情勢も対照的であり、第二次大戦後には米ソ冷戦の核緊張が高まり、朝鮮戦争休戦後には緊張緩和が始まった。これらの相異に応じて、二つの戦後の波では、安全保障に取り組んだ指導者たちの戦争戦略と望ましい軍隊観が異なっていた。第二次大戦後は、ハリー・トルーマン大統領とルイス・ジョンソン国防長官が、軍の規模と軍事費を大きく削減する課題に取り組んだ。朝鮮戦争休戦後は、ドワイト・アイゼンハワー大統領とチャールズ・ウィルソン国防長官が、軍事費を効率的に使用する戦略的転換――東アジアの地上戦力を撤退させて戦術核を前線配備するのはその一例――に取り組んだ。二度の戦後の軍備縮小の主たる標的は、日米戦争後では海軍系であり、朝鮮戦争後では陸軍であった。軍事資源と軍事費のマイナス・サム的な状況下で、陸軍系と海軍系は対立した。

第二の「なぜ海兵隊が？」について、海兵隊は第二次大戦後の五年間は兵員も装備も大きく削減されたが、朝鮮戦争後の一〇年間は兵員も装備も組織構成もほぼ維持できている。海兵隊は、伝統的な軍隊とは異なる存在理由を主張し、陸軍とも海軍とも異なる固有の組織編制を発展させたが、海兵隊の活動に対する評価が、トルーマン大統領は大変に厳しかったこと、アイゼンハワー大統領は相対的に高かったことは広く知られている。トルーマン体制下とアイゼンハワー体制下の海兵隊に対する位置づけが一つの原因となって、海兵隊は、第二次大戦後には解隊の危機に直面したが、朝鮮戦争後には限定戦争に即応する固有の機能が評価され、朝鮮半島から陸上兵力を撤退する際に、沖縄と岩国に恒久的に海兵隊の軍事サイトを置いた、と仮説前提することができる。

第三の「なぜ一九五四年のワシントンなのか？」については次のように仮説前提できる。すなわち、アメリカ陸軍と海軍は建国以来、空軍は一九四七年以来、海外に主要サイトを有する独立軍種としての地位を確立していたが、海兵隊は第二次大戦期にはまだ海軍組織の一部であった。しかし朝鮮戦争期になってはじめてその存在理由をアメリカ世論のみならず、ワシントンの連邦議会と大統領府に印象づけることができ、独立した軍種としての諸条件をほぼ達成できた。一九五四年前後にワシントンの政治過程において組織体として飛躍的突破を成しとげたのであり、沖縄と岩国に海兵隊サイトを確保したことは、独立軍種の条件を満した一つの証であった。

この政治過程を、本章の各節では、各軍種の指導者であったチェスター・ニミッツ（海軍）、ダグラス・マッカーサー（陸軍）、ラミュエル・シェパード（海兵隊）に焦点を当てて分析する。この三人の軍人は、人間的個性が異なり、軍人の特性も違い、さらには軍隊を文民統制する大統領に対する忠誠心も正反対といえるほど対照的であった。なにより三つの軍隊では、軍事サイトの存在理由が異なっていた。第1節では、チェスター・ニミッツが、なぜ沖縄を第一の波において「忘れられた島」にしたかを検討する。第2節では、ダグラス・マッカーサーが、第一の波に抗して軍事サイトを維持するリーダーシップを発揮し、沖縄を含むU字型島嶼連鎖に軍事サイトを恒久化する構想を提示したことを分析する。第3節では、ラミュエル・シェパードが、第二の波のなかで、独立軍種に相当する地位を確立する過程に焦点を当てる。

第1節　チェスター・ニミッツ——なぜ沖縄には大きな海軍サイトがないのか

チェスター・ウィリアム・ニミッツ（一八八五—一九六六）は、対日戦争の勝利に最も貢献したアメリカ海軍元帥である。作戦指揮官としての名声は今日でも非常に高く、彼が日米戦争中に書き残した覚書は、今も現役海軍軍人の演習テキストとなっている。その作戦指揮の一つ一つが詳細に研究され、「長年与えられてきた数々の賞賛にふさわしい」と評価されている。(1)

ニミッツは一九〇五年海軍士官学校アナポリスを卒業し、一九〇九年に潜水艦乗務となり、一九一三年には潜水艦動力をディーゼルエンジンに転換する研究のためドイツなどに派遣された。また艦船への洋上補給方式の主たる開発者となった。一九二〇年パールハーバーに潜水艦サイトを造成して日米戦争の仮想シナリオ「オレンジ計画」に備え、一九二二年海軍大学校ではアメリカ西海岸とハワイ諸島の間の非常に長い兵站線を研究した。一九三三〜三五年に重巡洋艦オーガスタ（アジア艦隊旗艦）の艦長となり、東郷平八郎の葬儀に参列している。一九三八年に海軍航海局長として人事を統括した。日本のパールハーバー攻撃の後、一九四一年一二月、ローズベルト大統領に要請されて太平洋艦隊司令長官となり、さらに太平洋中央軍総司令官となった。そして、開戦当初は数的劣勢にあったアメリカの海軍系戦力を駆使して反転攻勢に転じ、日本の連合艦隊を壊滅に導き、数々の島嶼戦争では日本軍守備隊を殲滅した。

なぜ沖縄に大きな海軍サイトがないのか

前章第4節で述べたように、ニミッツは、沖縄上陸作戦で「第二次大戦最大の建設事業」を総指揮した。海軍は、沖縄島中南部の東海岸沿いを管理区域とし、無数のサイト群を造成し、少なくとも四カ所以上の飛行場を完成させた。ところが今日では、かつて造成された海軍サイトの跡を探しても、発見することは難しい。沖縄島南端から、太平洋に開けた東海岸を北上すると、かつて海軍与那原航空ステーション（一九五九年返還）があった一帯を通るが、その滑走路跡は確認できない。さらに北上すると海軍泡瀬通信ステーションがあるが、かつてあった泡瀬飛行場の跡も認識できない。右手の勝連半島の先端にようやく海軍ホワイト・ビーチ（うるま市）が見えてくる、二〇一八年現在、沖縄島と周辺離島でアメリカ海軍が管理する恒久化したサイトは、ホワイト・ビーチ、キャンプ・シールズ（海軍機動建設大隊の駐屯地）、泡瀬通信ステーション（泡瀬飛行場跡）、天願桟橋（金武湾に突き出た燃料搬入用の桟橋）、そして三つの離島の射爆場である。なお海軍嘉手納艦隊活動司令部は、司令部も海軍用駐機場も嘉手納空軍基地に収容されている。

ホワイト・ビーチは米海軍の沖縄唯一の港湾サイトで、海軍と海兵隊にとって不可欠である。海浜から突き出た二本の桟橋（八五〇メートルと四五〇メートル）がある。佐世保に配備された強襲揚陸艦、ドック型揚陸艦が接岸し、沖縄に駐留する第三一海兵遠征部隊MEU31などを乗せ出航する。また原子力潜水艦も寄港する。周辺には、二基のタンクと事務所と宿舎と球戯場があるが、しかし修理廠やドライドックや固定クレーンなどはない。横須賀や佐世保などの「軍港」から連想される施設も設備もない。艦船が接岸していないホワイト・ビーチは無人駅の佇まいが漂い、乗組員の目には寂しく映るに違いない。

なぜ沖縄には主要な海軍固有のサイトがないのか。理論的および歴史的に答えるべき問いである。

表14－1で、主な海軍サイトと沖縄の海軍サイトを比較した。ここに掲げたパールハーバー海軍施設群、ノーフォーク海軍施設群、横須賀、グアム（アプラ）などは、いずれもアメリカ海軍の中核サイト群である。これらと沖縄の海軍サイト群を対比しよう。沖縄の海軍サイトの資産価値の総和は、横須賀周辺サイトの総計の一〇分の一である。なぜ沖縄に海軍サイトは少ないのか。

横須賀艦隊活動司令部の資産価値は、アメリカの全海軍サイトでパールハーバーに次ぐ二位であり、嘉手納空軍基地とほぼ並ぶ日本の二大米軍サイト群の一つである。表14－1では、単体の海軍サイトを一覧にした。しかし海軍用のメタ・サイト（定義は後述）は、複数のサイトを一括して比較しなければならない。それらには、艦船が停泊する湾、着岸する埠頭、修理のためのドックや修理廠、貯油所、艦載機の飛行場、司令部、通信施設、射撃場、射爆場、福利厚生施設などが含まれ、周辺の沿海域と諸都市に散在しているからである。横須賀市内には艦船修理

表14-1　主な海軍サイトの資産価値（*BSR2018* に記載されたもの）

資産順位	名称	場所	資産価値（百万ドル）	関連サイトの合計
米国本国				
1	パールハーバー	ハワイ州	17,658	8サイト合計22,906
2	ノーフォーク	ヴァージニア州	8,384	14サイト合計17,641
米国本国以外				
3	横須賀艦隊活動司令部	横須賀	10,208	11サイト合計16,444（8を含む）
4	グアム海軍基地	グアム・アプラ	6,601	15サイト合計10,626
5	横瀬貯油所	西海	4,768	海外唯一のエアクッション型揚陸艇基地
参考	佐世保艦隊活動司令部	佐世保	704	
6	グアンタナモ湾海軍ステーション	キューバ	4,600	キューバより租借
7	ディエゴガルシア海軍支援施設	英領	4,462	英領植民地を租借
8	厚木海軍航空施設	厚木	2,822	
主な沖縄島の海軍サイト				
参考	嘉手納艦隊活動司令部	嘉手納，沖縄，北谷	704	
参考	ホワイト・ビーチ	うるま	375	
参考	キャンプ・シールズ	沖縄	335	
参考	天願桟橋	うるま	98	

出典：*BSR2018* より筆者作成。

廠、港湾サイト、艦隊活動司令部、それに将校用住宅、病院などの生活サイトがあり、劇場、映画館、士官クラブ、下士官クラブなどがある。そして厚木市に艦載機用の航空施設があり、逗子市と横浜市にまたがって池子住宅地区があり、横浜市に貯油所が二カ所ある。主なものだけで一一サイトに分散している。単一のサイトとして比較しても意味はなく、一帯に分散した関連サイトを総合して、艦隊の「事実上の母港」の使用機能を果たしている。こうしたサイト群は、後述するように一九四五年八月三〇日、アメリカ海軍が横須賀周辺の日本海軍の膨大な施設群を武装解除のために接収したことに起源をもつ。

同様に、海軍ステーション・パールハーバーには主要なものだけで八サイトあり、アメリカ大西洋岸のノーフォーク海軍ステーションには一四のサイト、グアム海軍基地には一五のサイトがある。表14-1には関連サイトの資産価値の総額を付記した（グアンタナモ湾海軍ステーションは情報公開度が低く、関連サイトは不詳）。

これらと沖縄の海軍サイトとの相異は歴然としている。沖縄島には、海軍固有の航空ステーションがない。空母艦載機など海軍機は、嘉手納空軍基地の滑走路と駐機場を使う。かつて沖縄島にあった海軍航空ステーションは、一九五九年の海軍与那原航空ステーションを最後に返還された。あるいは泡瀬のように通信ステーションへと姿を変えた。これはアメリカ海軍が、沖縄に重要なサイト群の造成に踏み出さなかった証である。

「動くサイト」とメタ・サイト

なぜ沖縄には主要な海軍サイトがないのかという問いに、まず理論的な次元から解答を試みる。海軍系（海軍と海兵隊）のサイトに対する考え方は、陸軍系（陸軍と空軍）と本質的な違いがある。それを「動くサイト」とメタ・サイトという概念を用いて定式化する。

たとえば航空母艦は艦載機を載せ、強襲揚陸艦などは海兵遠征部隊を載せて海洋上を遊弋し、「動くサイト」として作戦と兵站の基点となる。艦船の内部は地上サイトよりははるかに狭いが、安定した空間である。航空母艦は飛行甲板から艦載機を発着させ、海洋上で地上の航空サイトとほぼ同様の使用機能を果たすことができる。海軍系は「動くサイト」を主兵力として、陸軍系と差別化し、その存在理由を見出している。海軍系の主張する優位性は次の三点に要約できる。

第一に、紛争の場や戦域に接近できる。動けない地上サイトとの差別化である。航空母艦も強襲揚陸艦も潜水艦も小型艦船も、戦域・紛争地の沿海域まで接近できる。

第二に、柔軟に戦力を運用できる。空母は、航空機を離着陸させて目標に向わせ、呼び戻せる。強襲揚陸艦などは、海兵隊の諸戦闘部隊と装備を固定翼機・回転翼機や上陸用舟艇などによって送り出し、随時艦に帰還させ、収

図 14–1　概念図　第一段階（メタ・サイト）

	→	サイト 1 の使用機能 1	
空母入港	→	サイト 2 の使用機能 2	空母出航
	→	サイト n の使用機能 n	

容できる。作戦と兵站には多くの選択肢があり、柔軟な対応、たとえば攻撃を中止することもできる。発射したら呼び戻せないミサイルなどとの差別化である。

第三に、「動くサイト」は敵の偵察・哨戒範囲の外側に退避でき、敵の攻撃に対して退避行動がとれる。とくに、潜水艦は敵から哨戒されにくい。近年の海軍の沿海域用艦船や海兵隊を載せる艦船は小型化の趨勢にあり、民生用の船と区別がつきにくく、高速で移動する。敵から発見されにくく、攻撃を受けにくい。動けない地上サイトとの差別化である。

ただし三点の留保が必要である。第一の留保は、海軍の艦艇だけでなく、陸・空軍も巨大輸送機と回転翼機を組み合せて「動くサイト」として空挺師団などを送り出し、収容できる。また、巨大輸送機と空挺師団は海のない空間にも移動できる。第二の留保は、航空母艦などの「動くサイト」を建造・維持する費用が、地上航空サイトの造成・維持費用に比べ、非常に高い。歴史的に陸軍よりも海軍に軍縮が求められ、海軍軍縮交渉が行われた理由の一つである。第三の留保としては、巡航ミサイルとドローン兵器の航続距離が長くなり、かつ誘導可能な範囲が十分に広がるなら、「動くサイト」の存在理由が低下すると予想されないわけではない。

海軍系にあっては、艦船が艦載機や海兵隊員などを発進させる「動くサイト」となり、敵の近くまで移動できるため、地上サイトを前方に置いて展示する必要性は、陸軍・空軍に比較して低い。海軍の主兵力は前方にまで動いて敵に見せつけられるのであり、陸・空軍が「前方」に数多くの地上サイトをもっているのと機能的に等価以上である。そのため海軍が沖縄に前方基地を持つ必要性は、陸軍・空軍に比べてはるかに低いのである。

もちろん海軍も地上サイトを必要とする。たとえば空母は長い遊弋の後、「母港」パールハーバーないし「事実上の母港」横須賀に戻る。そこには接岸・停泊するための「天然の良港」

図14–2　概念図　第二段階（「動くサイト」）

航空隊　着陸　→　[空母・強襲揚陸艦の艦内での使用機能XYZ]　→　航空隊　離陸

将兵・兵器・情報（T）　　　　将兵・兵器・情報（T+1）

など港湾サイト、艦載機などを定期的に点検修理する航空ステーションと修理サイト、艦船を定期的に点検修理するドライドックや修理廠など生産修理サイト、艦船と艦載機に給水・給油する流体供給サイト、艦船乗組員家族の居住区を含む生活サイトが不可欠である。いわば海軍は「洋上サイトを収容するためのサイト（メタ・サイト）」を必要としている。

これら海軍の主兵力に対して、メタ・サイトの入力・出力機能は二段階になる。第一段階の例として航空母艦が「事実上の母港」とする横須賀を取り上げよう。空母は横須賀艦隊活動司令部の指示に基づいて入港する。入港後、海軍横須賀艦船修理廠で必要な点検・修理・改修される。また、艦載機は多くの場合、厚木海軍航空施設に着陸・格納される。そして長い艦上生活を送った乗組員は、池子住宅地区などに帰宅する。これらは分散しているが相互に関連したサイト群として機能を発揮する。

こうした関連施設は、「動く洋上サイト」を係留・接岸させ、乗組員を休養させ、水や燃料等を補給し、故障を修理して、艦船を再び太洋に向けて出航させる。港湾サイトは、「動くサイト自体をインプットさせ、スループットとして諸機能を使用させ、アウトプットするサイト」という意味を持つメタ・サイトである。

空母は「母港」を出港する第一段階に続き、第二段階では海洋を遊弋し、飛行甲板から艦載機を離発着させる。強襲揚陸艦群は紛争地域に近い沿岸部まで遊弋し、そこから回転翼を備えた航空機や揚陸艇などで海兵隊員（陸上戦闘部隊）は出撃したり帰還したりする。

第二段階の「動くサイト」の使用機能は、次の三条件から制約される。

(1) 巨大艦船といっても非常に狭いので、「動くサイト」が収容できるのは、空間的にコンパクトにまとまる機能に限られる。

⑵ 遊弋中の艦船は陸上施設・市民社会・経済社会から切り離された空間である。洋上でたとえばコンピュータなど電子機器が深刻な故障をしても、修理班を簡単には呼び寄せられない。艦上における使用機能は移動可能な機能に限られる。

⑶ 艦上に搭載できる機能に限界がある。飲料水、航空燃料、それに長期の航海を続ける乗組員の士気といった資源は漸減していき、限界に達する。

「洋上を動くサイト」と「地上のメタ・サイト」は、使用機能が相互補完の関係にある。空母を例に単純化すれば、「動くサイト」には狭義の軍事機能をできるだけ詰め込む。他方艦船の「母港」、「事実上の母港」であるメタ・サイトは、市民社会的、経済社会的、後方支援的な機能を果たしている。そして、単一の空間が諸機能を包括していることはなく、艦船が停泊する湾、着岸する埠頭、修理のためのドック、貯油所、艦載機の飛行場、司令部、通信施設、射撃場、射爆場、福利厚生施設、医療サポートの諸施設などが広い空間に散在している（例外はディエゴガルシア海軍支援施設であり、非常に狭いサイトに、機能が集中している）。そのようなメタ・サイトの空間として、アメリカ海軍は沖縄を選ばず、横須賀と佐世保を選んだのである。

アメリカ海軍は、戦後、横須賀とともに佐世保をメタ・サイトとして日本海軍から継承した。表14－1の上から五番目に横瀬貯油所（長崎県西海市）があるが、その資産価値は、日本におけるアメリカ海軍サイトのなかで横須賀に次いで二番目に大きく、グアンタナモ湾海軍ステーションやインド洋上の要衝ディエゴガルシア海軍支援施設よりも高い。横瀬貯油所は、佐世保湾を挟んで、佐世保艦隊活動司令部の対岸に位置する。佐世保と横瀬の二つは近接し関連しあう海軍サイト施設である。周囲には無数の島嶼がある。佐世保湾は一九九二年以来アメリカ海軍の強襲揚陸艦など五隻の停泊地であり、それらの艦船は、沖縄のキャンプ・ハンセンに司令部を置く第三一海兵遠征部隊 Marine Expeditionary Unit などを載せる。佐世保には、海軍艦船修理廠佐世保分所 Naval Ship Repair Detachment が置かれ、米海軍艦船を佐世保重工業が保守・修理している。海軍佐世保工廠が民間企業の佐世保重工業になったことは、佐世保艦隊活動司令部の資産価値が横瀬貯油所の六分の一である大きな理由であろう。横瀬貯油所は外洋に向かう艦船に給油する役割を負う。横瀬貯油所の所在地の西海市には、アメリカ本国外で唯一のエアクッション型揚陸艇の艇庫があり、実験・訓練などが行われている。このエアクッション型揚陸艇は、海兵隊が水陸両用作戦の際に用い、揚陸艦に乗せて輸送する。

海兵隊の「動くサイト」は、強襲揚陸艦など巨大艦船と、小型の数多くの舟艇とに類別できる。敵対国の脅威下での活動を前提とする小型舟艇について例示する。(2) 無数の無人島にミサイル発射ステーションのみを準備する。それを多数の高速の小型舟艇が使用しては短時間のうちに移動し、また別の無人島を使用しては離れる。小型の舟艇が地対艦ミサイルやドローン兵器等を島に持ち込んでは発射して、すぐに退避して、次の島に移動する。サイトも舟艇も、第一の鍵概念は多数化 diversity である。膨大な舟艇を無人島・岩礁など無数のサイト間を移動させることによって、敵に攻撃目標とされる危険を分散させる。第二に、発見・識別されにくさを鍵概念として、巨大サイト・巨大艦船ではなく、できるだけ小型化し、民間の船と見分けがつけにくくする。第三に、高速移動を鍵概念として、舟艇は広い海洋上のどこにいて、どこから攻撃するのか敵にはわからない状態を作り出す。

「忘れられた島」

沖縄戦はアメリカ海軍とニミッツにしてみれば第二次大戦のハイライトとなった。海軍は「史上最大の海軍兵力を集中し(3)」、沖縄周辺の海域を艦船・補助船舶が埋め尽くした。海兵隊の第一海兵師団と第六海兵師団は、真っ先に沖縄に上陸した。CB海軍建設大隊は海岸部に桟橋などを無数に造り、与那原、泡瀬、金武の三飛行場ならびに勝連半島に水上航空機用サイトなどを造成し、「第二次大戦最大の建設事業」と評された大工事を陸軍工兵軍団と分担した。沖縄を「海軍の島」にすると主張しても、陸軍も大統領も異を唱えなかったであろう。ところが一九四五〜五〇年、アメリカ海軍にとって沖縄は「忘れられた島」になった。

日本は沖縄戦の終息後わずか七週間で降伏してしまった。アメリカが戦争に勝利した結果、沖縄の軍事サイトに巨大な変化が生じる。

第一に、沖縄の周辺から艦船がいなくなり、とりわけ軍事サイトから人がいなくなってしまった。一般論として、戦争に勝利したことは、徴兵されていた人々にとっては動員解除を意味し、また職業軍人にとっても本国への配属を意味する。その心理は戦時と平時を峻別するアメリカ人にとりわけ顕著である。いつの時代も「海外〔沖縄の意〕の基地に配属されている兵士たちはできれば米国内の基地への配属を望んでいる」[4]し、一九五一年四月一一日にトルーマン大統領がマッカーサーの解任を発表したとき、マッカーサーは妻に「ジーン、これで帰れるよ」と反応した。戦争が長期に及んだこと、戦場の凄惨さと荒廃を考慮すると、帰郷願望は自然である。動員解除と本国への配属によって、故郷へ向かう将兵の大移動が生じることになり、その勢いはいかなる力も止めるのが困難である。その結果、沖縄など島嶼の軍事サイトは最低限の施設維持要員を除いて、人かげが消えてしまう。

第二に、アメリカ政府は、戦時には軍事予算を潤沢に支出するが、その一方では戦争が終わって平時になると急激な軍事費削減を進める。この平時の体制に転換するための軍事費削減に加えて、アメリカ海軍系は、第二次大戦後の軍事再編過程で軍事費削減の主な標的とされた。

そのうえ沖縄を台風が襲った。一九四五年九～一〇月の台風は、沖縄の暫定サイトに大打撃を与え、破壊された多くの施設はそのまま放置された。こうして沖縄は忘れられた島になる。なお台風の猛威を恐れたのは、沖縄のサイト構築を積極的に進めてきた空軍も同様であった。空軍は軍事再編で優先的な予算分配を受けて沖縄の空軍基地開発を続けてきたが、一九四九年七月台風グロリアによって大きな被害を受けた。マッカーサーは空軍戦力を沖縄につなぎ止めるように努力し、そのための予算を調達できたが、それは空軍のみの特権であり、その恩恵は他の軍種には及ばなかった。空軍を除き、軍事サイトを造成したり改修する予算調達能力《アフォダビリティ》が失われた。

第三に、沖縄の軍事サイトは、戦略的・戦術的な存在理由の大部分を失った。日本が降伏したため、日本本土や中国海岸部を爆撃するための航空サイトという意味も、九州、関東、中国への上陸作戦の準備のサイトという意味も失った。兵站線の最終中継地点として物資集積場・貯蔵庫という意味も失った。唯一残ったのは、沖縄島と伊江島の島民を収容所で管理する機能であった。その残された機能を果たすためアメリカ海軍は、一九四五年九月から四六年六月までは沖縄の軍政を担当したが、それも陸軍に移管し沖縄から去る。沖縄に造ったメガロマニアックなサイト群の存在理由はなくなった。その結果沖縄はアメリカ海軍から忘れられることになった。

沖縄島で空軍が推進する航空基地の造成を例外として、海・陸のサイトの計画者も造成実施者も、大多数が沖縄から去っていき、サイトの造成は中断された。そして「基地開発計画」の文書は工兵部隊のファイルの束の中に残された。海軍系の「基地開発計画」も大幅に縮小されることを、林博史の研究によって要約する。[5] 一九四五年八月時点での「海軍基地開発計画」は大規模なものであった。

沖縄の海軍施設は、①軽・中・重航空機の作戦のための飛行場を支援するため、②主要な艦隊のための修理ならびに兵站支援提供の施設のある艦隊基地として、③海兵隊の休養および中継地域として開発する。[6]

②は艦船の修理廠を構築するという構想である。③は海兵隊のために生活サイトと「中継地域」をつくる構想である。「準母港」的施設をそなえ、多様な種類の航空ステーションを整備し、海兵隊サイトを造成しようとした。メタ・サイトの多様な機能を開発する計画であった。

ところが日本が降伏して事情は一変した。一九四五年一一月の海軍と海兵隊の会議で、先の「海軍基地開発計画」の柱であった②③が削除された。この計画で必要な人員は①暫定的な艦船停泊地、②すでに造成した四飛行場の海軍航空隊、③海兵隊員（サイト警備等）の合計一七〇三名に縮減された。要するに、すでに出来あがっている停泊地、四航空基地を維持するだけである。八月時点では計画されていた艦船修理廠を構築する構想も、海兵隊の生活サイトをつくる構想も消え、海兵隊の役割はたんなる基地保安隊に縮減されている[7]。

一九四六年七月には、海軍は軍政府の統治責任を陸軍に移管し、さらに一九四七年末までに主な航空サイトである与那原航空ステーションも閉鎖してしまう。海軍にとって沖縄は、朝鮮戦争の勃発まで「忘れられた島」になる。

横須賀のチェスター・ニミッツ

なぜ沖縄には主要な海軍固有のサイトがないのかという問いに、リーダーシップの次元から解答を試みる。この問いには、沖縄よりもはるかに適切なメタ・サイトの候補地があったからである、という答え方ができる。横須賀である。

地図14-1を見られたい。横須賀の一九四五年八月の旧軍事施設群である。一見して施設の密集度の高さに驚かされる。この施設群は、幕末の一八六五年（元治二年）、幕府がフランスと「製鉄所約定書」を結び、フランス人を招請して、修船所、造船所、武器蔵などを造ったことを起源とする。それを明治政府が引き継ぎ、一八八四年（明治一七年）一五六メートルの大船渠を完成させ、横浜にあった東海鎮守府が横須賀に移転して横須賀鎮守府となった。日本海軍の中核をなす軍港となり、諸施設が続々海岸沿いに集積した。また、海軍最初の追浜飛行場が造成され、一九一六年横須賀海軍航空隊が開隊した。さらに航空機の技術開発を行う研究機関が併設された。八〇年間の蓄積が横須賀とその周辺にあった。

太平洋戦争中、横須賀には三次にわたる空襲（一九四二年四月一八日ドゥーリットル空爆、四五年二月一五〜一六日、七月一〇日・一八日（艦砲射撃を含む））があった。その標的は大部分が港内の艦船や追浜飛行場などであった。四五年七月一八日の空爆では、軍港に係留された戦艦長門が中破して傾き、艦長、副艦長以下四〇名の戦死者が出た。市内でも二一人の死者が出ている。ただし、市内の住宅被害は一％以下である[8]。那覇市の一九四四年一〇月一〇日の空襲のように市街地が丸焼けになってはいない。

地図 14–1　終戦時に横須賀市内にあった主な旧軍事施設

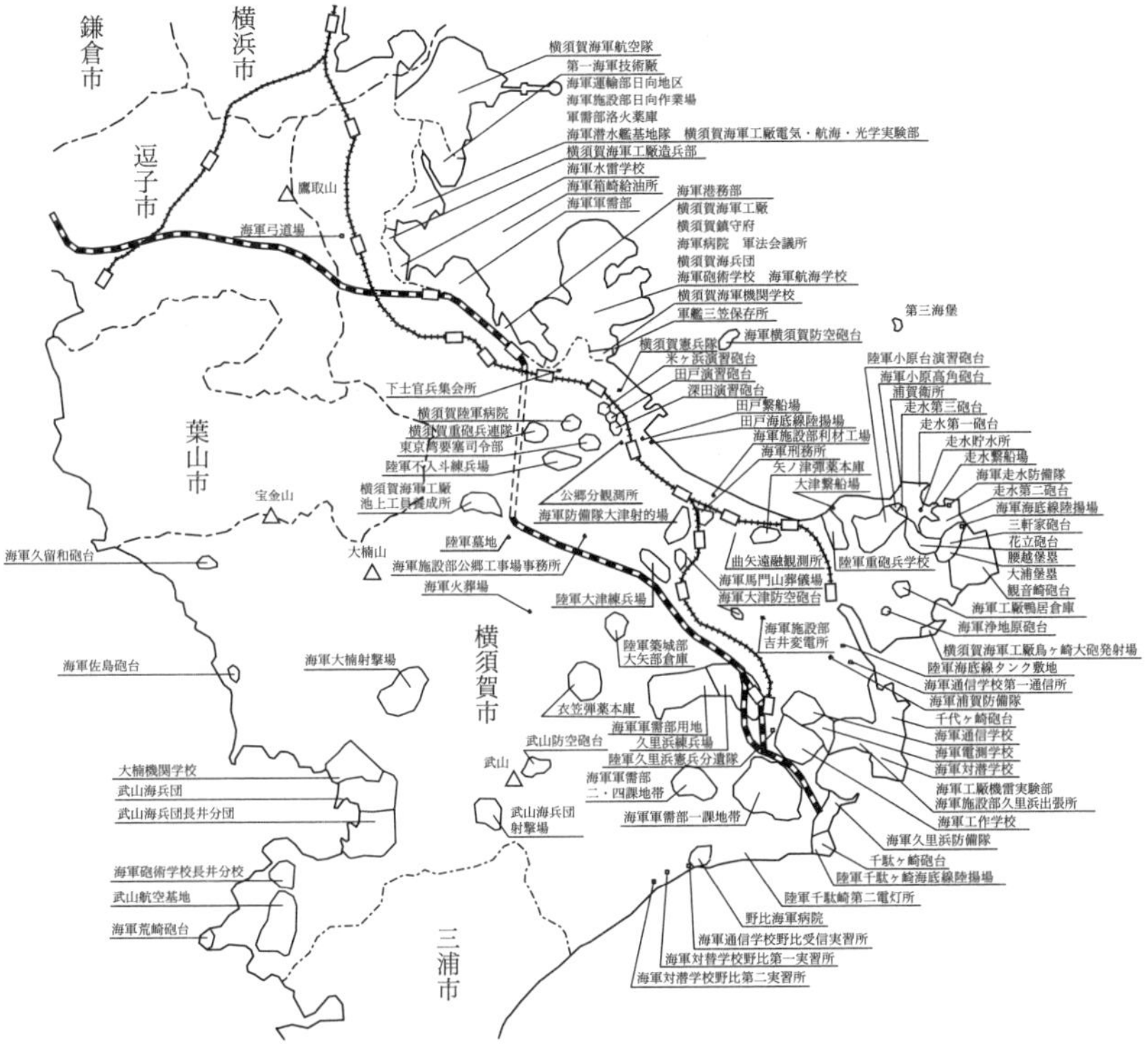

出典：横須賀市編『新横須賀市史 別編 軍事』2012 年，901 頁。

一九四五年八月一五日、日本が降伏し、ニミッツとその幕僚たちが沖縄戦の後に予定していた数々の上陸作戦は不要になった。勝利により、ニミッツの任務から九州、関東、中国への上陸作戦は消え、日本軍の武装解除とアメリカ軍の動員解除という職務に変わった。

八月三〇日、アメリカ海軍は日本海軍の本拠地横須賀鎮守府などの施設群の接収に着手した。マッカーサー将軍とニミッツ提督は「東京圏」(関東一円を指す)における日本軍の武装解除と接収を、陸軍と海軍の共同作戦として、同日に着手すると合意していた。同日午後二時過ぎ、マッカーサーが厚木飛行場に降り立ち、横浜グランドホテルに向かったことは周知の通り。

この日早朝、アメリカ海軍の大艦

隊（一部イギリス艦船を含む）が相模湾を埋め尽くして、沖合の海一帯を銀黒色に輝かせ、やがて三浦半島沖に結集した。日本軍が、「本土防衛」に備えて東京湾と相模湾に設置した無数の砲台や狙撃陣地も、配置された数多くの特攻兵器も、全く沈黙していた。アメリカ海軍は、沖縄戦で読谷海岸に上陸作戦を敢行した第六海兵師団第四連隊を先頭にして、上陸用舟艇で横須賀に接近した。なぜ第四連隊を先頭にしたのか。その理由は、旧第四連隊がコレヒドールの戦いで捕虜となり、日本の収容所に囚われており、新編された新第四連隊がそれを救出して旧と新との交代儀礼を行うためであった。

ただし真っ先に横須賀の埠頭に上陸したのは海兵隊第四連隊ではなく、カメラマンと記者団であった。もはや安全であることを察知していた彼らは、「東京ローズ探しをする東京一番乗りを競っていた」のであった(9)。同日午前、軍港第一三岸壁（現第一二号バース）において、横須賀鎮守府司令長官戸塚道太郎が、アメリカ海軍第三艦隊参謀長ロバート・カーニー少将と第三一（第三艦隊上陸）任務部隊司令官オスカー・バジャー少将に基地の地図を手渡した。日本の主力艦船のほとんどはすでに海底に沈んでいた。その唯一の例外は横須賀湾内に係留された戦艦長門であり、それがアメリカ軍に引き渡された。横須賀の接収作業は非常に円滑に進んだ。戸塚司令長官以下がアメリカ海軍による武装解除に献身的に協力したからである。同じ「軍事占領」であっても、沖縄と横須賀では雲泥の差であった。アメリカ軍は沖縄では血みどろの地上戦を戦って日本軍を殲滅した。他方の横須賀では、アメリカ軍は、日本降伏という法的行為に基づき、横須賀鎮守府の全面協力のもとに平穏に接収した。

ニミッツはこの横須賀で、記念艦三笠（日本海海戦の旗艦）を訪れた。

私が三笠を訪れたのは一九四五年九月、ミズーリ艦上で降伏文書調印式を行う前日であった。私が最も尊敬する東郷元帥を偲ぶため、日本が国民の記念艦として保存している三笠を訪問したいと思ったからである。ところが心無き米兵によって三笠の歴史的価値のある部品や資料が持ち去られた跡があった。東郷元帥を尊敬する者の一人として、この有名な軍艦がこれ以上荒らされるべきではないと思い、米海兵隊に命じて歩哨を立て、三笠を護衛させる事にした。私はこの命令が実施されたと報告を受けている。(10)

ニミッツは、人間としての謙虚さで知られ、権力的虚栄とは無縁であった。勝者と敗者が和解する戦後を生きようと決意していたのである。一九四五年九月二日、ミズーリ号で日本降伏文書に調印し、軍事的任務を完了した。その翌日日本占領の仕事をマッカーサーと陸軍幕僚に委ねてグアムに去った。アメリカ海軍の将兵は、少数のみが日本に残り、大部分が怒濤の勢いで本国に帰還していった。ニミッツは動員解除の作業に忙殺された。その後本国に戻って二年間、海軍軍人の最高位である海軍作戦部長となる。

ニミッツは、第二次大戦中フランクリン・ローズベルト大統領からの信頼に戦勝で応えたが、それだけでなく、戦後期にはハリー・トルーマン大統領の海軍軍縮の政策にも従った。トルーマン大統領が推進した軍事再編計画は、海軍を軍縮の主標的としていたにもかかわらず、海軍作戦部長のニミッツはそれに表立った反発を示さず、第二次大戦中に増大したアメリカ海軍兵力の削減につとめた。太平洋艦隊司令長官兼中央太平洋軍総司令官として指揮した太平洋艦隊群を自らの手で解隊している（アーサー・ラドフォード海軍計画副部長を急先鋒にトルーマンに反対した「提督たちの反乱」については第3節で述べる）。まず第三艦隊が解隊されて第五艦隊と名称を変えた。その第五艦隊は規模を縮小して存続したが、一九四七年一月に解隊され、同時にナンバーフリート制も廃止された（第七艦隊の起源は次節で述べる）。そして太平洋には第一任務艦隊、大西洋には第二任務艦隊が配備される。艦隊群は大幅に軍備縮小されたのである。なお第三艦隊の復活は一九七三年、第五艦隊の復活は一九九五年である。

アメリカ太平洋艦隊は、アメリカに戦いを挑んだ日本海軍を壊滅させ、ついにその本拠地横須賀を接収した。日本海軍の殲滅という任務を全うした結果、アメリカ海軍には敵がなくなり、アイロニカルにもニミッツが指揮してきた艦隊の存在理由がなくなった。ニミッツはその事実を受け入れるリアリズムと大統領という制度に対する忠誠心をもっており、自ら率いた艦隊を自発的に大幅に軍縮したのである。戦時から平時への転換のなかで「自発的な軍縮」は、ニミッツの指揮したアメリカ太平洋艦隊に作用した（「自発的軍縮」は幣原喜重郎首相が四六年一月二四日ダグラス・マッカーサー連合国総司令官に述べた鍵概念であったことは第2節に述べる）。

太平洋の両岸の海軍系は、一方の日本海軍は殲滅され、他方のアメリカ海軍は艦船も海兵隊員も大幅に削減され、一九五〇年六月に朝鮮戦争が勃発するまでこの海軍軍縮が続いた。沖縄に造成した海軍サイトも、横須賀などで接収したサイトも、とくにその使用目的を発明する主体が現れない限り、放置され、返還されていった。

一九六一年五月二七日、横須賀港において「三笠」の復元完成開艦式が行われた折、列席した米海軍代表は「東郷元帥の大いなる崇拝者にして、弟子であるニミッツ」と書かれたニミッツの肖像写真を持参して、三笠公園の一角にニミッツの名で月桂冠を植樹し、勝者と敗者の和解を表現した。

誰が横須賀のサイトを維持したのか

海軍軍人ニミッツにより、太平洋のアメリカ艦隊は自発的に軍縮していった。横須賀などアメリカ海軍が接収した軍事サイトは、一九五〇年頃までほぼ放置された。それは沖縄も横須賀も同様であったが、横須賀では放置の動きに歯止めをかけた人々が日米の双方から現れた。

横須賀内外の旧日本軍サイトの占領業務は、著しく人員不足であった。軍港内の兵器解体作業は容易に終わらず、湾一帯の掃海とサルベージにも非常に時間がかかった。一九四七年一月、第五艦隊も解隊されてしまうと、その後は、横須賀艦隊活動司令部は非常に暇になった。司令官は七カ月間に三名が次々に転出していった。彼らは旧横須賀鎮守府以下の膨大な施設群をどう使用するのか、新たな目的を発見しようとはしなかった。沖縄が「忘れられた島」になったように、横須賀も「放置された施設群」になった。

ところが海軍諸施設のいくつかは生き延びる。米日双方から放置に替わる目的の提唱者が現れたからである。べントン・W・デッカーは、横須賀艦隊活動司令部の第四代司令官（在任一九四六年四月～一九五〇年六月）である。彼はサイト行政のみならず、横須賀市政や三浦半島地域の占領政策に大きな影響力を振るった。[11] デッカーは同じアメリカ海軍軍人マシュー・ペリー（一七九四―一八五八）をロールモデルとして、黒船来航と開国の比喩によって自分の使命をくり返し語っている。

マシュー・ペリーは、一八五三年五月、軍艦七隻を率いて沖縄に寄港した。航海に先立ってペリーは連邦政府に「琉球の軍事的掌握」について上申書を書き、後には那覇沖に艦隊の定錨地を確保したが、それを永久に維持する必要がある旨をアメリカ海軍長官宛に、意見具申している。五度沖縄に上陸して威勢を振るった。そこから二度にわたって江戸近くに来航して、一八五四年三月に日米和親条約を結んでいる。その後七月に琉米修好条約を結んで帰還する。ペリーにとって那覇沖は、日本列島にむかって艦隊を派遣する出発点であり、浦賀（横須賀市）は、黒船で江戸の徳川幕府を威圧する定錨地であった。[12]

デッカーは、太平洋戦争中、ソロモン諸島やパラオ諸島の戦いでは上陸任務部隊の司令官を務めた。横須賀に赴任する前は、シアトル港に係留された除籍予定の三隻の軍艦の艦長であった。その職務を「退屈」と明言している。アメリカ海軍の最後の任地となった横須賀での四年間余、彼は軍事サイトを将来の日本の脅威に対する備えとして維持したのみならず、民生上も「マニフェスト・デスティニー」とキリスト教的文明史観に基づく日本人の教育を目指して三浦半島にキリスト教系学校の誘致を進めた。自らの横須賀における活動をしばしばペリー提督のそれに準え、回想録を「黒船の再来」と題している。[13] 一九四九年に制作された彼の胸像は当初、横須賀市役所前公園に置かれたが、一九九五年に横須賀市中央公園（後に横須賀市平和中央公園と改称）に移設され、今もそこにある。

ペリーが那覇沖と浦賀沖を二つの定錨地としたことは、その九〇年後、アメリカ軍が二大サイトを沖縄（嘉手納空軍基地）と横須賀（横須賀艦隊活動司令部）に置いたことと共通する。ペリーの回想録は、沖縄と横須賀のアメリカ軍人統治者たちに読まれて、彼らにインスピレーションを与えた。実際「ペリー来航百年祭」は沖縄と横須賀の

両方で祝われている。(14)

横須賀基地の人手不足と労務提供

アメリカ海軍の軍港と日本海軍の軍港は共通点が多かった。パールハーバーに修理廠があれば、横須賀にも修理廠があり、双方には造船将校など専門職のコミュニティがあった。そして、海軍サイトの運営の仕方も似通っていた。たとえば日本海軍の横須賀下士官クラブ（海員クラブ）は、占領したアメリカ海軍によってEMクラブ（正式名称 Club Alliance）となり、アメリカ人水夫、海兵隊員、陸軍兵士などが集って、飲み、ダンスする場として活用された。クラブでは、原信夫（海軍軍楽隊出身）など多くの日本のミュージシャンがステージに立って腕を磨き、アメリカからはルイ・アームストロングらジャズ・ミュージシャンたちが訪れて演奏した。

横須賀を接収・占領したアメリカ側には熟練労働力が不足し、一方の日本側は人手が余っていた。日本側からの労務提供は不可避であった。降伏直前まで横須賀軍港には約四万人の従業員と勤労動員者がいた。日本海軍が解体されたため、彼らは失職し、四散した状態にあった。アメリカ海軍の財政支出と無関係に日本は労務提供を義務付けられていた。

元日本海軍の将校、造船将校、技術者のなかには、アメリカ軍のために働くことに抵抗感を示す人もいたが、かつて奉職した施設を荒廃状態から救い出すことに意義を感じた人々も少なくなかった。英語のできる人々もいた。横須賀のサイト群を維持することで日米双方の利害が一致した。安保条約の締結前から、アメリカ側と日本側の非公式で草の根的な同盟関係が始まった。なにより、日本人が非公式な形でサイトの管理・維持に努めた。その典型例は、基地警備員の組織、公式には「横須賀基地警備隊」と呼ばれるものである。アメリカ海軍サイトの警備は、本来海兵隊の任務であるが、横須賀に配置された海兵隊員は少なかった。降伏直後の日本は極端なモノ不足であった。困窮する者の目には米軍補給部は「宝の山」に映った。アメリカ軍サイト構内に侵入して物資を窃盗する人、不正に物品を持ち出す「労務提供者」、物品を横流しするアメリカ軍人・軍属が次々に現れ、占領軍のサイト運営に大きな摩擦を引き起こした。

アメリカ海軍が接収した横須賀の関連施設は数多く、三浦半島一帯に散在していた。横須賀艦隊活動司令部の管理する池子弾薬庫は、第12章第1節で述べた通り一九四七年一一月大爆発を起こし、周辺住民六名が重軽傷を負い、約一〇〇〇人が避難する事態となった。たとえ第五艦隊が解隊して艦隊活動が不活発になっても、サイトの保安は仕事として残っていたのである。

高村聡史の研究によると、[15] 海軍関連施設の保安については、当初、横須賀警察署が警察官を派遣して取り締まりを試みていた。ところがアメリカ海軍横須賀艦隊活動司令部は、市民から募集した日本人を警備隊に組織し、海兵隊の管轄下においた。すぐに警備員は増加していった。横須賀艦隊活動司令部のデッカー司令官は、元日本海軍幹部の活用を思いついた。そして、横須賀地方復員局残務処理部長であった鹿目善輔（一八九三―一九六〇）を「警備隊長」にヘッドハンティングし、警備隊の組織を依頼した。デッカーは、鹿目の前職と経歴（元少将・元大湊警備府参謀長）に着目したのである。鹿目は二年半前まではアメリカ海軍と死闘を繰り広げた元海軍軍人である。その鹿目が一九四八年二月、警備隊長に就任した。鹿目が指揮し、日本人の隊員をリクルートすることによって、アメリカ海軍・横須賀基地警備隊となった。鹿目もデッカーもこの警備隊を「マリン〔アメリカ海兵隊の意〕に附属した準軍隊組織である」と、位置付けていた。[16]

警備の範囲は艦隊活動司令部だけでなく、周辺の関連サイトを含んでいた。任務は①弾薬庫や倉庫の警備、②庁舎の警備、③ボートによる海上沿岸警備、④ジープによる基地内巡視などであった。日本人労働者に対するパスの発行、出入りする車両の点検も任務に含まれた。鹿目は一九六〇年に現役のまま死去した。海兵隊は準軍隊組織の指導者の死を悼み、駐日海兵隊司令官が追悼の辞を述べ、アメリカ海兵隊音楽隊の楽曲を奏でるなか、鹿目の「サンセット・パレード」（追悼式）をとり行った。日本人がアメリカ海兵隊の葬送儀礼で送られた稀な例であろう。[17]

横須賀で米海軍が放置した最も重要な施設は横須賀海軍工廠である。艦船の修理廠であり、同時に兵器や装備の開発機関でもあった。艦船の修理廠は軍港の柱であり、一九四五年八月時点の沖縄では「海軍基地開発計画」案により建設を予定していたが、後に案から削除されたことは既述の通り。

横須賀海軍工廠は、アメリカ海軍が一九四五年八月末に接収した直後から無人の廃墟となっていたが、日本側が労務提供をして根幹的機能をほそぼそと維持してきた。そして一九四七年四月には七六名の米海軍将兵と五七六名の旧日本海軍の技術者が横須賀艦隊活動司令部艦船修理部（Ship Repair Department, Fleet Activities, Yokosuka）を組織した。さらに朝鮮戦争の勃発後一挙に四〇〇〇人を雇用する大組織となり、一九五一年八月に正式にアメリカ海軍横須賀艦船修理廠（現在の名称は Naval Ship Repair Facility Yokosuka and Japan Regional and Maintenance Center: SRF）となった。その後は極東全域の艦船の点検・修理・改修を担当する修理廠となり、アメリカ本国以外ではアメリカ海軍最大の雇用規模をもつ施設となった[18]。

アメリカ海軍が沖縄にメタ・サイトを築かなかった理由としては、主力兵器が「動くサイト」であり、「前方」の沖縄に地上サイトを置く必要性は低かったことがある。またメタ・サイトの造成には、天然の良港だけでなく、一〇カ所程度の関連施設がワンセット必要になる。数多くの関連サイトを沖縄に造るには、膨大な資金、設備投資、大量の技術者が不可欠だが、それらはなかったのであった。

横須賀には、日本海軍の長い伝統のあるメタ・サイト用の施設群がワンセットとしてそっくり残っていた。財政的には、こうした既存の施設・区域を活用し、それを日本人の労務提供によって非常に安上がりに維持する方が新たに造るよりはるかに望ましかったのである。そして、一九五〇年朝鮮戦争が勃発して、長く放置されてきた横須賀も沖縄も使用機能を活発化させたが、その過程でアメリカ海軍は公式にメタ・サイトとして、沖縄ではなく横須賀を選んだ。海軍がメタ・サイトを沖縄にもたない要因である。

第2節　ダグラス・マッカーサーのU字型島嶼連鎖

マッカーサーの日本占領統治については論じ尽されている。そこで本節では、彼の軍事サイト構想と海軍との関係に限って検討する。

ダグラス・マッカーサー（一八八〇―一九六四）は、一八八〇年に陸軍軍人の父の任地であるアーカンソー州の兵舎で生まれた。一九〇三年に陸軍士官学校ウエストポイントを席次一番で卒業して軍歴を工兵から出発させ、一九五一年四月一一日にトルーマン大統領から解任されて軍歴を七一歳で終えるまで、ほぼ一貫して軍事サイトで生きた。連合国軍最高司令官として日本を統治していた時期は、南西諸島を含む島嶼群を実効支配するアメリカ軍諸部隊――一九四七年一月以降は極東軍として統合された――の総司令官でもあった。管轄する空間のどこにどのような軍事サイトを造成して恒久化すべきか、サイトにどのような存在理由を与えるかは、軍人司令官のリーダーシップによるところが大きい。マッカーサーは彼に会うために東京を訪れたジョージ・ケナンに「U字型島嶼連鎖」を鍵概念とする安全保障構想を主張して、沖縄の米軍サイトの恒久化を促し、沖縄の運命を決定づけた。このサイト構想は、諸部隊の司令官としてのマッカーサーの権限とイニシアティブに基づき提起された。それに国務省政策企画室長のジョージ・ケナンは同意し、大統領のハリー・トルーマンも承認して大統領指令にした。

この「U字型島嶼連鎖」のサイト構想は、海軍サイトと空軍サイトを重視している。マッカーサーは陸軍出身ではあるが、海軍と海兵隊を高く評価していたのである。彼は、一九四二年四月フィリピンからオーストラリアに脱出して、南西太平洋軍総司令官に任命され、それ以降、日本軍と太平洋で島嶼戦争を戦った。太平洋の日本軍との戦いではニミッツが司令長官であった太平洋艦隊と中央太平洋軍が主たる役割を果たしたが、しかしマッカーサーが総司令官であった南西太平洋軍も、極めて小規模の艦隊（後の第七艦隊の起源）を持ち、わずかな水陸両用部隊

（海軍建設大隊を含む）を使い、一〇回以上も島嶼戦争を体験していた。

マッカーサーと海兵隊の戦略家アール・エリスは、同年に生まれ、軍歴当初にフィリピン勤務を体験して、太平洋の島嶼連鎖を鍵概念とするサイト構想を提唱したという共通点がある。エリスは一九二三年に対日情報活動中にパラオで死んだが、長生きしたマッカーサーはエリスの考案した水陸両用作戦によって戦い、第二次大戦後、U字型島嶼連鎖を軸とする安全保障構想を提唱して、沖縄に空軍サイトのみならず海軍サイトを置くように促した。その反面で彼の属する陸軍サイトを沖縄に置くことは主張しなかった。ただし海軍は、第1節で述べたように、沖縄に主要なメタ・サイトをつくることはなかった。

さらにマッカーサーは、朝鮮戦争の勃発直後、国連軍総司令官として海兵隊に朝鮮半島派兵を要請し、また仁川上陸作戦を他の軍幹部の強い反対を押し切って決定し、第一海兵師団を主力とする上陸作戦を揚陸艦マウント・マッキンリーから指揮して成功させた。このことにより、彼は「海軍自身よりも、はるかに海軍を信頼した」と言われている。これは海兵隊が沖縄にサイトを獲得する重要な前提条件となるため第3節で述べる。

戦略的意味を失った島嶼連鎖

沖縄島への上陸作戦の初日、アメリカ軍の従軍記者はこう書いている。

沖縄を占領すれば、台湾、中国沿岸、日本本土のすべてが、B29爆撃機はもちろんのこと、中距離および重爆撃機の攻撃範囲に入り日本占領に王手がかかることになるのだ。[19]

「王手がかかる」というチェスの比喩には、長い手番に相当する多くの島嶼戦争をへて、ついに西の果ての島・沖縄にまで行き着いたという感慨がこめられている。アメリカ軍は、沖縄を孤立した点として意味づけるのではなく、太平洋に広がる「島嶼連鎖群 island chains」を立体として見立て、沖縄戦をその終局直前の「王手」と位置づけている。アール・エリス以降の海軍系の伝統は太平洋上の島嶼連鎖を重視し、敵の日本軍が占拠する軍事サイトを確保・制圧して前方基地とし、そして次の島に前進する戦略をとってきた。こうして詰み寸前の沖縄にまで行き着いたのである。

アメリカの戦略家の視線の先には日本本土があった。そして沖縄の後ろには、島嶼の無数の軍事サイト群が鎖状に連なっている。

島嶼戦争では航空サイトに死活的な意味があったが、勝利して前方基地が次の島へ動くと、前の島はもはや戦略・戦術的な意味を失ってしまう。島嶼の軍事サイトの意味が失われる過程を、前章で見たエファテ島やエスピリトゥ・サント島を例にみてみよう。この二つの島は、アメリカ軍にとって、ガダルカナルの戦いを準備する時点では前方基地の意味があり、ガダルカナルの航空サイトを奪取して島嶼戦争が継続する時点では兵站・後方支援基地としての意味をもっていた。しかし日本軍がガダルカナル航空基地の奪回を諦めて、焦点が約一〇〇〇キロ北西のラバウルの戦いに移ると、二つの島は、作戦や兵站上の重要度が下がった。

もう一つウェーク島を例にとると、戦略的意味の発生と消滅はより明瞭である。島嶼戦争の第一フェーズにおいては、ハワイ・オアフ島と沖の鳥島のほぼ中間にあるこの島嶼をめぐって、日米軍は二次にわたり争奪戦を展開した。しかし第二フェーズに移ると、この島嶼は作戦上の意味を減じていき、さらにマリアナの戦いにアメリカが勝利すると、マリアナ諸島より東に位置するウェーク島は、他国軍に占拠されることを拒否するという消極的な目的を除いて、作戦上も兵站上も戦略的意味が大きく下がった。実際その後この島は長く放置され、第一フェーズから九年後、ハリー・トルーマン大統領とマッカーサー国連軍総司令官の会談場所という全く新しい意味が発見されることとなる。二一世紀の今はほぼ無人島である。

アメリカ軍が奪取・確保したサイト群ないし新たに造成したサイト群を時系列的に地図上にプロットしてみよう。

地図 14–2　陸軍省海外基地計画 1947.5.1

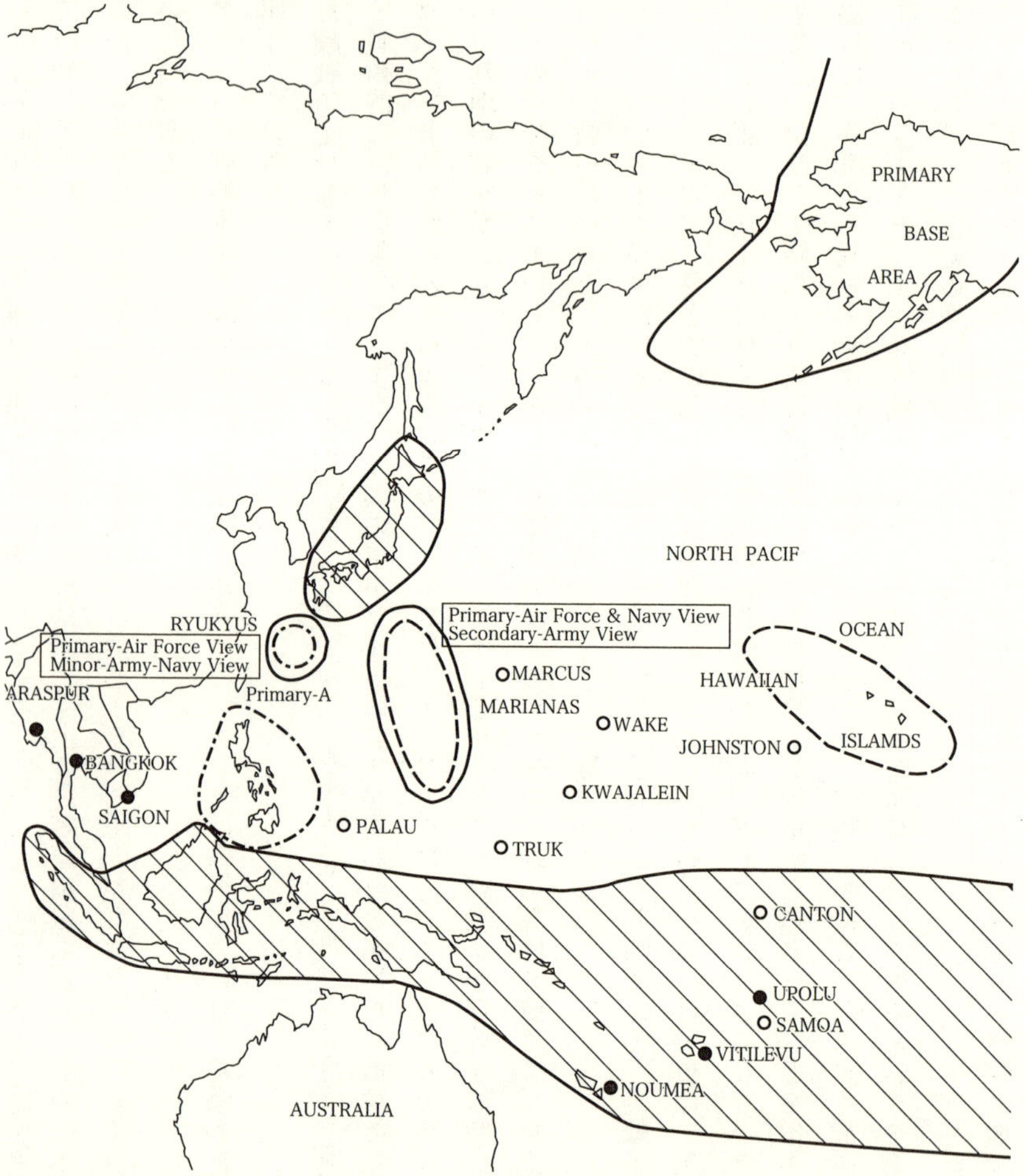

出典：林博史『暴力と差別としての米軍基地』かもがわ出版，2014 年，110 頁。

すると、その経路はじょじょに西に動く以外は、ほとんどランダムウォークのように見える。個々の米軍サイトは、島々の敵サイトを確保し制圧する経路に依存して決まっていく。決してアメリカ軍が太平洋全体に理想的なサイト・システムを計画した結果できたのではなかった。かつて日米が戦ったクェゼリン環礁は、戦後長く放置され、「この島々の形状はミサイルを迎撃するミサイルの実験場の適地である」と発見する者が現れるのを待つことになる。

沖縄はこれら島嶼群のなかで三つの例外性がある。第一に「王手をかける」という終局直前のサイトであるため前進する次の島はない。第二に沖縄戦が終息した七週間後、日本が降伏した。ゲームが終了してしまい、「詰め」に相当するサイトの使用機能は実現機会を失うこととなり、その結果、沖縄の軍事サイトの膨大な集積は宙吊りになった。言いかえれば沖縄ではサイトを大量に造成したものの、使い道がなくなったのである。第三にサイト量が膨大であっただけに戦後の動員解除と兵員撤退の後に放置されたサイト空間は巨大であり、その空漠さは見る人に強い印象を残した（朝鮮戦争休戦協定後に東アジア各地を視察したジェームス・ヴァンフリート大将もその一人でもあった）。

この多くの島嶼連鎖のサイト群をどのように正当化するのか、どのサイトを恒久化し、どのサイトは撤去するのかは勝者の軍人政治家の課題となった。すでに第二次大戦のさなかにサイト・システムを正当化するための作業が始まっていた。一九四二年一二月、フランクリン・ローズベルト大統領は統合参謀本部に、「国際警察軍」の空軍施設をどこに置くべきかを研究するよう求めた。そこで統合参謀本部は沖縄など南西諸島を含む島嶼群の空軍サイトや海軍サイトの必要性を議論した。ローズベルトが死去してハリー・トルーマンが大統領になると、「国際警察軍」の空軍施設という目的は、「アメリカ軍がわれわれの安全保障に不可欠であると判断する基地」に変わった。統合参謀本部はサイト群を重要度に応じて①最重要 primary（例えばハワイ諸島のような戦略的に不可欠）、②第二位 secondary（例えばグアンタナモ湾のように作戦遂行上不可欠）、③補助的 subsidiary（例えばパラオのように、①②の柔軟性を確保するために必要）、④権利確保的 minor（例えばニューカレドニア（フランス領）のように通行権などの権利確保が必要）にランク分けした。[20] 残したいサイトのランキングであった。

沖縄島のランクは、時期によって変化した。沖縄戦直後には、当然ながら①最重要に位置づけられた。しかし戦後しばらくすると、空・陸・海軍の間で優先順位の相異が目立つようになる。林博史が発掘した「陸軍省海外基地計画（一九四七年五月一日）」によると、空軍は沖縄を①最重要と位置づけたが、陸軍と海軍は④権利確保的と位置づけていた。[21] 空軍は、軍種として独立する存在理由を沖縄の航空基地に置いて、ハワイ同様の戦略的意味を付与した。しかし陸軍にとって海洋上の島嶼サイトには意味がなかった。海軍は前節に見たように、戦後軍縮を迫られるなかで、メタ・サイトを前方に置くことはせず、沖縄はニューカレドニアなどと同様、権利確保だけをすればいいと判断した。アメリカ軍種の間には、沖縄のサイト群の位置づけに関するコンセンサスはなかったのである。

国務省も第二次大戦中から、島嶼に軍事サイトを確保する方法を検討していた。大西洋憲章の「領土の拡張を否認する」と矛盾しない確保の方法とはどのようなものか、島を国際管理のもとにおくべきか、それとも日本の領有権を認めるべきかなどを、外交官の専門知識を傾けて議論していた。国務省とアメリカ軍の間にも沖縄の位置づけについてのコンセンサスはなかった。[22]

幣原喜重郎とマッカーサー

マッカーサーもエリスや統合参謀本部と同様、「U字型の島嶼連鎖群 island chains」を鍵概念とし、その重要地点として沖縄を位置づけた。しかしマッカーサーの前提は、エリスや統合参謀本部と一八〇度異なっている。マッカーサーは沖縄を含む「U字型の島嶼連鎖群 island chains」を、日本軍の脅威に対するアメリカの安全保障という観点から意味づけるのではなく、日本（と東アジア）の安全保障の観点から意味づけようとした。

マッカーサーは連合国軍最高司令官として日本を降伏させ、その支配者となった。そして、幣原喜重郎と会談した。この会談の結果、マッカーサーは、将来日本の軍事力が復活して再びアメリカの脅威となるであろうからU字型の島嶼連鎖群を維持する、とは主張できなくなる。

マッカーサーは、一九四六年一月二四日、幣原喜重郎（一八七二―一九五一）総理大臣の訪問を受けた。幣原は、GHQ民政局長コートニー・ホイットニーによると「最高司令官に会見を求め、首相の病気を奇跡的に回復させたお礼を述べたいと申し入れた」。幣原は、秘書官岸倉松と警護官のみを連れて連合国総司令部に正午に到着し、「私は首相をマッカーサー元帥のオフィスに案内した。……マッカーサー元帥と幣原首相との会談中には、その場に居合わせなかった。しかし、私は幣原首相が二時半に辞去した後、すぐにマッカーサーに会いにはいった。そして会談の前と、あとの彼の顔の表情のコントラストは何か重要なことが起こったことを、すぐに私に感じさせた」[23]。

マッカーサーと幣原は約二時間半、二人だけで会談した。ともに会談録を残していないため、どちらが発議し、どう討議したかは分からない。ただし二人はこの会談について問われるたび、回想するたび、同じ答え方をし、同じ正当化をしている。二人が第一に、裕仁天皇を戦争犯罪人として訴追しない、第二に、日本の戦力不保持と戦争放棄を憲法に規定すると合意し、その合意に忠実に行動したことは、研究し尽されている[24]。ここでは、マッカーサー＝幣原会談とSCAPIN-677の関連についてのみ言及しておきたい。

会談の翌二五日、マッカーサーはアイゼンハワー陸軍参謀総長に長文の電報を送った。

天皇の犯罪を裁判で問う場合に備え、……調査が進められてきた。天皇が日本帝国の政治上の諸決定に関与したことを示す同人の正確な行動については〔戦争犯罪人として告発するだけの〕明白確実な証拠は何も発見されていない。……天皇を告発するならば、日本国民の間に必ずや大騒乱を惹き起こし、その影響はどれほど過大視してもしすぎることはなかろう。……天皇を排除するならば、日本は瓦解するであろう。……そうなれば、近代的な民主主義方式を導入する望みはすべて消え、最終的に軍事支配が終わったとき、自由を奪われた大衆は、おそらく共産主義的路線に沿った何らかの形の厳しい画一的管理を志向するようになるであろう。このような事態は、現在抱えている問題とはまったく異なる占領上の問題を生むことを意味し、占領軍は……最小限

にみても、おそらく百万の軍隊が必要となり、無期限にこれを維持しなければならないであろう。(25)

マッカーサーの課題は、日本の体制転換であった。マッカーサー＝裕仁天皇の第一回会談（一九四五年九月二七日）以降、裕仁天皇の協力姿勢が明らかになると、マッカーサーは、天皇の権威を維持して、体制転換に活用しようと決断した。(26)彼は、降伏に際して裕仁天皇が皇族を日本軍の要所に派遣し軍の反乱等を統制したことが、アメリカ軍の日本本土進駐を平穏なものにしたと解した。また日本軍が「特攻」攻撃してまで戦ったのも、八月一五日後にはアメリカ軍への抵抗をあえて断念したのも、裕仁天皇の権威ゆえであったと解した。そして天皇を「女王バチ」にたとえ、それを日本人の群れから取り除くならば、群れそのものが瓦解してアナーキーが出現し、体制転換の前提が崩壊してしまう、と予測した。天皇を「排除」した後の秩序維持には「百万の軍隊」が必要になる、とこの電文で述べている。

マッカーサーは、占領当初日本本土に約四〇万人の米国将兵を配置したが、その後、一〇～一二万に減らすことができた。この一〇万余人は、日本近代史上のいかなる瞬間の軍事兵員数と比べても少ない。マッカーサーは、裕仁天皇を「アメリカと戦争した敵」として排除せず、非公式の同盟者として活用したことによって、約三〇～九〇万もの兵員が不要になったのである。

幣原は、マッカーサーとの会談で述べた戦力不保持と戦争放棄を、平野三郎に次のように語っている。

負けた日本だからこそ出来ることなのだ。……戦争をなくすための基本的条件は武力の統一であって、……協定の下で軍縮が達成され、その協定を有効ならしむるために必要な国々が進んで且つ誠意をもってそれに参加している状態である。……僕は軍縮の困難さを身をもって体験してきた。……軍縮交渉とは形を変えた戦争である。平和の名をもってする別個の戦争であって、円満な合意に達する可能性などは初めからないものなのだ。原子爆弾が登場した以上、……軍縮交渉は行われるだろう。だが交渉の行われている合間にも各国は兵器の増強に狂奔するだろう。……唯もし軍縮を可能にする方法があるとすれば一つだけ道がある。それは世界が一せいに一切の軍備を廃止することである。……それが不可能なら不可能なのだ。ここまで考えを進めてきた時に、第九条というものが思い浮かんだのである。そうだ。もし誰かが自発的に武器を捨てるとしたら――。

何か僕は天命をさずかったような気がしていた。……軍縮を可能にする突破口は自発的戦争放棄国の出現を期待する以外にないであろう。……戦争放棄国の出現も亦ほとんど空想に近いが、幸か不幸か、日本は今その役割を果たし得る位置にある。歴史の偶然はたまたま日本に世界史的任務を受け持つ機会を与えたのである。(27)

そしてマッカーサーの反応について「しかし第九条の永久的な規定ということには彼も驚ろいていたようであった。僕としても軍人である彼が直ぐには賛成しまいと思ったので、その意味のことを初めに言ったが、賢明な元帥は最後には非常に理解して感激した面持ちで僕に握手した程であった」と述べている。(28)

一九五一年五月五日、マッカーサーは米上院軍事・外交委員会で、このときの幣原の発言を、「わたくしは、これを聞いて思わず立ち上がり、この老人と握手しながら、これこそ最大の建設的な歩みの一つであると思うと言わないではいられなかったのであります。……わたくしは、この老人を激励いたしました。そして、かれらは、あの規定〔憲法九条をさす〕を書き込むことになったのであります」と述べている。マッカーサーは、高柳賢三宛書簡（一九五八年一二月一五日）でも、「〔幣原の〕提案に驚きましたが、首相にわたくしも心から賛成であると言うと、首相は、明らかに安どの表情を示され、わたくしを感動させました」と書いている。(29)

かつて外交官であった幣原は、現実認識の次元ではリアリストであり、クラウゼヴィッツの表現を借りて、平時の外交によって軍縮が実現することはない、と断じている。そのうえで戦争に敗れて武装解除された状態を、征服による武力統一から自発的な軍縮に意味を転換しようとした。

一方ホイットニーの表現によると「現存の人でマッカーサーほど戦争とその破壊を多く見た人は他にないであろう。二十を数える戦役の古強者であり、……数千の戦線を生き抜いてきた」[30]。彼は、五十嵐武士が指摘するように、第一次大戦期には陸軍の広報局長をつとめ、ウッドロウ・ウィルソン大統領の「戦争を終わらせるための戦争」というアメリカの参戦理由をアメリカ国民に訴えた。そのマッカーサーは「第二次大戦をもって戦争を終わりにしたいという意識が強くあった」[31]。マッカーサーの「戦争を終わらせるための戦争」と幣原の「敗戦の武装解除を軍縮の出発点とする」は、ホッブスの述べる通り「意図と決意」によって化学反応を起こし、「設立によるコモンウェルス」を目指す二人を結びつけたのである[32]。

マッカーサーは幣原との合意に忠実であった。彼は第一に、幣原の構想を受け入れた日本は、アメリカにとって脅威ではないと考えた。第二に、たとえ日本本土が軽武装であっても、「日本の安全は確保できる」と考えた。そして第三に、日本本土の周りを大きく取り巻く「U字型島嶼連鎖群」にアメリカの空軍サイトと海軍サイトを配置した安全保障体制を構想した。マッカーサーは、意味を失っていた島嶼サイト群に、日本防衛という意味を発明したのである。

マッカーサー＝幣原の会談の五日後の一九四六年一月二九日、マッカーサーは連合国軍最高司令官指令SCAPIN-677を日本帝国政府に発し、伊豆諸島、小笠原諸島などとともに、トカラ列島（十島村のうち下七島を含み、上三島を除く）・奄美群島以南の南西諸島を、日本の統治から切り離した。SCAPIN-677は「(a)鬱陵島、竹島、済州島。(b)北緯三〇度以南の琉球（南西）列島、伊豆、南方、小笠原、硫黄群島、及び大東群島、沖ノ鳥島、中ノ鳥島を含むその他の外廓太平洋全諸島。(c)千島列島、歯舞群島、色丹島」を「日本の範囲」から除き、「政府役人、雇傭員その他総ての者に対して、政治上又は行政上の権力を行使することは総て停止するよう日本帝国政府に指令する」。

マッカーサーは、SCAPIN-677(b)の島々を「日本の範囲」から除くことにより、それらを戦争放棄の適用範囲から外して、日本本土に限って幣原の自発的軍縮国の構想を生かすべきだと考えた。そして日本が軍縮すると、アメ

地図 14-3　南西諸島の返還時期

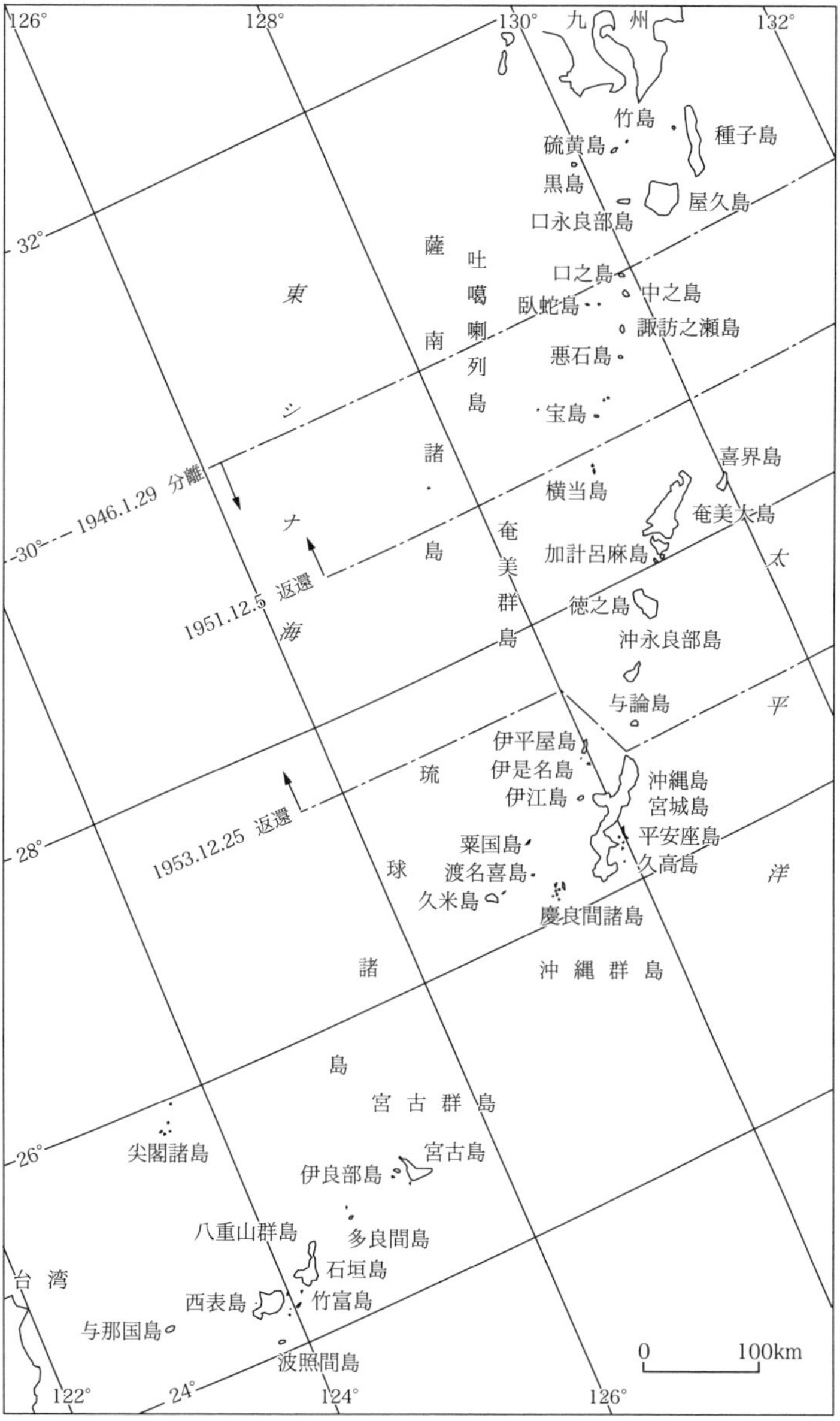

出典：ロバート・D. エルドリッヂ『沖縄問題の起源』名古屋大学出版会，2003 年，xi 頁。

リカの脅威ではなくなり、「日本の範囲」から外した島々の米軍サイトは、日本からの脅威に対する安全保障としては意味を失うが、しかしながら軍縮した日本を守る上からは意味があると正当化できると判断した。さらにそれらの島々はアメリカ一国の実効支配下に置かれるため、そこに米軍サイトを維持しても、他の連合国は反対しないと見通した。なおマッカーサーは、日本政府は琉球諸島の領有権回復をアメリカに求めるべきでないとも考えていた（この点は、たとえばオマール・ブラドリー統合参謀本部なども同様であった）。

幣原の軍縮構想は、マッカーサーによってSCAPIN-677の(b)の島々であるU字型島嶼群で限界づけられたことになる。ただし幣原は、沖縄と硫黄島を両端とするU字型島嶼連鎖に囲まれた日本本土のみを軽武装のエアポケットにすればことたりる、と考えていたわけではない。幣原の軍縮構想に致命的な欠陥があるとはいえない。勝利したアメリカ軍は現に占拠している島々のサイトを使用し続けるという。敗戦国の首相・幣原にとって、戦勝国アメリカの軍隊に、沖縄やU字型島嶼群から撤退せよとは主張できなかった。

幣原は「歴史の偶然」が「たまたま日本に世界史的任務〔自発的戦争放棄〕を受け持つ機会を与えた」という。ただし「歴史の偶然」とは幣原のレトリックである。敗戦は「偶然」ではなく、事実の積み重ねの結果である。日本は戦争を始め、天皇裕仁と大本営は硫黄島の戦いと沖縄戦まで殲滅戦を戦い、しかし「本土決戦」を戦うことなく降伏した。太平洋の島嶼と沖縄に地上戦の惨禍をもたらし、日本本土はそれを免れた。その果てに、日本の陸海軍はアメリカ軍によって武装解除され、軍縮を可能にする条件が日本国民と幣原の前に開示された。これを裏返せば、島々における日本軍の潰滅と島民の災禍がなければ、幣原に「歴史の偶然」は到来しなかったことになる。さらにマッカーサーがU字型島嶼に空軍サイトと海軍サイトを置くならば、それらの島々は自発的な戦争放棄ができなくなる。

戦前期に幣原の前に立ち塞がった日本の軍人たちは、敗戦によって姿を消した。戦後、アメリカの軍事的理性マッカーサーは、幣原の構想が日本本土で成立することは歴史的な歩みであると考えた。その一方で、日本本土の周囲のU字型島嶼群に米軍サイトを維持することで、幣原が扉を開いた軍縮空間を限界づけた。

マッカーサーとジョージ・ケナン

マッカーサーのU字型島嶼連鎖の構想を明確に記録した人間に、アメリカの優れた外交官ジョージ・ケナンがいる。以下、ケナンが聞いたマッカーサーの構想と、ケナン自身の沖縄体験を、ロバート・D・エルドリッヂのケナン・インタヴューなどに基づき検討する。

ジョージ・ケナン（一九〇四—二〇〇五）は、一九四八年三月にアメリカ国務省政策企画室長として日本・沖縄・フィリピンを訪問し、マッカーサーと面談した。とくに二度目の面談（四八年三月五日夜）は長く真剣なものであった。ケナンはこの面談に基づき、「ケナン報告書」と呼ばれる文書を作成し、そこに沖縄についての個人的意見を記した「観察書 observations」を添付している。マッカーサーを知るための貴重な資料であり、ケナンを知るための資料でもある。

ケナンの所属する国務省は来るべき日米講和のプラン作りに取りかかった。アメリカが沖縄を日本から切り離して支配し続ける際、沖縄の国際法的ステイタスをどのようにすべきかも課題の一つであった。ではなぜ東アジアに勤務経験のないケナンがマッカーサーとの面談役に選ばれたのか。ケナン『回顧録』によると、彼以外のすべての人間がマッカーサーを避けようとしたからである。当時、国務省は、マッカーサーとその幕僚に不信感を持たれていると考えていた。ジョージ・マーシャル国務長官はマッカーサーを恐れて意見を交わすことを避けようとした。さらにワシントンの陸軍省の現職幹部たちは、国務省の外交官よりもマッカーサーを恐れていた。しかもマッカーサーは、ケナンと会った一九四八年三月の共和党大会で、大統領候補に指名されれば出馬すると明言していた。彼は共和党の長老ハーヴァート・フーバー元大統領ら共和党右派と連絡をとっていた。反トルーマン派といっても、イデオロギーは大いに違っていて一括りにはできない。ただし世論と連邦議会においてトルーマン大統領の人気が下がると、それに反比例してアイゼンハワーやマッカーサーら軍人の人気が高まった。マッカーサーにはトルーマン大統領に対する忠誠心は見られない。明らかな反トルーマン派であった。そこで巧みな交渉者であるケナンが選ばれたのである。ケナンはマッカーサーを次のように評している。

司令官たち〔マッカーサーとその幕僚を指す〕は、事実上、昔の君主に等しい役割を楽しんでいた。……外国で、立法機関による拘束のない、文字通りの独裁権力を行使しているのを、〔本国のアメリカ人たちは〕当たり前と見るばかりか、心から賛美し、興奮し、誇りにさえ思っており、腐敗し、信頼を失ったワシントンの連邦政府が、司令官の権限行使に干渉でもしようものなら、いつでも司令官に大々的な同情を寄せる傾向があった。……私は問題の司令官たちを非難しようとしているのではない。……司令官たちは、その絶大な権力を、高度な責任とヒューマニティーに従って行使した。彼らはおおむね、慈悲深い専制政治が受けると決まっている尊敬を受けていた(33)。

ケナンは、マッカーサーの構想を次のように述べる。

マッカーサーの議論の本質は、……「島嶼連鎖 island chain」という概念へと結実していく考え方にあった。マッカーサーは、この「島嶼連鎖」を次のように設定した。フィリピンのクラーク空軍基地、日本の旧委任統治領、ミッドウェイ、アリューシャン、そして沖縄全体からなるU字型地域。このU字型体系の中で、もっとも最前、かつ重要な地点は沖縄である。想定される海陸両用作戦の展開可能な北東アジアの港はすべて、この沖縄から制覇できる。それがもっとも重要である。海軍の設備も大切であるが、この目的を達成するうえで、空軍の力は死活的である(34)。

そしてマッカーサーの沖縄と日本本土に関する議論を、ケナンは次の三点に要約している。

第一は、「沖縄に十分な兵力を置きさえすれば、米国は、アジア大陸の陸海軍事力の展開を阻止する目的で日本本土の基地を必要とすることはない」。

第二に「マッカーサーは沖縄を重視し、北緯二九度以南の琉球諸島の一方的かつ完全な支配を絶対的に確保すべきであると考えていた」。

マッカーサーは沖縄の国際的地位について、ソ連その他の連合国との関係に顧慮する必要がないことを強調した。

現時点で米国はすでに沖縄に対して完全な一方的支配を確立している。それは沖縄がＳＣＡＰ（連合国）の権限の下にあるのではなく、米極東軍総司令官（Far East Command）のもとにあるからである。従って、琉球諸島は完全に我々米国の支配下にあり、我々の旗のしたにあるのだ。だから、我々の同意がなければ、開放しなくてもいい。(35)

第三にマッカーサーは米国政府が「沖縄の基地開発についての確固とした恒久的な政策をまだ採択してない」ことに失望していた。(36)

U字型島嶼連鎖を沖縄を含め、「米国の支配下」に置くことは、マッカーサーがSCAPIN-677の(b)で意図したところであった。

ケナンが聞き取ったマッカーサーのサイト構想は、「日本本土は米軍サイトを置かない」、「U字型島嶼には米軍サイトを置く」の組み合わせである。日本本土からアメリカ軍が撤退しても、「U字型島嶼連鎖」、とりわけ沖縄に空軍サイトと海軍サイトを維持するならば、占領終結後も日本本土の安全保障を確保できる、と主張した。ケナンはマッカーサーの日本占領の政策に多くの異論をとなえたものの、このマッカーサーの沖縄および「U字型島嶼連鎖」に関する構想に同意している。東アジアに三週間滞在した後、マッカーサーと同意したうえで記したケナン報告書（「政策企画文書PPS/28」）の要点は、エルドリッヂの指摘通り、次の三点である。

第一に、アメリカはアジア大陸に対して自国の安全保障上の利益に沿って影響を及ぼしていくが、朝鮮半島を含めていかなる大陸の特定地域も死活的地域とは考えない。マッカーサーも、トルーマン・ドクトリンと同様、「朝鮮半島を……死活的地域」とは考えておらず、アジア大陸部は防衛ラインの外側と位置づけていた。

第二に、沖縄こそ「米国の西太平洋における攻撃する戦力の中心（center of offensive striking power）でなければならない」。「U字型の米国による安全保障ゾーン」という戦略的概念の中で沖縄の重要性は位置づけることができる。「沖縄に展開する我が国の空軍力をはじめ、前進した海軍力によって、北東アジアまたは東アジア中央の港から陸海両用作戦兵力の編成や展開を阻止することができる」。

ここで「陸海両用作戦」は、中国海岸から発進するソ連の上陸作戦を防衛するという文脈のもとに使われている。「攻撃する戦力の中心」という言葉は、沖縄から攻撃して進攻するという文脈で使われているのではない。日本を含む東アジアが脅威に曝された際、沖縄のサイトに置いた米軍戦力によって防衛する、と構想している。沖縄は太平洋の島嶼部に対する敵の攻撃に備えた防衛の中心と位置づけられたのである。

第三に「日本（本土の意）とフィリピンを完全に非武装化し、そして他の国が両国内に戦略的施設を作らなければ、米国も軍事基地と兵力をそこに置かないことにする。従って、両国は、完全な政治主権をもち、我が国の防衛線の側面に位置する中立化された地域として残る」。「日本本土の軍縮」と、「沖縄およびU字型島嶼連鎖の軍拡」とが、ワンセットとの構想として提示されている。[37]

ケナンの沖縄

ケナンは、マッカーサーの安全保障構想に同意し、沖縄の「基地恒久化」を主張した。ただし彼の政策は、マッカーサーとは異なり、沖縄の民生向上を目的とする。「民生向上による政治的安定」という冷戦の政治経済戦略を、沖縄にも適用したのである。彼は、東京に駐在していた外交官ウイリアム・J・シーボルトの沖縄訪問体験を聞き、また自身の沖縄訪問を踏まえて、アメリカ軍の民生上の統治責任を強調した。彼の書いた「観察書」（ケナン報告書PPS/28）に付された“Observation”から三つの判断を引用しよう。[38]

第一に、現地で見た沖縄島民生活の劣悪さを痛感し、それが島民の反米感情をかきたて、政治的不安定の源となることを懸念した。

沖縄島民の生活が沖縄戦の結果、深刻なまでに崩壊した。アメリカ軍は感染症の蔓延防止と治安維持を例外として、島民生活の再建に何事もなさなかった。島民に与えたものと言えば、アメリカ軍が沖縄に持ち込んだ軍事物資の余りとガラクタを配布したに止まる。……沖縄には大学はない。……医師、看護師、教師等の教育施設は事実上ないに等しい。

第二に、日本は敗戦によって無力化し、沖縄を救援する能力がなく、アメリカ軍以外に選択肢はないと強調する。

アメリカ合衆国が沖縄の実効支配者であり、アメリカ軍政が島民に対する責任を負っている。……八〇万人の人々を未決定状態と経済的劣悪な状態に置き続けることはできない。

ケナンの「基地開発」論は、島民たちを経済的苦境から救出しようとする民生向上論でもある。軍事的公共事業が、島民に生活向上の期待を抱かせる唯一のケインズ主義政策であるがゆえに、米軍サイトの造成は、望みうる次善の選択肢であった。

第三に、島民の生活への責任を全うするため、将来の政策方針をはっきりさせる必要があり、「アメリカ合衆国は、島民の市民生活と基地開発について、正当化しうる長期的計画を立て、南西諸島に長期的に留まることをこの時点で決すべきである」。この文言が沖縄の運命に影響した。

ケナン報告書（PPS/28）は数回の修正を経て、ＮＳＣ（国家安全保障会議文書）13／3となった。そして、一九四九年五月六日、ハリー・トルーマン大統領は「アメリカ合衆国は、沖縄の諸施設、および北緯二九以南の……島々で統合参謀本部が必要とみなす諸施設を長期的に保持する意図をもつ。それゆえ、沖縄および沖縄周辺での軍事基地を開発すべきである」とするＮＳＣ13／3を承認した。(39) ケナンは、東京で孤立していたマッカーサーの構想を、ワシントン政治の最高意志決定につなげた。

ここに米軍サイトの配置構想の次元では日本の軽武装と沖縄を中心とするＵ字型島嶼連鎖の重武装という「憲法九条＝安保体制」の原型が成立した。

マッカーサーの海軍

沖縄の恒久的なサイト造成を、国家安全保障会議が意思決定し、大統領が承認した。だからといって、沖縄の「基地計画」に予算が付くとは限らない。まして、軍種間のコンセンサスを形成するわけではない。最高レベルの意思決定がただちに沖縄の軍事施設建設に結び付くわけではない。

前節で沖縄の海軍が台風に襲われたと述べた。台風を恐れたのは、沖縄のサイト構築に積極的であった空軍も同様であった。空軍は、一九四九年七月の台風グロリアによって大きな被害を受けた。平良好利の研究によると、空軍はその翌月、沖縄の六三〇〇人の要員のうち、戦術部隊の二八〇〇人と航空機を本国に撤退させ、支援部隊三五〇〇人のみを残し、基地開発計画を縮小すると提案した。サイト・システムのみを残し、航空機を本国に撤退させる構想である。これに対しマッカーサーは「沖縄における現在の地位を放棄することは極東で維持している米軍の軍事能力の要石を取り去ることになる」として反対した。さらに、統合参謀本部も「沖縄における恒久的な米軍基地の戦略的重要性のゆえに、これら〔空軍〕の提案を否認した」[40]。

ではアメリカ海軍はどうなったのか。もう一つエルドリッヂのケナン・インタヴューから引用する。

マッカーサーは、海軍が沖縄を前方基地にしようとは思っていないことを分かっていた。それは、多くの台風に襲われるし、通常の港湾設備も欠き、避難もままならなかったからだ。だが、彼自身は、そうした問題は克服できると思っていた。防波堤を築けばいいし、必要なら、台風のときだけ海に避難することも可能だからだ。[41]

マッカーサーは、アメリカ海軍が沖縄に主要サイトをつくることを望んだが、海軍がそうしないことも認識していた、とケナンは解釈している。しかも、マッカーサーは、海軍の受けた台風被害に言及し、防波堤の造成という課題に踏み込んでいる。この引用は、マッカーサーが海軍側に、沖縄のサイト造成を打診したが、海軍が否定的な反応をしていたことを示唆している。ケナンはマッカーサーを「古代の専制君主」にたとえたが、その彼でも海軍には影響力を及ぼせなかった。マッカーサーとアメリカ海軍系（海軍と海兵隊）との関係は両義的である。マッカーサーは海軍と海兵隊を重視しながらも組織的に影響を与えられない。このマッカーサーの両義性は、今日沖縄に重要な海軍メタ・サイトはないが、海兵隊サイトがアメリカ本国外で唯一集中していることの遠因となっている。

マッカーサーは、海軍の戦力維持を極めて重視した。それは太平洋戦争の開戦直後、単身でオーストラリアに脱出し、そこで南西太平洋軍総司令官に任命された時の体験に基づく。開戦の初期、アメリカ・アジア艦隊は潰滅していた。その残存艦艇などを寄せ集め、一九四三年三月「第七艦隊」とした。今日、第七艦隊は、アメリカ海軍最大のナンバーフリートであるが、当初はわずか巡洋艦三隻、駆逐艦一一隻と極めて小規模であった。この艦隊はニミッツの指揮の外側にあり「マッカーサーの海軍」と俗称された。この表現には、エドウィン・ホイトによると、太平洋戦争期「海の戦いに素人の陸軍長老に指揮される小艦隊」というニュアンスが込められていた[42]。

前節に述べたように、アメリカ海軍は、横須賀や佐世保の旧日本海軍の中核施設群を接収した。ところが太平洋戦争で日本軍を壊滅させた海軍の主力艦隊は解隊されてしまう。そのなかで、「マッカーサーの海軍」は消滅を免れた。この艦隊が「西太平洋海軍部隊」と改称し、東アジア海域の警備を担当することになった。マッカーサーがケナンと会った一九四八年三月は、この時期に相当する。そして一九五〇年、この艦隊は、再び「第七艦隊」の名のもとに編制された。第七艦隊に艦船が増強されるたび、横須賀や佐世保はアメリカ海軍のメタ・サイトとして意味を回復していく。

マッカーサーは陸軍出身の軍司令官としては例外的に、一〇回以上の島嶼戦争を通じて海兵隊員たちと知り合い、海兵隊の戦略概念「U字型島嶼連鎖」を共有し、水陸両用作戦を体験した。そして一九五〇年初頭、小規模であったが、水陸両用訓練部隊を組織した。アメリカ本国の水陸両用訓練司令部から水陸両用グループ1の司令官ジェームス・H・ドイル以下の要員、舟艇、戦術制空飛行大隊を借りたのである。このことは、朝鮮戦争に決定的な影響を与える。水陸両用作戦は、東京という遠隔地にマッカーサーという同盟者を得たのである。マッカーサーが海軍を高く評価することは、海軍系軍人たちを驚かせた。朝鮮戦争における仁川上陸作戦に際しては、マッカーサーは「海軍自身よりはるかに海軍を信頼した」と評されている[43]。このとき「マッカーサーの海軍」という言葉は、「マッカーサーの指揮下にあったために、活躍の舞台を与えられた艦隊」という意味に転換する。マッカーサーは、アメリカ太平洋艦隊の消滅に歯止めをかけ、さらに海軍と海兵隊が協働する水陸両用作戦に活躍の機会を与えたのである。

第3節　ラミュエル・シェパード——海兵隊は存続そのもののために戦う

一九五四年一一月一〇日の〈硫黄島の星条旗〉

〈硫黄島の星条旗〉は、一九四五年二月二三日六名の海兵隊員が激戦のなか奪取した摺鉢山の頂に星条旗を立ち揚げようとする瞬間を、APのカメラマン・ジョー・ローゼンタールが撮影した写真である。その翌日ローゼンタールの被写体となった六名のうち三名は戦死している。[44] 戦いの熾烈さを物語る。撮影の翌々日アメリカの日曜新聞に掲載され、一九四五年の写真部門のピュリッツァー賞を受賞した。

〈硫黄島の星条旗〉は、戦時国債の応募ポスターに使われ、たびたび切手や貨幣の図柄になった。くり返し映画化される「硫黄島の戦い」のハイライトは、決まって摺鉢山の頂に六名の兵士が星条旗を立ち揚げようとするシーンである。〈硫黄島の星条旗〉は海兵隊を表象するイコンとなり、アメリカのカルチャーに深く浸透した。

一九五四年一一月一〇日、ラミュエル・シェパード海兵隊総司令官は、「海兵隊誕生日」の一七九回目を記念し、アイゼンハワー大統領やニクソン副大統領ら政権幹部、および〈硫黄島の星条旗〉に被写体とされた兵士たちやその遺族の出席のもとに、アーリントン国立墓地近くに、〈硫黄島の星条旗〉を立体化した巨大な海兵隊戦争記念碑の完成式を主催した。その製作費用は、現役・退役海兵隊員全員に拠金を募って賄われた。

海兵隊が誕生日を祝うことは自然である。しかしタイミングは不自然である。戦争記念碑は、なぜ対日戦争勝利の直後ではなく、九年後に建てられたのであろうか。[45] また、政権の最高首脳たちを招いて大々的に祝ったのが、なぜ「誕生一七九年目」というきりの悪い年なのであろうか。この一九五四年一一月の式典でシェパードと海兵隊は何を狙い、何を祝ったのであろうか。

ラミュエル・シェパード（一八九六―一九九〇）は、三つの戦争を戦った海兵隊指導者である。彼は、一九一七年海兵隊に入隊し、第一次大戦ではフランスで戦い、ドイツ占領を体験した。第二次大戦ではガダルカナル島で第一海兵師団副司令官を務め、グアムでは臨時第一海兵旅団長として同島奪回作戦を指揮し、沖縄戦では第六海兵師団司令官として上陸作戦を指揮した。終戦後、第六海兵師団を率いて中国・青島の日本軍を武装解除する任務を経て本国に戻り、副総司令官や海兵隊学校校長を務めた。朝鮮戦争の勃発時には艦隊海兵軍司令官であり、仁川上陸作戦および海兵隊の朝鮮半島北部からの撤退戦を指揮した。またヘリコプターを活用した新戦略の考案者としても知られていた。朝鮮戦争中の一九五二年一月に二〇代海兵隊総司令官となった[46]（Commandant of the Marine Corps. 海兵隊軍人の最高位。任期一九五二年一月～一九五五年一二月）。

しかしシェパードは硫黄島の戦いには参加していない。彼の前任の海兵隊総司令官クリフトン・ケイツ（任期一九四八年一月～一九五一年一二月）が、硫黄島の戦いを第四海兵師団司令官として指揮していた。ケイツこそ〈硫黄島の星条旗〉にふさわしい英雄であった。ところがケイツ総司令官時代まで、海兵隊は今日とは異なり、海軍に属する一軍団にすぎなかった。海兵隊総司令官は海軍計画部長の下の一局長程度に位置づけられ、ケイツ海兵隊総司令官は統合参謀本部に出席することもできず、国防長官に直接に方針を述べる権限もなかった。しかも第二次大戦後の軍事再編対立のなかで、軍事費が削減されただけでなく「海兵師団は陸軍に配置換えされ、海兵航空団は空軍に配置換えされる」危機に直面していたのである。ハリー・トルーマン大統領もルイス・ジョンソン国防長官も軍隊の統合的運用という観点から海兵隊の解隊を目論み、さらにティモシー・ブラッドリー統合参謀本部議長は一九四九年アメリカ議会下院軍事委員会で、米ソ間の世界戦争シナリオのもとでは「水陸両用作戦が今後必要とされることはないであろう」と証言した[47]。とくに朝鮮戦争勃発までの数年間は、ケイツ総司令官は、個人的にジョンソン国防長官と口もきけないほど険悪な関係になっていた[48]。数々の勲章を授与された英雄ケイツは、平時の組織維持の戦いでは逼塞に追い込まれ、海兵隊の平時における組織規模を保証せよと主張する権限もなかった。ましてや本国以外にベースキャンプや航空ステーションを持ちたいと要望することなど論外であり、想像もできないことであった。

海兵隊の任務

海兵隊は、独立戦争期の一七七五年に創立された。かつては海軍附属の陸戦兵力であり、その歴史的発展は他に類例がない。その理解には、アメリカ合衆国法典第一〇編八〇六三条(a)項に記された海兵隊の任務を確認する必要がある。そこには本来任務1、2と追加任務3、4の四つが列記されている。

1　本来任務　艦隊と共に、海軍前方基地群 advanced naval bases を確保 seizure し、防衛 defense する。

アメリカ合衆国は一八九八年米西戦争の結果、プエルトリコ、フィリピン、グアムなどを領土とした。海兵隊はこれら海洋上の島嶼の軍事拠点を確保 seizure し、防衛 defense にあたったことが、「1　本来任務」の出発点である。第14章2節でみたアール・エリスの「作戦計画712　ミクロネシア前方基地作戦」は、この「1　本来任務」を発展させ、敵から確保した島嶼を奪回から守る制圧 reduction を提唱した。そして一九三三年以降は、艦隊海兵軍 Fleet Marine Forces が設置されて、水陸両用作戦のマニュアルが整備された。ガダルカナル島、サイパン島、沖縄島では、海兵隊が日本軍から航空基地を確保し、日本軍に奪回されるのを阻んだ。アレクサンダー・ヴァンデグリフトからデヴィッド・バーガーに至る海兵隊指導者によって研究、改善、革新されたのは、主に「1　本来任務」に基づいた活動であった。

日米戦争においては、ガダルカナルの戦いでも沖縄戦でも、海兵隊は敵のサイトを「確保・防衛」する任務を果たし終えた後は、サイトの維持運営を陸軍か海軍に移管して、別の任務地に移動した。ここに規定された「海軍前方基地群」ではなくなる、と解されたからである。確保したサイトの防衛はいつか終わりがきて、サイトを他軍に引き渡さなければならない。そのため終わりのない任務、たとえば海兵隊が沖縄島を訓練場とせよ、そこから他の島嶼連鎖を防衛せよと命令されるならば、「前方基地群」を恒久的に維持する法的根拠になる。

2　本来任務　海軍の戦闘を実施するのに不可欠な陸上作戦を行う。

歴史的にアメリカは強力な常備軍をもたなかったため、砲艦外交などを実施する場合、海兵隊がほぼ唯一の陸上部隊であった。たとえばマシュー・ペリー提督の率いた「黒船」が那覇沖に定錨していた間、海兵隊員が那覇に上陸し、鉄砲を担いで行進し、力を誇示した。

3　追加任務　艦艇に対して分遣隊・組織を派遣し、海軍施設・基地に対して保安隊を提供する。

海兵隊員が海軍艦艇に乗船して艦の保安部隊となること、また地上の港湾サイトや航空ステーション、弾薬庫などに保安部隊を提供することである。艦船が増え、海軍サイトが海外に広がるとともに重要になった。ハリー・トルーマン大統領が「海兵隊は海軍のポリースマン」と述べるのは、「3　追加任務」を指している。

4　追加任務　大統領が命じるその他の任務をはたす。

右の1、2、3は法令上、海兵隊の活動を特定しており、その範囲は非常に狭い。「4　追加任務」の「その他の任務」は目的が特定されていない。大統領に命令されたあらゆる任務を指す。決め手は命令者が大統領であることである。海兵隊の多くの活動は、この「大統領が命じるその他の任務」である。その範囲は非常に幅広い。たとえば総力戦になった第一次大戦、第二次大戦では、海兵隊は1、2、3で特定された活動とは無関係に、海兵師団は陸軍師団と同様に、海兵航空団は陸軍航空軍と同様に戦った。一九五〇年代の朝鮮戦争以降、「4　追加任務」に基づき「大統領が命じる」頻度が高まる。ヴェトナム戦争、湾岸戦争、イラク戦争、アフガニスタン戦争はその例である。

「大統領が命じる」だけに、大統領が誰であるか、国防長官が誰であるかによって、海兵隊の位置づけが大きく変わる。海兵隊の独立した地位が保障されていない時代に、トルーマン大統領のような「海兵隊嫌い」のもとでは、海兵隊は存続が危ぶまれる「冬の時代」を迎えることとなった。反対に、ジミー・カーター大統領やロバート・ゲイツ国防長官のような「海兵隊好き」のもとでは、海兵隊の組織革新が進むこととなる。

海兵隊は連邦議会に承認される前に大統領命令で出動できる地上軍の一つである。その任務は遠征危機対処 expeditionary crisis response と称される。この大統領命令は「アメリカの国益を脅かすとみなされる緊急事態」という基準に基づいて出される。一九五八年のレバノン軍事介入、一九六五年のドミニカ内戦介入、一九八三年のグレナダ侵攻などは、海兵隊が中心となって実施された。遠征危機対処の典型はほぼ以下の通り。

(1) 海岸線から二〇〇キロ以内の目的地に接近するため、その沖合まで揚陸艦などによって接近する。揚陸艦は強襲揚陸艦（艦載機が離着陸できる）とドック型揚陸艦（戦車・水陸両用車・ホーバークラフト等を載せる）等の艦船。海軍に属する。

(2) 沖合から上陸地点まで、空からは回転翼機、固定翼・輸送機などで、海からはホーバークラフト・水陸両用車等で兵員と装備と車両等を陸揚げする。

(3) 目的地に入って交戦・鎮圧など地上作戦を行う。また危険地帯から自国民を退避させることを目的とすることもある。

(4) 作戦の間は随時、そして作戦終了後、洋上の揚陸艦などに戻る。

海兵隊の組織的特徴

海兵隊は、行財政上は現在まで海軍大臣（文官）の指揮下にある。海兵隊総司令官は作戦上、一九五二年六月以前は、海軍作戦部長の指揮下にあった。ところがその地位は一九五二年の連邦議会の立法によって上昇し、以後海軍作戦部長と同格になった。またシェパードら歴代の海兵隊総司令官は、統合参謀本部の会議に、統合参謀本部議長、同副議長、陸軍参謀総長、海軍作戦部長、空軍参謀総長らともに一九五二年以降は「必要に応じて」(ラドフォード統合参謀本部議長とシェパードの創り上げた慣行としては「常に」)出席し、一九七六年には正式メンバーとして出席するようになった。海兵隊総司令官は、作戦上は大統領と国防長官(文官)の指揮下にある。

海兵隊は、隊員数も予算も、陸・海・空軍に比べ小規模であり、そして主力兵器と巨大装置をもつ三軍の狭間にあって、独自の存在理由を探し続けてきた。だがそうすることは、海兵隊の政治的脆弱性と背中合わせである。

海兵隊は、固有の巨大な兵器・装置を持たない。また、海兵隊を部隊組成ごとに分解すると、陸・空・海のいずれかと重なる。たとえば海兵師団は陸軍師団と、海兵航空団は空軍航空群と基本機能は同じである。ハリー・トルーマン大統領やルイス・ジョンソン国務長官などの海兵隊の批判者たちが、「海兵師団を陸軍に配置換えする」、「航空海兵団を空軍に配置替えする」、「残りの部隊は本来の「海軍のポリースマン」という任務に専念させる」と解隊に等しい主張をする理由もそこにあった。また海兵隊は強襲揚陸艦など海軍艦船で上陸地点まで運ばれる点で、海軍に大きく依存する。独自の存在理由を示すことは容易ではない。

そこで海兵隊は、「海兵隊ならでは」の活動領域を求めた。たとえば海と陸が接する沿海域 littorals を主な活動領域として、陸軍や海軍と差別化した。「海方面」と「陸方面」を継ぎ目のない一体の戦域とみなし、困難と考えられた敵前で上陸する水陸両用作戦を進化させた。そのためハードウェアとしてたとえば上陸用舟艇などを革新した。艦船と地上部隊が緊密に連絡して敵部隊の位置に砲撃を誘導したり、航空機と地上部隊とが通信して敵の位置を空爆する近接航空支援を編み出した。太平洋の島嶼戦争においては、艦船から敵前上陸作戦を敢行し、存在理由としたわけである。だが後になると「戦略条件が変わったため、海兵隊の存在理由もなくなった」と批判を受けることになる。海兵隊の存在理由そのものが否定される可能性は絶えずある。

海兵隊は遠征隊を状況に即応して緊急出動させるため、部隊の組成を陸軍の伝統的な原則から変更した。伝統的なやり方では、諸ユニットを積み上げる。中隊がいくつか集まって大隊になり、大隊がいくつか集まって連隊となり、連隊がいくつか集まって旅団となる。これと異なり海兵遠征部隊は、規模の大小によらず①司令部部隊、②地上戦闘部隊、③航空戦闘部隊、④兵站戦闘部隊の四部隊から構成される。四万五〇〇〇人規模の海兵遠征軍ＭＥＦでも、一万五〇〇〇人規模の海兵遠征旅団ＭＥＢでも、数百から最大二二〇〇人規模の海兵遠征部隊ＭＥＵでも、さらにより小規模の特殊な目的の空・地タスクフォースでも、同様の組成である。サイズの大小にかかわらず、常時①②③④の四つの異なる部隊を組み合わせて編制される。

この組成に伴って、たとえ隊員数は少なくても、海兵隊は①②③④の四部隊の陸・空・兵站用の多様なサイト・演習を必要とする。アメリカ本国における海兵隊のサイト面積の合計は、海軍のそれより広い。上陸作戦用のホーバークラフトや水陸両用車両を用いた訓練をするために数キロの海岸線も、オスプレイなど航空戦闘部隊と地上軍の装甲車などが連携するための広い訓練場も必要になる。兵站部隊のための港に隣接した兵站倉庫も、強襲揚陸艦が着岸できる港湾・埠頭なども不可欠である。海兵隊は、より多くのサイト群、より広い訓練場を求める。

海兵隊は、兵器によっては独自の存在であるとは示せないため、隊員の能力を強調する。海兵隊大学は「個々の海兵隊員の役割こそ、わが兵器庫のなかの最重要の兵器である」をモットーとする。(49) 入隊直後の訓練は他の三軍種よりも長く厳しい。空の隊員に陸の訓練を課すなど多様な能力を涵養しようとする。

ただし陸・海・空に比べて隊員数が少ない海兵隊は、人員削減されると組織の死活問題になり、師団などの存続に影響が及ぶ。海兵隊は戦後の動員解除と軍事費削減の波のなかでたえず組織の存立に関し、薄氷を踏む思いをしてきた。

海兵隊はワシントンの軍官僚政治の少数派である。それでも二一世紀には、海兵隊出身のピーター・ペースとジョセフ・ダンフォードが統合参謀本部議長に、ジェームス・マティスが国防長官に就任している。しかし七〇年前は、権力機構内の政治的影響力は低かった。海兵隊出身の大統領は現在まで出ていない。陸・海軍出身者に比べ、連邦議会議員・州知事も少ない。ただし海兵隊出身の支援者は政界にも報道にもメディアにもいる。たとえば有力閣僚ではジョージ・シュルツ、ジェームス・ベーカーなど、連邦議会議員にはジョゼフ・マッカーシー、マイク・マンスフィールド、ジョン・グレンがいる。マスメディアではアーサー・ザルツバーガー、トマス・ギボンズネフ、軍隊の広報に影響する映画の分野ではリー・マーヴィン、スティーブ・マックイーンなどと多彩である。

海兵隊ないし海兵隊支援者が、広報活動や圧力政治に熱心なのは、軍官僚政治では少数派であって影響力が低いことを補完するためである。〈硫黄島の星条旗〉の活用はその一環である。第二次大戦後、ハリー・トルーマン大統領とオマール・ブラドリー統合参謀本部議長など陸軍出身者が海兵隊を嫌った理由の一つは、その広報戦略であった。たとえば海兵隊が陸軍と同じ戦場で同様に戦っているときにも、新聞の見出しには陸軍ではなく海兵隊が載るような、メディアへの過剰な露出を嫌ったのである。また、海兵隊に共感をもつ議会政治家たちが圧力をかけてくることにトルーマンは嫌気がさし、そうした下院議員の一人に向かって「海兵隊はスターリンのプロパンダ機関にほぼ匹敵するような宣伝機関を持っている」（後述）と述べている。

軍事再編対立

第二次大戦終結から朝鮮戦争勃発に至る五年間、アメリカの指導者たちは、軍隊のうちどこに重点に置き、どこを縮小するか、どの兵器を増やしどの兵器を削減するかをめぐって激しく対立した。これを以下では軍事再編対立と呼ぶ[50]。戦争に勝利した軍隊が、戦後の平時に復帰した後、どの部分を存続させるかをめぐって組織政争をしたのである。トルーマン政権の指導部と海軍系の指導者の間では険悪な対立が広まり、とくに一九四九年四月には、ルイス・ジョンソン国防長官の決定に抗議してジョン・サリヴァン海軍長官ら幹部が一斉辞職し、さらに同年九月にはルイス・デンフェルド海軍作戦部長ら制服組高官たちが、同国防長官の方針に公然と反対して解任される「提督たちの反乱」と呼ばれる事件まで起こった。後にアイゼンハワー大統領によって第二代統合参謀本部議長に抜擢されるアーサー・W・ラドフォードは、「提督たちの反乱」のときに海軍作戦副部長であり、ジョンソン国防長官批判の急先鋒であったが、事件後に太平洋艦隊司令長官に任命され、ワシントンからハワイへ遠ざけられた。

第一の対立軸は、縮小する軍事費の軍種間、とくに空軍と海軍による争奪戦である。大戦中に陸・海・空も海兵隊も、それぞれが国民を動員し、兵器を調達し、肥大化した。その戦時体制を平時に転換するため、ふくれあがった兵員、兵器、軍事予算、軍事サイトは急速に削減された。たとえば軍事予算は一九四五年度八一〇億ドルから一九四八年度九一億ドルへ、陸上軍の師団は一九四五年の九五個師団から一九四八年の一二個師団に縮小した。

希少となった軍事予算の獲得競争が激化した。第二次大戦中から主力兵器を旗印とした軍官僚・連邦議会議員・軍事産業は、相互連携を強めていた。予算決定には議会の権限が強く、たとえばカール・ヴィンソン下院議員は名うての海軍派として知られた。多くの空軍幹部は航空機産業と連携を深めて天下りした。のちにアイゼンハワー大統領が離任演説において「軍産複合体」と呼んだもの、すなわち軍・議員・軍事産業の結びつきはすでに第二次大戦中に強まっており、それらが連携して軍事予算の争奪戦を行った。結果的に、予算が集中投下されたのは航空戦力であり、とくに一九四七年に軍種として独立した空軍であった。沖縄においても、空軍の航空基地開発には予算が付いたことは前述の通り。その半面で、海軍と海兵隊は航空戦力を除き、軍事費削減の嵐に襲われた。

第二の対立軸は、陸軍系（陸軍と空軍）が主導した軍隊の一元的統合の試みと、それに対する海軍系の抵抗である。戦時中よりジョージ・マーシャル（陸軍参謀総長。戦後のトルーマン政権で国務長官と国防長官を務めた）が陸・海の統合を唱えていたが、実施は戦後に持ち越された。一九四七年七月に国家安全保障法が制定され、第一に国防総省、中央情報局、国家安全保障会議などが設置され、第二に空軍が軍種として独立した。[51]

この制度改正は大統領と国防長官が軍隊を一元的に管理して、軍を大幅に縮小しながら一貫性をもった組織態勢を確立することを目指した。ハリー・トルーマン大統領の意志に基づく。新設された初代国防長官はジェームス・フォレスタル（元海軍長官）であったが、トルーマンはフォレスタルが軍の統合を進めないことに不満を募らせて、大統領任期二期目にはルイス・ジョンソン（元戦争省副長官で「一万機の空軍」案の提唱者。一九四八年の大統領選挙の民主党の資金募集責任者）を国防長官に指名した。ジョンソンは統合参謀本部の初代議長オマール・ブラドリー（元陸軍参謀総長）とともに、トルーマンの意をくんで、統合的な運用を推進しようとした。要職を占めた陸軍系が統合を試み、空軍（陸軍系である）が軍種として独立したことで、統合参謀本部の構成は陸軍系の椅子が一つ増えて優位になり、その半面で、海軍は少数派になった。

世論と議会では、たとえば陸軍系からは「長距離爆撃機の出現によって空母は不要になった」、海軍系からは「長距離爆撃機の戦略爆撃だけでは戦争に勝利できない」と他軍に対する攻撃が熾烈さを増した。そして、空軍が推進する超大型爆撃機「B36」計画の予算を、海軍の超巨大空母 super-carrier「ユナイテッド・ステイツ」建造計画を中止して確保しようとするなど、他軍種の主力兵器の開発を否定するような対立に発展した。(52)

アラン・レムスによると、海兵隊は統合再編の標的となって、存在を否定されそうになった。「海兵師団を陸軍に配置換えする」、「海兵航空団を空軍に配置替えする」という改革構想に直面したのである。トルーマン大統領は海兵隊を「海軍のポリースマンに過ぎない」と公言し、ルイス・ジョンソン国防長官は、海兵隊は時代遅れであると解隊を主張し、これに反発する海兵隊総司令官クリフトン・ケイツとジョンソン国防長官の関係は険悪な感情的対立に発展した。この陸軍系による一元化を、海軍系の高官は、海兵隊の主力を陸軍と空軍が奪うものと受け止めた。トルーマン、ジョンソン、ブラドリーが主導した統合的運用は、海兵隊を危機に追い込んだ。(53)

第三の対立軸は戦略論争である。論点は多次元にわたり、時代によって異なり、とくに朝鮮戦争の勃発以降は対立の構図が大きく変化する。(54) 要約すると、アメリカの世界戦略の軍事的基盤は、地上航空基地から発進する核兵器を含む戦略爆撃の破壊力の高さであるのか、それとも空母機動部隊など「動くサイト」から発進する柔軟なパワー・プロジェクション（強大な戦力を敵に近づけ威圧すること）であるのかが争われた。この対立はジャーナリズムや議会では、超大型爆撃機B36対スーパー空母ユナイテッド・ステイツとして単純化された。ただし、B36と空母ユナイテッド・ステイツのいずれが望ましいのかは戦略論としては決着しようがない。航空戦力を重視する点では、海軍も空軍と同様だったからである。

一九四九年まではアメリカは核兵器を独占していたが、攻撃的戦略核以外にも、敵の兵力をたたく防衛的戦術核も開発・製造する。とすると戦略論争には、全面核戦争へのエスカレーションを前提とするシナリオを描くか、それとも全面核戦争にエスカレートさせないため限定戦争のシナリオを重視するか、という対立軸が含まれていた。また核兵器を原子力委員会、陸軍系、海軍系のどの組織が管理し、サイトの次元では、どこに貯蔵し、その運搬手段をどこに配備するかをめぐる対立が孕まれていた。

軍備の主要な評価基準が財政縮小であったために、空母ユナイテッド・ステイツの建艦費用が膨大であったことは、陸・空軍の主張に有利に働いた。一九四九年四月、ジョンソン国防長官は、海軍長官に諮ることなくユナイテッド・ステイツ建造の即時中止を決定した。コンセンサスを欠いたまま主力兵器の建造中止が強行されたため、海軍幹部は戦うしかないと思い定め、「提督たちの反乱」を引き起こしたのであった。

朝鮮戦争の勃発

一九五〇年六月二五日、北朝鮮軍の大量の地上軍が三八度を越えて進攻した。朝鮮戦争の勃発である。北朝鮮軍は当初、韓国軍とアメリカ軍を朝鮮半島南端に追い込んだ。この戦争は第二次大戦後五年間トルーマン大統領が進めた軍事再編の前提を覆した。第一に、戦争勃発によって平時から戦時へ再移行したため、軍備縮小から転換して、再軍拡することを強いられた。第二に、航空戦力のみでは北朝鮮軍の進攻を食い止められないことも、勝利できないことも明白になった。しかも戦争が起きた場所は、トルーマン政権が陸上軍を置いて戦争に備えてきたヨーロッパ大陸ではなく、軍事再編によって大幅に軍備を削減した海軍を主戦力とする東アジアであった。そのため海軍系の縮小も棚上げを強いられた。逼塞していた海軍と海兵隊は、息を吹き返す機会をとらえようとした。

そして第三に、朝鮮戦争の勃発は、日本の統治者であったマッカーサーを、国連軍総司令官という戦争指導者として復活させた。マッカーサーは、次々に作戦を決定し、戦場の最前線を視察し、揚陸指揮艦に乗って海上から水陸両用作戦を監督することになった。「マッカーサーの海軍」とシェパードの率いる第一海兵師団は、仁川上陸作戦という化学反応を引き起こす。

朝鮮戦争は、アメリカが投入した総兵力をみると、限定された戦争である。休戦協定が締結された一九五三年七月、陸軍は前線の朝鮮半島に七個師団、後方支援地の日本に一個師団が駐留していた。アメリカ陸軍は当時全二〇個師団であり、東アジア戦域には四割しか投下されていない。陸軍と海兵隊を合わせても、陸上軍計二三個師団のうち一〇個師団しか配置されていなかった。ただし海兵隊に焦点を絞ると、シェパードは朝鮮戦争を、「海兵隊は、存続そのもののために戦う」と述べている。(55) この戦争は、全力を注ぎ、存続をかけて戦った点で「海兵隊の総力戦」であった。

休戦協定時、朝鮮半島には第一海兵師団が駐留していた。しかも戦争勃発早々、艦隊海兵軍司令官シェパードは、大西洋艦隊海兵軍を太平洋艦隊海兵軍に配置替えして朝鮮半島に投入した。さらに復帰編制された第三海兵師団は、休戦協定の締結直後に日本に到着し（ベースキャンプ・ペンドルトンを出発したのは休戦協定の締結以前）、富士、奈良、岐阜など本土各地に分散駐留していた。一九五二年六月のダグラス＝マンスフィールド法（後述）に規定される平時の海兵隊は三個師団であったが、その大部分を東アジアに配置し、全兵力を傾けて戦ったのである。本国でも幹部たちは予備役と退役を根こそぎ召集し、さらに新規の兵員募集徴兵に全力をあげた。またワシントンでは、組織の存続をかけて、元海兵隊の連邦議員や海兵隊に共感を抱く政治家たちが政治戦を戦った。朝鮮戦争は海兵隊にとって戦場と本国の二正面の戦争であった。

仁川上陸作戦はマッカーサーが主導した。一九五〇年六月二五日朝鮮戦争が勃発すると、トルーマン大統領は六月二九日、マッカーサー極東軍（国連軍）総司令官に地上軍の投入を許可し、マッカーサーは七月二日海兵隊に朝鮮半島への出兵を要請した。これは朝鮮半島の戦場で海兵隊に活躍の場を与え、息を吹き返すきっかけとなった。

ただしマッカーサーには、三重の困難が立ち塞がった。

第一の困難は時間の急迫であった。反転攻勢の計画を早急に立案しなければならなかった。朝鮮戦争の勃発後、短期間のうちに韓国軍と米軍は半島南端に追い込まれ、計画を練る時間は限られていた。水陸両用作戦の準備期間は通常九〇日であった。ところが六月二五日の朝鮮戦争開戦から七〇日間で仁川上陸作戦の準備が完了した。それはなぜ可能になったのか。マッカーサーは一九五〇年初頭、太平洋艦隊の水陸両用訓練司令部（カリフォルニア州コロナード）から水陸両用グループ1の司令官ジェームス・H・ドイル以下五七人の海兵隊員、五隻の舟艇、一つの戦術制空飛行大隊を借りていたのである。このマッカーサーの予見力は、作戦立案の時間を大きく短縮した。戦争の勃発直後に、ドイルはマッカーサーから仁川上陸作戦の実施計画の作成を命じられ、第七艦隊を基幹とする第七統合タスクフォースの水陸両用部隊司令官になる。

第二に、上陸部隊と揚陸艦や上陸用舟艇の調達が困難であった。作戦は大規模で、上陸要員約七万と艦船・舟艇約二四〇隻が必要であったが、しかし海兵隊史家ロバート・ハインルによると「海兵隊の艦隊海兵戦隊は一九四八年には三万五〇〇〇人であったものが、ルイス・ジョンソン国防長官によって二万三〇〇〇人に削減されていた。また海軍は軍備縮小によって、一九四五年に六一〇隻あった上陸用舟艇を、その後の四年間で五一〇隻をスクラップにされて、九一隻しか残っていなかった」[56]。この困難を海兵隊幹部たちが克服しようと隊員をほぼ総動員し、予備役と退役も大勢が応召したが、それでも上陸要員は不足した。それを補ったのは、アメリカ陸軍第七歩兵師団と韓国軍八五〇〇人であった[57]。

第三に、仁川上陸作戦に強力に反対する人々たちがいた。オマール・ブラドリー統合参謀本部議長はマッカーサーの計画に疑いを抱き、東京にジョゼフ・コリンズ陸軍参謀総長（ノルマンディー上陸を担当した）やフォレスト・シャーマン海軍作戦部長らを派遣した。一九五〇年八月二三日、ジェームス・ドイルがマッカーサー、コリンズ、シャーマンの前で上陸作戦を詳細に八〇分間報告し、最後に「仁川作戦は、不可能ではない」と結論した。コリンズとシャーマンはマッカーサーを翻意させようとした。しかし、マッカーサーは「水陸両用作戦はアメリカ軍の最も強力な道具である。仁川は五〇〇〇分の一の賭けであることは私も理解している。しかし、私はいつも少ない確率に賭けてきた。……我々は仁川に上陸すべく運命づけられている。私は北朝鮮軍を殲滅すべく運命づけられている」と動じなかった。(58)

海兵隊の朝鮮戦争

シェパード艦隊海兵軍司令官もこの八月二三日の会議に同席していた。彼は、水陸両用作戦をマッカーサーよりも数多く立案・実施し、この作戦では上陸部隊を率いている。シェパードはその時のマッカーサーをこう語っている。

仁川上陸作戦は危険に満ちていた。私は作戦に積極的になれなかったし、私の幕僚たちも同様であった。……硫黄島やグアムなどで日本軍が水際で待ち構えて戦い、その後も執拗に抗戦したが、島嶼戦争を戦ったわれわれ海兵隊員は、朝鮮でも同じ事態に陥るのではないかと危惧した。私は、仁川の市街地の正面に上陸するのではなく、少し離れた海岸線に橋頭堡をつくり、海上補給ルートを確保する案を望んだ。しかしマッカーサーは原案を押し通した。彼は会議の参加者の批判にも、統合参謀本部のやめた方がいいという勧告にもたじろがなかった。マッカーサーは「私はできる。我々はできる。第一海兵師団にはやる能力がある。間違いない。この場所に上陸しよう。万事うまくゆく」と言った。マッカーサーは、他のすべての参加者よりも未来を見通していた。ただし、それは奇跡だった。奇跡的にマッカーサーの言った通りになったのである。(59)

一九五〇年九月一二日深夜、七〇歳のマッカーサーは、佐世保軍港から揚陸指揮艦マウント・マッキンリーに乗船した。そしてシェパードの率いる大部隊は九月一五日夕刻より仁川上陸を開始し、最終的には六万五〇〇〇人が上陸した。そして九月二九日、米韓軍はソウル奪還戦を完了する。

海兵隊が仁川において水陸両用作戦を成功させたことは、戦争の局面を転換させた。海兵隊の伝統のお家芸が、朝鮮半島の戦局を転換させたことは、アメリカ国内における海兵隊の輝きを蘇らせた。仁川の成功により、海兵隊員の募集にはずみがついた。一九五〇年に七万四〇〇〇人にすぎなかった海兵隊員将兵は、一九五一年には一九万二〇〇〇人、一九五二年には二三万二〇〇〇人になる。ここまではマッカーサーはシェパードと海兵隊の類まれな味方であった。しかし、これ以降、二人の戦争観は大きく乖離していく。

海兵隊にとってもう一つの戦線はアメリカ世論と連邦議会の政治である。朝鮮戦争が始まった後の一九五〇年八月、ハリー・トルーマン大統領は失態をおかした。海兵隊を擁護するゴードン・マクドナー下院議員に対して「貴下の情報としてお伝えする。海兵隊は海軍のポリースマンにすぎない。私が大統領であるかぎり、海兵隊にはそうであり続ける。……海兵隊はスターリンのプロパガンダ機関にほぼ匹敵するような宣伝機関を持っている」という書簡を書いたのである(60)。トルーマンは、平時に海兵隊の人員削減を企図していただけではない。いま戦場で戦っている海兵隊を、スターリンの機関のようだと、下院議員に書き送った。このトルーマンの手紙に対して、世論と議会から大きな反発が湧き上がった。その結果トルーマンは、それまで嫌悪してきた海兵隊総司令官クリフトン・ケイツに宛てて、謝罪の公開書簡を書くはめに陥った。

また、ワシントンの連邦議会議員たちが立法によって海兵隊を支援したことが重要であった。それまでも連邦議会では反トルーマン派の共和党議員が海兵隊の地位を上昇させる法案を準備していた。ところが一九五二年六月、ポール・H・ダグラス上院議員とマイク・マンスフィールド下院議員が共同で法案を提出した。海兵隊出身の二人はトルーマン与党の民主党議員であり、リベラル派として知られていた。二人は海兵隊とトルーマン大統領の双方に妥協を求めた。法案は、海兵隊の平時の兵力を三個師団、三個航空団とし、海兵隊総司令官は、必要に応じて統合参謀本部に出席できるとする法案であった。可決承認され、トルーマン大統領は拒否権を発動しなかった。

海兵隊は、朝鮮半島の戦場においてその存在理由を示し、連邦議会においては与党民主党の有力な支援者を得た。こうして海兵隊は陸・海・空の三軍種とほぼ肩を並べる地位へ歩み始めることができたのである。

限定戦争

今私たちは歴史の後知恵から、朝鮮戦争を限定戦争と呼ぶ。戦域が朝鮮半島に限られた戦争であり、核戦争にエスカレートしない通常戦争であったからである。しかし限定戦争は、トルーマンとアイゼンハワーの二つの政権がこの戦争を全面核戦争にしないように努力する過程で発明された概念である。休戦協定の結ばれた翌年に初めて公開の議論で「限定戦争」という言葉は使われた[61]。

この戦争は、北朝鮮側からみれば、開始当初から国際的な戦争であった。ソ連（ロシア）の参謀が北朝鮮の作戦計画を立て、中国内戦を戦った朝鮮族の東北人民解放軍の三個師団などが主力となり、一九五〇年一〇月二五日「中国人民義勇軍」という名の大量の陸上軍をもって中国が参戦し、ソ連製のミグ戦闘機が多数使用された。マッカーサーも、その後任のマシュー・リッジウェイ将軍も核兵器の使用計画をもち、それとは別に統合参謀本部も核の脅しを行った（第12章4節参照）。この戦争が核戦争にならず、戦闘が中国領土・ソ連領土に及ばなかった（「聖域」に止まった）のは、トルーマン大統領とその意をくんだ統合参謀本部がエスカレーションを厳しく抑制した結果であった。

マッカーサーとトルーマンには戦争観の決定的な相違があった。中国軍の参戦後、マッカーサーは大規模な地上軍の増派を強く要請し、それが満たされない場合には朝鮮半島からの撤兵を主張した。中国から「聖域」を奪うべく、戦域を中国東北部に拡大することと、核兵器を使用することを望んだ。バーナード・ブローディーの表現を借りれば、「マッカーサーが最も忌み嫌ったことは敗北ではなく、手詰まり状態であり、勝ち負けが不明な戦闘状態がいつまでも続くことであった[62]」。一方ワシントンのトルーマン大統領と統合参謀本部は、もし中国との全面戦争になれば、ヨーロッパ戦域でソ連との全面核戦争にエスカレーションしてしまうのではと恐れた。核戦争へのエスカレーションを避けながら、地域を限定して戦争を続けようと望むトルーマン大統領は、ついに一九五一年四月一一日、マッカーサーを解任するという重大な政治的決定を下さなければならなかった。

海兵隊は限定戦争を戦うための適性が高い。なぜなら海兵隊は、兵員規模が小さく、状況変化に対する即応能力が高く、最新兵器や巨大装置に依存することなく、在来の兵器を立体的に組み合わせた作戦で戦うからである。海兵隊が主力となった第二次大戦の島嶼戦争は典型的な限定戦争である。戦域となる空間は島嶼とその海域に限定され、目標は航空サイトと島の奪取に限定された。戦闘がどれほど激しくても、島嶼戦争の戦略的意味は戦いの場となる島とその周辺の二つの島で完結した。たとえ年月はかかっても、島嶼戦争という限定戦争を鎖の輪状につなげることで対日戦争に勝利する展望を確立したところに、アール・エリスの戦略の特徴があった。

その一方、ヨーロッパ大陸での世界大戦のように、戦闘規模が大きな総力戦では、海兵隊の適性は発揮できず、独自の存在理由は陸軍のなかに埋没してしまう。したがって「海兵隊がその存続のために戦う」ためには、朝鮮戦争を、限定戦争として戦うことが望ましかった。

マッカーサーとシェパードの戦争観も対照的であった。マッカーサーには、戦うことは神から与えられた使命であり、トルーマンや後輩の軍人たちよりもはるかに優れていると考えていた。自身の天分を発揮するのが彼の義務であり、戦いをエスカレートさせても敵を無条件降伏させるか、さもなければ朝鮮半島から撤退するという二者択一を正しいと信じていた。それに対して限定戦争を戦う海兵隊の司令官シェパードは、勝利と敗北のあいまいな中間も戦争目的であると判断し、次のように述べていた。

仁川上陸作戦の成功後、ソウルの奪還もできた。ところが〔エドワード・〕アーモンド将軍が指揮する第一〇軍団は朝鮮半島の東海岸沿いを北上した。〔ウォルトン・〕ウォーカー将軍が指揮する第八軍は朝鮮半島の西海岸沿いを北上した。そして韓国と北朝鮮を二分する三八度線を越えた。これは私の見るかぎり、第一次大戦後になされた最も稚拙な軍事行動の一つであった。……国連憲章と国連決議から判断して、侵略者に侵攻された国を助けることが目的であった。我々は韓国からすでに侵略者を追い払っていた。北朝鮮への進攻は、国連の決定に違反せずには行いえなかった。……ゆえにわれわれは三八度線で止まるべきであった。(63)

シェパードは、戦争の政治的正当性を重視し、韓国の領土回復のための防衛的攻勢は不可欠であると考えていた。そしてアメリカ軍（国連軍）が三八度線以北に敵を追い払うならば、戦争の勝敗は不分明であるが、戦争の目的を達するものと考えた。もちろん、それには、「聖域」とされた本国から大軍を送り込む中国軍に対して、三八度線を守備しなければならない。マッカーサー解任後の国連軍総司令官となったマシュー・リッジウェイやジェームス・ヴァンフリート第八軍司令官は、三八度線で戦線を膠着させることができた。

マッカーサーは政権との意見の不一致を公表しないように警告されていたが、大統領に対する反対意見を、元下院議長というアメリカ議会の重要人物からの手紙に返信する形で公表した。彼の朝鮮戦争は、一九五一年四月一一日に解任されて終わった。朝鮮戦争当時の海軍系軍人には「トルーマン嫌い」、「マッカーサー礼賛者」が多く、たとえばアーサー・ラドフォード太平洋艦隊司令長官は、解任されて帰国するマッカーサーをホノルルで英雄として大歓待している。ところがインタヴューでマッカーサー解任事件について問われたシェパードは、録音禁止を要求したが、インタヴューしたジェームス・スウィーニーによると、「トルーマン大統領がマッカーサー将軍に対してとった行動〔解任〕は正当化できる」と語った、という。(64)

シェパードは、トルーマン大統領が戦域や作戦を限定することは最高司令官である大統領の職務権限に基づいており、軍人は受け入れるべきだと考えた。「トルーマン大統領はマッカーサー将軍を全力で支援したいと考えていたが、マッカーサー将軍はトルーマン大統領をそのようには評価しなかった」とシェパードは表現している。(65)朝鮮戦争中のあるときトルーマンから書簡を受け取ったマッカーサーは、シェパードに向かって「あの「小間物屋ふぜい」の手紙を見てみろ。この小間物屋の小心ぶりを」と言ったという。[66] トルーマンの戦争を限定する姿勢を非難したのである。シェパードは、軍人の行動を制限するのは大統領の職責であって、それを「小間物屋ふぜい」と軽蔑すべきではないと考えた。シェパードは、アメリカ大統領という政治制度にマッカーサーは忠誠心を持たない、と批判することで、自分は忠誠を尽す軍人であると表明している。

限定戦争を終わらせることは難しい。トルーマン大統領がマッカーサーを解任しても、核戦争へのエスカレーションを回避できても、マッカーサーに代わって国連軍総司令官となったリッジウェイが三八度線で戦線を膠着させても、それだけでは朝鮮戦争は終わらせることはできない。中国が戦う意志をもち続け、中国東北部を聖域として活用し、朝鮮半島に増派する能力が高い限り、終わらない。この手詰まり状態のなかで、朝鮮戦争はアメリカ世論で不評になり、トルーマン大統領の人気は下がっていった。戦争を終わらせるには、交渉者が必要であることはあきらかであった。

外交官ジョージ・ケナンは、歴史意識と人間洞察が深いがゆえに、難局にあたると悲観的になって苦悩した。彼は「交渉を可能にするような安定した状態をつくる」という意味から「封じ込め」という言葉を使った。[67] 共産勢力との戦いは軍事力によっては決着せず、封じ込めは、政治・経済・社会を健全に育てる競争として展開するべきであり、軍事的に限定された場所でのみ、防衛態勢をとることが重要であると考えた。そして、マッカーサーが目的とした無条件降伏について「きたるべきことについて、戦勝国に全責任を負わせる反面、敗戦国を一切免責することになる。……これは短期間ならできようが、長期間は不可能である」とその「欠陥」を指摘していた。[68] マッカーサーが解任された後、ケナンは朝鮮戦争の「少なくとも一時的な解決」が可能かどうかを打診するため、ソ連の国連代表（ヤコブ・マリク）と接触した。それは、朝鮮戦争を休戦協定に導く一助となった。[69]

アイゼンハワーの出口戦略

ドワイト・アイゼンハワーが一九五二年の大統領選挙中に「当選したら朝鮮に行く」と公言し、就任前の一九五二年一二月二日から三日間朝鮮半島を旅行して戦争の出口戦略を模索したことは広く知られている。次期大統領一行はジョン・フォスター・ダレス（国務）、チャールズ・ウイルソン（国防）、ジョージ・ハンフリー（財務）、ドナルド・マッケイ（内務）、ハーバート・ブロウンネル（司法）、ジョセフ・ドッジ（予算局）ら政権の中核で、帰路の一二月六日より重巡洋艦ヘレナで会議を重ね、一二月一二日にニューヨークに戻った。この一行の帰路に付き添ったのがアーサー・ラドフォード太平洋艦隊司令長官であり、アイゼンハワーの目に止まって、五三年七月統合参謀本部議長に抜擢されたことも、またよく知られている。[70] ただしこの旅行で、次期大統領が硫黄島に立ち寄ったことはあまり知られてはいない。アイゼンハワーはヘレナ乗組員に次のようにスピーチしている。

私が初めてこの見事な船を見たのは、硫黄島にいた時（一九五二年一二月一日）でした。ラドフォード提督に「あの船は何か」とたずねると、提督は「将軍はあの船で帰国されるのです」と返事されたのでした。そしてこの立派な艦船のおかげで、硫黄島に立っている間も何事も起こらなかったし、あの島を周回する間も非常に安全に感じた次第です。……ありがとう。どうかご無事で。[71]

硫黄島が属する小笠原諸島についてアメリカは、サンフランシスコ平和条約締結（一九五二年九月）後も、沖縄や奄美とともに施政権を維持していた。アメリカ海軍が実効支配し、戦後すでに七年を経ていてなお、アメリカの英雄アイゼンハワーは、硫黄島を大きな危険をもたらしかねない「死の島」と感じていた。ラドフォードは、第六空母戦隊司令官として硫黄島と沖縄島の戦いを戦った。また、彼は小笠原諸島の日本返還に反対し、欧米系島民に六年前に帰島を許していたが、しかし本州に疎開した日系島民の帰島を許可しなかった。一九五二年一〇月、岡崎勝男外務大臣が、アメリカ海軍が「(日系)島民を帰島させないのは、人種差別にしか見えない」と追及したことにラドフォードは反発し、帰島を許可していない理由は「戦略上の必要にのみ」由来するのであって、「一九四四年には、日本政府が島民を引揚げたことがあるから、その理由は十分に理解するだろう」と述べたと、ロバート・エルドリッヂは書いている。(72) ラドフォードは、岡崎との応酬の一カ月半後、次期大統領アイゼンハワーに、海軍と海兵隊にとっての硫黄島の象徴的意味を印象づけたのである。

朝鮮戦争は一九五三年七月の休戦協定により、停止した。朝鮮戦争の開始前と休戦後では、南北朝鮮の政治体制も指導者も全く同じで、休戦ラインもほぼ同じであった。それでどうして休戦ができ、その後も休戦状態が続けられるのか。その理由は、朝鮮半島の外側の国際環境が一変したことに基づく。一九五三年一月アイゼンハワーが大統領に就任し、第二次大戦後の五年間アメリカの軍官僚制のトップにあった者たちがほぼ全員政治の舞台から退場した。アイゼンハワー政権が行ったことは、出口戦略を追求するための慎重な軍事的現状維持であった。そして使用しないことを前提に、核兵器の存在を中国に見せつけ、中国に休戦協定を受け入れさせるような戦い方をした。中国を核で脅しつけながら、休戦に向かう道を探ったのである。なによりソ連の支配者スターリンが一九五三年三月に死去したことは決定的であった。(73) その時点で朝鮮戦争の終わりがはじまっていた。これらの情勢のなか、たとえ厳しい冷戦対立があっても、休戦している現状を維持できるかもしれないという希望をこめて緊張緩和が進められた。朝鮮半島の現状を凍結したままでデスカレーションが模索された。

海兵隊への注目と沖縄の再発見

緊張緩和の一環として朝鮮半島からの米中双方の地上兵力の引き離しが課題となり、その撤退計画が浮上した。韓国と日本に集結していた大量のアメリカ地上部隊を、一部のみ東アジアに残して撤退させることが緊急に求められた。

第二次大戦後の軍事再編と朝鮮戦争後の兵力削減を比べると、軍事費の削減という目標を優先し、航空戦力と核兵器を重視する点では共通していたが、違う点もあった。朝鮮戦争後は撤退しつつも、軍事的に現状を保つために、状況に柔軟に対応できる防衛態勢の確保が優先された。また主たる撤退と削減の対象が、第二次大戦後の軍事再編では海軍系であったが、朝鮮戦争後では陸軍が対象となった。陸軍に代り、限定戦争に適性が高く、様々な紛争に即応能力のある海兵隊が、アジア・太平洋の防衛という任務を担う候補として注目される。

そしてほぼ同時期に沖縄の存在が浮上する。第二次大戦期の攻撃用の前方基地、とくに飛行場の適地として再発見されたのではない（嘉手納空軍基地は一九四五年からある）。朝鮮戦争から平時への再復帰と緊張緩和を求めて、現在配置している地上軍の幾分かを東アジアに残し、その地上軍の「演習が可能な空間」および「本国よりも紛争地域に近い後方支援基地」として浮上したのである。しかも沖縄戦で日米が激しく戦った中南部ではなく、北部が焦点となった。

まず平良好利の研究によると、一九五四年六月三日、沖縄が「大きな潜在力を有している」空間としてアイゼンハワーに報告された。同年四月～七月、ジェームス・ヴァンフリート陸軍大将（元陸軍第八軍司令官）がアイゼンハワー大統領の特命を受け、東アジアを視察旅行し、「沖縄は二個師団規模の戦略的予備軍のため演習場を提供でき、追加される空軍力も支援でき、さらに海軍の重要な停泊地も提供することができる。しかも、中国南部や中央部に対して軍事作戦を遂行するうえで主要な後方支援基地にもなりうる」（傍点筆者）と、ウイルソン国防長官に報告している[74]。ただし、ジョン・E・ハル極東軍総司令官は、後に、沖縄にはすでに陸軍の統治要員一万二〇〇〇が駐留しており、海兵隊サイトを造成する余地はないと主張している[75]。

ヴァンフリートの指摘に目新しい点はない。沖縄島が①陸軍管理地区、②海軍管理地区、③軍政府管理地区に三分されたことは、第13章第4節に述べたが、①は空軍が嘉手納空軍基地などを造成した。陸軍は「基地開発計画」を有していたが、財政措置がえられず放置された土地が多かった[76]。②の中部東海岸からは海軍がほぼ去っていた。

③の北部東海岸は軍政府が収容所を撤去した。ヴァンフリートが沖縄に放置されたメガロマニアックなサイト用の空間を発見したのは当然であった。なお岩国航空ステーションも日本降伏直後および朝鮮戦争期には、イギリス連邦の空軍が使用していたが、イギリス連邦軍が撤退したあとは、アメリカ軍が使える空間となった。

朝鮮戦争の休戦協定が締結された一九五三年七月時点で、韓国には、アメリカ陸軍の七個師団と海兵隊第一海兵師団が駐留していた。アメリカの全地上兵力のほぼ三分の一に相当する量であった。日本には、地上軍として陸軍第一騎兵師団が駐留していた。それに加え新たに本国から第三海兵師団が輸送の途中であった。この第三海兵師団は、一九五二年一月、ベースキャンプ・ペンドルトン（カリフォルニア州）で復帰編制され、朝鮮半島で戦う第一海兵師団の後方支援のため日本に派遣され、休戦協定締結の数日後に日本に到着し、それ以降奈良、岐阜、富士などに分散駐留していた。アイゼンハワー大統領とウィルソン国防長官が解決しようとしたのは、韓国に集中しているアメリカ軍の撤退と再配置であった。

海兵隊の島

日本本土は、地上軍を駐留させる空間としては望ましくない、というのがアイゼンハワー大統領ら指導者たちの共通認識であった。沖縄が優先されたのは、サイトを置くアメリカの「政治コスト」が影響している。第一に、アメリカ軍が実効支配する沖縄と、一九五二年四月にアメリカから独立を遂げて、日米安全保障条約への反対が根強く、「中立化」の傾向が強かった日本本土を比較すると、アメリカにとっての政治コストの差は歴然としていた。

第二に、一九五四～五六年、アイゼンハワー政権は、本土にも沖縄にも核兵器の配備を構想していた。しかるに沖縄と日本本土との間には核意識の差があった。本土では一九五四年、第五福竜丸事件の衝撃によって、草の根から反核運動が高まっていた。一方の沖縄では、広く知られた「プライス勧告」が「ここ〔沖縄を指す〕には、我々が核兵器を貯蔵または使用する権利に対して、何ら外国政府から制約を受けることがない」と強調しているにもかかわらず、沖縄の当時の世論は、沖縄への核持ち込みにほとんど言及していない。本土と沖縄では、核に関する情報環境が異なっていた。

第三に朝鮮戦争の開始とともに、アメリカが日本に設置させた警察予備隊・保安隊もまた用地を必要としており、アメリカ軍が朝鮮半島に派遣された後の隙間を埋めはじめていた。同政権は、沖縄には地上軍を移駐させる「隙間」があり、かつ政治コストが低いと判断していた。

その結果、「第一に、陸軍か海兵隊のいずれの師団が望ましいか、第二に、韓国や日本に駐留するどの師団を、沖縄に移駐させるのが望ましいか」の二つの選択が問われた。陸軍と極東軍司令部と海軍系（海軍と海兵隊）と国務省の出先機関が軍官僚政治を展開した。

一九五四年一二月には統合参謀本部は「日本から第三海兵師団を沖縄に移駐する」ことを決定した。極東軍総司令官が反対したが、何よりアイゼンハワー政権の軍縮の対象は陸軍であったため、陸軍と極東軍には不利であった。また海に囲まれた沖縄で海上の輸送手段をもつ点でも、柔軟性と即応性を発揮できる点で陸軍より海兵隊が勝っていた。

平良好利によると、ラミュエル・シェパード海兵隊総司令官は一九五四年一〇月一八日ウィルソン国防長官に覚書を送り、五つの論点を挙げて沖縄に海兵隊サイトを置く正当性を主張した。(77)

(1)　陸上部隊の撤退は望ましい。
(2)　極東地域と西太平洋地域は空軍力と海軍力の機動力にかかっている。
(3)　韓国に残す陸軍と海兵隊は、それ以外のアメリカ軍の海と空の支援と兵站支援によって重要な上陸作戦能力を保持できる。
(4)　日本からインドネシアに至る島嶼連鎖を防衛するには、緊急展開力をもつ海兵隊の機動空・地タスクフォースの部隊が重要である。

(5) 現地部隊または他の陸上部隊のために空と海から火砲支援を行う効果的な体系を提供できる。

なお沖縄島防衛の命令はもう受けている。機動空・地タスクフォースの部隊は不測の事態に対する必要性からみて、戦争勃発の直前、またはその直後の作戦において極東軍あるいは太平洋軍の管轄エリアにおける現地陸上部隊を支援するために配備される。

アイゼンハワー政権は、一九五三年末以降、朝鮮半島に駐留する陸上兵力の撤退と再配置計画と実施日程を決めていった。そして一九五四年一二月末までに統合参謀本部は第三海兵師団が沖縄に、第一海兵航空団が岩国にサイトを持つと決定した。この間、海兵隊と陸軍のいずれが沖縄にサイトを確保するのかについては、対立にみちた軍官僚政治過程があったことは、平良好利・山本章子の優れた研究が明らかにした通りである(78)。紆余曲折を経て、一九五四年一二月末までに、統合参謀本部はJCS2147/123などによって、沖縄には第三海兵師団が、岩国には第一海兵航空団が移駐する、と最終決定した。シェパードの海兵隊は、トップダウン型の決定の積み重ねにより勝利した。海兵隊から見ると、本国以外の最初の恒久的なサイトの獲得であり、陸・海・空軍と肩を並べるための条件の一つが満たされたことを意味した。

一九五四年以前に海兵隊は、本国以外に主要な恒久サイト群を確保していなかった。平時に第一海兵遠征軍にはベースキャンプ・ペンドルトンがあり、第二海兵遠征軍にはベースキャンプ・ルジューンがあったが、三番目の海兵遠征軍が保証されても、そのためのベースキャンプの構想はなかった。沖縄に新たなサイトを獲得できたことによって、沖縄から遠征海兵部隊が海軍艦船に載ってアジア太平洋を遊弋して部隊を展開する可能性が開かれることになる。

沖縄における米軍サイト造成は一九四五年の戦場のブレークスルーと、一九五四年のワシントン政治のブレークスルーの二つがあった。二つの特徴は異なり、その間に連続性はない。一九四五年では、戦場において、沖縄戦の勝利と本土上陸作戦の準備のために短期間で造られた暫定サイト群であり、陸・海軍の双方が沖縄の中南部と伊江島等に造成した。そのサイトの主な形態は航空基地と物資集積所であった。

一九五六〜六二年では、緊張緩和が進行した時期に、主に沖縄北部に、訓練サイトと駐留サイトが時間をかけて順次造成された。また、岩国海軍航空ステーションには韓国から第一海兵航空団の司令部が移駐した。海兵隊は島嶼連鎖と朝鮮半島を含む広範な地域における防衛を目的として、平時に海兵隊戦力を維持・訓練するサイトを確保したのである。

また海兵隊サイトは核兵器を備えていた。松岡哲平が発掘した資料に、第三海兵師団司令官トーマス・A・ウォーナムの一九五五年八月の文書がある。

極東における「即応部隊」である我々の任務は、さらに重要度を増している。……高い次元で達成されるべき即応態勢とは、核兵器の運用技術と敵の核攻撃のあり方を熟知することが含まれる。第二次大戦における方法論はもはや勝利を約束するものではない。……私は今日、ここに核兵器があるということを強調したい。従来の兵器、装備、組織に比べ、核兵器は圧倒的なペースで進化しており、我々もそれに合わせた変化を義務付けられている。(79)

沖縄に主要サイトを確保してそこに核兵器が配備されたことは、海兵隊が独立軍種に相当する地位を確立した証であった。

軍種に相当する地位の確立

ケイツ総司令官までの海兵隊には思いもよらなかった政治的勝利が、なぜシェパードには可能になったのか。それは一九五四年までの四年間、海兵隊を取り巻くリーダーシップが全面的に変化していたからである。東アジアでは、五年続いた平時が、一九五〇年六月に朝鮮戦争が勃発して再び戦時に転換し、シェパードが艦隊海兵軍司令官であった海兵隊は、仁川上陸作戦を成功させるなど存在感をしめした。一九五二年一月よりシェパードがケイツの後任として海兵隊総司令官となって、ワシントン政治に強力な支援者をえた。そして朝鮮戦争中の一九五三年一月、「海兵隊嫌い」のトルーマン大統領は退任し、新たにドワイト・アイゼンハワー大統領、リチャード・ニクソン副大統領、アーサー・W・ラドフォード参謀本部議長が登場した。このアイゼンハワー政権の指導者たちは、トルーマン前政権とは正反対に、海兵隊の活用を考えていた。さらにスターリンが死去した。一九五三年七月末、朝鮮戦争の休戦協定が結ばれた。軍事的手詰まりと厳しい冷戦対立があっても、現状を維持できるかもしれない、という意味での緊張緩和が始まり、朝鮮半島での兵力引き離しが課題になっていた。

また朝鮮戦争勃発後の四年間、既述のように三つの転換が生じ、海兵隊の制度的地位を上昇させていた。海兵隊が仁川上陸作戦を成功させ、その後の戦いで数多くの死傷者を出したことは、ワシントンの連邦議会などで海兵隊への共感を高め、朝鮮戦争中の一九五二年六月、アメリカ連邦議会は、「ポール・ダグラス＝マイク・マンスフィールド法」を可決させた。この法律は、海兵隊に平時における常備戦力として三個海兵師団・三個海兵航空団を維持できると保証し、海兵隊総司令官は「必要に応じて」統合参謀本部に出席できると規定した。それ以前は、海兵隊総司令官は統合参謀本部に出席できなかった。なにより海兵隊には平時戦力の保証はなかった。第一の制度的上昇であった。

統合参謀本部の会議を運営・主宰する議長は、初代のオマール・ブラドリーから二代目のアーサー・ラドフォードに代わっていた。ラドフォードは海軍第六航空戦隊司令官として、硫黄島の戦いではケイツ第四海兵師団司令官と、沖縄の戦いではシェパード島第六海兵師団司令官と協働して戦った。またトルーマン政権が推進した軍事再編に海軍計画副部長として真正面から異議を唱え、「提督たちの反乱」の急先鋒であった。さらに朝鮮戦争期には太平洋艦隊司令長官の地位にあり、トルーマン大統領に解任されたマッカーサーを賞賛していた。このラドフォードは、海軍軍人の最高職である計画部長を務めたことがなかったにもかかわらず、アイゼンハワー大統領によって一九五三年七月に第二代統合参謀本部議長に抜擢された。

ラドフォードは沖縄戦をともに戦ったシェパードに盟友意識をもっていた。「ダグラス＝マンスフィールド法」は、海兵隊総司令官は統合参謀本部には「必要に応じて出席できる」と規定していたが、ラドフォードは「海兵隊総司令官の意見は統合参謀本部に裨益する」と主張して毎回出席する慣行をつくりだした。第二の制度的上昇である。

そして朝鮮戦争の休戦協定前後、東西対立は続き、軍事紛争は朝鮮半島のみならず台湾海峡やヴェトナムでも発生し、それぞれについてアメリカ軍の関与が検討された。これに対し、アイゼンハワー政権は、一方では全面戦争へのエスカレーションを回避し、他方では核兵器の前方配備などによって中国に対する核の脅しの効果を高めた。さらに紛争を限定戦争から緊張緩和に移行させるため、朝鮮半島に配置した陸軍兵力を大幅に撤退させ、海兵隊の柔軟性と移動能力を活用して紛争地域に投入する兵力として位置づけた。この新しい環境の下で、海兵隊は大陸部から離れた島嶼部（日本本土、沖縄、グアム、ハワイ）と島嶼連鎖と朝鮮半島を防衛するという存在根拠を獲得できた。それまでの存在根拠は、海軍前方基地群の確保と防衛などであり、いつかは終わる時間限定的な任務であった。しかし島嶼連鎖を防衛することと紛争地域へ派遣を準備する訓練は、恒久的な任務たりうる。第三の制度的位置付けの上昇である。

三つの転換は、経路依存的に海兵隊の地位を上昇させた。沖縄のサイトをめぐりシェパード海兵隊総司令官は、陸軍や極東軍総司令部の主張と対立した。もしも「ダグラス＝マンスフィールド法」が成立していなければ、シェパード海兵隊総司令官は、この問題を討議・決定する統合参謀本部に出席できず、陸軍に反論する機会がなかったことであろう。もしもラドフォードが統合参謀本部議長でなかったとすれば、シェパードは統合参謀本部の討議において陸軍の主張に抗することがより難しくなったに違いない。もしもアイゼンハワー大統領の意をくむ国家安全保障局やウィルソン国防長官とその補佐官らが海兵隊を優先し続けなければ、少数派の海兵隊は陸軍に対抗できたかどうかわからない。

こうして海兵隊は組織体として飛躍を成しとげ、独立した軍種に相当する地位を確立し、それ以前にはできなかったことが実現できるようになった。本節の冒頭で述べた海兵隊戦争記念碑の完成式典が行われたタイミングと場所は次のように理解できる。

一九五四年一一月一〇日、海兵隊は独立した軍種に近づいていた。シェパードと海兵隊員たちは、海兵隊が新しい軍種として誕生することを、〈硫黄島の星条旗〉を旗印に掲げて「一七九回目の海兵隊誕生日」として祝ったのである。そしてシェパードは、〈硫黄島の星条旗〉の象徴効果によって、硫黄島と沖縄島とは、九年半前、海兵隊が多くの血を流したU字型島嶼連鎖の二つの先端であったことをアメリカの人々に思い起こさせ、来賓として招待したアイゼンハワー政権の最高指導者たちと戦友の絆を確かめようと試みた。海兵隊戦争記念碑はワシントン近郊のアーリントン国立墓地近くに置かなければ、政治象徴となりえない。

他方沖縄の現場では、新たな訓練サイトを造成するには時間がかかることから、一九五六〜六二年に、第三海兵師団の諸部隊が日本本土各地から、沖縄北部を中心に造成された海兵隊の訓練サイトに移駐していく。沖縄戦から一一〜一七年も後のことである。長い空白を経て、島民の収容所跡に近い沖縄島北部が海兵隊の訓練サイトとなった。シェパードは〈硫黄島の星条旗〉と〈海兵隊の島・沖縄〉という海兵隊神話を創作した。彼は、組織存続の危機を切り抜ける政治感覚の持ち主であり、そして、海兵隊の新しい存在理由を発明して、陸・海・空軍とほぼ肩を並べる地位にまで押し上げた組織指導者であった。

前節との関連では、マッカーサーの「U字型島嶼連鎖」の重要な要石・沖縄島に、空軍サイトと海軍系サイトとをともに置くことが、一九五四年ではじめて決定されたことになる。

表 14-2　沖縄の海兵隊訓練サイト（1956〜1962 年に使用開始したもの）

訓練サイトの名称	使用開始年	海兵隊に移管した軍
沖縄島北部		
キャンプ・ゴンサルベス（北部訓練場）	1957 年	陸軍
キャンプ・シュワブ（中部訓練場）	1956 年	陸軍
キャンプ・ハンセン（中部訓練場）	1957 年*1	陸軍
辺野古弾薬庫	1956 年	陸軍
金武レッド・ビーチ	1962 年	陸軍
金武ブルー・ビーチ	1962 年*2	陸軍
離島		
津堅島訓練場	1959 年	
浮原島訓練場	不明	*3
沖縄中南部		
キャンプ・コートニー	1958 年*4	陸軍
キャンプ・マクトリアス	1957 年	陸軍
普天間航空ステーション	1960 年	空軍*5
山口県		
岩国航空ステーション	1958 年	海軍*6

注 1：海兵隊が「キャンプ・ハンセン」として訓練場に使用し始めた時期。金武町市街地に近い「兵舎地区」には 1945 年飛行場があった。
注 2：訓練場として使用し始めた時期。1959 年より娯楽施設として使用。
注 3：1978 年陸上自衛隊に管理移管。米軍の使用条件は年 120 日。
注 4：1955 年 5 月には第三海兵師団の司令官トーマス・アンドリュー・ウォーナムはここで勤務していた。
注 5：1957 年陸軍から空軍へ移管。
注 6：1956 年 7 月第一海兵航空団司令部を韓国から移駐。1962 年現在の名称。
出典：沖縄県知事公室基地対策課『沖縄の米軍基地』平成 30 年 12 月。

第II部との関連では、一九五四年のワシントン政治のブレークスルーが、沖縄島と伊江島での「島ぐるみ運動」を発展させることとなる。

那覇空港から六〇キロ北上すると石川＝前泊地峡に行き当たる。それ以北が沖縄北部であり、鬱蒼とした山林地帯が大部分を占める。沖縄北部には、陸軍管理区域も海軍管理区域も限られた地点にしかなく、軍政府が管理する地区となり、東海岸の一帯は、難民となった島民を管理する収容所が多数造られていた。その周辺が、海兵隊の訓練サイトとなった。キャンプ・ハンセンとキャンプ・シュワブの二つのキャンプの訓練地区は合わせて「中部訓練地域 Central Training Area」と呼ばれる。さらに北に鬱蒼たる森林地帯にキャンプ・ゴンサルベス（北部訓練所 Northern

Training Area）がある。また右手のフィリピン海の海岸沿いの金武岬周辺に、金武《きん》レッド・ビーチと金武ブルー・ビーチがある。水陸両用訓練の場である。そして、勝連半島の沖に津堅島訓練場と浮原島訓練場がある。その北に名護市の辺野古弾薬庫がある。

北部の訓練サイトを海兵隊が使用しはじめたのは一九五六〜六二年である。それ以前には、米軍は北部を軍事サイトとして使用していなかった（キャンプ・ハンセンの金武町市街地に近い「兵舎地区」に沖縄戦直後に滑走路があったのは、例外である）。表14-2の沖縄島北部と離島の計八つのサイトを参照されたい。二〇一六年一二月以前の時点で沖縄島の全米軍サイト面積の六割以上を占めた。

これと平行し海兵隊は、沖縄中南部にも一九五六〜六二年、キャンプ・コートニーおよびキャンプ・マクトリアスを陸軍から獲得し、在沖海兵隊基地司令部などを置くためのサイトとした。そして、普天間航空ステーションを、山口県には岩国航空ステーションを獲得し、第一海兵航空団司令部が韓国から移駐した。一九七〇年代なかば以降、海兵隊は陸軍からキャンプ・フォスター（キャンプ瑞慶覧）を一九七五年に獲得し、在沖海軍基地司令部がキャンプ・マクトリアスから移転し、翌年に岩国から第一海兵航空団司令部が移駐した。キャンプ・レスター（キャンプ桑江）を一九七七年に、キャンプ・キンザー（牧港補給地区）を一九七八年に陸軍から移管した。伊江島補助飛行場が空軍から海兵隊に移管されたのは一九八九年である。

注

（1）　たとえば Jonathan Parchall, "What Was Nimitz Thinking," *Naval War College Review*, Vol. 175, No. 2, Spring 2022, p. 27.

（2）　David Berger, "Notes on Designing the Marine Corps of the Future," *War on the Rocks*, December 5, 2019, https://warontherocks.com/2019/12/notes-on-designing-the-marine-corps-of-the-future/ ; David Berger, "A Chat with the Commandant: Gen. David H. Berger on the Marine Corps' New Direction," *War on the Rocks*, April 6, 2020, https://warontherocks.com/2020/04/a-chat-with-the-commandant-gen-david-h-berger-on-the-marine-corps-new-direction/（二〇二四年六月二三日閲覧）

（3）ビーニス・M・フランク著、加登川幸太郎訳『沖縄』サンケイ新聞社出版局、一九七七年、三五頁。
（4）ウイリアム・ペリー元国防長官の発言。沖縄県シンポジウム「変わりゆく東アジアの安全保障情勢と沖縄」二〇一八年三月一三日。
（5）林博史『暴力と差別としての米軍基地』かもがわ出版、二〇一四年、七五―一〇二頁。
（6）同前、九七頁に引用。
（7）同前、九六頁に引用。
（8）横須賀市編『新横須賀市史 別編 軍事』二〇一二年、八〇〇頁。
（9）米永祝栄「東京ローズはどこにいる――海兵隊を横須賀に迎える」『週刊20世紀１９４５』朝日新聞社、一九九九年、二一頁。
（10）「ニミッツ提督の三笠訪問」『文藝春秋』一九五八年二月。
（11）竹前栄治「レッド・パージ前史・横須賀事件」『占領戦後史』双柿舎、一九八〇年、一五八―一八三頁。
（12）西川武臣『ペリー来航――日本・琉球をゆるがした４１２日間』中公新書、二〇一六年。
（13）Benton Weaver Decker and Edwina Naylor Decker, *Return of the Black Ships*, New York, Vantage Press, 1978（横須賀学の会訳『黒船の再来』二〇一一年）.
（14）宮崎壽子監訳『ペリー提督日本遠征記』上下、角川ソフィア文庫、二〇一四年。
（15）高村聡史「鹿目善輔海軍少将と米海軍横須賀基地警備隊」横須賀市編『新横須賀市史 別編 軍事』二〇一二年、八三六―八三八頁。
（16）同前、八三八頁に引用。
（17）前掲高村「鹿目善輔海軍少将と米海軍横須賀基地警備隊」八三七―八三八頁。
（18）高村聡史「SRF Naval Ship Repair Facilities Yokosuka」横須賀市編『新横須賀市史 別編 軍事』二〇一二年、八〇三―八〇七頁。
（19）*New York Times*, 1 April, 1945.
（20）ロバート・D・エルドリッヂ『沖縄問題の起源』名古屋大学出版会、二〇〇三年、一〇―一一頁、二五頁。
（21）前掲林『暴力と差別としての米軍基地』一一〇頁、図2-13。
（22）我部政明「米統合参謀本部における沖縄保有の検討・決定過程――一九四三年から一九四六年」『法学研究』第六九巻第七号、一九九六年七月参照。
（23）コートニー・ホイットニー著、毎日新聞社外信部訳『日本におけるマッカーサー』毎日新聞社、一九五七年、九一―九二頁。

(24) たとえば寺崎英成、マリコ・テラサキ・ミラー『昭和天皇独白録——寺崎英成・御用掛日記』文藝春秋社、一九九一年、リチャード・B・フィン『マッカーサーと吉田茂』同文書院インターナショナル、一九九三年、東野真『昭和天皇二つの「独白録」』日本放送出版協会、一九九八年、笠原十九司『憲法九条と幣原喜重郎』大月書店、二〇二〇年。
(25) 山極晃・中村政則編『資料日本占領1　天皇制』大月書店、一九九〇年、四六三頁。
(26) 前掲東野『昭和天皇二つの「独白録」』三五頁。
(27) 前掲笠原『憲法九条と幣原喜重郎』二四一—二五五頁に引用。
(28) 同前、二五二頁に引用。
(29) 笠原十九司「憲法九条は誰が発案したのか」『世界』二〇一八年六月号、四八—四九頁、五四頁に引用。
(30) 前掲ホイットニー『日本におけるマッカーサー』九二頁。
(31) 五十嵐武士「マッカーサーと戦後日本の運命」北岡伸一・五百旗頭真編『占領と講和——戦後日本の出発』星雲社、一九九九年、二〇頁。
(32) Thomas Hobbes, *On the Citizen, Cambridge Texts in the History of Political Thought*, Cambridge University Press, 1998, p. 108.
(33) 清水俊雄訳『ジョージ・F・ケナン回顧録　上』読売新聞社、一九七三年、三四九—三五〇頁。
(34) 前掲エルドリッヂ『沖縄問題の起源』一四九頁に引用。
(35) ロバート・D・エルドリッヂ「ジョージ・F・ケナン、PPSと沖縄」『国際政治』第一二〇号、一九九九年、四〇—四一頁に引用。
(36) 同前、四〇頁に引用。
(37) 同前、四二—四三頁。
(38) 同前、四七—五〇頁に掲載されたObservation。
(39) 同前、四五頁、表2参照。
(40) 平良好利『戦後沖縄と米軍基地』法政大学出版局、二〇一二年、三四—三六頁に引用。
(41) 前掲エルドリッヂ『沖縄問題の起源』二九三頁、注135に引用。
(42) Edwine Hoyt, *MacArthur's Navy*, Penguin, 1989.
(43) Robert D. Heinl, "The Inchon Landing: A Case Study in Amphibious Planning," *Naval War College Review*, Spring 1998, Vol. LI, No. 2, p. 125.
(44) *USMC Statement on Marine Corps Flag Raiser*, Office of US Marine Corps Communication, 23 June 2016. *USMC Correction to the Identity of*

Marines in Photograph of the Flag Raising on Mount Suribachi, Iwo Jima, 19 October 2019.

(45) Kate Clarke Lemay, "Politics in the Art of Portraiture: Felix de Weldon's Marine Corps War Memorial," in Breanne Robertson, contributing editor, *Investigating IWO: The Flag Raisings in Myth, Memory, & Esprit de Corps*, Marine Corps History Division, Quantico, Virginia, 2019, pp. 85–101.

(46) *Oral History Interview with General Lemuel Shepherd*, 19 September, 1978, original interview No. OH103-104, Old Dominion University Libraries.

(47) Alan Rems, "A Propaganda Machine like Stalin's," *Naval History Magazine*, Vo. 33, No. 3, June 2019.

(48) Allan Reed Millett & Jack Shulimson eds, *Commandants of the Marine Corps*, Naval Institute Press, 2004, pp. 311–327; Rems, ibid.

(49) "Marine Corps University." http://www.usmcu.edu に引用。二〇一四年六月二〇日閲覧。

(50) Anand Toprani, "Budgets and Strategy: The Enduring Legacy of the Revolt of the Admirals," *Political Science Quaterly*, 134 (1), Spring 2019, pp. 117–146.

(51) Kenneth W. Condit, *The History of the Joint Chiefs of Staff: Vol. 2 1947–1949*, Wilmington: Michael Glazier, Inc. 1979, pp. 283–302.

(52) Keith D. McFarland, "The 1949 Revolt of the Admirals," *Parameters, Journal of the US Army War College*, Vol. XI, No. 2, 1980, pp. 53–63.

(53) Alan Rems, op. cit., "A Propaganda Machine like Stalin's."

(54) Bernard Brodie, *War and Politics*, Macmillan, 1973, pp. 29–112.

(55) ラミュエル・シェパード海兵隊総司令官の言葉。野中郁次郎『アメリカ海兵隊』中公新書、一九九五年、一一五頁に引用。

(56) Heinl, op. cit., "The Inchon Landing," p. 118.

(57) Charles R. Smith, ed., *US Marines in the Korean War*, History Division US Marine Corps, 2007.

(58) Heinl, op. cit., "The Inchon Landing," pp. 124–125 に引用。

(59) op. cit., *Oral History Interview with General Lemuel Shepherd*.

(60) ゴードン・L・マクドナー連邦下院議員の一九五〇年八月二一日付書簡に対する同年八月二九日付のハリー・トルーマン大統領の返信。Franklin D. Mitchell, "An Act of Presidential Indiscretion: Harry S. Truman, Congressman McDonough, and the Marine Corps Incident of 1950," *Presidential Studies Quarterly*, 11 (Fall 1981), p. 568 に引用。

(61) Morton H. Halpern, *Limited War in the Nuclear Age*, John Wily & sons, 1963.

(62) Brodie, op. cit., *War and Politics*, p. 85.

(63) op. cit., *Oral History Interview with General Lemuel Shepherd*.

(64) Ibid. の末尾に付されたインタヴュアーのジェームス・R・スウィニーによるコメント。

(65) op. cot., *Oral History Interview with General Lemuel Shepherd.*

(66) Ibid. の末尾に付されたインタヴュアーのジェームス・R・スウィニーによるコメント。

(67) 菅英輝「さらなる研究のための提言」ジョン・ルカーチ著、菅英輝訳『評伝ジョージ・ケナン』法政大学出版局、二〇一一年に引用。

(68) ジョージ・ケナン著、関元訳『二十世紀を生きて』中央公論新社、二〇一五年。

(69) 前掲『評伝ジョージ・ケナン』一二五頁、二六七頁参照。

(70) Robert R. Bowie, and Richard H. Immerman, *Waging Peace: How Eisenhower Shaped an Enduring Cold War Strategy*, New York City: Oxford University Press, 2000, pp. 83–84.

(71) *Interview with General Eisenhower (President-Elect) on Board USS Helena (CA75)* on Dcember 9th, 1952, Introduction by Lieutenant (junior grade) Jack R. Baldwin, MC, USNR.

(72) ロバート・エルドリッヂ「小笠原と日米関係、１９４５-１９６８年」ダニエル・ロング編著『小笠原学ことはじめ』南方新社、二〇〇二年、二五三頁に引用。小笠原諸島の施政権は一九六八年六月に返還された。硫黄島には現在自衛隊基地があるが、自衛隊員以外の民間人は、戦没者慰霊祭を例外として、立ち入りが禁止されている。硫黄島の戦没者概数は二万一九〇〇人、未送還の遺骨数（推計）は一万一五〇〇柱（二〇一七年三月末時点）。国土交通省『小笠原諸島振興開発の現況と課題』二〇一七年、一五頁。

(73) Kathryn Weathersby, "New Findings on the Korean War," *Cold War International History Project Bulletin*, Issue 3 (Fall 1993), pp. 1, 14–18.

(74) ヴァンフィリート「予備的報告書」、前掲平良『戦後沖縄と米軍基地』九七頁に引用。

(75) 山本章子「一九五〇年代における海兵隊の沖縄移転」屋良朝博・川名晋史・齊藤孝祐・野添文彬・山本章子『沖縄と海兵隊』旬報社、二〇一六年、三四頁。

(76) 「キャンプ・ズケラン計画の誕生」前掲林『暴力と差別としての米軍基地』一〇二―一一五頁。

(77) 前掲平良『戦後沖縄と米軍基地』九九―一〇〇頁。

(78) 同前、九四―一〇二頁、前掲山本「一九五〇年代における海兵隊の沖縄移転」二五―五二頁。

(79) 松岡哲平『沖縄と核』新潮社、二〇一九年、五三―五五頁に引用。

あとがき

本書の著者、宮崎悠・柴田晃芳・中村研一は、二〇一九年夏より五年間、ささやかな共同研究を定期的に重ねた。「沖縄とは何か」の問に答えるべく、沖縄復帰五〇年にアプローチする枠組みを模索してきた。まず各執筆者のあとがきと謝辞を記す（組織名・肩書きは当時のもの）。

第III部を書いた中村研一は、五歳の頃、生地の神奈川県片瀬海岸近くで米軍の上陸演習を見たことがある。片瀬の海岸線は茅ヶ崎に向かって一直線に続くが、しばらく先で太い綱と“OFF LIMIT DANGER”の看板で遮断されていた。その先はアメリカ軍 Chigasaki Beach（辻堂演習場・茅ヶ崎海岸地区）であった。その綱の外から遠巻きに演習を見たのである。空からは航空機の轟音が響き、沖から武装兵士が続々浜に上がってくる。一九五三年朝鮮戦争の休戦直後であり、今思えば兵士には「死地に赴くリハーサル」であったに違いないが、五歳児の目には親戚家族のパニックの方がはるかに印象的であった。栗田尚弥「茅ヶ崎市とアメリカ軍（三）——演習場チガサキ・ビーチ」（『茅ヶ崎市史研究』二四号、二〇〇〇年三月、七六—七七頁）から住民公聴会の証言を引用する。

「演習の兵士が……附近住宅に昼夜を問わず侵入、ビール、酒等を求め、甚だしきは深夜私邸内に侵入する等のこともあって、……附近住民は……夜も眠られずにいる有様」、「演習兵士に追いかけられる等のことが頻発して夜間婦女子の交通は全く不可能の状態となり」、「米軍を相手の売春婦の出現によって白昼住宅地附近の松林等において、目をおゝわしむような露骨な性行為等の実行等があって、子女を持つ母親に「どうしましょう」……の悲鳴をあげさせている」。一九五三年四～九月に五五日間演習が行われたと栗田は記す。

この茅ヶ崎海岸は一九五九年に米軍の接収が解除されて、Chigasaki Beach は忘れられ、サーフィンの名所となった。私は一九七〇年代はじめ、復帰した直後の沖縄を訪れ、そこで金武町の海兵隊訓練場 Red Beach、Blue Beach の一直線の海岸線に出会い、「これは見たことがある」という既視感《デジャブ》に襲われた。そして二〇年前の Chigasaki Beach を想い出した。上陸訓練場の機能はどちらも共通であるが、周辺住民への逆機能は類似しながら有意に相違し、さらに、茅ヶ崎が接収解除されて金武に設置された歴史的関連に気付いた。

第III部の起源は、大学四年生の一九七三年暮に書いた学生論文である。その手書き原稿をニューヨークで国連機関に勤務しておられた坂本義和先生に送った。先生にはそれまで一面識もなかったので、唐突な行為であった。ところが思いがけずお返事を頂いた。四枚の便箋に細かい字で「いかにダメであるか」が説得的に書かれてあった。完膚なきまでに論破された絶望感。これこそ坂本先生から私の受けた最大の学恩である。これがなければ、同じ課題を半世紀間、まともなものにしようと試み続けることはなかったであろう。

また、畏友谷口正弘氏と高杉学志氏は二〇二二年草稿を読み、共著者柴田晃芳氏と宮崎悠氏は校正を読んで、懇切にコメントされ中村の誤りを数多く正してくれた。心から感謝申し上げたい。

中村研一

第II部の執筆者柴田晃芳にとって、沖縄が具体的な像を結ぶようになったのは一九九五年のことである。連日報道されるようになった沖縄の状況が、学部二年生であった自分にも同時代的なリアリティをもって感じられ、その歴史と合わせて明瞭で具体的な、さらに率直にいえば凄惨で陰鬱な印象をもって胸に迫った。沖縄は小さな自分の経験では推し量れない「異境」と感じられた。また同時に、自分の無関心と無知に居心地の悪い後ろめたさを覚え、沖縄には容易に手を触れがたいというイメージを抱いた。一九九八年に大学院に進んでから戦後日本の防衛政策の研究に取り組むようになった背景の一つには、この沖縄にかかわる感情があったように思う。研究を進める中で、沖縄の存在が対米関係や憲法体制といった戦後日本の基本的なあり方を可能としてきたことを痛感するにつれ、沖縄は戦後日本の姿を写し出す鏡だとの思いが強まった。そうするうちに沖縄について考えることは自分にとって不可避の課題になっていたのだろう。にもかかわらず近年までそれに取り組んでこなかった、否、取り組むことを避けてきた理由に、自分の中に固着した容易に手を触れがたい沖縄のイメージがあったことを否定できない。

二〇一九年、この共同研究に誘われた時にまず感じたのは、喜びとともにある種の気おくれであったと記憶している。沖縄について考えを深める絶好の機会であると思いつつ、成果の公表まで辿り着けるビジョンを描くことができなかった。共同研究への誘いは、そうした半端な姿勢で明白な課題を回避してきた自分への叱咤であると感じられた。これほど見逃しようのない年貢の納め時はまたとないだろう。何とか重い腰をあげることができた。その後の道のりは当然ながら平坦でなく、沖縄の「異境」のイメージに惑い、戦後日本と自分の在り方を鏡写しに見ながら、目的地も見えずヨロヨロと歩むが如きであった。共同研究の機会を得られなければ、この第II部に至る道のりを踏破することは決してできなかった。

第II部の研究は、日本学術振興会科学研究プロジェクト「不安定労働の時代における組織労働とデモクラシーに関する比較研究」から助成を受けた。また研究報告の機会もいただき、研究代表者の新川敏光先生（法政大学）をはじめ研究協力者の皆様から賜った多くの有用なご助言が、研究をまとめる上での指針となった。ここに改めて御礼申し上げる。

第II部の一部は日本学術振興会科学研究費補助金（20H01457）の助成を受けた研究成果である。

柴田晃芳

第I部を担当した宮崎が沖縄の基地問題を知ったのは、米兵による少女暴行事件に抗議する県民総決起大会（一九九五年一〇月二一日）において、高校生が「私たちに静かな沖縄を返してください。軍隊のない、悲劇のない、平和な島を返してください」と訴える場面をニュースで見たことがきっかけだった。高校生であった私は、米兵が三人がかりで一二歳の小学生を暴行したという報道に「ひどいことをする」と思いはしたが、「暴行」の意味を「殴られた」のだと思っていた。自分と同年代の学生が話すのを見て、ようやく事件の内容を知った。「暴行」という言葉から引き出せる意味の層が全く異なっていた。それは一九七〇年代から九〇年代までの暮らしで視界に入ってくるものが、沖縄と北海道とで異なっていたことの表れであった。

一九九五年は戦後五〇年の節目とされ、摩文仁の丘に建てられた「平和の礎」は国籍を問わず沖縄戦・沖縄の戦没者を追悼するものとして、その理念が広く伝えられた。本土のメディアでは戦後の「和解」のモデルのように説明されていたと思う。しかし、戦中から戦後に始まる基地問題は現実に続いていた。自民党から民主党への一時的な政権交代によっても沖縄政策は変化せず、二〇一二年の第二次安倍政権発足により辺野古の新基地建設は進められた。普天間飛行場へのオスプレイ配備に沖縄県の反発の声が高まるなか、二〇一四年一一月に翁長雄志知事が誕生する。翁長知事は日々会見を中継し、「オール沖縄」を背に安倍政権による移設の進め方に異を唱えた。

二〇一五年五月一七日、那覇での「戦後七〇年　止めよう辺野古新基地建設！沖縄県民大会」には三万五〇〇〇人が集まった。壺川や奥武山公園へ向かうモノレールは思い思いに青色のものを身に着けた人でぎっしりだった。集会は、あきらめつつ形だけ抵抗して見せる、というのではなく、意思表示によって政府の方針を変えようとしていた。この時期、安倍政権の自己抑制をすることのない姿勢は本土の報道の自由度を著しく抑圧し、言論の自由は委縮して、権力の無制限の拡大と併存しうる民主主義は、民主主義としての意味を伴わなくなっていた。米国への日本の従属という現実を意識の範囲外に置く本土に対し、沖縄はそうした虚構の外にあって、現実と齟齬のない言葉で語っていた。言葉とそれが指す意味の範囲や層について考え始めたのはこの頃である。

第I部を準備するにあたり、北海道教育大学附属図書館函館館の皆様には数え切れないほどお世話になった。同館の書棚に一九三七年刊行の『姫百合のかおり』（沖縄縣女子師範學校、沖縄縣立第一高等女学校編）を見つけた時には、戦禍の前の爽やかな女学生らの姿に驚いた。また、同書が沖縄から遠く函館に所蔵されていたことに、戦前の師範学校のつながり、やがて戦争の中でそれぞれが果たすことになる役割を考えさせられた。畠山大先生、高橋修先生、星野立子先生には、温かい目で研究を見守っていただいた。函館市中央図書館では「一フィートフィルムの会」の映画上映会（「地域の歴史をいかに記録／記憶するか」二〇一五年一一月二九日）を開催させていただいた。また、二〇一四年から一七年まで夏季集中講義「実践経験に基づく日本の国際関係」をご担当いただいた野村一成先生には、樺太・千島列島の歴史を始め、広島への思い、沖縄大使の経験に基づく見解など、多くのご教示を賜った。

沖縄では、二〇一五年六月の「慰霊の日」に読谷村の知花昌一氏、彫刻家の金城実先生のお話を伺い、その後も函館の学生にチビチリガマの出来事や記念碑がつくられた経緯を教えていただいた。映画や彫刻により集落の人々の姿をのこす、アートを通じて沖縄戦を伝える方法を模索する方たちの活動へも目を向けるよう促された。

金城先生の残波大獅子が描かれた丸木俊・位里作『沖縄戦の図』（読谷三部作、一九八七年）が展示される佐喜眞美術館を訪れた際、美術館の上間かな恵氏に普天間基地と美術館の成り立ちをご教示いただき、後日、拙稿「共同体の維持と文化――１９４５年以降の沖縄における芸能復興」に丁寧なコメントを頂いた。ご指摘くださった点には、まだ本書でも描けなかったところがあり、今後の課題としたい。李静和先生の『残傷の音――「アジア・政治・アート」の未来へ』には同館で撮影された舞踊「花風」（根路銘広美）と「思い出の花風」（北島角子）の映像があり（地謡：伊波貞子・久美子）、沖縄・琉球の芸能と戦後の復興の関係を考えさせられた。

琉球王朝時代の芸能について、真境名由佳子先生には、城間びんがた工房様にお連れいただき、舞台上で紅型衣装がどのように見えるのかをご教示いただいた。そして、「舞心」の公演を通じて実地に拝見する機会をいただいた。與那覇徹先生には作田節をはじめ多くの楽曲についてご指導を賜り、北谷町平和祈念祭の特別公演「ヌチヌグスージさびら〜沖縄のチャップリンと呼ばれた男」など様々な機会を通じて、演奏者と楽曲が想起させる共同体の歴史について考える時間をいただいた。両先生に深く感謝いたします。

最後に、豊見盛功《とみもりいさお》氏の存在は、本書の執筆にとって大きな励みになりました。那覇・旧崇元寺を中心に八重山諸島を含む沖縄各地の郷土芸能や第一尚氏時代の史跡について教え、辺戸岬から与論島を見せてくださったことは、琉球・沖縄世界の広がり、島々のつながりを感じる貴重な経験となりました。記して感謝いたします。

宮崎悠

三人の執筆者は、二〇二二年二月一〇日に、北海道大学政治学研究会で「沖縄：鏡像の異境」と題して報告した。前田亮介先生には企画を立て、司会をしていただき、さらに当時まだ萌芽的であった沖縄へのアプローチに刺激に富んだご教示をいただいた。また山崎幹根先生にはコメンテーターとして示唆に富む議論をいただいた。そして、北海道の内外の実に多くの参加者から示唆に富んだ沖縄論をご提示いただいた。厚くお礼申し上げる。

また同年六月三〇日には、成蹊大学アジア太平洋研究センター研究会「国際存在としての沖縄」において分析枠組みを含めて報告した。研究会を企画してくださった高安健将先生（成蹊大学アジア太平洋研究センター長）、討論者として刺激に富むコメントをいただいた池宮城陽子先生（東京工業大学）、研究会実施や『アジア太平洋研究』特集企画実現にご尽力され、折に触れ対話して下さった小松寛先生（成蹊大学アジア太平洋研究センター主任研究員）、そして本土や沖縄から参加された先生方の議論に、大きな力をいただいた。心から感謝する。

本書の刊行にあたって、執筆者たちの長年の友・寺田英司氏（特定非営利活動法人CAN代表理事、北海道大学公共政策大学院非常勤講師）より出版助成をいただいた。本当にありがとうございます。

本書を編集していただいた法政大学出版局の奥田のぞみ様からは数々のご助言と叱咤激励をいただいた。三人の不出来な草稿は、奥田様のお力添えを抜きにしては、形にならなかった。心から感謝を申し上げる。

ただし、本書に残る誤りの責任は、すべて執筆者に帰する。

二〇二四年九月七日

執筆者略歴

宮崎 悠（みやざき はるか）**序章，第Ⅰ部**
1978年生まれ。成蹊大学法学部教授（国際政治史，現代ヨーロッパ政治）
主な業績：単著に『戦勝記念碑とピアニスト』群像社，2022年。論文に，「戦間期ポーランドにおける自治と同化」赤尾光春・向井直己編『ユダヤ人と自治』岩波書店，2017年，「ブロニスワフ・ピウスツキのサハリン研究と民族自治」北海道教育大学函館校国際地域研究編集委員会編『国際地域研究Ⅱ』大学教育出版，2020年，ほか。

柴田晃芳（しばた てるよし）**序章，第Ⅱ部**
1974年生まれ。常葉大学法学部教授（比較政治，現代日本政治）
主な業績：単著に『冷戦後日本の防衛政策——日米同盟深化の起源』北海道大学出版会，2011年。論文に，「現代日本の防衛政策形成過程とシビリアン・コントロール」新川敏光編『現代日本政治の争点』法律文化社，2013年，「日本の安全保障政策の柔軟化と政権交代」『問題と研究』第52巻3号，2023年，「米統治下沖縄における日本復帰運動の意義」『アジア太平洋研究』第48号，2023年，ほか。

中村研一（なかむら けんいち）**序章，第Ⅲ部**
1948年生まれ。北海道大学名誉教授（国際政治，平和研究）
主な業績：単著に『地球的問題の政治学』岩波書店，2010年，『ことばと暴力——政治的なものとは何か』北海道大学出版会，2017年。論文に，「帝国主義の統治理性」『北大法学論集』第36巻1・2合併号，3号，1985年，「帝国と民主主義」坂本義和編『世界政治の構造変動1 世界秩序』岩波書店，1994年，「帝国主義政治理論の誕生」『思想』2003年1月号，「テロリズムのアイロニー」『思想』2009年4月号，「リスボン地震と神の退場」『文学』2011年9/10月号，ほか。

国際存在としての沖縄

2024年10月15日　初版第1刷発行

著　者　宮崎悠／柴田晃芳／中村研一
発行所　一般財団法人　法政大学出版局
〒102-0071 東京都千代田区富士見 2-17-1
電話 03 (5214) 5540 ／振替 00160-6-95814
製版・印刷：平文社　製本：積信堂
装幀　竹中尚史

ISBN 978-4-588-62551-0　　Printed in Japan

索　引

あ　行

か　行

さ 行

た　行

な　行

は　行

ま　行

や　行

ら　行

わ　行